災害復興法学の体系

リーガル・ニーズと復興政策の軌跡

［著］

岡本 正

声は届く，ともに歩んでいこう。

推薦のことば

　大規模な災害が次々と発生する国難の時代にあって，減災と復興の態勢強化をはかることが喫緊の課題となっている。その態勢の強化には，法制度の整備が欠かせない。

　東日本大震災や熊本地震などの最近の災害を見ると，過去の教訓や経験知が活かされず，同じ過ちを繰返している。それは，過去の経験知を社会の資産として定着していないからである。次の災害に資するように，経験知の普遍化あるいは制度化が欠かせないが，それができていない。

　本書では，その災害法制が現場のニーズに応えきれない状況を克服するための，「大胆で緻密な挑戦」がなされている。新進気鋭の弁護士が，被災の現場に飛び込んで課題を抽出し，法制の歴史を冷厳に考察して課題を整理して，法制と現場の乖離を克服する方向を見いだした好著である。

　ここでは，災害文化の形成あるいは社会資産化の試みとしての「災害復興法学」が見事に提起されている。被災の現実を冷厳に見るリアリズムと被災者に暖かく寄り添うヒューマニズムに裏打ちされた行動指針が示されている。「減災と復興の羅針盤」というべき内容を獲得しており，減災と復興に関わるすべての皆さんに，心から一読を薦めたい。

神戸大学名誉教授・兵庫県立大学減災復興政策研究科科長
室崎益輝

推薦のことば

　日本列島が災害列島であることは，すでに我々自身が幾度も生々しく体験してきた。その時々の圧倒的な自然の力を前にして，法律家は，無念の思いを抱きつつ，ただ茫然自失し，無力感に苛まれるだけなのか。いや，そうではない。避けがたい災害から復興を遂げるために，法律家だからこそ力になれることがある。まさに『災害復興法学の体系——リーガル・ニーズと復興政策の軌跡』こそ，災害復興現場での実地調査と被災相談から収集された膨大なデータに基づいて，法律家が災害復興に向き合うべき諸問題を整理・分析し，復興のために必要な法律問題・解決方策を提示する画期的な研究である。災害復興を前にして現行法令がどこまで通用するのか，必要とされる問題に対処すべき新たな立法方策は何か。解釈論と立法論とを総合する新しい法律学がそこにある。圧倒的に多くの法令や法律家が向き合う「平常時」ではなく，災害復興という「緊急時」に必要な法律問題に取り組むことこそ，災害列島に生活する我々にとって，平常時に備えるべき新たな喫緊の課題といえよう。その道標となるのが，本書である。

慶應義塾大学大学院法務研究科委員長
北居　功

は じ め に

　2017年9月20日，博士（法学）の学位を授与いただいたことをご報告させていただくとともに，お世話になった方々に心よりの御礼を申し上げたい。本書は，新潟大学大学院現代社会文化研究科に提出した博士論文「災害復興法学の体系―リーガル・ニーズと復興政策の軌跡―」を，株式会社KDDI総合研究所および勁草書房とのご縁をいただき，「KDDI総合研究所叢書」として出版するものである。

　大災害が発生する都度，法律家は，その知見を活かした復興支援に奔走してきた。本書が特に重点を置いて考察した東日本大震災，広島土砂災害，そして熊本地震の3つの大災害のはるか以前から，多くの法律家が災害復興支援に関わっている。しかし，2011年3月11日のあの日において，これまでの成果が遍く国民の知見になっていたかというと疑問なしとしない。災害復興支援の叡智は，阪神・淡路大震災や新潟県中越地震などの大災害の復興に直接携わった先人の，高度かつ固有の経験としてのみ承継されていたのが実態のように思われた。そうであれば，法律家の災害復興支援の経験はもとより，その原点である，絶望的とも言える被災者の苦悩や困難や，いまだ克服するに至らない法制度上の課題への対応力も，時間の経過とともにいずれ風化していくおそれを否定できないのではないだろうか。

　その風化に抗うためには，「災害復興法学」という学術領域の創造と法体系化が模索されなければならないと考えた。公共政策上の課題に挑戦し，困難を克服した成果は，我々の社会において法制度となって後世に残される。その軌跡と知見を語り継ぐ仕掛けこそが必要ではないだろうか。本書『災害復興法学

の体系：リーガル・ニーズと復興政策の軌跡』は，災害後の復旧・復興，そして防災・減災・危機管理の分野において，新たな法制度を作り上げてきた公共政策上の軌跡と課題を蓄積し，研究と議論を継続するプラットフォームの構築を目指している。それは，防災教育や危機管理のデザインとして，新たな法学分野を築こうとする決意である。被災地のリーガルニーズと復興政策の軌跡を，この国の未来を担う者たちへ伝承することが本書の使命であると言いかえても良い。

　本書では，当該博士論文執筆時までにフォロー可能であった，2016年度までにおきた災害復興政策や危機管理政策上の軌跡をできる限り取り込むよう努めた。また，博士論文執筆の際には至らなかった語句の修正や選別を改めて行っている。したがって，大枠は維持しているものの，章立ては博士論文と異なる箇所がある。さらに，わずかではあるが，図表を追加して，筆者の思考を視覚的に伝えやすくする工夫を試みた。ただし，それ以外のほとんどは，博士論文の原型のままとなる。災害復興政策を巡る，終わることのない法制度上の課題克服プロセスについて，東日本大震災発災から博士論文執筆時までの刹那を切り取った，災害復興政策史としてのご評価もいただければ幸いである。

目　次

推薦のことば

はじめに

第1章　災害復興法学の体系化を目指して　　1
　1.1　背景と目的——東日本大震災の発生　　1
　1.2　本書の構成　　14

第2章　災害時の無料法律相談分析の意義と災害復興法学に関する先行研究　　17
　2.1　災害時の無料法律相談活動と情報分析の意義　　17
　2.2　災害時の無料法律相談に関する先行研究　　22
　2.3　公共施策および災害復興法制に関する先行研究　　28
　2.4　無料法律相談と災害復興法学の関係性　　33
　2.5　災害復興法学の位置付け　　35

第3章　東日本大震災無料法律相談情報分析結果　　39
　3.1　東日本大震災の分析結果報告書の概観　　39
　3.2　被災者のニーズの全体像とその評価　　48
　3.3　被災者のニーズの推移とその評価　　72
　3.4　基礎自治体単位の被災者ニーズの分析と復興政策モデル　　90

第4章　広島市豪雨災害無料法律相談情報分析結果　105

- 4.1　広島土砂災害　105
- 4.2　広島土砂災害の分析結果報告書の概観　106
- 4.3　被災者のニーズの全体像とその評価　109
- 4.4　地域単位での分析結果とその評価　117

第5章　熊本地震無料法律相談データ分析結果　123

- 5.1　熊本地震　123
- 5.2　熊本地震のデータ分析結果の概観　124
- 5.3　被災者のニーズの全体像とその評価　131
- 5.4　基礎自治体単位の被災者ニーズの分析と復興政策モデル　140

第6章　リーガル・ニーズの分析と災害復興政策の実現　157

- 6.1　災害復興政策の分析の視点——縦軸と横軸　157
- 6.2　リーガル・ニーズに対応した公共政策への寄与と実績の検証　159

第7章　分野横断的な復興政策モデルの構築　305

- 7.1　情報提供ルートの複線化とDLAT　305
- 7.2　被災地におけるリーガル・サービス拠点の設置　319
- 7.3　被災地自治体の弁護士任期付職員の採用と経緯　321
- 7.4　被災者によるリーガル・アクセスの無償化　325
- 7.5　災害復興法学の見取り図　329

第8章　災害復興法学の実践　331

- 8.1　災害復興法学による教育の新領域　331
- 8.2　公共政策学としての災害復興法学　337
- 8.3　防災教育としての災害復興法学　341

第 9 章　考察　363

- 9.1　災害復興法学の体系——被災者の生活再建の達成の理念　363
- 9.2　災害復興法学における法的課題の類型化・体系化　364
- 9.3　災害復興政策分野における課題の継続的・体系的な改善の実践　367
- 9.4　災害復興法学の体系と実定法学としての可能性　370
- 9.5　災害復興基本法の可能性と各類型における基本理念の顕れ　372

第 10 章　結論と展望　381

- 10.1　災害復興法学とは何か　381
- 10.2　災害復興法学の課題と展望　383
- 10.3　災害復興法学の実定法学的展開　388

おわりに　391

参考文献　397

索　引　409

6.2　政策一覧
- 6.2.1　公共政策の軌跡の分析手法　159
- 6.2.2　賃貸借　160
  - (1) 仙台弁護士会による震災 ADR（東日本大震災）　160
  - (2) 熊本県弁護士会による震災 ADR（熊本地震）　163
  - (3) 罹災都市借地借家臨時処理法の不適用（東日本大震災）　164
  - (4) 罹災都市借地借家臨時処理法の廃止と被災借地借家法（東日本大震災）　168
- 6.2.3　工作物責任・相隣関係　170
- 6.2.4　被災ローン　174
  - (1) 個人版私的整理ガイドライン（東日本大震災）　174
  - (2) 東日本大震災事業者再生支援機構（東日本大震災）　183
  - (3) 自然災害債務整理ガイドラインの策定（東日本大震災以降）　187
  - (4) 自然災害債務整理ガイドラインの運用（熊本地震）　190

（5）二重ローン対策の立法化提言（東日本大震災以降）　193
　6.2.5　行政支援……………………………………………………………194
　　　（1）罹災証明書と住宅被害認定に関する政策（東日本大震災以降）　194
　　　（2）被災者生活再建支援制度（東日本大震災以降）　198
　　　（3）災害弔慰金制度と支給範囲の拡大（東日本大震災）　206
　　　（4）義援金等の差押禁止（東日本大震災）　210
　　　（5）義援金等の差押禁止（熊本地震）　212
　　　（6）災害時要援護者の個人情報の取扱い（東日本大震災以降）　214
　　　（7）災害関連死と因果関係（東日本大震災以降）　227
　　　（8）災害関連死と災害弔慰金支給額（東日本大震災以降）　238
　　　（9）災害救助法の運用（東日本大震災以降）　242
　6.2.6　相続・行方不明……………………………………………………250
　　　（1）死亡届と戸籍（東日本大震災）　250
　　　（2）相続放棄の熟慮期間（東日本大震災）　254
　6.2.7　不動産および車両の所有権等………………………………………261
　　　（1）被災マンション法制（東日本大震災）　261
　　　（2）復興事業と土地収用法の規制緩和（東日本大震災）　271
　　　（3）車両の撤去と私有財産への損失補償（東日本大震災以降の雪害）　282
　6.2.8　原子力発電所事故等…………………………………………………286
　　　（1）原子力損害賠償紛争解決センターと総括基準（東日本大震災）　286
　　　（2）福島子ども・被災者生活支援法（東日本大震災）　295
　　　（3）原子力損害賠償請求権の消滅時効の伸長（東日本大震災）　299

図　目次

図 3-1　岩手県（全体）の無料法律相談内容……………………………………49
図 3-2　宮城県（全体）の無料法律相談内容……………………………………54
図 3-3　宮城県（沿岸部）の無料法律相談内容…………………………………58
図 3-4　福島県（全体）の無料法律相談内容……………………………………61
図 3-5　福島県における「22　原子力発電所事故等」の相談内容……………63
図 3-6　茨城県（全体）の無料法律相談内容……………………………………69
図 3-7　千葉県（全体）の無料法律相談内容……………………………………71
図 3-8　宮城県（全体）の「5　不動産賃貸借（借家）」・「6　相隣関係・工作物責任（妨害排除・予防・損害賠償）」・「9　住宅・車・船等のローン，リース」の法律相談割合の推移……………………………………………73
図 3-9　岩手県（全体）の「12　震災関連法令」・「16　遺言・相続」・「9　住宅・車・船等のローン，リース」の法律相談割合の推移……………77
図 3-10　福島県（全体）の「22　原子力発電所事故等」の法律相談割合の推移（区域別含む）……………………………………………………………84
図 3-11　福島県の「22　原子力損害賠償等」に関する法律相談の内訳と推移………………………………………………………………………88, 89
図 3-12　宮城県仙台市青葉区の無料法律相談内容……………………………93
図 3-13　宮城県富谷町の無料法律相談内容……………………………………94
図 3-14　宮城県南女川町の無料法律相談内容…………………………………95
図 3-15　宮城県南三陸町の無料法律相談内容…………………………………97
図 3-16　宮城県陸前高田市の無料法律相談内容………………………………98
図 3-17　宮城県石巻市の無料法律相談内容……………………………………99
図 3-18　宮城県気仙沼市の無料法律相談内容…………………………………101
図 3-19　復興政策モデルに関する簡易の考察（まとめ）……………………103
図 4-1　広島土砂災害（全体）の無料法律相談内容…………………………110
図 4-2　広島土砂災害（全体）の「12　災害関連法令」のうち「罹災証明書」に関する相談が占める割合…………………………………………113

図4-3 広島土砂災害（全体）の「1 不動産所有権（滅失問題含む）」・「6 工作物責任・相隣関係（妨害排除・予防・損害賠償）」・「12 災害関連法令（公益支援・行政認定等に関する法解釈等）」の法律相談割合の推移……114
図4-4 広島土砂災害（安佐南区）の無料法律相談内容……118
図4-5 広島土砂災害（安佐北区）の無料法律相談内容……121
図5-1 熊本地震（全体）の無料法律相談内容……132
図5-2 熊本地震における「6 工作物責任・相隣関係」の相談内容……134
図5-3 熊本地震における「9 住宅・車等のローン・リース」の相談内容……136
図5-4 熊本地震における「12 公的支援・行政認定等」の相談内容……138
図5-5 熊本地震における「1 不動産所有権」の相談内容……139
図5-6 熊本市の無料法律相談内容……141
図5-7 熊本県宇土市の無料法律相談内容……142
図5-8 熊本地震における借家率と「5 不動産賃貸借（借家）」に関する相談の関係性……144
図5-9 熊本県上益城郡の無料法律相談内容……145
図5-10 熊本県阿蘇郡の無料法律相談内容……146
図5-11 熊本地震における全半壊世帯率と「9 住宅・車等のローン・リース」に関する相談の関係性……148
図5-12 熊本県合志市の無料法律相談内容……149
図5-13 熊本県菊池郡の無料法律相談内容……150
図5-14 熊本地震における一部損壊世帯率と「6 工作物責任・相隣関係」に関する相談の関係性……152
図5-15 熊本地震における相談者の相談時の居所別の無料法律相談内容（「自宅」または「自宅以外」）……153
図5-16 復興政策モデルの実績（熊本地震を付加）……155
図6-1 リーガル・ニーズの類型化と災害復興政策への寄与の分析の視点…158
図6-2 東日本大震災「宮城県下震災避難所無料法律相談」における無料避難所等の相談内容（建物現況）……177
図6-3 東日本大震災「宮城県下震災避難所無料法律相談」における無料避難所等の相談内容（住宅ローン金額の分布）……177
図6-4 東日本大震災における被災者の住宅ローンの「約定返済一時停止」と「条件変更契約締結」の各件数の推移……181

図 6-5　東日本大震災における災害関連死者数の推移（岩手県・宮城県・福島県）……………………………………………………………………231
図 7-1　生活再建・復興支援情報の提供に関する情報提供ルート複線化モデル……………………………………………………………………………306
図 7-2　公民連携トライアングル……………………………………………308
図 8-1　「生き抜くために　南海トラフ地震に　備えちょき（平成29年3月改訂）」…………………………………………………………………347
図 8-2　「今すぐ災害に備えるための　和光市　防災ガイド＆ハザードマップ」…………………………………………………………………………349
図 8-3　「リーガル・ニーズ・マップ」のプロトタイプ……………………352
図 8-4　津波犠牲者訴訟を教訓とした事業継続計画のチェックポイント（モデル図）………………………………………………………………355
図 9-1　時系列でみた災害復興法学・防災を自分ごとにする研修プログラムの位置付け……………………………………………………………369
図 10-1　「陸前高田仮設住宅巡回活動」による無料法律相談内容と件数の年度ごとの推移…………………………………………………………385

第1章　災害復興法学の体系化を目指して

1.1　背景と目的——東日本大震災の発生

1.1.1　背　景
(1)　東日本大震災時の無料法律相談から大学講座開設へ

　2011年3月11日に発生した「平成23年（2011年）東北地方太平洋沖地震」（東日本大震災）は，東日本一帯に大地震と巨大津波，そして福島第一原子力発電所事故を引き起こし，死者15,839人，行方不明者2,556人，全壊建物121,739戸，半壊建物279,088戸という未曽有の大被害をもたらした[1]。また，津波や地震等による直接死を除く災害関連死者数は，3,523人に至っている[2]。避難者数はピーク時（2011年3月14日）で約47万人[3]に及び，2017年3月13日現在でも，全国（47都道府県・1,090市区町村）において約11.9万人が避難生活を余儀なくされている[4]。

　東日本大震災後，産学官のあらゆるステークホルダーが応急対応・災害復旧・被災者支援・復興支援などの活動を担う中，弁護士は，日本弁護士連合会

---
1)　警察庁緊急災害警備本部「平成23年（2011年）東北地方太平洋沖地震の被害状況と警察措置」（平成28年12月9日）。
2)　復興庁・内閣府（防災担当）・消防庁「東日本大震災における震災関連死の死者数（平成28年9月30日現在調査結果）」（平成29年1月16日）。
3)　内閣府「（参考）全国の避難所の避難者数の推移（警察庁緊急災害警備本部資料等に基づき，被災者生活支援チームで作成）」より引用。
4)　復興庁「全国の避難者等の数」（平成29年3月28日）。

(日弁連), 全国の各弁護士会, 日本司法支援センター (法テラス), 被災自治体・避難支援者自治体, 専門士業団体, その他の公的・民間支援団体らと連携し, 被災者および被災企業に対する面談・電話による「無料法律相談・情報提供活動」を実施した。東日本大震災後, 被災自治体と連携して公式に被災者に対して実施された最初の無料法律相談活動は, 2011年3月18日, 岩手県宮古市の避難所において実施されたものである (小口 2011)。その後, 弁護士らは, 日弁連, 岩手弁護士会 (岩手県), 仙台弁護士会 (宮城県), 福島県弁護士会 (福島県) を中心として, 全国の被災県, 支援県, 広域避難者の受け入れ自治体等において, 無料法律相談活動を展開した。同年3月下旬には被災地弁護士会, 日弁連, 東京都の三弁護士会[5]において無料法律相談の電話および面談窓口が開かれ, 避難所における相談も実現していた。

2011年3月11日当日, 筆者は内閣府行政刷新会議事務局上席政策調査員として, 弁護士資格を持ちながらも政府に国家公務員として勤務していた。2009年10月から2年間の任期の最中であった。全省庁・行政機関への行政事業レビュー, 事業仕分け, 独立行政法人改革, 特別会計改革, 公共サービス改革といったあらゆる行政改革業務に加え, 規制改革に関する検討会なども担当していた。しかし, 東日本大震災の発生により所属部署の任務は大きく変更され, 既存の業務は大幅に縮小・変質された。一方で, 2011年10月の任期満了までは, 東日本大震災後の規制緩和のとりまとめや検討などを, 一部ではあるが担当してきた。

弁護士資格を有する筆者は, 弁護士として東日本大震災の被災者支援・復興政策に貢献できないかと考え, 2011年3月のうちに日弁連災害対策本部への参画を自薦し, 同年4月より日弁連災害対策本部嘱託室長を兼任することになった。筆者が日弁連に求め, かつ筆者自信でやり遂げようと決意し, 提案していたのは, 弁護士が全国で実施している無料法律相談事例の一元的な集約と, その傾向分析であった。現場の実務対応に追われていた弁護士会も個々の弁護士も, 相談の際に必ず作成している報告用の相談記録 (相談票) についてとりまとめや集計をする余力が全くなかったため, 日弁連の専門担当者がこれを担

---

[5] 東京弁護士会, 第一東京弁護士会, 第二東京弁護士会の三弁護士会。

うことを提言したのである。2011年3月末の時点で推計2,000件以上の無料法律相談が実施され、翌4月中旬頃には5,000件超の実績があったが、相談票は手つかずのまま積み上がっていた。

「何もかも失った。いったいどうすればよいのか」という想像を絶する被災者・被災企業の悲痛な声を集約しているのは、ほかならぬ弁護士であった。しかも、それらの声に対応するには、既存の法律の解釈や運用では不可能だったのである。弁護士の収集した情報は、一声一文字たりとも無駄にすることができない情報のはずだった。しかし、日弁連や弁護士会では、目前の無料法律相談対応等ですでに業務過剰に陥り、情報をフィードバックして国や自治体へ提言することはおろか、自らの実施した無料法律相談の傾向分析も手付かずだったのである。未曽有の災害に対応すべく、被災地の「リーガル・ニーズ」を明確化し、これを精査、分類して「立法事実」の基礎となる「データベース」の構築を行えば、あらゆるステークホルダーがこのデータを利用し、既存の制度運用の改善や法改正・新規立法の提言資料を作成することができるのではないか、と筆者は考えた。筆者が当時日弁連災害対策本部室長として実行することを目指したのは、数値化した無料法律相談事例の傾向（リーガル・ニーズ）を淡々と、しかし正確に示すことに尽きた。

全国各地の弁護士による災害直後の無料法律相談活動は、日弁連が一元的に集約できただけでも、2011年3月から2012年5月までの1年余りの期間で、4万件を超える件数となった。筆者は、2011年12月末日に日弁連災害対策本部室長の任を終えた後も、日弁連災害対策本部委員や日弁連災害復興支援委員会幹事の立場で、2012年10月まで分析作業に関与した[6]。

前後して2011年7月、筆者は、恩師・平良木登規男慶應義塾大学名誉教授の示唆を受け、面識のないまま慶應義塾大学法科大学院の北居功教授を訪ね、同年11月に同大学院にて「東日本大震災復興支援のための法律知識～3万件の無料法律相談事例にみる被災者の真実の声」と題して特別講演を行うこととなった。またそれを契機に、2012年4月より、同教授との共同授業として、「災害復興法学」（Disaster Recovery and Revitalization Law）が開始された（岡

---

6) 日弁連「東日本大震災無料法律相談情報分析結果（第5次分析）」（2012年10月）。

本 2012）。「災害復興法学」は 2013 年度から慶應義塾大学法科大学院の筆者単独の正式科目となり，中央大学大学院公共政策研究科と慶應義塾大学法学部においても，筆者単独の正式講座として「災害復興法学」（Disaster Recovery and Revitalization Law）および「災害復興と法」（Legal Study of Disaster Recovery）が創設された[7]。

(2) 弁護士による法政策提言とその実現

弁護士は，日弁連や各都道府県弁護士会を通じた提言，有志弁護士らによる提言，民間支援団体・大学・研究機関・自治体・専門士業団体との共同での提言等を通じ，既存の法制度では解決することが困難な被災者・被災企業のニーズを「法改正」「新規立法」「運用の改善」などの手法によって解決することを目指した。その成果は本書の中核部分，すなわち災害復興法学の体系と枠組みの根幹をなすものである。以下に，本研究成果の背景となる，弁護士らが寄与した法改正や新制度の創設の主な実績を列挙する。

① 仙台弁護士会による震災 ADR の創設（2011 年 4 月 20 日）
② 東日本大震災に伴う相続の承認又は放棄をすべき期間に係る民法の特例に関する法律による熟慮期間延長（2011 年 6 月 17 日成立）
③ 災害弔慰金の支給等に関する法律の一部を改正する法律による給付対象の兄弟姉妹への拡大（2011 年 7 月 25 日成立）
④ 個人債務者の私的整理に関するガイドラインの策定（2011 年 7 月 15 日）
⑤ 原子力損害賠償紛争解決センターの設立（2011 年 7 月から同年 8 月）
⑥ 災害弔慰金の支給等に関する法律及び被災者生活再建支援法の一部を改正する法律による差押禁止条項の追加（2011 年 8 月 23 日成立）
⑦ 東日本大震災関連義援金に係る差押禁止等に関する法律（2011 年 8 月 23 日成立）
⑧ 罹災都市借地借家臨時処理法の不適用を法務省および国土交通省が決定

---

[7] 朝日新聞（2012 年 9 月 11 日朝刊）「ひと：「災害復興法学」を提唱する弁護士　岡本正さん（34）」，読売新聞（2016 年 3 月 11 日朝刊）「顔：「災害復興法学」を教える弁護士　岡本正さん（37）」。

(2011 年 9 月 30 日)
⑨ 株式会社東日本大震災事業者再生支援機構法（2011 年 11 月 21 日成立）と株式会社東日本大震災事業者再生支援機構の設立（2012 年 2 月 22 日）
⑩ 東日本大震災の被災者に対する援助のための日本司法支援センターの業務の特例に関する法律（2012 年 3 月 23 日成立）
⑪ 東京電力原子力事故により被災した子どもをはじめとする住民等の生活を守り支えるための被災者の生活支援等に関する施策の推進に関する法律（2012 年 6 月 21 日成立）
⑫ 災害対策基本法等の一部を改正する法律（2013 年 6 月 21 日成立）
⑬ 大規模な災害の被災地における借地借家に関する特別措置法（2013 年 6 月 19 日成立）・罹災都市借地借家臨時処理法の廃止
⑭ 被災区分所有建物の再建等に関する特別措置法の一部を改正する法律（2013 年 6 月 19 日成立）
⑮ 東日本大震災における原子力発電所の事故により生じた原子力損害に係る早期かつ確実な賠償を実現するための措置及び当該原子力損害に係る賠償請求権の消滅時効等の特例に関する法律（2013 年 12 月 4 日成立）
⑯ 東日本大震災復興特別区域法の改正による土地収用法・都市計画法等の規制緩和（2014 年 4 月 23 日成立）
⑰ 自然災害による被災者の債務整理に関するガイドラインの策定（2015 年 12 月 25 日）
⑱ 平成二十八年熊本地震災害関連義援金に係る差押禁止等に関する法律（2016 年 5 月 27 日成立）
⑲ 総合法律支援法の改正による対象者拡充（2016 年 5 月 27 日成立）
⑳ 災害弔慰金の満額支給要件の見直し（内閣府通知）（2016 年 6 月 1 日）
㉑ 糸魚川市大規模火災を自然災害として被災者生活再建支援法・自然災害債務整理ガイドライン等を適用できるとする運用（2016 年 12 月 30 日）

　以上が，2011 年 3 月 11 日の東日本大震災から 2016 年 12 月 30 日までの約 5 年 10 か月の間に実現した，弁護士らによる提言が契機となったり，提言が寄与したりした法改正・制度運用改善・新規立法等による災害復興政策である。

(3) 災害復興法学の創設と展開

「災害復興法学」は，災害時に弁護士が実施する無料法律相談事例を集約し被災者のリーガル・ニーズを分析することで，災害対策や復興支援に関する制度的・法的課題を類型化し，類型ごとの課題を克服する政策上の提言および政策形成活動を経た法改正や新規立法等の軌跡を記録・検証し，同時に残された立法政策上の課題を浮き彫りにするとともに，その解決に資する政策形成活動や立法事実集約活動を伝承し，社会における法制度の改善と向上に直接還元することを目的とした新たな「法学」および「公共政策」の学術領域であり研究分野である。本書の目的は，災害復興の法制度分野における新たな実定法学として，災害復興法学が確立しうる余地があるかどうかを検証することにある。また，公共政策学・立法政策学の面をあわせ持つものであり，法解釈の限界の先において新たな法制度等の必要性を，明確な立法事実（リーガル・ニーズ）とともに類型的に，体系的に分析し，政策実現に寄与することを目指すものである。

そして，それは同時に災害復興分野の法政策を担う人材の教育研修体系でもある（岡本 2014 は後述する大学教育における教科書として活用されている）。より具体的には，

①弁護士による災害後の無料法律相談事例のビッグデータの解析と視覚化（数値化）と，災害時の「リーガル・ニーズ」の明確化（立法事実の発見と周知）

②リーガル・ニーズを前提とした弁護士による新たな法政策の提言とその実現の軌跡の記録と伝承（災害後の法改正の実績の体系化）

③残された課題についての個別法令ごとの分析と現実社会へのフィードバック（防災・危機管理・災害対策への反映）

という各段階における法解釈や立法政策，そして制度運用を担う人材を育成することを主なミッションとする教育研修体系ということになる。これら災害復興法学は，筆者の展開する① 2012 年 4 月から慶應義塾大学法科大学院で開始した講座，② 2013 年 4 月から慶應義塾大学法学部において開始した講座，③

2013年4月から2017年3月まで中央大学大学院公共政策研究科で開講した講座、④その他各種の防災教育機会の提供の場で実践した講座・研修等として発現している[8]。

(4) さらなる大災害の発生と災害復興法学の貢献

東日本大震災後も大災害が後を絶たない。東日本大震災以降2016年12月までに「災害救助法」や「被災者生活再建支援法」は多数適用されており、その中には、平成25年台風26号による東京都大島町の土砂災害（伊豆大島土砂災害、2013年）、平成26年広島豪雨による広島市内の土砂災害（広島土砂災害、2014年）、平成27年関東・東北豪雨（2015年）、熊本地震（2016年）、平成28年台風10号による被害（岩手・北海道豪雨、2016年）、新潟県糸魚川市大規模火災（2016年）など、社会的耳目を集め、かつ個人および企業の日常生活・経済活動に甚大な人的・物的被害をもたらしたものが含まれている。

弁護士の大災害への貢献は、個々の災害ごとに独立・断絶したものでは決してない。遡れば、阪神・淡路大震災（1995年）や新潟県中越地震（2004年）などで浮き彫りとなった被災者支援や復興に関わる法制度の課題に対し、弁護士による無料法律相談活動が行われ、同時に、弁護士による法改正等の提言が繰り返されてきた[9]。東日本大震災やその後の大災害もまた、災害復興法制の改善の途上において起きていると位置付けられるのである。東日本大震災を契機として、災害後の被災者生活再建や復興支援に関わる担い手としての弁護士が、全国各地で育成され、支援活動の実績を残している。これには、アドホックに

---

8) 慶應義塾大学法科大学院において2012年度に演習授業として災害復興法学の講座が開始され、2013年度より正式名称として「災害復興法学」の名称が付与され、筆者が非常勤講師を務めている。また同年度に慶應義塾大学法学部の講座が開始され、同時に「災害復興と法」の名称が付与された。中央大学大学院公共政策研究科においては、2013年度から2017年度までに「災害復興法学」の名称で講座が開設され、筆者が客員教授を務めている。そのほか産学官の様々な組織で「災害復興法学」の理念を伝承する講座等が筆者により実施されている。
9) 阪神・淡路大震災における弁護士の活動を記録するものとして、日本弁護士連合会阪神・淡路大震災対策本部「阪神・淡路大震災」（1999年）。また、新潟県中越地震における弁護士の活動をまとめたものとして、新潟県弁護士会「新潟県中越地震：新潟県弁護士会の被災者支援活動」（2005年）などがある。

設立される組織内の災害対策本部とは別に，恒常的に存在する日弁連災害復興支援委員会による知見の蓄積の貢献が大きいと考えられる。

　災害が発生するたびに既存の課題はより一層際立ち，また新しい課題も発見される。2016年12月22日に発生した糸魚川市大規模火災は，その災害発生原因が自然災害ではない「火災」であるにも関わらず，同月30日には，延焼拡大に強風等の複合的要因が存在する「自然災害」であるとの政府判断がなされ，被災者生活再建支援法をはじめとする被災者支援制度の適用や復興予算措置（国費負担）等が実現した[10]。この背景には災害直後から無料法律相談活動を実施し，被災者のニーズの実相を正確に把握し，その解決手法を模索し続けた新潟県弁護士会所属弁護士および日弁連の弁護士らの活動と提言が存在したのである[11]。これは，立法事実を集約するための実際の活動と，その後の政策形成活動に至るまでの活動，ことに法制度の課題を正確かつ簡潔に指摘できる叡智の蓄積，すなわち災害復興法制分野における政策形成活動の体系化が自然のうちに出来上がりつつあったからに他ならないと考えられる。

　復興・危機管理分野における既存の課題の克服や，それに関する提言を，アドホックな運動とするのではなく，将来の世代に継承していくには，個別の案件への実務的対応力にとどまらない，基礎となる学術・教育の学問体系の構築が必要である。その礎は，法解釈を基礎とし，その先にある法政策の中に位置付けられるだろう。糸魚川市大規模火災の成果は，東日本大震災における実績を踏まえた法務政策の技術が，一定の学問体系や実定法学上の地位を獲得していたことの証左ではないかと考えられる。「災害復興法学」は，実社会に影響を与える災害法制度の変革を捉え，巨大災害時において共通する被災者・被災企業のニーズを抽出し，確かな立法事実を把握するための基礎となる知識を習得する学問体系・実定法学として位置付けることを目指すものである。この挑戦は，常に発生する想定外の事象に的確に対応するため，正しい立法事実を現場から発見し，これを視覚化して既存の体系の中に取り込む作用も含むことに

---

[10] 内閣府（防災担当）「平成28年12月22日に発生した強風による災害に係る被災者生活再建支援法の適用について（新潟県）」（2016年12月30日）。

[11] 新潟県弁護士会「糸魚川大規模火災に関する会長声明」（2016年12月28日）および日本弁護士連合会「糸魚川大規模火災に関する会長談話」（2016年12月29日）。

なると考えられる。

1.1.2 目的と手法
(1) 総論：災害復興基本法の制定を目指す災害復興法学研究の確立

本書は，災害時における復興政策の軌跡の分析検証という「災害復興法学」の研究成果を通じて，災害復興分野に普遍的に掲げられるべき「被災者の生活再建の達成」という基本理念を観測・抽出することを目的とする。そして，基本理念を達成する指針としての「災害復興基本法」や「生活再建基本法」を制定することの意義と可能性について考察することを目指すものである。

そのための前提として，①災害時の被災者のリーガル・ニーズに一定の共通性と普遍性が存在することを帰納的に実証するとともに（被災者のリーガル・ニーズの類型化），②リーガル・ニーズを立法事実とした法改正や制度改変が実現した軌跡の詳細な分析を実施する（復興政策に共通する理念の分析）。そして，分析結果を通じて，いずれの政策実現の背景にも，「被災者の生活再建の達成」という共通理念が存在していることを見出し，これを基本理念とする「災害復興基本法」等の制定意義について言及しながら，「災害復興法学の体系」の構築可能性について論じる。

(2) 実定法学の条件：類型化と間断なき政策課題の克服

実定法学は，実社会において現実に立法機関により立法されたり，あるいは判例や慣習として歴史的・客観的に実証されたりした法規範と体系のある学術を指す。そして，実定法学には，「法の現状を改善しようとする所為」も含むものであり，「いわゆる立法論や，さらには解釈論でさえも，その多くは法の現状を変革しようとして唱えられているものであり，そのような作業を継続的・体系的に展開していくことは，これも実定法学の課題である。ただし，法の現状を変革しようとする言説が，法の現状を認識しようとする努力を欠くものであったり，あるいは，そもそもの法の現状の認識とその変革との区別を意識せず，したがってその言説がどちらに属するかも意識しないものであったりする場合には，それはもはや学問としての実定法学の言説ではない」（小早川1999・3-4頁）。そうであれば，法解釈学の先にある立法政策技術を体系化しよ

うとする試みもまた，実定法学足りうると考えられるし，法の現状と法解釈の現状を適切に認識しつつ，その上に積み上げられる変革（公共政策・立法政策）に一定の体系が存在するならば，それは実定法学と呼ばれる可能性がある（鈴木2015）。また，「制度」とは，「人々の活動をサポートするルールの組み合わせで，法律によるものもよらないものも含めて，人々が自らの工夫で生み出したもの」（大村2005・366頁）である。この制度自体を創造する過程（シビル・ロー・エンジニアリング，CLE）については，「CLEは，「法政策学」のような形式的に整った命題体系を目指してはいない。そうではなく，より経験的，より実用的，より開放的な技術の集積へと向かう。各種の具体的な制度に即して，様々な成功例・失敗例を集めて，そこから教訓を読みとり，改良の方策を見出す。そうした「臨床の知」「まにあわせの手仕事」」（同・314頁）であるとされる。さらに，「政策法学は，これまでの法律学で教える法の体系的な考え方や解釈論を踏まえ，多少は関連学問をふまえて，工夫する応用法学」（阿部2003・5頁）でもある。

以上を踏まえると，災害復興法学が「実定法学」足りうるためには，最低限，①当該学問の基礎において，法制度の改善を目指す成功と失敗の類型化作業のための理論が構築されていること，②現状を改善する継続的・体系的な展開が実践されていること，が必要条件になると思われる。これらを満たすとき，災害復興法学は，単なる歴史的記録を越え，災害復興法制の改善と検証に際しての行動指針となりうるであろう。逆に，これらを満たせなければ，災害復興法学が，アドホックな提言とロビイングの結果を記録・羅列した以上の価値を生むことはないということになろう。

まず，①については，「法律学というものは，トラブルの内容，性質，程度という「類型的事実」をいつも把握しようとし，それをどう法的手法に結実させるかを前提にしている」「法律上の要件は，全て「類型的事実」であり，立法もまた「類型的事実」を切りとって，そこに法効果を与える仕組みを創設することである。単なるエピソードでない「類型的事実」の把握こそ，あらゆる立法の根本にあるものであり，公共政策の基礎となる。東日本大震災の法的把握の難しさはこの「類型化作業にある」」とする鈴木教授の指摘（鈴木2015）に対して応答することにもなる。すなわち，大災害後の弁護士よる無料法律相

第1章 災害復興法学の体系化を目指して　　　11

談活動とその結果得た情報により,「類型化作業」を行うのである。そして,大災害後に行われる弁護士による無料法律相談には災害後の復興政策形成に寄与する効果が存在すること,またそれらは将来の危機管理・防災政策に重要な示唆を与えるものであり,類型の指針に十分なりうることを,帰納的に実証する。法律相談には,一般に「パニック防止機能」,「精神的支援機能」,「紛争解決予防機能」,「情報整理提供機能」,「立法事実集約機能」の効果があるとされている（主に永井 2005・53-55 頁，永井 2012・13 頁，岡本 2014・3-6 頁等において指摘・検証された）。先行研究では,これらの実証的裏付けは「阪神・淡路大震災」以降,定量的データが乏しいままに提言がなされているに過ぎなかった。そこで,本書では,「東日本大震災」を通じてはじめて定量的データを作成し,政策実現の実績につなげた事例を分析する。また,東日本大震災後の巨大災害である「広島土砂災害」と「熊本地震」における無料法律相談の分析結果についてもあわせて検証を行うことにより,被災者の「リーガル・ニーズ」の普遍性を実証する。そのうえで,弁護士の法律相談のもつ機能をより強固に裏付ける。無料法律相談活動の意義と効能の明確化は,法政策学の根拠となる事実である「立法事実」を明確化することに繋がる。またこれにより,災害復興法学がいかなる実定法（成文法）と親和性が高いのかを見出すこともできる。そうすれば,災害復興法学の「法学類型」または「実定法学」の位置付けをより補強することになると思われるのである。

　本書では,大部分を割いてこのリーガル・ニーズの実相を明確にし,法政策学的なアプローチでデータ分析と解釈を加えていく。これこそが「災害復興法学」の「枠組み」を浮き彫りにし,法学類型としての体系化の余地を示すことになると筆者は考える。

　次に,②については,明らかになったリーガル・ニーズを基礎として,現状の改善を目指す実際の政策形成活動の過程（軌跡・プロセス）を,現実の法改正等の動向を通じて記録することで実証していくこととする。そこには,無料法律相談活動を通じた,あるいはそうでなくても,弁護士ならではの法解釈学的基礎がなければ到達しえない,法改正理論の構築が存在している。これらの理論は,過去の巨大災害後の政策形成過程を記録・伝承し,公共政策の知恵として普遍化することで叡智の継承が可能となる。個々の法改正の間に共通の理

論と政策形成過程が浮かび上がれば，それは，将来の災害や政策にも通じる継続的・体系的理論になりうることを帰納的に実証する。この点については，すでに災害復興法学教育・研究が継続的に実践されていることや，将来の災害に備える災害復興法学的視点での防災教育・研修において一定の効果が現れている事実をもって，災害復興法学の学問的価値を実証的に論じることができるのではないかと思われる。これは同時に，特定の分野の法律の法解釈学と，課題発見から解決策を見出す公共政策学との架橋として貢献することになり，「災害復興」や「危機管理」の分野において，社会科学である「法学」が果たすことのできる役割を実証することにすらなると思われる。災害復興法学が継続的な検証の試みの中で社会還元を可能とする学術分野としての「深み」を持つことを示すものである。

(3) 災害復興基本法の萌芽：災害復興に関する共通理念の提言

「災害復興法」という成文法は存在しない。災害法制分野の実定法として連想される「災害対策基本法」，「災害救助法」，「被災者生活再建支援法」等は，被災者の生活再建や企業の経済復興のリーガル・ニーズからすれば，ごくわずかな場面を切り取って規律や支援をしているに過ぎないのである。そもそも，分野が多岐にわたることから，従来の私法公法の枠組みで一定の法律分野を論じることは極めて困難と言わざるをえない。あえて災害復興法学の領域について成文法を基準に列挙すれば，既存の民法，借地借家法，区分所有法，倒産法制，個人情報保護法制，各種災害時における行政関連法規など，公法私法のあらゆる分野を挙げなければならないのである。

一方で，東日本大震災以降に限っても，1.1.1 (2) に列挙したとおり，それぞれの法分野で，災害時固有の論点と克服すべき課題，被災者のリーガル・ニーズが浮き彫りになり，それらが政策提言や政策形成活動を経て法改正実現の原動力になっているという現象が存在している。災害時における被災者の生活再建と事業者の経済的再生が，社会全体の利益ともなり，かつ従来の法理論の上でも許容されるべきものと国会等で判断されたからに他ならない。そうであれば，現在はまだ制定されていない，災害復興基本法や被災者支援基本法などの基本法・通則法の理念を，数々の法改正の軌跡を分析することで帰納的に導

第1章　災害復興法学の体系化を目指して　　　13

き出すことも可能になるのではないかと考えられるのである。そこには前述した「被災者の生活再建の達成」の理念を読み取ることができるはずである。

しかし，「被災者の生活再建の達成」の理念を掲げた，私法公法のあらゆる分野を包摂する基本法や通則法の制定に関する議論は，抽象的な思想や基本理念の提示に留まっている。災害復興に関する基本法の理念として，「人間復興論」を掲げ，関東大震災当時の日本の経済学者の第一人者である福田徳三『復興経済の原理及び若干問題』の一節である「人間の復興とは大災によって破壊せられた生存の機会の復興を意味する」との視点に立ち，「災害復興基本法」の理念とすべきとするもの（山中 2015・185-191 頁，岡田 2016）や，憲法 13 条の幸福追求権・個人の尊厳を根拠とした被災者生活再建および人の復興の権利体系を整理し，「復興基本法」を被災者生活再建の視点と自然災害による被災をイメージすることで体系化の指針とすべきとするもの（片山・津久井 2007）があり，災害後に多くの法改正が実現した背景にある基本理念としては明確かつ賛同できるものである。これらの見解は，災害時の私法公法の解釈論に及ぼす影響などについて現実の成果を踏まえた検証が必ずしも行われておらず，どのような法的課題が具体的に存在し，類型化できるかについては，具体的な被災者のニーズに根差した論証には至っていない。

本書における災害復興法学の体系化の研究は，現実の法改正の軌跡を，被災者のリーガル・ニーズを基盤にしながら，法的課題の類型化作業を行うことが出発点となる。そして，法改正の共通理念となった被災者の生活再建と事業者の経済再生の視点が，それぞれの法的課題の克服の根拠になっていたことを実証することで，「災害復興法学」の基本理念となる法体系分野を示そうとする試みである。災害復興法学は，特定の成文法の解釈論や裁判例を検証することだけを目的とするのではなく，「防災」「災害対策」「危機管理」「生活再建」「災害復興」という場面において，公法私法などの従来の法体系の整理の枠組みを超えたところに，普遍的な法的課題が存在するかどうかについて，検証し，明確化することを目指している。その結果，分野横断的な法的課題の探求を継続的に実施するための情報共有・知見蓄積や，災害復興政策における継続的研究のプラットフォームの構築に寄与できることを実証する。被災者のリーガル・ニーズを起点としつつ，被災者支援の必要性と許容性について，反復・継

続して学術的検証が実施されていけば，かかる活動こそが，「災害復興法学」研究と活動と位置付けられる。すなわち，より明確に災害復興法学が「実定法学」としての一領域を占める根拠になりうると考えられる。

1.2 本書の構成

第2章（先行研究）は，災害後のリーガル・ニーズ，ことに無料法律相談事例を基本とした公共政策の実現過程や，防災教育の手法などに関する先行研究を概観する。結論から言えば，主な先行研究は筆者による既存の著書および論文群を除いては，わずかに弁護士・研究者の論文が存在するのみである。そこで，立法政策に限らず広く周辺の防災教育に関する先行研究を紹介しつつ，本書ないし「災害復興法学」の位置付けを明確にすることを試みる。

第3章から第8章までは，本書における具体的論証部分であり，内容的には大きく3部構成としている。

論証の第1部は，第3章（東日本大震災無料法律情報分析結果），第4章（広島豪雨災害無料法律相談情報分析結果），第5章（熊本地震無料法律相談データ分析結果）である。大災害後において弁護士が実施した無料法律相談情報の分析結果から，被災者のリーガル・ニーズの実相を把握し，法改正等の立法事実の根拠資料となる事実関係を「類型化」「視覚化」していく部分である。日弁連や弁護士会によって公表されたデータ群に対して，地域（県や市町村の単位）や時間経過という視点でリーガル・ニーズを紹介する。こうして明らかになった東日本大震災，広島土砂災害，熊本地震におけるリーガル・ニーズの実相に対して，筆者の主に内閣府上席政策調査員および弁護士としての政策立案経験と災害復興支援経験を拠り所に，評価考察を加えることで，より立体的に被災地の法的課題の類型化を際立たせる。これは災害復興法学の体系を形作る「枠組み」を示す作業でもある。

論証の第2部は，第6章（リーガル・ニーズの分析と災害復興政策の実現）と第7章であり，本書の中核を成す復興政策の軌跡を詳らかにするものである。第1部で明確になったリーガル・ニーズ，すなわち立法事実の活用により，弁護士が復興や生活再建に関する法政策提言を行い，かつ政策形成活動を展開し

て法改正等が実現するまでの経緯を，分野ごとに論じる。この「分野」の類型化の実現こそが，「問い」に対する一つの「解」であり，災害復興法学が実定法学あるいは法学類型の新しい領域を獲得する可能性を秘めていることを表している。この「分野」は，無料法律相談情報を分析し，類型化したその項目のうち，特に重要かつ重篤な課題を抱える被災者のリーガル・ニーズ（その結果，法律相談全体に占める相談割合が高い相談）を基礎として抽出し・類型化していく。さらに，当該分野を横断する普遍的な施策についても，またその改正や新規立法の軌跡についても記述し，「災害復興法学」が立体的な法学類型としての骨格に加え，継続的な検討課題を持つ「深み」のある研究分野であることを論証することを試みる。

　論証の第3部は，第8章（災害復興法学の実践）である。論証の第1部と第2部において視覚化・類型化された災害後の法的課題（リーガル・ニーズ）およびその克服の過程（政策形成過程）を，「災害復興法学」という防災教育・研修体系としてまとめ，教育と伝承を行っている実績を述べ，その防災教育分野と法政策学分野における位置付けを論じる。アウトプットされた教育や研修の実社会への還元と反響，たとえば企業職員の人材開発研修への実用化，大学教育全般や法学教育における新たな価値と効能，自治体の防災啓発と災害復興法学の寄与等を解説する。筆者のネパール・カトマンズにおける招聘講演（2015年10月）や2030年に向けた国連決議（アジェンダ）を取り上げたうえ，「法的強靭性（リーガル・レジリエンス）」の構築への災害復興法学の寄与についても触れる。

　第9章（考察）は，3部構成の論証によって明らかになった，災害時の弁護士による無料法律相談が復興政策の軌跡において影響を与えてきた実績を元に，本書の問いである「災害復興法学は実定法学足りうるか」という点を正面から考察する章となる。ことに第6章と第7章で論じた復興政策の軌跡が実現した背景には，既存の法律を修正するに値する「被災者の生活再建の達成」という理念が存在していたことを総括する。東日本大震災以後の復興政策の軌跡が，千年に一度の災害における特殊な緊急対応ではなく，広島土砂災害や熊本地震をはじめとするその後の災害や防災・危機管理政策にも活用できる「被災者の生活再建の達成」という理念のもとに一貫して提言され，実現されてきたもの

であることを帰納的に実証するものである。考察の結果,「災害復興基本法」ないし「生活再建基本法」の構築はその必要性と許容性を十分に満たしうるものであることを論証する。

　第10章（結論と展望）は，本書の結論と災害復興法学の今後の展望や課題について論じる。第9章の考察を受け，災害復興法学が法学類型の新しい領域を獲得し，新たな実定法学として捉えられる余地がある旨を結論付ける。同時に，残された災害復興法学の課題や，法学および公共政策学への寄与と展開の可能性，さらには，災害復興法制が背負うべき宿命についても論証する。これにより，災害復興および危機管理の分野において，法学の果たすべき役割を再発見することに繋げる。

第2章 災害時の無料法律相談分析の意義と災害復興法学に関する先行研究

2.1 災害時の無料法律相談活動と情報分析の意義

2.1.1 無料法律相談活動の意義

　災害時に弁護士が電話や面談によって実施する「無料法律相談活動」には，前述のとおり「パニック防止機能」，「精神的支援機能」，「紛争解決予防機能」，「情報整理提供機能」，「立法事実集約機能」の5つの機能が存在するとされている。

　このうち，「パニック防止機能」「精神的支援機能」「紛争解決予防機能」の3つの機能については，阪神・淡路大震災で無料法律相談活動を精力的に実施した兵庫県弁護士会の弁護士によって言及されてきたものである（永井2005，永井2012等）。これらの機能は，必ずしも実証的に確認されたものではないが，過去の膨大な被災者支援経験から導き出されていることに鑑みれば，被災者のリーガル・ニーズを析出する上で無料法律相談事例を基礎とすることには相応の合理性を見出すことができると思われる（岡本・小山2012・178頁）。無料法律相談活動にかかる多様な機能が備わっているからこそ，弁護士の守秘義務と相まって，人と人との対話の中で，被災者の心のうちに秘めた「真実の声」を引き出す結果を生む。そうであれば，弁護士の無料法律相談の機能を実証し，その無料法律相談によって抽出された「リーガル・ニーズ」を分析することにより，大きな公共的価値が生まれると考えられる。「とりわけ，法的な問題は，法律家以外の者からみると，専門用語や制度の仕組みが複雑にみえるため，と

っつきにくく，気づいた頃には救済の道が閉ざされていたといった事態にもなりかねない」（同・175頁）からである。

　パニック防止機能とは，法律相談の実施によって法律に従って物事を解決しようとする遵法の精神が被災地に普及し，法の支配が被災地に回復・維持される機能をいう。もっとも，東日本大震災においても，福島第一原子力発電所事故により強制避難を余儀なくされ立入りが禁止された地域や無人と化した東北沿岸部の地震・津波の被災地における窃盗事件等の治安の悪化など（津久井2012・183-184頁，河原2012・219-223頁[1]），弁護士による無料法律相談活動だけでは完全に平常時と同等の法の支配が回復・維持されるわけではない点に，留意が必要である。

　精神的支援機能とは，法律相談を実施すること自体が被災者の精神的支援となり，被災者に一定の心の平安を与えるという一種のカウンセリング効果をもたらす機能である。大規模な災害において生活基盤を根こそぎ奪われた被災者にとって，数日先の将来も見通せない現況こそが，大変大きな不安を呼び起こし，疾病に繋がることすらある。東日本大震災において「東日本大震災こころのケアチーム」[2]をはじめとする多くの医療チームが派遣されたことは被災者への精神的支援の重要性を物語る。

　紛争解決予防機能とは，面談および電話によって同一地域で同一内容の無料法律相談が繰り返されることにより，弁護士の法律相談対応（回答）が，被災者相互における法的解決の基準・指針となり，その結果深刻な紛争に至らずに解決に至る機能である。阪神・淡路大震災では，賃貸借契約や境界に関する相

---

1) 河原れん『ナインデイズ　岩手県災害対策本部の闘い』幻冬舎（2012年）は，主として東日本大震災直後に岩手県災害対策本部に参画した秋冨慎司医師（当時は岩手医科大学付属病院岩手県高度救命救急センター所属）の活動実績を描くノンフィクション小説であり，本書の情報は秋冨医師の経験が大部分を占めている。

2) 災害時こころの情報支援センターウェブサイト掲載の「東日本大震災こころのケアチーム派遣に関する調査報告」がある。東日本大震災における災害救助法の発令により，厚生労働省から派遣要請を受けた，岩手県・宮城県・福島県・仙台市を除く全都道府県，政令指定都市，国立病院等により，被災地における災害時精神保健医療活動を行う「こころのケアチーム」の派遣が行われた。http://saigai-kokoro.ncnp.go.jp/activity/activity04.html（2017年3月31日）

談が全体の大部分を占めたことから，法律相談の回答例もほぼ共通化したものとなり，これが紛争解決予防機能を持つようになったのである。阪神・淡路大震災後3年間は，被災地における裁判所への訴訟提起件数が，震災前よりも減少していた（北澤1995）ことは，被災者が抱えた紛争の相当数，弁護士の無料法律相談に解決が委ねられたことを意味するのではないかと思われる。

情報整理提供機能とは，無料法律相談が内在的に果たしている役割ではある。しかし，これは東日本大震災を契機に顕著に発現した機能である。「家を失った。職場は閉鎖になってしまった。家族の一人が行方不明のままだ。それでも住宅のローンの支払が迫っている。一体これからどうなってしまうのか」[3]。この絶望的ともいえる被災者の置かれた現状に対して，少しでも希望の光が見えるように，生活再建や公的支援に関する「情報」を提供することが，弁護士の新しい使命となった。未曾有の巨大災害後には，国や都道府県による支援情報の発信，民間企業や支援団体による情報の発信が，洪水のように押し寄せることで，被災者や基礎自治体は，情報の取捨選択をすることがほぼ不可能な状況に置かれてしまう。弁護士が，無料法律相談を実施しながら果たす「情報整理」「情報提供」の機能は，被災者が先を見通す行動指針となり，時には行政への架橋や代替機能を果たす。弁護士による無料法律相談に情報整理提供機能が存在し，普遍的なものとして災害後に効果を発揮するのであれば，少なくとも弁護士は，常に災害時の被災者支援・被災企業支援のために必要な法制度と支援政策の知識の更新を行う必要がある。だが，被災者にいかなるリーガル・ニーズが存在するか判明しなければ，暗中模索のまま，不十分な情報提供とヒアリングしかできないことだろう。翻って考えれば，「災害復興法学」によって，被災者支援に最低限必要となる法制度情報が何かを体系化しておく必要があるということになる。

立法事実集約機能とは，弁護士が無料法律活動を実施することで，既存の法制度では被災者が求める要望に十分対応できない状況を発見し捉え，新たな法制度の構築や，既存の法律の改正の根拠となる社会的事実——すなわち「立法事実」——として把握し集約する機能である。東日本大震災後において顕著

---

[3] 日本弁護士連合会「東日本大震災無料法律相談事例集」（2013年3月）などを参考に筆者の経験則を交えたモデルケース。

に発現した無料法律相談の新たな機能である。この立法事実集約機能は，段階に応じて，無料法律相談活動を行うこと自体で立法事実の端緒を「発見」する機能と，さらに進んでそれらを集約・分析し，既存の法解釈との論理的整合性を構築しつつ明確な立法事実として説得的に提示する機能とに分割できる。既存の法制度を知り，かつその法解釈の限界を熟知しない限り，法改正や新しい被災者支援・復興政策の構築に必要な「立法事実」を発見することはできない。むしろ「災害復興法学」という一つの法学類型を構築し，その中に普遍的な知識と課題を，分野ごと，あるいは手法ごとに体系化・類型化しない限り，災害後の法改正や公共政策実現の記録は伝承すら危うくなろう。立法事実集約機能が実証され，個別に解明・類型化できたときにこそ，災害復興法学が実定法学としての新たな領域を開拓することになるものと筆者は考える。

2.1.2　無料法律相談事例の集約・分析・公表の意義

　災害後に弁護士が実施する無料法律相談それ自体が持つ機能とは別に，これらを集約し，分析し，その結果を広く公表・周知することには，独自の意義が存在している。日弁連「東日本大震災無料法律相談情報分析結果」，広島弁護士会「平成26年（2014年）8月 広島市豪雨災害無料法律相談情報分析結果」，日弁連「熊本地震無料法律相談データ分析結果」等において示されたものがこれにあたる（なお，これらのデータの意義については，第3章から第5章にかけて詳述する）。これらの報告書で示されたデータを基礎に，さらなる分析と新たな解釈を加え，かつ実際の法改正などの政策形成活動に寄与した軌跡を類型化・体系化することを目指すのが「災害復興法学」の領域である。

　まず，データベース化の意義について述べる。データベース化は，被災者の生の相談を社会的に解決すべき課題（相談項目）に分類していく作業から始まる。そして，住所，居所，年齢，性別，年月日，相談場所などの指標ごとに，全体に占める相談割合を数値化したデータセットを構築することで完成する。これらは表の形でアウトプットされ，災害後の被災者のリーガル・ニーズがマクロの視点で俯瞰できるようになる。「立法事実」は単なるエピソード集ではなく，そこに法改正等の根拠となる説得的な事象が存在することを「証明する材料」でなければならない。ここで強調しておきたいのは，無料法律相談によ

って集約された被災者の声の真実性と真摯性の高さである。弁護士に対する相談内容は，通常自らが最も他者に知られたくない情報であることが多い。お金や資産に関する相談，親族間の紛争，近隣や契約当事者の紛争，などいずれもおよそ公言される内容でないことは明白である。だからこそ，弁護士に対して語られた被災者の「声」には，真実性・真摯性が高いと考えられるのである。

　次に，データベース化された被災者の無料法律相談情報を「視覚化」，すなわち表における数値の羅列だけではなく様々な形態の「グラフ」として示すことの意義について述べる。この視覚化の効果は，誰でもわかりやすく被災者のリーガル・ニーズを把握できるという点にある。立法事実が存在することを国民的なコンセンサスとしなければ，政策形成活動の原動力にはならない。国会議員，地方議会議員，国，自治体，その他公的機関に対しても，新たな政策の必要性を説得できない。メディアや研究者などのステークホルダーの同調を得ることもできないだろう。また，このデータベースの「視覚化」は，あくまでデータベース構築による客観的な数値の公表の先にある。いかなる様式で視覚化し，いかなる分野を視覚化するかは，政策実現の目的に応じて，あるいはそれを進めようとする主体に応じて異なるのである。一方で，この視覚化に恣意的な要素が加わることがあってはならない。立法事実の発見と検討は，目的から逆算すべきものではなく，常に生のデータの中から発見されなければならないからである。本書では，災害復興法学の輪郭と法学体系を根拠づけるために，このデータベース分析結果とグラフを多用する。客観的な数値と圧倒的なまでの生の声に裏付けられてこそ，体系化と類型化が可能だからである。

2.1.3　東日本大震災無料法律相談事例集の意義

　「東日本大震災無料法律相談事例集」は，追って詳述する「東日本大震災無料法律相談情報分析結果（第5次分析）」（2012年10月公表）の基礎となったデータベースを構成する約4万件の無料法律相談事例の中から，東日本大震災の実情を示す代表的な例として1,000件を抽出し，相談内容を報告書と同様の23類型（24類型目は「震災以外」の相談類型であるため省略した）に分類して列記したものである。不動産所有権の相談，借地借家などの賃貸借の相談，住宅・車・船などローン・リースの相談，保険，税金，離婚，消費者被害，労働問題

など様々な相談を掲載している。これに加えて，東日本大震災特有の法律相談である原子力発電所事故に関する相談も多くのページを割いて載録されている。また相談事例については，相談者の居住地と相談を受けた年と月が記載されている。このため，地域や相談時期などの特性・推移もある程度解析が可能である。相談事例の中には，東日本大震災の悲惨さを伝えるようなものの他に，震災後に新たな立法・制度の実現につながった相談事例や今後の課題を示すような相談も掲載されている。すなわち，東日本大震災無料法律相談事例集は，「被災者の生の声」を記録した資料[4]なのである。

2.2　災害時の無料法律相談に関する先行研究

2.2.1　東日本大震災前後の「無料法律相談」に関する研究

　東日本大震災が発生する以前は，災害時における無料法律相談事例の分析に関する先行研究は，「阪神・淡路大震災」（1995年）において復興支援活動を担った弁護士らによる研究・著作がわずかに存在するのみである。すなわち，前述した巨大災害後の弁護士による無料法律相談の機能を提示し，以後の弁護士の災害後の活動指針として示した永井幸寿弁護士による功績が先駆けとなる（永井 2005）。また，これらの実績を踏まえて，経済再生および企業の事業継続計画における弁護士の役割を初めて見出したのが，中野明安弁護士である（中野 2007）。これらを除き，東日本大震災以前においては，過去の弁護士の無料法律相談の実績を踏まえた検証は論文・研究という形ではおよそ検索されない（なお，実績報告書に類する論稿は一定程度検索される）[5]。

　東日本大震災後は，筆者および筆者が参画した共同研究あるいは共著論文（査読論文または特に対外的評価の高い専門雑誌への掲載論文に限定する）をおいて

---

[4]　日本弁護士連合会「東日本大震災無料法律相談事例集」（2013年3月公表）。執筆者（編集者）は，筆者を含む日本弁護士連合会災害復興支援委員会の委員長をはじめとする委員・幹事らである。

[5]　CiNii（学術情報ナビゲータ）による日本の論文検索などにおいて「災害」または「震災」，「法律相談」または「リーガル・ニーズ」，「分析」または「検証」などの文言（類似文言を含む）を組み合わせて検索した場合，2011年3月以前の論稿はほとんど存在していない。

ほかには，永井弁護士により，弁護士による災害時の無料法律相談の「5つの機能」等が提唱された（永井 2012）。また，弁護士が行った無料法律相談の実績や日弁連・弁護士会による立法提言の存在を強調し，東日本大震災に至る復興の歴史と背景となる法制度の課題をまとめたのが，阪神・淡路大震災の直後に弁護士となり，被災者支援・復興法制度の提言において常に先導的役割を果たしてきた，兵庫県弁護士会所属の津久井進弁護士である（津久井 2012）。津久井弁護士は，日弁連の「東日本大震災無料法律相談情報分析結果」（第4次分析）を引用して「立法措置のインセンティブとなる社会的な事実を集約することができた以上，その結果を，「人を救うための法」をつくる動きにつなげていかなければならない」と述べる（津久井 2012・17-19頁）。その他には，大災害後の「民事紛争」の傾向と実態に着目しその根拠資料として災害時の弁護士による無料法律相談の役割や実績を評価するもの（金子 2012）など，特定分野の検証において公表された無料法律相談事例の分析結果を活用するものが存在している。

2.2.2 筆者自身による研究

東日本大震災後に日弁連が無料法律相談事例の分析結果を公表したことで，これを素材としてさらなる研究と分析を行った筆者自身による先行研究を示す。

まず，弁護士の無料法律相談や政策形成活動に関する研究成果をまとめた専門書籍群のうち主要なものとしては，①『3.11大震災 暮らしの再生と法律家の仕事』（秋山ほか 2012。なお「東日本大震災におけるリーガル・ニーズと法律家の役割：無料法律相談結果からみえる被害の実像」（岡本・小山 2012）も収載されている），②『災害復興法学』（岡本 2014a），③『非常時対応の社会科学：法学と経済学の共同の試み』（齊藤・野田 2016），④『自治体の個人情報保護と共有の実務：地域における災害対策・避難支援』（岡本・山崎・板倉 2013）が挙げられる。

①では，弁護士が被災地で活動した具体的な支援の実績や発見した課題が，支援をした弁護士の論稿を中心にまとめられている。原子力発電所事故，避難所の運営，そして被災者の暮らしの支援など内容は多岐にわたる。このうち筆者と小山治氏による共著論文（岡本・小山 2012）は，弁護士による大災害後の無料法律相談事例の分析結果を初めて網羅的に紹介し，書籍の形で明らかにし

たものである。データベースの解説に重きを置いてはいるものの，無料法律相談の分析結果に対して評釈を加える形式を採用し，立法政策・復興政策における弁護士の役割を描こうとする，法的課題の体系化・法学類型化の原型となる論稿である。

②は，東日本大震災における無料法律相談分析の結果を詳細に示し，将来の危機管理政策・災害復興政策の指針を示す意味では，本書が論じるところと変わらない。ただし，被災者の「生の声」と災害復興政策の「息遣いが聞こえる軌跡」を表現することに重点を置いたため，災害復興法学の体系化・実定法学化という試みについては（仮に行間にそれが読み込めるとしても）明確には論証していない。また，公共政策大学院および法科大学院において，立法政策の課題を提示し学習するための教科書を想定したことから，筆者自身の思い描く新しい政策論をあえて記述せず，討論を促す部分もある（岡本2014a・プロローグ i-v）。したがって，本書が論証を試みる災害復興法学の体系的整理には課題を残している。

③は，法学研究者，経済学研究者，実務家の3分野の専門家が集い，東日本大震災後の政府の政策や社会事象を取り上げて，「法学」と「経済学」の視点から討論を繰り返した成果を，災害や金融危機などの「非常時」における社会科学の役割と課題として示すことを目的とした研究の成果である[6]。金融政策，原子力損害賠償政策，復興財政規律，災害法制と緊急事態条項など多分野における，経済学者と法学者との間の討論結果の集大成となっている。本書で筆者は，無料法律相談事例分析を通じて実現した災害復興法政策の軌跡を検討しながら，災害復興法制度のあるべき姿を示すことに挑戦している。そして，非常事態条項などのように中央が強力な権利行使を行う法制を目指すのではなく，自治体の現場に権限を下ろすべきこと，国はその都度課題を発見し，運用改善と法改正などを繰り返すべきことこそが，災害復興法制の在り方である旨を論

---

[6] 独立行政法人日本学術振興会「課題設定による先導的人文学・社会科学研究推進事業」における「非常時における適切な対応を可能とする社会システムの在り方に関する社会科学的研究」（2013年10月~2015年9月）。経済学者の代表者は齊藤誠一橋大学教授，法学者の代表者は野田博一橋大学教授（当時）であり，実務専門家として筆者が参画した。

じた（岡本 2016a）。しかし，このとき筆者が研究・討論の対象として取り上げた事例は，本書の先行研究のひとつでもある，災害時における個人情報の取扱いに関する研究（岡本・山崎・板倉 2013，岡本 2015a 等）のみであったため，「あるべき災害復興法制の考え方」を全体的に示すためには，本来はさらに説得的な論証が必要であったという課題を残している。

④は，東日本大震災において，被災した自治体（主に岩手県，福島県南相馬市，および仙台市）が「個人情報の取扱いと共有」に関して様々な課題に直面し，克服した経過を記録するとともに，新たに自治体が講じるべき災害対策と個人情報政策を紹介する実務解説書籍である。東日本大震災を経て多くの災害法制の改正や整理が行われたが，最終的に災害対策を担うのは県や市町村である。特に基礎自治体が保有する個人情報を災害時に利活用するための施策は，基礎自治体の独自の政策法務に委ねられている側面が多い。そこで，現行法規において最大限なしうる施策を，先進的な取組みを実現している自治体等の事例を個別に分析することにより紹介している。災害時における個人情報の取扱いという分野に限るものの，現行法の最先端かつ限界に挑戦した先行研究といえる[7]。

次に，主要な論文について筆者自身の先行研究を列挙する。

東日本大震災直後からのものとしては，「NBL Square 東日本大震災 法律相談情報分析結果の概要：被災地域に応じた支援と復興」（岡本 2011a），「東日本大震災 法律相談の傾向と対策：被災地域に対する集中的リーガルサポートの必要性を訴える」（岡本 2011b），「東日本大震災における原子力発電所事故等に関する法律相談の動向：被災当時の住所が福島県の相談者に着目して」（小山・岡本 2011），「東日本大震災における原子力発電所事故等に関する法律相談の内訳とその推移：「損害賠償」等に着目した詳細解析」（小山・岡本 2012a），「東日本大震災法律相談解析結果から導く行政機関の新業務継続計画（新行政BCP）」（岡本 2012），「宮城県における東日本大震災に関するリーガル・ニーズの実態：市町村単位の分析（1）」（小山・岡本 2012b），「宮城県における東日本

---

[7] 筆者は，国（当時の所管は消費者庁）が主催する「個人情報保護法に関する説明会」の講師を 2012 年度から 2015 年度までの 4 年間にわたり，全国 22 箇所で担当し，主として，岡本・山崎・板倉 2012 が提唱する自治体施策について解説を実施してきた。

大震災に関するリーガル・ニーズの実態：市町村単位の分析（2・完）」（小山・岡本 2012c），等がある。いずれも，東日本大震災後の日弁連「東日本大震災無料法律相談分析結果」（ただし「第 1 次分析」から「第 4 次分析」まで）として公表された数値を，ほぼリアルタイムで解析・分析して，そこに弁護士による無料法律相談の役割を見出し，実証を試みた論稿である。分析の基礎となるデータは，時間経過とともに件数が増大し，分析の精度も高まりを見せている。その途上で作成されたのが，上記の論文群ということになる。特に，「宮城県における東日本大震災に関するリーガル・ニーズの実態：市町村単位の分析」（小山・岡本 2012b，同 2012c）は，東日本大震災の被害態様を数値化した公官庁データ（津波浸水率，建物全半壊率，死者・行方不明者率等）や被災地の自治体の統計データ（高齢化率，持ち家率，借家率）と，当該自治体である無料法律相談の類型が占めた割合について，散布図を用いて相関関係を分析した点に独自の先行研究としての価値がある。

その後の「公民連携による情報提供と新しい危機管理デザイン：行政，民間団体，専門家の連携による災害時の情報提供ルート複線化」（岡本 2013），「「災害復興法学」の創設にみる東日本大震災後の政策課題：地域の個人情報政策における「防災リーガル・リテラシー」の必要性」（岡本 2014b），「法律家等の専門職による復興情報提供の必要性：復興と生活再建に必要な情報を必要な者へ届けるために」（岡本 2014c），「東日本大震災無料法律相談の分析と災害復興法学の展望」（岡本 2015b），「Analysis of Free Legal Counselling for the Great East Japan Earthquake and the Outlook for the Field of Disaster Recovery and Revitalization Law」（岡本 2017d）などは，「東日本大震災無料法律相談分析結果」の最終報告書である「第 5 次分析」がベースとなっている。無料法律相談の分析という側面にとどまらず，将来の災害復興法政策や危機管理政策に言及し，そのための「災害復興法学」という教育体系の構築を提言するものとして，新たな考察に踏み出したものである。「東日本大震災」というひとつの災害を通した無料法律相談事例の検証という意味では，これらが一種の到達点ということになる。

東日本大震災発災直後のリーガル・ニーズだけではなく，その後の時期や，その後起きた別の大災害におけるリーガル・ニーズとの比較検証を行った先行

研究として，「災害復興・東日本大震災と法律家の役割　被災地のリーガル・ニーズと復興法政策 5 年の軌跡」（岡本 2016b）がある。東日本大震災においても災害直後 1 年間の分析結果であった「東日本大震災無料法律相談情報分析結果」に加え，陸前高田市の数年間にわたる仮設住宅巡回相談において明らかになったリーガル・ニーズの分析をも試み，中長期における弁護士の無料法律相談活動の意義を論じた。

「東日本大震災を教訓とした弁護士の防災・減災活動：災害復興法学の展開と災害派遣弁護士の浸透に向けて」（岡本 2016c）では，東日本大震災以外の災害として「広島土砂災害」（2014 年）におけるリーガル・ニーズとの比較検証を実施した。東日本大震災で把握したリーガル・ニーズが，広島土砂災害という局地的災害のリーガル・ニーズとも共通することを実証する最初の研究となっている。

「東日本大震災・広島土砂災害・熊本地震のリーガル・ニーズ分析と弁護士の役割」（岡本 2017a），「熊本地震におけるリーガル・ニーズと復興政策への反映（上）：東日本大震災との比較検証・被災者生活再建支援法の見直し」（岡本 2017b），「熊本地震におけるリーガル・ニーズと復興政策への反映（下）：東日本大震災との比較検証・被災者生活再建支援法の見直し」（岡本 2017c）では，「熊本地震」（2016 年）におけるリーガル・ニーズを分析し，東日本大震災等におけるリーガル・ニーズとの比較検証を行っている。特に，岡本 2017a は，3 つの大災害について，そのリーガル・ニーズを比較検証した最初の先行研究となっている[8]。

これらの先行研究は，本書が最終目的とする災害時の「リーガル・ニーズ」の普遍性や，それ故の災害復興法学教育の必須性に繋がる成果を示す先行研究として位置付けられる。

---

[8]　ただし，学術面における対外的発表としては，「法と経済学会　2016 年度（第 14 回）全国大会」の特別セッション「熊本大学「熊本復興支援プロジェクト」と震災復興のパネルディスカッション」における筆者の招聘講演（報告）「復興の叡智を復興へ活かす：東日本大震災・広島豪雨・熊本地震のリーガル・ニーズの実相と復興政策の軌跡」（2016 年 11 月 6 日実施）が最初である。

2.3 公共施策および災害復興法制に関する先行研究

本書は，無料法律相談事例の分析結果を軸として，災害対策・災害復興・防災・危機管理分野における「公共政策学」または「立法政策学」の新しい領域を提案するものである。そこで，本書で触れることができるのはごくわずかであるが，公共政策（立法政策）および災害復興法制に関する先行研究を紹介することで，「災害復興法学」の輪郭を明確にすることを試みる。

2.3.1 公共政策・立法学の先行研究

まず，わが国の法改正や運用改善の過程を示した立法政策分野の研究のうち，特に個別の法改正などを明確な題材として，その過程を詳細に描き出した立法過程の実証的研究（主に立法過程論の研究）として，『立法学研究：理論と動態』（小林 1984）がある。独占禁止法，労働法制等が構築される戦後の立法過程を題材とし，法令そのものの作られ方，制度構築プロセスを詳述することで，法解釈学の先にある法政策学の重要性を論じている。「法の解釈＝適用（とくに裁判）は，それ自体一つの立法的な創造性を持つのであるが，法学は単に与えられた法規の枠に自らをくくりつけるにとどまらず，進んで解釈の拠りどころ（法源）たる法規が生み出されるところまで，分析と研究の眼をさしむけるべきである」（同・8頁）との指摘は現代においても全く色褪せることがない。『生活のための制度を創る：シビル・ロー・エンジニアリングにむけて』（大村 2005）も，理念として本書との共通項を見出すことができる。これらは，取り上げた事例の大小の区別はあれ，いずれからも，アドホックな市民・業界のニーズをいかに「立法事実」に仕立て上げ，それをもとに行政作用を決定付ける法律案に落としこむかについて検証している。

また，「公共政策学」とは何かを正面から問い，膨大な政策論に関する研究を列挙するものとしては『公共政策学の基礎 新版』（秋吉・伊藤・北山 2015）がある。公共政策学を「政策プロセスでの事象の観察と一般化・理論化によって得られるもの」（同・23頁）とする点は，災害復興法学が実定法学足りうるかを思考する上での大きな手掛かりである。

阿部 2003 は「法律学は，既存の法制度の趣旨・意味を探求する解釈学のほかに，新しい法制度を設計する「政策法学」に重点を以降すべき」（同・5頁）であり，「現行法で政策目的を達成できないなら，立法論を行う」（同・47頁）べきとする。災害復興法学の体系化は，まさにこれらの研究成果を防災・危機管理・災害復興の分野で実現させようするものである。

立法技術論・手法論の先行研究への言及も避けられない。詳細に日本の行政省庁の意思決定プロセスを分析したものとしては，『中央省庁の政策形成過程：日本官僚制の解剖』（城山・細野・鈴木 1999）および『続・中央省庁の政策形成過程：その持続と変容』（城山・細野 2002）が存在する。政策立案の最前線で政策が生まれステークホルダーとの合意形成と立法に至る平常時の行政作用と立法作用の実態を解析した唯一無二の研究成果といえる。これに対し，災害復興法学は，緊急に対応すべき災害時の立法政策の在り方，そしてこれら既存の枠を超えた法政策実務の在り方を論じようという側面を有している。また，『実務立法演習』（山本 2007）は，内閣法制局の立場から立法事実の整理を出発点として，法令の立案の心構えについても言及する実践的研究の成果である。特に「演習」として，15 本の立法実例から「立法事実から説き起こして立法方針と法律事項を説明し，できあがった法律」（山本 2007・ⅲ）の立法技術を分析している。

さらに，国の法制度を補完し，あるいはより国民（住民）のニーズを反映させる政策論，すなわち自治体政策論の価値を示す研究として，『環境法 第3版』（北村 2015）および『自治力の爽風』（北村 2012）が参考になる。中央省庁において政策立案がなされたとしても，市民社会の現実の生活に密着した政策形成を果たす役割を担うのは自治体である。それらは，いわゆる横出し・上乗せが認められる分野においては条例策定によって実現され，そうでなければ自治体から国に対する立法要請によって成立することがある。北村教授は，特に環境法分野で国の制度を補完し，あるいは越えていく具体的な条例を数多く研究対象としている。人々の生活に直接影響する環境法分野において，解釈論にとどまらない「環境法政策の目標」論（公共政策論）にまで着目する点も大変示唆に富んでいる。「環境法」が「実定法としても学問としても，まだ歴史の浅い法分野」であると述べつつも，「とりわけ環境法学としては……実定環境

法や裁判例を分析することにより，立法や行政の決定を違法と評価することのできるような斬れ味鋭い法原則の探求」を目指す「動態的な」学問であるとしている（北村 2015・54-57 頁）。さらに，「解釈論よりも法政策論が豊かになることが，社会としては正常な状態と考えるべきである。解釈論こそが法律論と思うのは，大きな勘違いである」（同 2015・70 頁）とまで述べて，環境法では法政策論が占める位置が大きいとしている。そして，「法律は，真空状態のなかで生成するものではない。社会の動きに反応し，既存法を否定・補完・改革し，新たな発想を包み込み，試行錯誤を繰り返しながら，生まれ，育っていくのである」（北村 2012・奥付部分刊行のことば）と宣言する。「災害復興法学」は，まだ産声を上げられるかどうかすら定かな領域ではない。しかし，被災者のリーガル・ニーズを分析した結果は，自治体から国に対して要望され，実現される経過も数多い。地域社会における日常生活の裏返しこそが，災害時の被災の姿であると言い換えることもできる。災害復興分野において公共政策の意義を問う上で，すでに学問体系として確立する環境法政策分野が法学として確固たる地位を示すことになった歴史的経緯こそ，災害復興法学が目指すべき方向性であると考えられる。

2.3.2 災害復興の法制度・成文法の体系化に関わる先行研究

次に，災害復興法制の分野について類型化・体系化を試みようとする先行研究としては，『自然災害と被災者支援』（山崎 2013），『防災法』（生田 2013），『大規模災害と行政活動』（鈴木 2015），『最新 防災・復興法制 災害予防・応急・復旧・復興制度の解説』（佐々木 2017）等を列挙することができる。いずれも東日本大震災以降にまとめられたものであるが，これは，東日本大震災後に，多くの法改正・新規立法が成立し，様々なステークホルダーに影響が及ぶ恒久立法が出現したことで，各法学の分野においても研究が進んだことが背景にあるため，と推測される。

山崎 2013，生田 2013，佐々木 2017 は，いずれも成文法ごとの解説を通じて防災・災害復興法制の体系化を試みる先行研究である。山崎 2013 は，憲法学者・行政学者の視点から「被災者支援」という被災者個人の生活の延長上にある法学分野の体系化を試みている点に価値があり，災害対策後の実務書として

も極めて有効に活用できる。生田 2013 は，長年にわたり災害復興法制を研究してきた第一人者によるものであり，より俯瞰的かつ体系的に災害分野（防災分野）の法律を列挙し，全体像を示す基本書・法律教科書としての価値が高い。またその一方で，残された法律ごとの課題を明記しているなど示唆に富む。佐々木 2017 は，東日本大震災後の内閣府官房審議官（防災担当）という様々な復興関連立法の責任者を経験した立場から，東日本大震災後の法改正や運用改善を踏まえた災害復興分野の法制を網羅的にまとめたものである。防災から復興までを時系列で一気通貫に参照できる文献であり，基本書と実務書の双方の役割を果たすものである。これらに対し，鈴木 2015 は，東日本大震災後の法改正や運用改善について，規制緩和（震災時緩和）に焦点を当ててその類型化を試みている。東日本大震災後の規制緩和は，被災者，被災企業，支援関係者らのリーガル・ニーズの解明があってこそ実現しているものであり，災害復興法学の視点と共通項を見出すことができる。

　日本災害復興学会は，2017 年 3 月発刊の学会誌「復興」において，「法学界においても確固とした学問分野としての擁立を意図した，いささかチャレンジ的なテーマ設定を行いました」と断りつつも「災害復興法学の構築」と題した特集を組み，法学研究者と法律実務家（弁護士）による災害と法に関する重点課題の論稿を多数掲載した（日本災害復興学会 2017）。また，この日本災害復興学会 2017 に収載されている，災害法制に関する法学者や法律実務家の研究実績を詳細に取りまとめた「東日本大震災における法学者・法実務家」（飯 2017)[9] は，東日本大震災後における法分野の研究成果の蓄積について評価しつつも，「法分野において，災害研究の関心が高まりを見せていることは疑いない。他方，災害法の分野は確立されておらず，論考は的確な位置付けを与えられていないため，災害への法学の研究関心が一過性のものにならないよう注意を要する」（飯 2017・11 頁）としている。「災害復興法学」の研究は，被災者のリーガル・ニーズから，帰納的に災害復興法制の課題を類型化・体系化し，災害法制の研究と実学のプラットフォームの構築を目指すものであり，現状課題とされている「災害法の分野」の確立に寄与することを目指すものである。

---

9)　飯 2017 では，岡本 2014a および岡本 2016c が法律実務家の災害法に関する研究実績の例として紹介されている。

2.3.3 災害復興と公共政策・立法政策に関する先行研究

正面から災害復興と「政策」について論じる先行研究としては,『大震災の法と政策：阪神・淡路大震災に学ぶ政策法学』(阿部 1995),『災害復興の法と法曹』(松岡・金子・飯 2016) が挙げられる。

阿部 1995 は,阪神・淡路大震災の現場で気付いた課題を正面から捉え,「「被災者の救援と被災地の復興」という政策課題の解決のためには,工学,理学,社会学,政治学,経済学とか解釈法学だけでは不十分で,「政策の課題を合理的な法制度として設計する政策法学」が必要である」(阿部 1995・はしがきiii 頁) とする。被災地のフィールドワークによる課題の発見から解決策の提示まで示唆するボトムアップの政策論の視点は,今なお災害復興と立法・政策を語る上での指針となる。何より,被災者支援と経済復興の現場の視点から「罹災都市借地借家法の不合理」「災害時のマンション法制」「個人不補償原則の突破」「災害救助法の柔軟運用」など,後世において現実の法制度となる具体的施策の制度設計や立法政策を提言しており,災害復興法学の文字通りの先行研究書である。

松岡・金子・飯 2016 は,災害後の政策実現における法曹の関与をテーマとしている。災害関連死,原子力損害賠償実務の推移,災害後の住宅の確保等について,法学者が法曹実務家（弁護士）の活動に正面から注目して編纂している。そのうえで,「人間の復興」に着目し,いまだ日本に存在しない災害復興基本法の策定提言を行っている。政策提言要素が高い書籍であり,かつ被災者個人の権利とその回復に着目する視点で編集されており,本書で論じる「災害復興法学」的なアプローチとの共通項を見出すことができる。

また,東日本大震災後の原子力政策を中心に,政治決定・公的決定の過程を記録し,政治学的側面から構造解明を試みた研究として『政治過程と政策』(辻中 2016) が存在する。災害復興法学の輪郭を形作る「リーガル・ニーズ」も,「政治決定」「公的決定」を支える事実の一つである。

憲法 13 条の幸福追求権や個人の尊厳,あるいは憲法 25 条の生存権の積極的な解釈により復興を「公私を問わず国土及び構造物等,経済,文化,産業,労働環境及びコミュニティならびに市民の心身及び生活全般等について,その被害を速やかに回復し,これらの再生ないし活性化を図ること」と定義し,災害

後の「人の復興」に着目した「復興基本法」を提言するものとして,『災害復興とそのミッション:復興と憲法』(片山・津久井 2007) がある。ここでは,被災者生活再建支援法,災害時要援護者と個人情報の取扱い,災害救助法の課題などを例として,復興法制度の理念の整理を試みている。災害復興の体系を提唱する原点ともいうべき先行研究書籍として挙げることができる。「災害復興法学」は,災害時における被災者のリーガル・ニーズから,さらにその体系・法的課題を精緻化しようとする試みである。さらに,個別の制度に関してではあるが,『Q&A 被災者生活再建支援法』(津久井 2011) や前述の津久井 2012 は,弁護士としての豊富な被災者支援・復興提言の経験・実績を踏まえて,被災者生活再建支援法の成立過程とその課題を浮き彫りにした研究を含んでいる。被災者生活再建支援法の成立経緯,法改正の実績は,既存の法解釈の先の立法政策の存在を見極める上で最良のモデルケースと考えらえる。また,残された課題も浮き彫りにしている点は,災害復興法学による政策過程の記録の手法として参照すべきものと思われた。

災害後の公共政策に関わる研究に関連するものとしては,国の各省庁,被災自治体,弁護士をはじめとする法律関係士業の活動をとりまとめた『3.11 大震災の記録:中央省庁・被災自治体・各士業等の対応』(震災対応セミナー実行委員会編 2012) があり,筆者も監修者の一人である。国,自治体,専門職の災害復興支援に携わった当事者により,東日本大震災後の応急対応・生活再建の実績を記述し,一同にとりまとめた貴重な先行研究である。

2.4　無料法律相談と災害復興法学の関係性

「災害復興法学」の実定法学性を検証する基礎となるのが,無料法律相談事例を分析して得られた被災者のリーガル・ニーズに関するデータセットの存在である。データベースの構築は,当然ながら筆者個人の意思決定により実現するものではない。したがって,データベースの構築それ自体は,日本弁護士連合会や各弁護士会による公式な活動と報告発表に依存する。そこで,東日本大震災 (2011 年),広島土砂災害 (2014 年) および熊本地震 (2016 年) における無料法律相談と災害復興法学の関係性を,第 3 章以降の本論に先立ち,概説し

ておく。

　東日本大震災においては，日弁連により「東日本大震災無料法律相談情報分析結果（第1次分析）」（2011年6月公表）から同第5次分析（2012年10月公表）までが作成・公表された[10]。最終的に集約できた無料法律相談件数は4万件に及んだ。また，広島土砂災害においては，広島弁護士会により「平成26年（2014年）8月広島市豪雨災害無料法律相談情報分析結果（第1次分析）」（2015年8月公表）が作成・公表された[11]。発災から1年間で実施された無料法律相談250件が分析対象となった。熊本地震では，2017年3月31日現在では，日弁連により「熊本地震無料法律相談データ分析結果（第2次分析）」（2016年12月公表）までが作成・公表された[12]。データベース化された無料法律相談件数は8,000件を超えるものとなった。なお，これらの分析手法やデータの意義については，第3章から第5章において詳細を論じる。

　これらの報告書の特徴は，①弁護士によってデータ・クリーニングを徹底して実施したこと，②公表段階での拙速な評価・解釈を極力排除したことにあると考えられる。報告書には，被災地域（自治体）ごとの法律相談傾向と，時間

---

10) 日本弁護士連合会「東日本大震災無料法律相談情報分析結果（第1次分析）」（2011年6月）から「東日本大震災無料法律相談情報分析結果（第5次分析）」（2012年10月）までの5つの報告書群からなる。日弁連災害対策本部の嘱託弁護士として筆者および杉岡麻子弁護士が取りまとめ役を担った。また，データベース化の実務指揮は，日弁連情報統計室所属の小山治研究員（なお，筆者の共同研究者として本書で登場する小山治氏と同一人物である）および朴炫貞研究員が担った。

11) 広島弁護士会「平成26年（2014年）8月広島市豪雨災害無料法律相談情報分析結果（第1次分析）」（2015年8月）。「平成26年（2014年）8月広島市豪雨災害無料法律相談情報分析結果（第1次分析）報告書」および「平成26年（2014年）8月広島市豪雨災害無料法律相談情報分析結果（第1次分析）図表」から構成されている。データ分析の手法は，「東日本大震災無料法律相談情報分析結果」の手法を完全に踏襲している。筆者および小山治氏がデータベース化の段階から作成に協力した。

12) 日本弁護士連合会「熊本地震無料法律相談データ分析結果（第1次分析）」（2016年8月）および「熊本地震無料法律相談データ分析結果（第2次分析）」（2016年12月）。おおむね東日本大震災および広島土砂災害における分析手法が踏襲されている。ただし，第2次分析では，日弁連の作成担当者による一定の評釈が加えられているのが特徴である（日弁連の見解に対する論評は本書第5章を参照）。なお，最終報告書として「熊本地震無料法律相談データ分析結果（第3次分析）」（2017年7月）が存在する。

経過ごとの法律相談傾向が淡々と数値で記されている。視覚化するために一定の図表を作成しているが，中立的な視点は維持されている。筆者は，だからこそ，これらに大きな価値があると考える。データの解釈と将来への活用は，データを作成した日弁連や弁護士会だけが行うべきではない。産学官のあらゆるステークホルダーが，それぞれの専門分野と経験則から解釈し，利活用するものでなくてはならない。そうであれば，データの作成と公表は淡々と中立性・正確性・迅速性を期して行われることが期待される。日弁連や広島弁護士会のデータ公表は，こうした期待に十分応えるものと評価できる。

弁護士は「無料法律相談」という活動ができる唯一の存在であり，さらに無料法律相談の結果を分析する能力のある唯一の存在である。しかし，その結果「数値化」「視覚化」された被災地のリーガル・ニーズは，万人にとっての情報資源・財産であるべきと思われる。「災害復興法学」は，公表された「被災者のリーガル・ニーズ」に関するオープンデータを，災害復興法制度分野の公共政策に積極的に活用しようとする取組みである。

また，東日本大震災の71名の被災体験を収載したものとして『3.11慟哭の記録：71人が体感した大津波・原発・巨大地震』（金菱2012）がある。当事者自身の筆による圧倒的なまでの迫力と悲壮が入り混じる「震災エスノグラフィ」として高い価値がある。この被災者自らが語る体験談と，生活再建の課題に特化して聴取した「無料法律相談事例集」の情報は，相互に被災地の声の真実性を補完する役割を果たすものと考えられる。また，東日本大震災の復興に関わるステークホルダーが復興政策やまちづくり等について討論した結果をそのままの言葉で記録する『みやぎボイス：333人による一人称の復興史 みやぎボイス2016』（みやぎ2016）は，弁護士による各種政策提言の背景事情を深掘りするうえで参考になる記録である。

2.5　災害復興法学の位置付け

以上を踏まえると，災害復興法学が体系化しようとする法学類型の輪郭が見えてくる。

すなわち，災害復興法学の体系化とは，「被災者のリーガル・ニーズ」（「東

日本大震災無料法律相談分析結果」等)を以て，災害復興法制度に横串を刺そうという取組みである。

　成文法を軸に災害復興分野の法制度を体系化しようとする先行研究においては，そもそも日本の防災・危機管理・災害応急対応・復旧・復興を一気通貫した基本法が存在していないことから，法律ごとの縦割の解説・解釈論の呪縛と闘わなければならない。山崎 2013 はそれを被災者支援への貢献という視点でまとめ「被災者支援法」として体系化し，佐々木 2017 は自治体の運用実務に有益な時系列を重視して「災害復旧復興実務」として体系化した。また，東日本大震災後の規制緩和の実際動向から災害対応の法的手法の体系化を試みようとする先行研究（鈴木 2015）は，「災害後の法運用の規制緩和」という軸で，現行法制の限界と法的な災害復興対応の類型化を試みた。

　これらに対し，災害復興法学の体系化に当たっては，災害法制における具体的な成文法や，結果として実現した規制緩和（運用改善）などの成文かつ旧来の実定法的な法律・運用実例を軸としない。災害復興法学の輪郭を検証するための「縦軸」は，類型化された被災者の「リーガル・ニーズ」であり，具体的な社会的事象（生の事実）である。社会的事象の解決に資する法規範とはどうあるべきか，いかなる法改正等の実績でこれを克服したか，という視点から災害復興法制をまとめることにより，「災害復興法学」の実定法学的位置付けが明らかになると考えられる。また災害復興法学の輪郭を検証するための「横軸」は，縦軸の解決に資する個別の法改正に加え，実際に法律実務家である弁護士が実施すべき「分野横断的な政策」を論ずることで明らかにしていく。

　過去の特定の災害における法解釈の限界と政策上の課題の提唱（阿部 1995）を受けて，東日本大震災，広島土砂災害，熊本地震により，災害復興において不可欠な法規の体系化への寄与を目指すのが「災害復興法学」の目的である。そして，災害復興法学が類型化する分野は，「災害」という人的物的被害が発生している現実の危機への立法政策対応である。平常時における各省庁の意思形成過程を把握しようとした先行研究（城山・細野・鈴木 1999，城山・細野 2002）を踏まえたうえで，なおその慣例を乗り越え，迅速な法改正を実現するためのダイナミックな政策提言と政策形成過程・手法を記録し伝承するという位置付けを持つ。被災者のリーガル・ニーズを起点としている以上は，その解

決のためには，既存の法律の解釈論以上に，従来の運用や法解釈がなされる背景，さらには法律そのものが，災害後にどのように改善と変革の道筋を辿ったのかという，公共政策・立法政策学的な事実経緯を追いかけることが不可避となる。公共政策学としての災害復興法学の類型化と体系化の提唱は，この文脈で論じることができると思われる。

第3章　東日本大震災無料法律相談情報分析結果

3.1　東日本大震災の分析結果報告書の概観

3.1.1　リーガル・ニーズの分析手法
(1)　リーガル・ニーズの意義

　「災害」と「リーガル・ニーズ」という言葉を直接組み合わせて執筆された筆者および共同研修者以外の先行研究（論文）は見当たらず，何を以て被災者の「リーガル・ニーズ」と定義するかは，その概念の抽象性ゆえ難問の一つである。しかし，衣食住・医療福祉・社会資本整備に関わる「目に見える」人的・物的支援ニーズが存在するのであれば，一方で，将来の生活再建や事業再生への不安という「目に見えない」支援ニーズも存在しているはずである。この「目に見えない」支援ニーズにこそ，法制度またはこれに準ずる支援制度の適用によって応答することが求められる。本書では，「リーガル・ニーズ」とは，法律の解釈や法律を根拠とした制度情報の提供によって全部または一部を解決することができる，または解決することが望まれる個人や事業者の要求や悩み事を差すものと定義する。「災害復興法学」の研究においては，日本弁護士連合会（日弁連）が作成・公表した「東日本大震災無料法律相談情報分析結果」（以下本章では単に「報告書」と記載する場合がある）を基礎に，「リーガル・ニーズ」を把握する。すなわち，いかなる地域で，どのような相談類型が，他の相談と比較して高い割合を示すかを，客観的な数値と視覚的な図表等によって明らかにする。

(2) 分析基礎資料となる無料法律相談事例の集約

　分析の対象は，日弁連「東日本大震災無料法律相談情報分析結果（第 5 次分析）」の基礎となった 40,396 件の無料法律相談事例である。2011 年 3 月中旬から 2012 年 5 月下旬頃までの相談が含まれる。相談窓口は，日弁連と各弁護士会が日本司法支援センター（法テラス）とともに実施した相談がそのほとんどを占める（表3-1）。これ以外に，弁護士個人が独自に実施した相談，他の専門士業団体（たとえば「災害復興まちづくり支援機構」[1]等）やボランティア等と連携して実施したものも含まれている。一方で，当時の原子力損害賠償支援機構[2]や弁護士が組織した原子力損害賠償に関する弁護団が主催する法律相談など，原子力損害賠償問題に当初から特化して開催される相談の実績は含まれていない。

　具体的な相談内容（被災者からの聴取・質問事項と弁護士による回答の概要）は，弁護士による面談相談・電話相談の実施の際に，その場で担当弁護士によって「法律相談票」や「電話相談カード」（相談票）に記録される。弁護士有志や他団体が主催したものを除けば，全件が，実施主体である日弁連または各弁護士会に報告される。このため，主に都道府県単位での網羅的な無料法律相談情報の収集としては相談票こそが最良の資料と評価できる。日弁連災害対策本部に送付されるのは，この相談票の原票のスキャンデータまたは，相談票からエクセルにそのまま転記されたテキストデータである。相談票には，各都道府県により多少の様式の差はあれ，相談担当の弁護士が直接自由に記述する「相談内容」欄がある。そして，あらかじめ印字された相談項目（類型）の選択肢が存

---

1) 首都圏における大規模災害の発生に対応するための多職種多士業の連携を目的として 2004 年に設立。東京都内の 3 弁護士会をはじめとする正会員 18 団体（2017 年 3 月 31 日現在），団体賛助会員，個人賛助会員らで構成されている。東京都等の行政機関との防災訓練や防災イベントの共催のほか，東日本大震災，伊豆大島土砂災害，熊本地震ほか数多くの災害において支援実績がある。伊豆大島土砂災害についての活動は，『災害復興法学』（岡本 2014a・231-235 頁）に詳しい。

2) 原子力事業者の損害賠償のために必要な資金の交付等の業務を行うこと等を目的として，2011 年 9 月 12 日に政府と原子力事業者等 12 社が折半して資本金を出捐して設立。「原子力損害賠償支援機構法の一部を改正する法律」施行により，2014 年 8 月 18 日「原子力損害賠償・廃炉等支援機構」に改組。

表3-1　主な無料法律相談窓口と分析対象の相談期間

主な法律相談窓口	相談形態	相談受付期間
日本弁護士連合会，東京弁護士会，第一東京弁護士会，第二東京弁護士会	電話・面談	2011.03.23～2012.05.31
岩手弁護士会	電話	2011.03.22～2012.04.27
岩手弁護士会	面談	2011.03.29～2012.04.27
仙台弁護士会	電話	2011.03.23～2011.10.07
仙台弁護士会	面談	2011.03.26～2011.12.28
福島県弁護士会	電話	2011.03.29～2012.05.31
福島県弁護士会	面談	2011.04.02～2012.05.30
茨城県弁護士会	電話	2011.03.28～2011.07.29
千葉県弁護士会	電話	2011.04.04～2011.04.10
千葉県弁護士会	面談	2011.08.20～2012.03.03

日弁連『東日本大震災無料法律相談情報分析結果（第5次分析）』（2012年10月）の「第1　無料法律相談分析の概要」vi頁より抜粋。

在しており（多くは後述の表3-2と類似する項目が存在する），相談担当弁護士が自らこれを選択する。このため，類型が複数にわたることもしばしばある。

(3)　無料法律相談事例の分類・類型化作業

　日弁連災害対策本部では，弁護士が，相談内容欄の自由記述を改めて精読する。そして，筆者が担当して策定した日弁連災害対策本部の統一したルールにより「24類型」に再分類する（表3-2）。すでに述べた通り，現場で相談票を作成する時間は極めて短く，30分から40分程度の相談終了と同時に書き上げるか，相談終了から次の相談が開始されるわずか数分を利用して書き上げるしかない。そのため，相談原票の記述のままでは，必ずしも相談内容と一致する正しい類型が選択されているとは限らない。また，相談担当弁護士が，相談当時には気が付かなかった分類可能な類型も発見される可能性が高い。

　当該「24類型」は，東日本大震災特有のものではなく，法テラスや弁護士会の法律相談において，日頃利用される法律相談結果の記録報告書の様式を若干修正したものである。具体的な修正点は，①「22　原子力発電所事故等」という相談類型を新たに追加したこと，②平常時であれば「行政相談」を分類する項目を，被災者支援に関わる法令が多いことを受けて「12　震災関連法令

表 3-2　東日本大震災の無料法律相談内容の内訳（24 分類）

番号	分類名	内容
1	不動産所有権（滅失問題含む）	・主として土地および建物の毀損に関する所有権問題，滅失登記や権利証の紛失等を分類。 ・滅失等した住宅のローンの問題については「9」に分類。 ・毀損した不動産による近隣土地所有者等との損害賠償，妨害排除請求権等の問題については「6」に分類。 ・毀損した住宅等に対する行政給付の問題については「12」に分類。 ・新築建物完成後引き渡し前，不動産売買契約後引き渡し前の目的物滅失による危険負担に関する問題については「20」に分類。
2	車・船等の所有権（滅失問題含む）	・主として車・船舶等の毀損に関する所有権問題，保管中の車の損壊をめぐる損害賠償問題等を分類。 ・滅失した車・船舶等のローン，リースについては「9」に分類。 ・車等の損害保険については「11」に分類。
3	預金・株等の流動資産	・預金通帳，有価証券等の滅失等の問題を分類。
4	不動産賃貸借（借地）	・土地の賃貸借契約に関する問題を分類。
5	不動産賃貸借（借家）	・建物の賃貸借契約に関する問題を分類。
6	工作物責任・相隣関係（妨害排除・予防・損害賠償）	・土地建物の損壊による工作物責任（損害賠償）問題，集合住宅の水漏れ等に関する損害賠償問題，その他相隣関係等の問題を分類。
7	境界	・境界の損壊に関する費用負担，境界の確定等の問題を分類。
8	債権回収（貸金，売掛，請負等）	・債権回収に関する問題を分類。
9	住宅・車・船等のローン，リース	・住宅・車・船舶のローン，リース等に関する問題を分類。
10	その他の借入金返済	・「9」以外の借入金に関する問題を分類。
11	保険	・損害保険（火災保険，地震保険，自動車保険），生命保険，共済等に関する問題を分類。
12	震災関連法令（公益支援・行政認定等に関する法解釈等）	・被災者生活再建支援法，生活保護の受給，災害救助法等の震災関連法令の適用・法解釈，義援金の受領，仮設住宅や行政の各種認定に関する法解釈に関する問題等を分類。

番号	分類名	内容
13	税金	• 税金に関する問題を分類。
14	新たな融資	• 新たな融資制度,融資に関する震災関連法令の適用,解釈等に関する問題を分類。
15	離婚・親族	• 震災に関連する親族間の問題,後見制度等に関する問題等を分類。
16	遺言・相続	• 遺言,相続,失踪宣告,認定死亡制度等に関する問題を分類。
17	消費者被害	• 震災に関連する消費者被害に関する問題を分類。
18	労働問題	• 雇用契約に関する労使の問題,雇用保険等の問題を分類。
19	外国人	• 外国人特有の問題を分類。
20	危険負担・商事・会社関係	• 会社および事業者等に特有の問題,売買契約における目的物の滅失等に際しての危険負担の問題等を分類。
21	刑事	• 刑事事件に関する問題を分類。
22	原子力発電所事故等	• 原子力発電所事故等に関する問題を分類。
23	その他	• 「1」〜「22」には,ただちに該当しない相談内容を分類。 • たとえば,住宅に付随する給湯器の損壊等に関する問題等を分類。
24	震災以外	• 震災とは無関係あるいは関係が希薄な相談内容を分類。

日弁連「東日本大震災無料法律相談情報分析結果(第5次分析)」(2012年10月)の「第1 無料法律相談分析の概要」ii-v 頁の内容から筆者が作成した。

(公益支援・行政認定等に関する法解釈等)」と呼称したことの2点である。

　なお,法律相談の件数が1件であっても,その中には異なる類型の相談が複数含まれている場合がある。そのような場合は,最大3つの法律相談に分類することとした。社会調査などで行われるアンケート質問調査でいえば,「複数回答式質問文」に相当する。このため,分類され相談割合が示された各項目の値(%)を合計すると100%を超えるものとなる。全40,396件の相談のうち,1件の相談について1つの類型に分類した件数は33,911件(83.9%),同じく2つの類型に分類した件数は5,629件(13.9%),同じく3つの類型に分類した件

数は 703 件（1.7%）である。なお相談内容が不明で分類不能な相談も 153 件（0.4%）存在した。分類不能な相談については，相談実績の全件数には参入するが，個別の地域（県，市町村，群，一定の行政区等）の相談傾向を分析する上では，原則として分析対象から除外している。

3.1.2 リーガル・ニーズの分析結果とその公表

「東日本大震災無料法律相談情報分析結果」の公表は，第 1 次分析（2011 年 6 月），第 2 次分析（2011 年 8 月），第 3 次分析（2011 年 10 月），第 3 次分析追補（2011 年 11 月），第 4 次分析（2012 年 3 月），第 5 次分析（2012 年 10 月）の全 6 回に及んだ。

第 1 次分析では 4,543 件をデータベース化した。速報性を重視し，岩手県，宮城県，福島県の 3 県について，相談割合の多かった上位 5 つの相談類型だけを，加工済みの図（棒グラフ）で発表するにとどまった。

第 2 次分析では，17,309 件をデータベース化した。岩手県，宮城県，福島県の東北 3 県に，茨城県を加えた県ごとの相談傾向を示すとともに，相談件数（分母）がおおむね 100 件を超えた基礎自治体や郡などについても相談傾向を示した。また，年代別の相談傾向，時間経過（月次）の相談傾向の推移なども示した。

第 3 次分析は，28,395 件をデータベース化した。おおむね第 2 次分析を踏襲している。

第 3 次分析追補は，第 3 次分析と同じデータベースを利用し，「原子力発電所事故等相談情報」という特定のテーマに応じた分析を追加した。相談類型でいう「22 原子力発電所事故等」の相談をさらに詳細に類型化し，全体傾向や時間経過による傾向の推移を示したものである。また，これまで原則として県単位でしか実施してこなかった分野についても「市町村別・相談割合推移（月次推移）」「市町村別・年齢別相談傾向」という市町村単位の分析項目を増やすことに成功した。

第 4 次分析は，35,335 件をデータベース化した。新たな試みとしては，「原子力発電所事故等に関する相談分析結果」の基礎となった「22 原子力発電所事故」に該当する全ての相談結果にキーワードを割り付け（その結果，約 4,000

件の相談から，約300種類のキーワードが出現した），個別相談事例集に近いきめ細かな相談傾向を分析した。また，岩手県，宮城県，福島県，茨城県に加え，千葉県も分析対象とした。

第5次分析は，40,396件をデータベース化した。第1次分析から第4次分析までの試みの集大成であると同時に，徹底的なデータクリーニングを実施した最終版である。報告書の構成（分析項目）は，表3-3のとおりである。なお，相談者の「居所」とは，相談時において実際に居住している場所である。「自宅」とは，原則として被災当時と同じ住所を指す。「自宅以外」とは，相談時において，「避難所」，「親類宅」，「知人宅」，「仮設住宅」，「借り上げ住宅」などに居住している場合を指す。

3.1.3　報告書の位置づけと評価
(1)　報告書の作成方針

被災地のリーガル・ニーズの分析結果について論ずる前に，「東日本大震災無料法律相談情報分析結果」の性質と位置づけを確認しておく。同報告書は，作成者による恣意的解釈の一切を排除し，中立なデータセットの策定に徹したという特徴がある。できる限り抽象化・一般化することで，現在の復興政策のみならず，将来の大災害からの復興政策にも示唆を与えるデータとすることを目指したためである。この報告書の作成方針こそが，災害復興法学の法体系化の可能性を筆者に気付かせる結果となった。

作成者の日弁連は，無料法律相談活動を含む弁護士の被災地での様々な支援活動から浮き彫りになった公共政策上の課題を実現させるべく活動している。したがって，報告書においても，そのデータを活用して積極的な解釈や提言，周知したい実態の強調や取捨選択を行ったうえで無料法律相談情報分析の結果を発表するという動機も十分にあった。しかし，被災者から聴取した事情は，決して弁護士だけが保有し活用すべき情報ではない。弁護士には気が付かないニーズを読み取ることができる他のセクターの者が必ず存在しうる。無料法律相談事例の分析によって得た情報は，人類共通の財産として，あらゆるステークホルダーが，それぞれの立場と専門性の中で解釈すべきである。

報告書の公表に当たっては，4万件を超える無料法律相談データベースの徹

表3-3 「東日本大震災無料法律相談情報分析結果(第5次分析)」の構成

全 体	被災時住所,相談時居所,相談月,性別,年代相談形態(面談・電話)などの時間経過・属性分析	・法律相談内容 ・相談者の被災当時の住所の分布 ・相談者の被災当時の主要住所別にみた法律相談内容 ・相談受付月の構成比率 ・相談受付月別にみた法律相談内容 ・相談者の男女比率 ・男女別にみた法律相談内容 ・相談者の年齢構成比率 ・年代別にみた法律相談内容 ・相談形態の構成比率 ・相談形態別にみた法律相談内容 ・相談者の居所(自宅／自宅以外)の分布 ・居所別(自宅／自宅外)にみた法律相談内容
地 域	岩手県,宮城県,宮城県沿岸部,福島県,茨城県,千葉県,市町村,郡,行政区などの地域別分析と当該地域における時間経過・属性分析	・法律相談内容 ・市町村(住所)の構成比率 ・主要市町村(住所)別にみた法律相談内容 ・相談受付月の構成比率 ・相談受付月別にみた法律相談内容 ・相談受付月別にみた主な法律相談内容 ・相談者の男女比率 ・男女別にみた法律相談内容 ・相談者の年齢構成比率 ・年代別にみた法律相談内容 ・相談形態の構成比率 ・相談形態別にみた法律相談内容 ・相談者の居所(自宅／自宅以外)の分布 ・居所別(自宅／自宅外)にみた法律相談内容 ・主要市町村(住所)別の法律相談内容 ・相談受付月別にみた法律相談内容(主要市町村別) ・年代別にみた法律相談内容(主要市町村別) ・宮城県下の避難所における法律相談結果(宮城県のみ)
原子力	原子力発電所事故に関する詳細分析	・法律相談内容(福島県と全体の比較) ・原子力発電所事故等に関する法律相談の組み合わせ(全体,福島県) ・原子力発電所事故等に関する法律相談の推移(全体) ・原子力発電所事故等に関する法律相談の推移(福島県における原発避難区域別) ・原子力発電所事故等に関する法律相談の推移(福島県主要市町村別) ・原子力発電所事故等に関する法律相談の内訳(全体) ・原子力発電所事故等に関する法律相談の内訳(福島県)

第3章　東日本大震災無料法律相談情報分析結果　　　　　　　　　　47

- 原子力発電所事故等に関する法律相談の内訳（福島県以外）
- 原子力発電所事故等に関する法律相談の内訳（福島県における原発避難区域別）
- 原子力発電所事故等に関する法律相談の内訳の推移（福島県）
- 原子力発電所事故等に関する法律相談の内訳（福島県主要市町村）
- 原子力発電所事故等に関する法律相談のうち「損害賠償」の内訳（福島県）

日弁連「東日本大震災無料法律相談情報分析結果（第5次分析）」（2012年10月）ix-x頁の記述から筆者が作成した。

底的なデータクリーニングを実施し，包み隠さずその全容を公表している。ともすれば我田引水になりがちなデータ解釈について，政策提言と区別して，中立的な報告書の作成に徹底した哲学は，弁護士の無料法律相談活動および，これにより得られた被災者のニーズの公共的意義に由来するものと思われる。そして，かかる日弁連や弁護士の姿勢は，「弁護士は，基本的人権を擁護し，社会正義を実現することを使命とする」（弁護士法1条1項）だけではなく，「弁護士は，前項の使命に基き，誠実にその職務を行い，社会秩序の維持及び法律制度の改善に努力しなければならない」（同法1条2項）としている弁護士法の基本精神にも合致すると思われる。

(2)　マクロデータとしての位置づけ

「東日本大震災無料法律相談情報分析結果」は，性別，年代，住所，居所，相談受付日など，ほかの相談との識別を可能とする限りでの属性情報以外は，抽象的な「24類型」の相談割合のみを数値で示している。すなわち，被災地を一定の単位で見た場合のマクロデータの集合体である。したがって，一定地域と一定の時期における被災者のリーガル・ニーズの「傾向」を知るという一点に比重が置かれたものと評価できる。東日本大震災後には，危機管理や災害復興の専門家からのみならず，政治家，公益団体，市民団体などからも，様々な活動実績が報告され，書籍や論文などになった[3]。これらは，ごく一定のス

[3]　岩手県陸前高田市の市長戸羽太による『被災地の本当の話をしよう：陸前高田市長が綴るあの日とこれから』ワニブックス（2011年），河北新報社『河北新報のいちばん

テークホルダーにとっての，ごく一定地域における課題とその克服の過程を記録したものとしては，いずれも高い価値を有している。たとえば，周辺先行研究として示した金菱2012，みやぎ2016等（第2章）はその典型例である。

報告書からは，弁護士が個別に法律相談を実施する中で発見した被災者の個別の「声」をうかがい知ることはできない（モデルケースが示されているにとどまる）。これについては，第2章で先行研究として示した日弁連「東日本大震災無料法律相談事例集」が唯一の公的記録となっている。本書でも，この事例集と（公表可能な範囲での）筆者の経験を手掛かりに，被災者の真実のリーガル・ニーズに迫っていくことになる。

なお，先行研究の成果書籍である『災害復興法学』（岡本2014）においても，「東日本大震災無料法律相談情報分析結果（第5次分析）」を基礎とし，被災地のリーガル・ニーズに解釈を加えた記述を網羅的に行っている（同・19-43頁）。本書ではその後の研究実績を踏まえた，より精緻な解釈を加えるものである。

3.2 被災者のニーズの全体像とその評価

3.2.1 岩手県

図3-1は，被災当時の住所が岩手県であった被災者の法律相談内容の内訳である。岩手県では，「16 遺言・相続」(25.6%)，「12 震災関連法令」(24.5%)，「9 住宅・車・船等のローン」(11.3%) の3類型が他の法律相談と比較して相談割合が高い。以下，これらについて個別事例を踏まえて概説する。

(1)「16 遺言・相続」(25.6%)

人の死亡・行方不明に関わるあらゆる法律相談内容が含まれている。行政か

長い日：震災下の地元紙』文藝春秋（2011年）等は，被災した状況を描写し，悲劇を直接的に伝承しようとする場合には，大きな効果と意義がある。しかし，これは個別に聴取や取材できた事象の質と量に左右される（岡本・小山2012・175頁）。このため，全体の中で真にニーズの高い問題提起となっているかについては，検証の余地があるはずである。これに対して，本書では，4万件を超える大規模な「無料法律相談」から，被災地の「リーガル・ニーズ」を実証的に明らかにし，ニーズの類型化と法体系化を試みるものである。

第3章　東日本大震災無料法律相談情報分析結果

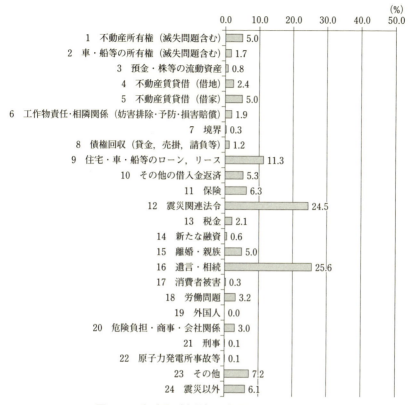

図3-1　岩手県（全体）の無料法律相談内容

日弁連「東日本大震災無料法律相談情報分析結果（第5次分析）」（2012年10月）より抜粋。
相談受付日は2011年3月中旬から2012年5月下旬まで。各法律相談割合の分母はそれぞれ4,925件。

ら給付される各種支援金と相続との関係，保険金の取扱い，親族が同時に死亡した場合の相続人の確定，相続財産の範囲の確定困難，遺族による預貯金の引出し，遺産分割協議に関する問題，葬儀費用の負担の問題，遺留分減殺請求権の行使の是非など，人の死亡・行方不明にまつわる多種多様な分野の法律相談が含まれる。

より具体的には，「会社を経営していた夫の両親が行方不明。相続問題が発生したが財産や会社の状況，保険の有無など一切不明。金融機関は個人情報を理由に教えてくれない」「姉が死亡。姉には子どもがいる。姉には借金があり，

債権者に相続放棄するか支払ってくれと言われている。(姉には)マンションのローンもある。相続放棄をするべきか。全財産が明らかではないため,決断できない」「親族が同時に死亡した場合にどうなるのか教えてほしい。生命保険金の受取人と被保険者が同時に死亡した場合にどうなるのか教えてほしい。生命保険金の受取人と被保険者が同時に死亡した場合の保険金請求権の帰属はどうなるのか」等の相談があった。

　平常時の法律相談の想定を遥かに超える深刻さは,「相続が発生していることは一応認識していても,あまりの被害に何から手を付けてよいのか途方に暮れている。被相続人にどんな資産や負債が存在するのか見当が付かない」といった,事実認識・把握すら不可能な状態に陥っていたことである。これは,相続を単純承認により受け入れるべきか,あるいは相続放棄を選択する手続を執るべきかの判断も困難とする。いずれにせよ,まずは早急に相続放棄の熟慮期間の伸長手続[4]を必要とすると思われる相談者が多かったのである。

　東日本大震災により,岩手県沿岸部は文字通り壊滅的被害を受けた。人的被害は死者4,673人,行方不明者1,123人に及ぶ[5]。この甚大な人的被害は「16 遺言・相続」に関するあらゆる悩みを被災地に誘発し,同類型の相談を岩手県で最も高い相談類型へと押し上げたのである。

(2) 「12　震災関連法令」(24.5%)

　正確には「震災関連法令(公益支援・行政認定等に関する法解釈等)」という類型である。平常時の法律相談票では,「行政相談等」となっている項目の名称を実態に沿うように変更したものである。がれき処理や倒壊した建物の解体をめぐる相談,「罹災証明書」[6]の発行や被害認定をめぐる相談,「被災者生活再

---

4)　相続放棄の熟慮期間は「相続人は,自己のために相続の開始があったことを知った時から三箇月以内」(民法915条1項)である。「ただし,この期間は,利害関係人又は検察官の請求によって,家庭裁判所において伸長することができる」(同法1項ただし書き)。

5)　警察庁緊急災害警備本部「平成23年(2011年)東北地方太平洋沖地震の被害状況と警察措置」(平成28年12月9日)。

6)　罹災証明書とは,「住家の被害その他当該市町村長が定める種類の被害の状況を調査し,当該災害による被害の程度を証明する書面」(災害対策基本法90条の2第1項)。

建支援金」[7]に関する相談，「災害弔慰金」[8]に関する相談，義援金に関する相談，生活保護に関する相談，仮設住宅の入居や居住環境に関する相談などが特に多数を占めている。特に被災者生活再建支援金については，賃貸物件の所有者に支払われないことや，基礎支援金から追加支援金までの申請期間に復興が間に合わないという不合理に悩む相談が多い。災害弔慰金については，当時の法律によれば兄弟姉妹へは支給されないことになっていたことが問題視された。また，これらの支給は「世帯」単位で支払われたり，特定の親族（遺族）のみが代表で受領したりするため，配分を巡る紛争も起きている。

　より具体的には，「建築中の建物が流された。3月中旬に引き渡し予定だったが，この建物について（自宅という扱いにして）罹災証明書を請求できるか」「借家についても罹災証明が出るか」「津波で住宅が流された。公的支援はすべて申請した。ただ，今後生きていくためのお金としては足りない」「被災者生活再建支援金の加算支援金の申請期限が短い。原発事故から避難して戻れないので期間が足りない」「内縁の夫が震災で死去したが災害弔慰金を受け取ることはできるか」「アパートが一次調査で一部損壊認定となったが，不満がある。二次調査をお願いしたい」「自分は姉と同居して介護してきた。姉の年金で生活していた。この場合でも災害弔慰金は受給できないのか」等の相談があった。とてもここで列挙しきれるものではなく，日弁連「東日本大震災無料法律相談事例集」でも，「22　原子力発電所事故等」の相談類型と並び最も多くの相談を収載した。

　東日本大震災当時は，被災者支援の起点となる「罹災証明書」は，過去の災

　東日本大震災の教訓を踏まえ，2013年6月の「災害対策基本法」の一部改正により法制度化された。罹災証明書の被害認定は，その後様々な官民の支援や支払減免の基準となる。

7)　被災者生活再建支援金とは，「被災者生活再建支援法」に基づき支給される金銭をいう。一定規模の住宅全壊被害等が発生した市町村等を対象に，住宅被害の程度に応じて支援金が支給される。住宅全壊等の場合の基礎支援金が最大で100万円，その後の再建などの際の追加支援金が最大で200万円である。基礎支援金には用途制限がない。

8)　災害弔慰金とは，「災害弔慰金の支給等に関する法律」に基づき支給される見舞金。災害と死亡との間に相当因果関係がある場合に，遺族に災害弔慰金が支給される。主たる生計維持者の死亡時は500万円。それ以外の者の死亡時は250万円。

害時に事実上実施されてきた運用であったに過ぎず，法律上の裏付けのある制度ではなかった。このためか，行政機関においても過去の災害時のノウハウが蓄積・伝承されていなかった。列挙した支援制度の存在自体を知る者が被災地にほぼ存在していなかったのである。弁護士らは，国が発信する情報や，過去に災害を経験した地域の弁護士や行政機関職員らの知見から，生活再建のための「お金」や「住まい」に関する制度を急速に学習し，無料法律相談を利用して「情報提供」することに終始したのである。

(3)「9 住宅・車・船等のローン」(11.3%)

津波により住宅，事業所，漁船，車などを流された被災者が，それらの資産を担保にローンやリースを組んでいる場合にその支払困難に苦しんだり，再建のための新たなローンを組むこともできず見通しを全く立てることができなかったりという，「二重ローン」問題が多数を占めている。

より具体的には「震災により家族全員が失職し，住宅ローンが支払えない。仮に破産した場合，破産の事実は子どもの就職に影響するか」「自宅を新築して3か月のところで津波で全壊した。ローン3,500万円，35年まるまる残っている。車もローンで買ったが流された。地震保険800万円を受領したが，借金を返せない。どうしたらよいか」「津波で自宅全壊，ローンが1,000万円強残っている。夫婦とも職場は無事だったので，ローンは今のところ支払えている。現在は仮設扱いでアパートに入居。新しく家を建てたいが，既存のローンがあるため金融機関から融資を断られた」「津波により家が全壊した。住宅ローンは1か月しか待てないと言われてしまい，困っている。定期預金を返済に充てられてしまうようだ」，「避難指示区域の住宅ローンをどうすればよいか。今後も支払い続ける必要があるか」，「私的整理ガイドラインについて聞きたい。家は全壊，車ローンあり，震災直後に会社が潰れ，3か月後に復職した。銀行から地震保険を細かく聞かれ，私的整理は無理と暗に言われた」等の相談があった。

東日本大震災における岩手県の建物被害は，全壊19,507戸，半壊6,568戸に及ぶ。そして，岩手県全体の持ち家率が「71.9%」[9]であることや，そこに一定の住宅ローンや増改築ローンが付されていると考えれば，これらの相談割合の

高さも、日常の生活態様をそのまま反映したものと評価することができるだろう。被災者の震災前からの既存の債務（被災ローン）の負担を軽減・免除し、再建の道筋をいかに付けるのかが課題となったが、東日本大震災発災当時は、有効な制度は「破産法」による破産手続しかなく、当然このような制度の適用では、真の被災者の生活再建や事業再生による経済復興は相当の困難を伴うと思われた。

3.2.2 宮城県

図3-2は、被災当時の住所が宮城県であった被災者の法律相談内容の内訳である。宮城県では、「5 不動産賃貸借（借家）」（20.8％）、「12 震災関連法令」（15.8％）、「16 遺言・相続」（12.5％）の3類型が他の法律相談と比較して相談割合が高い。また、「6 工作物責任・相隣関係（妨害排除・予防・損害賠償）」（9.1％）、「住宅・車・船等のローン、リース」（8.0％）の2類型も無視できない割合になっている。岩手県同様、宮城県沿岸部も壊滅的被害を受けている。人的被害は、死者9,540名、行方不明者1,232名に及ぶ。建物被害も全壊83,000戸、半壊155,129戸とおびただしい数字となった[10]。宮城県全体の持ち家率は「60.8％」[11]と、岩手県よりは相当低い数値であるが、相談割合をみるに相応の数値のようにも見受けられる。したがって、「12 震災関連法令」「16 遺言・相続」「住宅・車・船等のローン、リース」の相談割合が高くなる理由も、被害や住宅の形態を顕著に反映したものと考えられ、これらについては、岩手県全体の法律相談内容の傾向との共通点を見出すことができる。以下、岩手県と共通して相談割合の高い3類型（3.2.1）を除いた、「5 不動産賃貸借（借家）」および「6 工作物責任・相隣関係（妨害排除・予防・損害賠償）」の2類型について、個別事例を踏まえて概説する。

---

9) 「平成20年住宅・土地統計調査」による「持ち家数」を「総住宅数」で除した数値。
10) 警察庁緊急災害警備本部「平成23年（2011年）東北地方太平洋沖地震の被害状況と警察措置」（平成28年12月9日）。
11) 「平成20年住宅・土地統計調査」による。

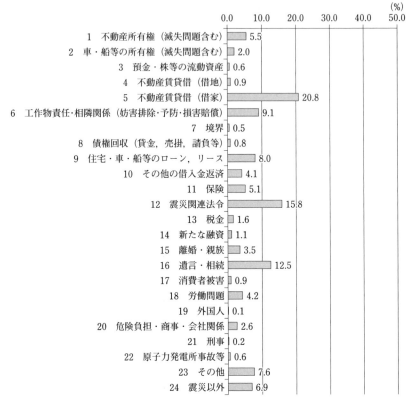

図 3-2　宮城県（全体）の無料法律相談内容

日弁連「東日本大震災無料法律相談情報分析結果（第 5 次分析）」（2012 年 10 月）より抜粋。
相談受付日は 2011 年 3 月中旬から 2012 年 5 月下旬まで。各法律相談割合の分母はそれぞれ 17,736 件。

(1)　「5　不動産賃貸借（借家）」(20.8%)

　津波や原発事故により賃貸物件が「滅失」したものと評価できるか，建物損壊時の賃料支払義務や敷金返還義務の問題，修繕費の費用負担の問題，契約書紛失時の対応，賃料減額の要望，立退きに関する相談等，建物が倒壊寸前となり避難した賃借人の残置物の撤去の是非（自力救済の是非），賃借人の被災者生活再建支援金や義援金を修繕のための原資とすることの是非，罹災証明書認定への不服，などが建物賃貸人・賃借人双方の立場からなされた。賃貸借契約当

事者間のほぼすべての類型の紛争が発生していたと評価して差し支えない。

より具体的には，「貸家の住人が原発事故により避難しているが賃料は取れるか」「アパートを所有しているが，保険会社の判定は全壊。建て替えるにしても，補修するにしても，入居者に退去してもらう必要があるが，どうしたらよいか」「母が借りていたアパートが大規模半壊の認定を受けた。大家から，支援金の申し出について大家へ委託し，支援金を修繕費用に充てさせて欲しいと言われているが，応じなければならないか」「賃貸していたマンションが地震で傾いてしまった。改修に800万円かかると言われたがお金がない」「建物が地震で要修繕。大家に直してもらえないか。家賃は払わなくて良いか」「大家から毎日のように退去要請がある。大家は「壊して家を建て直したい」とのこと。立退き料の申し出はない。大家は家が崩れて死んでしまった場合に損害賠償責任を負うことを心配している」等の相談があった。

宮城県は人口約103万人の仙台市を擁する。その周辺市町村にも人口が密集している。宮城県の全体の法律相談傾向には，仙台市中心部において，弁護士の無料法律相談へアクセスしやすかった被災者のニーズが多く含まれていることは留意すべき点である。また，宮城県の全体の借家率は「37.7％」であり，仙台市は「50.0％」とさらに高い[12]。集合住宅や商業施設・オフィスの賃貸借契約の多さが，そのまま災害後の被災者の紛争解決ニーズに反映されていることがわかる。

(2) 「6 工作物責任・相隣関係」(9.1％)

瓦・石垣・ブロック塀・ガラス・壁の損壊・落下・倒壊による工作物責任に基づく被害者による損害賠償請求の可否，同様の事例での加害者の賠償義務の有無，倒壊しそうな近隣住宅や施設の撤去の是非等に関する相談が大部分を占めている。加害者，被害者の双方が多数の相談を寄せているのが特徴である。

具体的には，「隣家の瓦が落下し車が破損したが損害賠償を請求できるか。震度6強で周囲の家も瓦も落ちている」「塀を修繕するため，隣地敷地に立ち入る必要があるが，立ち入れない雰囲気。立ち入ってもよいか」「隣家のお墓

---

[12] 「平成20年住宅・土地統計調査」の「借家数」を「住宅総数」で除した値。

が倒れ，自分の家のお墓が壊れてしまった。隣家に費用を請求できるか」「マンションの水漏れで，階下の人に損害が発生した。家具買換え費用の請求を受けているが，どう対応すれば良いか」「地震の時にスーパーにいて，ガラスが破損して負傷した。スーパーからはお見舞いとして商品券が送られたが，それ以外に見舞金といったものは受け取っていない」などの相談がある。

民法717条1項は，「土地の工作物の設置又は保存に瑕疵があることによって他人に損害を生じたときは，その工作物の占有者は，被害者に対してその損害を賠償する責任を負う。ただし，占有者が損害の発生を防止するのに必要な注意をしたときは，所有者がその損害を賠償しなければならない」としており，工作物（建物等）に瑕疵（建物の安全性の欠如）があった場合には，所有者に無過失の損害賠償責任を負わせている。このため，住宅の瓦屋根の落下等により相手方に与えた損害についての賠償責任は原則として免れない。ところが，誰もが賠償の負担をできる資力を有するわけではない。住宅施設の損壊や車の破損の補償費用は数百万単位となることもしばしばである。また，そもそも宮城県は広範なエリアで震度6弱から6強の揺れに襲われており，自然災害による不可抗力とも思える状況下で賠償責任を負担するのも不合理に思われた。そこで，これらの損害の有無を巡る紛争（工作物責任の要件である「瑕疵」の有無を巡る紛争）が頻発したのである。

東日本大震災以前の裁判例では，宮城県沖地震（1978年）において，諸事情を総合考慮した結果「震度5」に耐えうる強度を以て瑕疵の有無を判断するとしたもの[13]が存在するが，東日本大震災当時において，すでに阪神・淡路大震災（1995年，最大震度7）や新潟県中越地震（2004年，最大震度7）を経験しているわが国においては当てはまらないと考えられる。加えて，建築基準法施行改正により，1981年以降は，震度6強に耐えうる「新耐震基準」により建築されている。震度だけで単純に割り切れるものではないことは明らかである。一方，阪神・淡路大震災の事例では，「建物の設置の瑕疵と想定外の自然

---

[13] マグニチュード7.4，最大震度5の「宮城県沖地震」(1978) の事例である仙台地方裁判所昭和56年5月8日判決（判例時報1007号30頁），および仙台地方裁判所平成4年4月8日（判例時報1446号98頁）等においては，様々な要素を考慮した結果，建物の瑕疵（安全性の欠如）を判断する具体的基準として「震度5」が明示された。

力とが競合して損害発生の原因となっている場合には，損害の公平な分担という損害賠償制度の趣旨からすれば，損害賠償額の算定に当たって，右自然力の損害発生への寄与度を割合的に斟酌するのが相当」としたうえ，「本件建物の設置の瑕疵の内容・程度及び本件地震の規模・被害状況等からすると五割と認めるのが相当」と「寄与度」を個別に算定し，和解的結論を導く判決[14]も登場している。この考え方は東日本大震災においても十分参考に値する。弁護士は，これらの過去の裁判例に留意しつつ，法律相談・情報提供活動に対応していた。

3.2.3 宮城県沿岸部

図3-3は，2011年4月29日から同年5月1日の3日間で実施された「宮城県下震災避難所無料法律相談」の相談内容の内訳である。仙台弁護士会が中心となり，日弁連ほか各地弁護士会が協力して，日本全国から約100名の弁護士が，当時宮城県下で開設されていた避難所のうち沿岸部の95か所の避難所を巡回し，直接面談による法律相談を実施したものである。相談実績は合計約1,000件に及んだ。宮城県沿岸部の避難所に滞在する被災者が対象であるため，必然的に津波により住居を失った被災者の割合が大きくなる。最も過酷な状況のひとつに置かれた被災者の声を集約することは，真に救済すべき被災者のリーガル・ニーズにより迫れるものとして企画された。加えて，住宅ローン等の既存の債務の返済に悩む被災者へのアンケート調査により，「二重ローン」問題の確かな証拠を数値で明らかにする試みも同時に実施された。

災害直後の宮城県沿岸部では，「12 震災関連法令」(30.5%)，「9 住宅・車・船等のローン」(18.0%)，「1 不動産所有権（滅失問題含む）」(14.1%)，「16 遺言・相続」(12.6%)，の4類型が他の法律相談と比較して相談割合が高い。このうち「12 震災関連法令」「1 不動産所有権（滅失問題含む）」，「9 住宅・車・船等のローン」の3類型について，以下に個別事例を踏まえて概説する。

---

[14] マグニチュード7.3，最大震度7の「兵庫県南部地震」（阪神・淡路大震災）(1995)の事例である神戸地方裁判所平成11年9月20日判決（判例時報1716号105頁）。

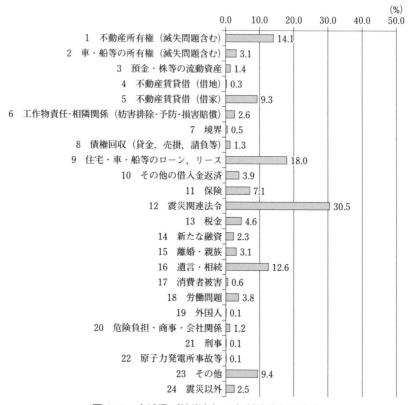

図3-3 宮城県（沿岸部）の無料法律相談内容

日弁連「東日本大震災無料法律相談情報分析結果（第5次分析）」（2012年10月）より抜粋。
相談受付日は2011年4月29日〜2011年5月1日。各法律相談割合の分母はそれぞれ929件。

(1)「16 遺言・相続」(30.5%)

　宮城県の津波による直接犠牲者と行方不明者は合計10,772人である。死因の92.4%が溺死であった。沿岸部避難所に特化して実施した無料法律相談であったため、その甚大な人的被害を反映し、岩手県以上に「16遺言・相続」の類型が高い割合を示すに至ったものと推測される。

(2) 「1　不動産所有権（滅失問題含む）」(14.1%)

「宮城県下震災避難所無料法律相談」（図3-3）に限らず，当該類型の相談内容の全体を見ていくと，土地建物の毀損に伴って所有者がとりうる対応に関する相談，津波により不動産が滅失・浸水した場合の権利の帰趨，まちづくりの過程における行政による買取りや収用の有無などの相談が多い。

宮城県の建物被害は，全壊住宅83,000戸，半壊住宅155,129戸，一部破損住宅224,198戸である[15]。そのうち，沿岸部市町村の「総住宅数」における「全壊及び半壊」の住宅割合である「全半壊率」[16]は，東松島市（70.7%），山元町（61.7%），石巻市（51.1%），気仙沼市（43.0%）等，相当の割合になっている。海岸線に接していない非沿岸部市町村の全半壊率（たとえば白石市（3.8%），登米市（6.3%））と比較して，その割合は相当高い。特に，「宮城県下震災避難所無料法律相談」（図3-3）では，全壊した建物や浸水した土地の将来についての不安の声が多かったように思える。

(3) 「9　住宅・車・船等のローン」(18.0%)

相談の種類や具体的な法律相談内容は，岩手県（図3-1）とほぼ同じである。生活再建や事業再建には既存債務に加えて，新規債務を二重に負担しなければならないと予想されるが，既存債務の支払が残っており，かつ担保財産もないので新規に借り入れることすらできない状態の被災者，すなわち「二重ローン問題」を抱える被災者の割合が相当多かったことを示している。相談割合も，「12　震災関連法令」(30.5%)に次いで多い。これは，宮城県全体を分析した傾向とは大きく異なっている。宮城県全体の分析結果である，「9　住宅・車・船等のローン，リース」の相談割合「8.0%」程度を以て被災者のリーガル・ニーズの水準だと考えていたら（図3-2），前提事実の把握をミスリードしていたところだったのである。宮城県全体の相談内容の内訳は，津波被害ではない，人口密集地帯である仙台市の内陸市街地域における，地震のみの被害による被

---

[15] 警察庁緊急災害警備本部「平成23年（2011年）東北地方太平洋沖地震の被害状況と警察措置」（平成28年12月9日）。

[16] 市町村ごとの全壊棟数と半壊棟数の和を「平成20年住宅・土地統計調査」の「総住宅数」で除したもの。

災者の相談傾向（「5　不動産賃貸借（借家）」「6　工作物責任・相隣関係」等）に引っ張られる。そうであれば，最も甚大な被害を受けたと思われる津波による被災者のリーガル・ニーズの把握にはやや難があると評価できる。そこで，あくまでも津波等で生活基盤を失った，避難所のニーズだけを積極的に把握する必要がある。「宮城県下震災避難所無料法律相談」はそのような真の被災者のリーガル・ニーズの視覚化を目指したのである。

3.2.4　福島県

図 3-4 は，被災当時の住所が福島県であった被災者の法律相談内容の内訳である。福島県では，「22　原子力発電所事故等」(55.1%) の相談割合が非常に高い。また，そのほかの類型をよく見ると「12　震災関連法令」(8.4%)，「5　不動産賃貸借（借家）」(7.5%)，「9　住宅・車・船等のローン」(7.0%)，「6　工作物責任・相隣関係（6.3%）」の 4 類型が他の法律相談と比較して相談割合が高い。ここでは，これらのうち，後述する「22　原子力発電所事故等」(3.2.5) 以外の 4 類型について，個別事例を踏まえて概説する。

(1) 「12　震災関連法令」(8.4%)

この類型は，原子力発電所事故等を背景とし，生活の基盤を根こそぎ奪われた被災者の生活再建に対する不安・見通しを反映し，高い割合になったと考えられる。現地における復旧・復興を念頭に置いていた過去のあらゆる災害からすれば，間違いなく想定していない生活再建への道のりである。自治体や被災者個人にとって，生活再建支援の制度の存在や，新たな支援の枠組みを求める声を出すことは自然なものと考えられた。

(2) 「9　住宅・車・船等のローン，リース」(7.0%)

先述した「二重ローン」問題は，多数発生している。津波や地震による建物被害がなくても，収入を失えば支払困難に陥る。加えて，福島第一原子力発電所事故により避難を余儀なくされ住めなくなり，様々な被害で収入を失った被災者の抱える住宅のローン・事業ローンでも同様の問題が生じていた。沿岸部の津波被害はもちろん甚大であるが，輪をかけて福島第一原子力発電所事故に

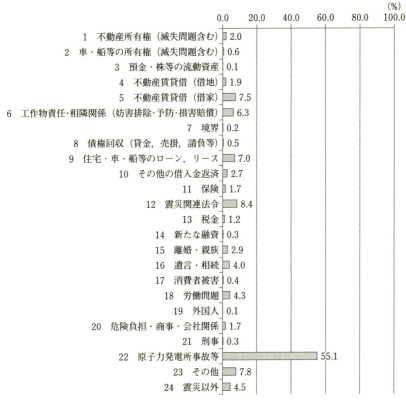

図 3-4　福島県（全体）の無料法律相談内容

日弁連「東日本大震災無料法律相談情報分析結果（第 5 次分析）」(2012 年 10 月) より抜粋。
相談受付日は 2011 年 3 月中旬から 2012 年 5 月下旬まで。各法律相談割合の分母はそれぞれ 12,294 件。

よる強制避難指示が大きな影響を与えたと考えられる。

(3)　「5　賃貸借契約（借家)」(7.5%)

　宮城県等でも多数あったのと同様（図 3-2)、「アパートの壁にひびが入ったが、賃貸人と賃借人とどちらが修理するのか、それまで家賃はどうすればよいのか」等の相談が頻発していた。2011 年 3 月 11 日の地震は、福島県内の多くの都市で震度 6 強を記録し、郡山市といわき市で震度 6 弱、福島市で震度 5 強を記録している。福島市、郡山市、いわき市は、いずれも人口約 30 万人と大

きい。また，原子力発電所事故により法律上強制避難を余儀なくされた地域ではないが，諸事情により避難を余儀なくされる，いわゆる自主的避難の被災者は多数に上った。急きょ借家を去らなければならない被災者も多かったと推測される。そして，福島市の借家率は「38.0%」，郡山市の借家率は「42.8%」，いわき市の借家率は「32.0%」であり，比較高い地域が多い[17]。借家の入居や退去を巡る紛争の背景に，「22　原子力発電所事故等」に関する相談が浮かび上がる形となっている。

(4)　「6　工作物責任・相隣関係」(6.3%)

　主に都市部において，宮城県等でも多数あったのと同様（図3-2）に，瓦屋根の落下・壁の崩壊などにより相手方の不動産・動産を損壊してしまったという相談（またはその逆）が多い。本震は，先述のように大きな都市では，震度5強から震度6弱であったが，度重なる余震が相談内容に大きく影響した実態がある。具体的には，「本震では瓦屋根は壊れなかったが，余震で壊れてしまい隣家を損傷した」という，余震被害に基づく相談が数多く出現していたのである。東日本大震災では，特に本震の震源の南側一帯で，それと同等以上の震度の余震が多数回発生し[18]，本震の修繕が間に合わないうちに，さらなる地震が追い打ちをかけるかたちで，建物被害を拡大させた。これが被災者のリーガル・ニーズとしても現れてきたと考えられる。

3.2.5　福島県の原子力発電所事故等の類型（55.1%）の詳細分析

　福島県における「22　原子力発電所事故等」に関する相談については，別途詳細な検討が必要であると思われた。原子力発電所事故が発生した場合の，その被災者の「リーガル・ニーズ」を短期間で大量に収集した例は，日弁連「東日本大震災無料法律相談情報分析結果」および同「東日本大震災無料法律相談

---

[17]　「平成20年住宅・土地統計調査」より。
[18]　2011年3月11日以降約1か月間の地震を見ても，①2011年4月7日に宮城県栗原市等で震度6強を観測する地震があり，福島県内でも最大震度5強を観測，②2011年4月11日に福島県いわき市等で震度6弱を観測，③2011年4月12日に福島県いわき市等で震度6弱を観測。

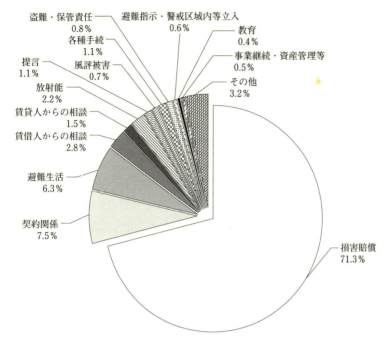

図 3-5　福島県における「22　原子力発電所事故等」の相談内容

日弁連「東日本大震災無料法律相談情報分析結果（第5次分析）」（2012年10月）より抜粋。
相談受付日は2011年3月中旬から2011年12月中旬まで。分母は4,456件であり，合計100％となる。

事例集」が唯一のものと考えられ，独自に評価を加える価値が高いと考えるからである。

「22　原子力発電所事故等」の内訳をみると，東日本大震災に伴う福島第一原子力発電所事故等に起因する原子力損害賠償問題が大多数を占めるが，過酷な避難生活に伴う紛争，避難後の生活再建に関する相談，事故発生後の賃貸借契約・保険契約・住宅ローン・リース等の契約の帰趨，政策提言や立法要望に関する相談，親族等に関する相談など，弁護士にとってもかつて経験したとのない事例が大量に噴出していた。

図 3-5 は，発災当時の住所地が福島県内であった被災者の相談のうち「22　原子力発電所事故等」に分類された相談について，さらに詳細な分類を行った結果の内訳である。1 件につき 1 つずつ，当該相談事例の核になると思われる

「キーワード」を割り当てた。キーワードの選択は，分類担当責任者である筆者が単独で作業を担った。その結果，約4,500件の相談事例から約300種のキーワードが出現した。この300種類を「小分類」として，それらを14種類の「大分類」に類型化した。なお，分類作業の対象となった相談事例は，2011年12月17日時点までにデータベース化された相談事例である。

大分類のうち，最も相談割合が高いのは「損害賠償」(71.3%) であった。原子力発電所事故の発生に起因する，原子力損害賠償法の適用に基づく東京電力株式会社（現・東京電力ホールディングス株式会社）に対する損害賠償請求に関する相談である。被災者としては，仮払補償金の支払の通知，直接賠償の損害賠償請求に関係する書類の発送，メディアによる多数の報道等により，自らが損害賠償請求権の主体であるという自覚が相当高かったものと解釈できる。「契約関係」(7.5%)，「避難生活」(6.3%)，「賃借人からの相談」(2.8%)，「賃貸人からの相談」(1.5%) なども比較的割合が高い。損害賠償請求という金銭的な問題に限らず，相談が多岐に及んでいることが分かる。失われた資産の金銭的評価にとどまらない，生活再建，地域復興，経済復興などのリーガル・ニーズが極めて多く，復興への道のりに相当の困難を極める可能性があることを示唆しているものと評価できる。

表3-4は，当時の住所が福島県の相談者の「22 原子力発電所事故等」に該当する類型の相談のうち，「損害賠償」（大分類）に分類された「キーワード」（小分類）の抽出結果である。「（損害賠償）全般」(7.5%)，「慰謝料」(6.3%)，「請求書」(5.4%)，「住居」(5.3%)，「農業」(4.3%)，「避難・移転費用」(4.3%)，「証拠保全」(4.3%)，「生活費増加」(3.7%)「休業損害」(2.9%)，「失業」(2.8%)，「医療費」(2.7%) が相対的に高い割合となっており，これらの合計だけで49.5%を占める。しかし，キーワードを絞っても300以上の特徴を見出せるのであるから，「損害賠償」に関する被災者・被災企業の課題も様々であることがわかる。

原子力損害賠償に関する相談のうち個別論点として最も相談割合が高かった「慰謝料」(6.3%) は，具体的には，避難生活を余儀なくされたことに対する慰謝料請求の可否，政府が示した指針（「中間指針」等[19]）への不服，個別事情に対する精神的損害の評価など多岐にわたる。

「住居」(5.3%) は，具合的には避難生活により管理不能となった土地・住宅・家財の財産的価値の喪失とその賠償に関する相談である。その評価方法について先例など当然なく，被災者・被災企業において混乱が続いていた。

「証拠保全」(4.3%) の内容は，原子力損害賠償請求の金額の根拠となる資料（領収書等）の取得や保存に関する相談である。避難開始初期において，必ずしも領収書等を保全できているわけではないし，そのようなものが発行されない支出も数多くある。生活費や購入物品の支出をどう証明するかについては被災者にとって共通の関心事でもあった。また，弁護士が，避難経緯の記録，領収書等の保存，領収書がない場合の対処法（メモや日記による記録，陳述書等）等の証拠保全の必要性を積極的に教示することが必要であった。東京電力による直接賠償請求資料への添付のみならず，裁判や「原子力損害賠償紛争解決センター」への申立てを見据えた相談が多い。

「農業」(4.3%) は，相談割合が2%を超えるものの中で唯一，職種・産業分野のキーワードであり，相談割合が他の職業・産業に比べて顕著に高い。田畑が放射線に曝され，作付けすらできない実態，避難を余儀なくされ放置され続ける水田，収穫しても出荷制限・出荷停止措置が解除されない，風評被害による買い控え，大量の農作物の破棄，事実上二度と使えなくなった土地等，想像を絶する相談が溢れていた。高齢の農業従事者も多い。事実上農業を廃業せざるをえなくなった農業者の絶望感は想像に難くない。他の産業に比べ，特に原子力発電所事故の直接的，間接的，そして風評の被害を受けやすい職業・産業として，キーワードが浮かび上がってきたものと考えられる。

---

19) 中間指針とは，「原子力損害の賠償に関する法律」（原子力損害賠償法）に基づく原子力損害賠償紛争審査会が策定した「東京電力株式会社福島第一，第二原子力発電所事故による原子力損害の範囲の判定等に関する中間指針」のこと。2011年8月5日に最初の指針が公表され，その後も複数の「追補」が策定・公表されている。原子力損害賠償法では「原子力損害の範囲の判定の指針その他の当該紛争の当事者による自主的な解決に資する一般的な指針」（同法18条2項2号）とある。中間指針には，「東京電力株式会社に対しては，中間指針で明記された損害についてはもちろん，明記されなかった原子力損害も含め，多数の被害者への賠償が可能となるような体制を早急に整えた上で，迅速，公平かつ適正な賠償を行うことを期待する」とあり，民法による相当因果関係の考え方と合致するような位置づけが明確に記述されている。

表 3-4　福島県における「22　原子力発電所事故等」のうち

全般	7.5%	指針		芸術家		終期	
慰謝料	6.3%	新居費用		公共料金		小売業	
請求書	5.4%	畜産業		事業所・作業所		障害者等	
住居	5.3%	飲食店		造園		職人	
農業	4.3%	仮払い・配分		追加請求		食品加工	
避難・移転費用	4.3%	財物		不動産		食品販売	
証拠保全	4.3%	間接損害		理容・美容業		説明会注意点	
生活費増加	3.7%	廃業		出産		訴訟	
休業損害	2.9%	仮払い・対象地域		損害額		訴訟手続	
失業	2.8%	給与減額		店舗経営		大工	
医療費	2.7%	工場		農業機械		単身赴任	
車両		宿泊費		理容店		転職	
営業損害		病院・診療所経営		林業		農地	
仮払い・世帯認定		仮払い・疎明資料		運送業		美術商	
関連死		原発従事者		仮払い・清算条項		美容院	
対象地域外		漁業		花き		評価損	
ADR全般		仮払い・時期		清算条項		病院・診療所等	
家財		家賃相当		製造業		キャンセル料	
対象地域等		相続		退職金		クリーニング	
仮払い・住民登録		損害項目全般		転校		ゴルフ場	
仮払い・全般		一時帰宅		内定取消		印刷業	
説明会情報		介護		不動産業		家族離散	
不動産賃貸業		健康・病状悪化		不動産取引		果樹	
控除		交通費増加		別荘		介護施設経営	
ペット		住民登録		保育園・幼稚園経営		観光	
除染費用		庭木		家賃支払		機械	
自主避難		弁護士費用		介護負担		建設業	
個人経営者		検査		牛乳販売		減収率	
土地		謝礼		建築工事		合意書	
塾経営		畜産		在庫		採用取消	
地代相当		転勤		財物・不動産		産廃業	
飲食業		二重生活		指針説明		支払	
旅館		妊婦		寺社・宗教法人		施設運営	
個人事業主		山林		時期		事業所移転	
建設関連業		役員報酬		手続		時効	

日弁連「東日本大震災無料法律相談情報分析結果（第5次分析）」（2012年10月）より筆者が再構成。
相談受付日は2011年3月29日〜2011年12月17日。分析件数は3,159件
各キーワードの占める割合（%）の合計は100%となる。
ただし，2%未満のものは割合数値の表記を省略している。

第3章 東日本大震災無料法律相談情報分析結果

「損害賠償」に分類された「キーワード」の抽出結果

自動車学校	ローン	見舞金配分	税金	避難時期
自動車関連業	委託販売	減額要素	石材業	避難受入
自動車工場	移動式店舗	交通事故	責任論	備蓄
受任	医療機器	公務員	接骨院	苗木
集団訴訟	井戸水	雑貨店経営	設計会社	不動産販売
畳屋	一部和解	施設経営	設計事務所	不動産評価額
新居購入	運転手	飼料	船舶	不動賃貸業
新聞販売業	液状化	事業所閉鎖	選挙	部品製造
水産加工	園芸	寺社	草刈り	復興需要
石材	屋台	写真店	葬祭業	物損
設備	卸売業	取り壊し	損害項目	保育料増加
線量計	仮払い・人的範囲	種苗	損保代理店	保管費
太陽光発電	家畜	酒造	体験施設	保険代理店
滞在者	画廊	受入費用	胎児	墓園
店舗	解体業	就労条件	駐車場	墓地
東電従事者	解体費用	住居斡旋	賃料負担	報酬
盗難	開墾地	従業員給与	釣具店	報道被害
農業施設	外国語対応	出荷停止	鉄くず	放射能汚染
派遣業	学用品	書店	鉄工所	牧場
販売業	学用品製造	小作料	転園	木材
美容室	株主損失	焼損	電気技術者	薬局
不動産評価	看護師	乗馬	電力会社下請け	幼稚園経営
福祉施設	機械整備	食育	塗装業	養育
保育園	帰国命令	食品製造	土地評価	その他
牧草	帰宅困難	新規投資	投資額	
有給休暇	技師	新事業	投資資金	
養殖	牛肉卸	新生児	当事者確定	
アルバイト	金属加工	新聞社	内職	
イベント	金属回収	診療所等	乳牛	
サービス業	契約農家	人材派遣	農業資材	
ストーブ会社	警備員	水産関連業	農作物販売	
ホテル	建具屋	水資源	農産物仲卸	
ホテル経営	建替	生活衛生関係業	農地除染	
マッサージ業	建物	生活保護	農林業	
リース業	見舞金	青果物	板金	

3.2.6 茨城県

図3-6は，被災当時の住所が茨城県であった被災者の法律相談内容の内訳である。茨城県では，「6　工作物責任・相隣関係（妨害排除・予防・損害賠償）」（43.5％）および「5　不動産賃貸借（借家）」（11.5％）の2類型が他の法律相談と比較して相談割合が高い。また，「12　震災関連法令」（6.7％）と「1　不動産所有権（滅失問題を含む）」（6.6％）も無視できない割合となっている。茨城県については，データベース化された相談の99％以上が電話相談（日本弁護士連合会・東京弁護士会・第一東京弁護士会・第二東京弁護士会・茨城県弁護士会実施）である。日弁連では電話相談事例しか集約できなかったのである。また，茨城県弁護士会による実施時期は，2011年3月29日から同年7月29日までであり，その後は日弁連等が実施した電話相談に限って集約できたに過ぎないため，分析対象事例の多くは，比較的初期の段階に偏っている。すなわち，茨城県沿岸部の避難所や近隣施設等で実施されたであろう，津波の深刻な被害を受けている被災者の声を拾い切れていない可能性がある点には留意しなければならない。以下に，「6　工作物責任・相隣関係」，「5　不動産賃貸借（借家）」および「1　不動産所有権（滅失問題含む）」について概説する。

(1)　「6　工作物責任・相隣関係」（43.5）

具体的な相談は，先述の通り，所有する建物の瓦屋根の落下によって隣家（相手方）の財産を毀損し，損害賠償紛争が生じているというものである。相談割合を市町村別にみると，水戸市（51.3％），日立市（53.9％），土浦市（28.2％），高萩市（38.2％），北茨木市（32.6％），笠間市（71.1％），ひたちなか市（50.0％），鹿嶋市（27.9％），神栖市（9.4％）となっている。列挙した市町村のうち，神栖市以外では，各市町村とも「6　工作物責任・相隣関係」が24類型の中で最大割合を示す。これは，水戸市や日立市などの大都市における建物・住宅の密集状況や，度重なる余震が被害を拡大させたためと分析できる。また，初期段階の電話相談者は，都市部において，住居の損壊等があったとしても，生活基盤を根底から脅かされていたのではなく，ライフラインも早期に復旧して，「建物の修繕」に関する紛争について，比較的早期からリーガル・アクセスを実現できたことも反映していると考えられる。

第3章 東日本大震災無料法律相談情報分析結果

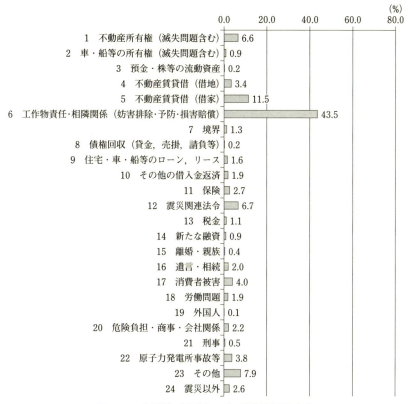

図3-6 茨城県（全体）の無料法律相談内容

日弁連「東日本大震災無料法律相談情報分析結果（第5次分析）」（2012年10月）より抜粋。
相談受付日は2011年3月中旬から2012年5月下旬まで。各法律相談割合の分母はそれぞれ1,277件。

(2) 「5 不動産賃貸借（借家）」(11.5%)

　具体的な相談は，先述の通り，賃貸借契約の当事者間の紛争等である。これも，生活基盤が崩壊するほどの被害を受けていないからこそ，電話による相談件数が伸びたという分析ができると考えられる。また，人口約27万人の水戸市の借家率は「39.5%」，人口約19万人の日立市の借家率は「36.6%」であるな

ど[20]，借家率の高さも影響していると考えられる。

(3)　「1　不動産所有権（滅失問題含む）」(6.6%)

茨城県では，神栖市を中心とする大規模な土地の液状化被害（建物の沈下・傾斜，地表の陥没・亀裂・波状変形，マンホールの突出，噴砂，上下水道管破損，道路被害，・線路の断線・歪み等）[21]を反映した被災者のリーガル・ニーズがあったことを指摘する必要がある。液状化被害にあった土地・その上の建物の修復や資産価値に関する相談，液状化被害に対する被災者生活再建支援法の適用の可否についての相談等があった。神栖市では，「1　不動産所有権（滅失問題含む）」の類型に分類された法律相談が「20.8%」もあった。他の自治体と異なり，大規模な液状化被害が発生したことから，地盤損傷に対する復旧支援を求める声が頻出したことが反映されていると考えられる。

3.2.7　千葉県

図3-7は，被災当時の住所が千葉県であった被災者の法律相談内容の内訳である。千葉県では，「1　不動産所有権（滅失問題含む）」(23.3%)，「12　震災関連法令」(15.7%)，「工作物責任・相隣関係（妨害排除・予防・損害賠償）」(13.4%)，「不動産賃貸借（借家）」(12.8%)の相談割合が高い。以下に「1　不動産所有権（滅失問題含む）」および「12　震災関連法令」について概説する。

(1)　「1　不動産所有権（滅失問題含む）」(23.3%)

千葉県浦安市では埋立地の広範囲の住宅街・商業地域に被害が及んだ。具体的には，「液状化被害により自宅建物が傾いている。いまだに水道も使えない状況である。今後の土地の整備などにおいて権利関係はどうなるのか。土地の評価はどうなるのか」「液状化被害による土地の損壊について罹災証明は発行されるのか。いつ発行されるのか。被災者生活再建支援金はどこでどうやって

---

[20]　人口は茨城県企画部統計課「茨城県の人口と世帯（推計）月報」の平成23年3月1日現在のデータによる。借家率については，「平成20年住宅・土地統計調査」より算定。
[21]　「神栖市震災復興計画」（平成25年11月改正）など参照。

第3章 東日本大震災無料法律相談情報分析結果　　　　　　71

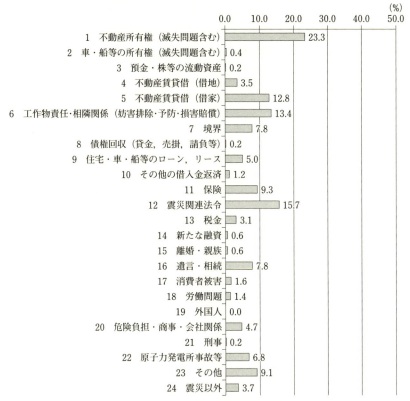

図 3-7　千葉県（全体）の無料法律相談内容

日弁連「東日本大震災無料法律相談情報分析結果（第5次分析）」（2012年10月）より抜粋。
相談受付日は2011年3月中旬から2012年5月下旬まで。各法律相談割合の分母はそれぞれ515件。

もらえばよいのか。手続はいつから始まるのか」等の相談があった。千葉県における「1　不動産所有権（滅失問題含む）」の相談割合の高さは，液状化被害を反映して顕著に高くなったものと考えられる。

(2)　「12　震災関連法令」（15.7%）

　千葉県浦安市の液状化被害による相談内容には，罹災証明書の発行や被災生活再建支援法の適用の可否などを問い合わせる相談が含まれており，相談割合を高くする要因になった。

加えて，相談割合の高さには，千葉県旭市における津波による人的被害・物的被害が大きく影響している。千葉県内の東日本大震災における死者数は 22 人であり，そのうち 14 人が旭市である。また，千葉県内の東日本大震災における建物被害についても，全壊 801 棟のうち，318 棟が旭市である。千葉県旭市では 300ha もの津波浸水があり，多大な人的・物的被害を引き起こしたのである。大規模な津波被害が千葉県にもあったことは，被災地以外の人間に対してほとんどクローズアップされることがないが，確実にこれらに起因するリーガル・ニーズが発生していたことがわかる。「東日本大震災無料法律相談情報分析結果（第 5 次分析）」より，被災当時の住所が千葉県旭市であった被災者の法律相談（全 57 件）の内訳を抜粋すると，「12　震災関連法令」の類型の相談は「29.8％」と突出して高い割合である。さらに，「9　住宅・車・船等のローン，リース」の類型の相談をみると，千葉県旭市では「26.8％」と相当高い割合に及んでいる。千葉県（全体）では「5.0％」にすぎず，他の相談類型の中に埋没している（図 3-7）。千葉県（全体）だけの被災者のリーガル・ニーズ分析（図 3-7）からは決してうかがい知ることができないリーガル・ニーズが，基礎自治体単位の詳細な分析結果によって判明した。

3.3　被災者のニーズの推移とその評価

これまでに「県」の単位で相談傾向を比較してきた結果，被災者のリーガル・ニーズの傾向は，地域や被災態様によって大きく異なることが判明した。そうであれば，災害直後と災害から数か月，半年，そして 1 年経過後の被災者のリーガル・ニーズは，やはり同じではないと考えるのが自然である。そこで，以下に県単位の相談割合の推移（発災からの時間経過による被災者のリーガル・ニーズの変化）について分析結果を示し，概説する。

3.3.1　宮城県における被災者ニーズの推移

図 3-8 は，宮城県（全体）の「5　不動産賃貸借（借家）」，「6　相隣関係・工作物責任（妨害排除・予防・損害賠償）」および「9　住宅・車・船等のローン，リース」に関する法律相談割合の推移の分析結果である。これによると，①常

第3章 東日本大震災無料法律相談情報分析結果　　　73

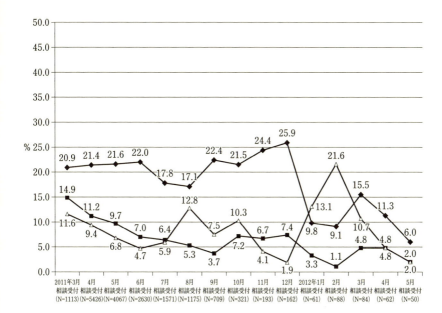

図3-8　宮城県（全体）の「5　不動産賃貸借（借家）」・「6　相隣関係・工作物責任（妨害排除・予防・損害賠償）」・「9　住宅・車・船等のローン，リース」の法律相談割合の推移

日弁連「東日本大震災無料法律相談情報分析結果（第5次分析）」（2012年10月）のデータを元に筆者にて加工・作成。
年月は相談受付月。

に紛争が発生している「5　不動産賃貸借（借家）」の類型，②収束に向かった「6　相隣関係・工作物責任」の類型，③新しい法制度の成立と運用に翻弄され混沌とした「9　住宅・車・船等のローン，リース」の類型，という三者三様の変化（推移）を観察することができる。

(1)　「5　不動産賃貸借（借家）」
　法律相談割合の推移を見ると，2011年3月期から同年12月期までの10か月間については，「17.1％」から「25.9％」までの高い割合で推移している（図3-8）。宮城県全体では，東日本大震災発災直後から長期間にわたり，被災者最

大のリーガル・ニーズを占めていたのが「5　不動産賃貸借（借家）」の相談だったと評価できる。

　紛争態様・種類の多さが賃貸借契約紛争の特徴である。相談の内容には，建物賃貸借契約に基づく修繕義務の有無，賃料支払義務の有無，賃料減額の可否，退去の是非等，敷金返還の可否，立退料の是非等多岐にわたる相談内容が含まれている。また，相談内容をみると，「口約束で契約書はない。お世話になっている大家なので紛争にしたくない」等，紛争の解決手段についても要望がある相談事例が相当数あったように思われる。これらの相談は，民法や借地借家法等といった基本的な法律の解釈・当てはめで考えると，「建物明渡請求訴訟」，「修繕費（必要費）償還請求訴訟」，「賃料減額請求訴訟」，「敷金返還請求訴訟」等への法律構成が可能である。そして，弁護士としても，知識の上では，仮に裁判になった場合の結果の見通しを一応は示すことが可能な分野である。しかし，多くの相談者は，相談例にあるように，紛争を望まず，話し合いでの解決を希望していたのである。賃借人側の生活の困窮や再建を心配し，賃貸人側が積極的に相談する事例すら存在していた。

　既存の法制度のあてはめによって結論を示すだけでは，賃貸借契約の当事者同士の紛争の解決という被災者のリーガル・ニーズを満たしえないことが判明したといえる。「5　不動産賃貸借（借家）」の法律相談割合が，約10か月間にわたり，仙台市等の大都市部を含む宮城県において最大級のリーガル・ニーズであり続けたのは，市街地における人口や賃貸借契約数そのものの多さもさることながら，一刀両断の裁判等による紛争解決の困難さ，紛争種類の多様性等も影響していると考えられる。

(2)　「6　工作物責任・相隣関係」

　法律相談割合の推移をみると，2011年3月期から同年9月期までは，「14.9％」，「11.2％」，「9.7％」，「7.0％」，「6.4％」，「5.3％」，「3.7％」と右肩下がりに相談割合が減少していることが特徴的である。震災直後の2011年3月の時点では，「14.9％」であり，「5　不動産賃貸借（借家）」（宮城県の2011年3月期は20.9％，図3-8）に次ぐ高い相談割合を占めていた。宮城県全体を通じても「9.1％」（図3-2）と比較的目立つ相談であった。ところが，時間経過による変

化を見ると，震災から半年間で，被災者の相談ニーズが収束に向かっていることが判明した。

典型的な相談事例は「自宅の瓦屋根が崩落して隣家の一部を損壊した」というものである。弁護士らは，阪神・淡路大震災における裁判例（3.2.2（2））等を参照しながら，「震度6強の大地震では，不可抗力となり損害賠償義務を負わない（請求できない）可能性がある」「建物の瑕疵は耐震性ほか様々な要因によるもので，仮に裁判になっても立証するには相当の時間と労力をかける必要がある」「双方話し合いにより，たとえば常識的な範囲の見舞金などによる解決もありえるのではないか」等の回答をするのが一般的である。1回の相談の回答によって，事例へのあてはめ，紛争解決の見通しの提示，和解勧奨を行っているという評価ができる。「5　不動産賃貸借（借家）」のように複雑な質疑応答（3.3.1（1））とはなっていなかった。

同種の相談が，同一地域で，電話や面談を問わず大量に繰り返されたことで，次第に被災者・被災地域において自主的な紛争解決の指針が浸透していったと考えられる。巨大災害時における弁護士による無料法律相談の「紛争解決予防機能」（2.1.1）の発現を実証するデータになるものと考えられる。

(3)　「9　住宅・車・船等のローン，リース」

法律相談割合の推移をみると，2011年3月期から同年6月期までの4か月間で「11.6％」,「10.4％」,「6.8％」,「4.7％」と急速に割合が減少している。そうかと思えば，同年7月期と同8月期で「5.9％」,「12.8％」と急増に転じている。そして，同年10月期には「10.3％」，2012年2月期には「21.6％」と高い割合を示す月が相当数ある。宮城県（全体）の全期間の「9　住宅・車・船等のローン，リース」の相談割合は「8.0％」（図3-2）である。このため，他の相談類型の中に埋没して，主要な被災者のリーガル・ニーズとして観測することがただちには困難だった。ところが，相談割合の月ごとの推移を見ていくと，被災者の関心が特に高まる時期があったということになる。

相談分析の対象期間である「約1年間」の法律相談を累計で見ていくだけでは，真のリーガル・ニーズを把握できないという示唆を与える分析結果となった。なお，「9　住宅・車・船等のローン，リース」の相談割合が，減少傾向か

ら増加に転じた要因や背景事情として最も主要なものとしては，現行の破産法の課題に起因する弁護士の法律相談における被災者への回答内容の限界と，2011年7月15日の「個人債務者の私的整理に関するガイドライン」[22]の成立が挙げられる。これについては，後述する岩手県（全体）の「9　住宅・車・船等のローン，リース」の類型の推移（図3-9）の分析とあわせて詳細な考察を加える（3.3.2 (3)）。

3.3.2　岩手県における被災者ニーズの推移

図3-9は，岩手県（全体）の「12　震災関連法令（公益支援・行政認定等に関する法解釈等）」「16　遺言・相続」「9　住宅・車・船等のローン，リース」に関する法律相談割合の推移の分析結果である。これによると，①当初最大のニーズから収束に向かった「12　震災関連法令」の類型，②法改正と相まって最大のリーガル・ニーズとなった「16　遺言・相続」の類型，③新しい法制度の成立と運用に翻弄され混沌としたが，比較的高いニーズを示し続けた「9　住宅・車・船等のローン，リース」の類型，というやはり三者三様のニーズの変化を観察することができる。

(1)　「12　震災関連法令」

法律相談割合の推移をみると，2011年3月期から5月期の約3か月間は「34.1%」，「34.1%」，「32.4%」と相当高い割合で推移している。その後，全体的にみれば減少傾向にあるように思えるが，2011年6月から同年10月までは，「9.1%」から「22.3%」までの比較的高い割合を維持している。その後は10.0%未満で推移するが，2012年4月期に「30.0%」と再び相当高い割合になった。

相談内容は，罹災証明書に関する情報提供，被災者生活再建支援金に関する情報提供，災害弔慰金に関する情報提供，生活保護の認定等に関する相談等，

---

[22]　個人債務者の私的整理に関するガイドライン研究会「個人債務者の私的整理に関するガイドライン」（2011年7月15日）。主に「個人版私的整理ガイドライン」と呼称されている。破産等の法的手続を経ずに既存債務を整理（減免）でき，信用情報登録（ブラックリスト掲載）も行われないという画期的な債務整理制度。成立経緯については本書第6章で詳述。

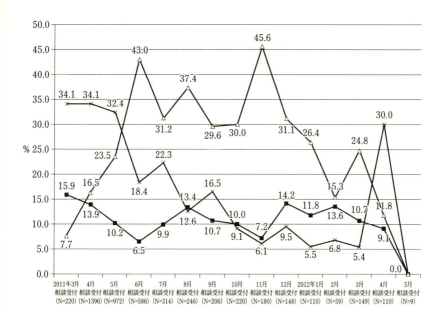

図3-9 岩手県（全体）の「12 震災関連法令」・「16 遺言・相続」・「9 住宅・車・船等のローン，リース」の法律相談割合の推移

日弁連「東日本大震災無料法律相談情報分析結果（第5次分析）」（2012年10月）のデータを元に筆者にて加工・作成。
年月は相談受付月。

行政給付や行政上の認定に関する相談であり，被災者支援に関する制度の「存在」自体を説明する情報提供活動がほとんどである。発災後3か月は，「すべてを失った。家族も行方不明である。いったいどこに行けばよいのか。何ができるのか。これからどんな困難が押し寄せるのか」という，絶望的なほどに見通しが立たない相談内容が大半を占める。弁護士は，これに対して，わずかでも希望になると信じて，法律による支援制度の情報提供に努めた。「災害で自宅が全壊すれば，「被災者生活再建支援金」がある」「被災したことを自治体が「罹災証明書」の発行により証明してくる。決して見捨てられることはな

い」[23]と繰り返した。

　岩手県沿岸部は，被災者の各種支援・救済制度の体制を自治体の窓口が準備するまでに，相当の時間経過を必要とした。自治体の庁舎が失われ，大規模に損傷した自治体も多数ある。また，自治体職員や全国からの応援職員も，震災直後は，物資支援，被害調査，避難所運営に人員を割かなければならず，被災者個人や事業者・企業の目線の「再建」情報の知識を職員が学習することや，ましてや被災者への周知活動を個別に展開することは事実上不可能に近かったと思われる。弁護士の無料法律相談は，本来なら国，県，基礎自治体へと伝達されるべき被災者支援情報について，その伝達を代替する機能を果たしたものと評価できる。

　被災者の1年間のリーガル・ニーズの変化（推移）をみると，全体的に収束に向かう傾向にあるが，これは，弁護士による無料法律相談が繰り返されたことにより，多くの被災者に共通する被災者支援情報が行き渡ってきたことや，基礎自治体による被災者支援の情報発信機能が徐々に回復されてきたことが背景にあると思われる。それでも，発災後約半年間は，相当高い相談割合で推移していることを考えれば，生活再建情報の周知・伝達を自治体だけで担うのは，相当の困難が存在することが検証されたといえる。なお，2012年4月期には，岩手県（被災者の住所地）における110件の法律相談のうち，「30％」が「12　震災関連法令」となっている。これは震災から1年を経過して「新年度」を迎えるにあたって改めて生活再建などの困難に直面した被災者の相談を捉えた結果ではないかと推測できる。

　これらのニーズを通して，「災害復興法学」の輪郭も少しずつ見え始めてくる。被災者が真に望む情報（リーガル・ニーズ）の多くは，公的支援なのである。このリーガル・ニーズが何であるかは，巨大災害後の無料法律相談情報の分析結果から，帰納的に導き出し，体系化する以外に方法はないと思われる。詳細については，災害復興法学の実定法学的体系化と教育体系の検証の章（第6章・第7章）において論じる。

23）罹災証明書が法律に基づく制度になったのは2013年の災害対策基本法改正後である。東日本大震災（2011年）発災当時は，過去の災害の先例を踏襲した運用にすぎなかった。

(2)「16　遺言・相続」

　ここでの相談内容は，相続に関するあらゆる相談，行方不明者の家族からの相談など，人の「死」や「行方不明」に関するほぼすべての類型の相談である。法律相談割合の推移をみると，2011年3月期から同年6月期にかけて，「7.7%」，「16.5%」，「23.5%」，「43.0%」と相談割合が急激に増加している。その後，同年7月期から同年10月期は，「29.6%」から「37.4%」までと極めて高い割合で推移している。そして，同年11月期には「45.6%」と最大のピークを迎えるに至る。2011年12月期から2012年3月期も，全体的には減少傾向がみられるものの，「15.3%」から「31.1%」までと相当高い割合で推移している。

　岩手県の東日本大震災による直接の死者数は，本書執筆時において4,673人，行方不明者は1,123人である[24]。ただし，2011年4月までは，全国の行方不明者数は1万人を超え，岩手県内でも3,000名から4,000名となっていた[25]。「相続」という単語を被災者が想起するのは，2011年3月期や同年4月期では，時期が早すぎたと考えられる。また，「家族の死」を受け入れるための時間を考慮すれば，最初から相続の話を切り出す被災者がいるとはとても考えられない。さらに，家族が突然亡くなり，自らも避難所等にいる可能性の高い遺族が，相続に関する様々な手続を冷静かつ迅速に進めることを期待することはできないはずである。「12　震災関連法令」や「9　住宅・車・船等のローン，リース」は，相談する被災者が直接の当事者となって支援を受けたり，契約の紛争を抱えている事例であることから，リーガル・ニーズとして震災直後から発現していたのに対し，相続に関する相談は，自発的に相談するというよりは，新たな情報提供などを受けてやっと思い至る相談の類型という性質を有すると考えられる。2011年3月期において相談割合が「7.7%」と比較的少ないのは，このためである。

　全体的にみれば，月を重ねるごとに相談割合は急増し，1年間の長期にわたって高止まりしている。その原因は，大きくは2つの「3か月」の期限の存在

---

24)　警察庁緊急災害警備本部「平成23年（2011年）東北地方太平洋沖地震の被害状況と警察措置」（平成28年12月9日）。

25)　2011年4月10日現在の岩手県の行方不明者数は4,721名（2012年11月30日時点の法務省公表資料より）。

である。ひとつは，民法が，相続放棄等の熟慮期間を，相続人が被相続人の死亡を知った時から3か月としている点である（民法915条1項本文）。もうひとつは，「災害弔慰金の支給等に関する法律」に「災害の際現にその場にいあわせた者につき，当該災害のやんだ後三月間その生死がわからない場合には，災害弔慰金に関する規定の適用については，その者は，当該災害によつて死亡したものと推定する」（災害弔慰金法4条）などとあることに代表される，一定期間経過すると行方不明者の死亡を推定して，災害弔慰金やその他の行政給付金が支給されるという法律[26]が存在している点である。

前者の相続放棄については，債務超過の資産を相続する可能性がある被災者にとっては，期限以内に相続放棄等の手続をしないと，生活再建にとって死活問題となる。判断期間を確保する必要があるが，3か月では全く足りないだろう。そもそも，民法の規定を知らない被災者が大多数なのである。仮に知っていたとしても，最寄りの家庭裁判所に赴き手続をするだけの余力を持てるはずはなかった。当然，弁護士は，無料法律相談の場で積極的な情報提供に努めていたのである。

後者についても，災害弔慰金や遺族年金が行方不明者の家族にも支給されるという情報に接し，仮に当該家族が給付を請求する場合，それは，捜索を継続しているにもかかわらず「死亡したものと推定する」という規定を受け入れることを意味する。形式だけの問題と割り切れるはずはなく，家族は葛藤し，苦渋の決断をして各種窓口にて申請を行う。当時多くのメディアがこの「3か月」の節目で災害弔慰金等の存在を取り上げて報道した。これらの法制度や社

---

[26] 東日本大震災を受けて，2011年5月2日に「東日本大震災に対処するための特別の財政援助及び助成に関する法律」が成立した。本来は，「死亡」に対して支払われる国民年金，厚生年金，船員保険，共済，恩給等の公的死亡給付・遺族給付について，災害により3か月間生死不明（行方不明）の場合でも支給できるとする特別措置を講じた。たとえば，同法11条は，「平成二十三年三月十一日に発生した東北地方太平洋沖地震による災害により行方不明となった者の生死が三月間分からない場合又はその者の死亡が三月以上内に明らかとなり，かつその死亡の時期が分からない場合には，恩給法（大正十二年法律第四十八号。他の法律において準用する場合を含む。）」の死亡に係る給付の支給に関する規定の適用については，同日に，その者は，死亡したものと推定する」との条文になっており，他の制度でも同様の形式となっている。

会の関心に連動し,「16　遺言・相続」の相談割合は急増していったものと分析できる.

その後の相談割合の高止まり傾向と，2011年11月の「45.6%」というピークは，弁護士の提言によって，2011年6月21日に議員立法で成立した「東日本大震災に伴う相続の承認又は放棄をすべき期間に係る民法の特例に関する法律」が大きく影響している．同法では法案段階から，相続放棄の熟慮期間を「3か月」から一律に「2011年11月30日」まで延長することを内容としている．弁護士は，かかる特別法の成立を受けて，被災者に対して，2011年11月30日の期限の周知をできる限り実施した．積極的な情報提供が法律相談割合を増加させ，また高止まりさせたものと評価できる．そして，期限が迫った2011年11月期に相談割合がピークを迎えているのは，「期限」の存在について，弁護士や被災自治体による一層の周知活動や，メディアによる報道が，無料法律相談の場に被災者を呼び込んだからであると分析できる（第6章・6.2.6 (2) で詳述）.

(3)　「9　住宅・車・船等のローン，リース」

法律相談割合の推移をみると，2011年3月期に「15.9%」と高い割合であったが，その後，同年4月期から6月期にかけては，「13.9%」，「10.2%」，「6.5%」と減少している．ところが，2011年7月期から8月期にかけて「9.9%」，「13.4%」と相談割合が増加した．その後も減少と増加を繰り返すが，2011年12月期に「14.2%」，2012年2月期に「13.6%」に達しているなど，全体としてみれば，被災者にとって相当関心の高い分野であったことが伺える．岩手県（全体）の全期間の相談分析結果でも「11.3%」と比較的高い相談割合になっている（図3-1）.

この岩手県における推移（図3-9）と，前述の宮城県における推移（図3-8）とを比較すると，①発災直後では高い相談割合を占めていること，②その後減少傾向にあること，③改めて増加に転じること，④再び減少すること，という時間経過ごとの変化に共通性が見られる．そして，それぞれのフェーズについては，以下のような説明が可能である．

①まず，発災直後に高い割合を示すのは，生活基盤を失った被災者であって

も3月，4月の支払日・締日・決済日を必ず迎えるからである。現代生活を営む以上，大小様々な債務を負担する者が多くいる。被災者が最初に直面する金銭問題こそ，まさに債務支払問題なのである。そして，債務が支払えない場合には，債務不履行というペナルティがあることを法律の専門家でなくても知っている。支払の滞納によって，資産の差押え，取引停止などに至ることを多くの被災者が容易に想像できるからこそ，弁護士への相談も高い割合となった。

②しかし，住宅ローンなどの多額の債務が自らの資産では支払えない場合には，東日本大震災（2011年）当時にそれを解決する手段は「破産法」などの法的手続を選択する以外にない。当時可能だった手段は，一定期間の支払猶予などの金融上の措置[27]だけであった。破産以外に効果的な手段がなく，かつその場しのぎの制度を伝えることしかできない弁護士の無料法律相談への期待は徐々に失われていったのである。

③被災者のニーズを考慮し，弁護士の精力的な政策形成活動が奏功し，2011年7月15日に「個人債務者の私的整理に関するガイドライン」が成立した。2011年8月には被災者（債務者）からの申立受付が，運営主体である一般社団法人個人版私的整理ガイドライン運営委員会で始まった。震災前の既存債務支払に困窮していた被災者にとっては「待望」のことだったといえるし，弁護士も無料法律相談等の場を利用して周知に努めた。法律相談割合の増加の背景には，ガイドライン策定と制度への期待が存在したと考えられる。

④ところが，その後は相談が少ない月も目立つようになった。簡単に言えば，ガイドラインへの「失望」が原因である。2011年中の個人版私的整理ガイドラインは，その運用が硬直的に過ぎ，多くの被災者が，相談窓口まで辿りつきながら，「門前払い」を受けていたことが発覚した。弁護士による周知にも限界があり，積極的に個人版私的整理ガイドラインを活用しようという土壌が，

---

27) 金融庁および日本銀行による「平成23年（2011年）東北太平洋沖地震にかかる災害に対する金融上の措置について」（2011年3月11日）には，「災害の状況，応急資金の需要等を勘案して融資相談所の開設，審査手続きの簡便化，貸出の迅速化，貸出金の返済猶予等災害被災者の便宜を考慮した適時的確な措置を講ずること」等金融機関が講じるべき措置が列挙されていた。しかし，これらは全く周知されていない。被災者や銀行の窓口担当者らに対して，少なくともかかる情報を周知することが，無料法律相談における弁護士の使命であった。

東日本大震災の被災地に生まれることはついぞなかったのである（第6章・6.2.4（1）で詳述）。

3.3.3 福島県における被災者ニーズの推移

図3-10は，福島県（全体）の「22　原子力発電所事故等」に関する法律相談割合の推移の分析結果である。3本の折れ線グラフは，中央が福島県全体，上部が福島第一原子力発電所事故により避難指示等を受けた区域[28]を含む市町村，下部が避難指示等を受けていない市町村[29]となる（具体的な市町村については，図3-10下部の注意書きを参照[30]）。

---

28) 政府による避難等の指示の種類について，原子力損害賠償紛争審査会「東京電力株式会社福島第一，第二原子力発電所事故等による原子力損害の範囲の判定等に関する中間指針」（平成23年8月5日）の6-8頁に記述された分類を示す。なお，区域は時間経過とともに見直しが実施されているため，以下に示す指示はすでに解除・再編されているものもあることに留意が必要である。
① 避難区域：原子力災害対策特別措置法（原災法）に基づき政府から避難指示のあった区域。
② 屋内退避区域：原災法に基づき政府から屋内退避指示のあった区域（のちの④とおおむね一致する区域）。
③ 計画的避難区域：原災法に基づき政府から計画的な避難（おおむね1か月程度の間に区域外に避難すること）が求められた区域。
④ 緊急時避難準備区域：原災法に基づき緊急時の避難または屋内退避が可能な準備をすることが求められる区域。引き続き自主避難することおよび特に子供，妊婦，要介護者，入院患者等は立ち入らないことが求められた区域。
⑤ 特定非難勧奨地点：住居単位で住民に注意喚起，自主避難支援・促進を行う地点。
⑥ 地方公共団体が住民に一時避難を要請した区域：南相馬市が2011年3月16日に全市民に対して一時避難を要請した。したがって南相馬市全域が該当する（ただし，南相馬市は，同年4月22日には，自宅生活が可能な者の帰宅を許容する見解を示していた）。
29) 「東京電力株式会社福島第一，第二原子力発電所事故等による原子力損害の範囲の判定等に関する中間指針（自主的避難等に係る損害について）（第一次追補）」（平成23年12月6日）で初めて規定された「自主的避難等対象区域」は，図3-10で示した分析では「いずれの区域にも該当しない市町村」として扱っている。分析対象の法律相談の多くは，「自主的避難等対象区域」という概念が公的に定まっていない時期の法律相談だからである。
30) 「少なくとも1つの区域に該当する市町村」の定義については，日弁連「東日本大

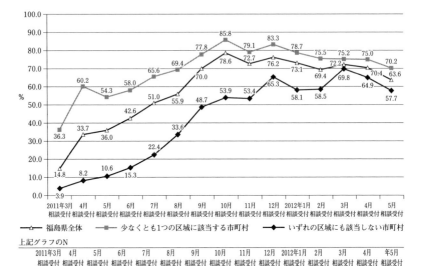

	2011年3月 相談受付	4月 相談受付	5月 相談受付	6月 相談受付	7月 相談受付	8月 相談受付	9月 相談受付	10月 相談受付	11月 相談受付	12月 相談受付	2012年1月 相談受付	2月 相談受付	3月 相談受付	4月 相談受付	年5月 相談受付
N1	331	1794	1642	1097	931	814	984	1007	735	575	535	565	558	409	316
N2	102	835	864	633	585	454	546	643	465	317	305	310	210	192	161
N3	207	843	639	373	286	259	273	204	161	173	160	183	285	171	130

注：N1は福島県全体のNを、N2は「少なくとも1つの区域に該当する市町村」のNを、N3は「いずれの区域にも該当しない市町村」のNを指す。

図 3-10　福島県（全体）の「22　原子力発電所事故等」の法律相談割合の推移（区域別含む）

日弁連「東日本大震災無料法律相談情報分析結果（第5次分析）」（2012年10月）より抜粋。
「少なくとも1つの区域に該当する市町村」とは、警戒区域を含む市町村（南相馬市、田村市、楢葉町、川内村、浪江町、葛尾村、富岡町、大熊町、双葉町）、計画的避難区域を含む市町村（南相馬市、浪江町、葛尾村、川俣町、飯舘村）、緊急時避難準備区域を含む市町村（南相馬市、田村市、楢葉町、川内村、広野町）である。緊急時避難準備区域は、2011年9月30日に解除が決定された。警戒区域のうち、川内村、田村市、南相馬市については、2012年3月30日に解除が決定された。ただし、解除があった市町村も、分析上は、「少なくとも1つの区域に該当する市町村」として扱っている。
「いずれの区域にも該当しない市町村」とは、「少なくとも1つの区域に該当する市町村」以外の福島県内の市町村である。なお「中間指針（第一次追補）」（2011年12月6日）からはじめて政府公式の概念として登場する「自主的避難等対象区域」は、分析上は「いずれの区域にも該当しない市町村」として扱っている。
相談者の住所地が市町村まで判明していない相談もあるため、「少なくとも1つの区域に該当する市町村」と「いずれの区域にも該当しない市町村」の合計は100％にならない。
グラフ中の数値（％）は、各月における「22　原子力発電所事故等」（区域別含む）に該当する法律相談件数を、各月の福島県内の全法律相談件数で除して算出している。

震災無料法律相談情報分析結果（第5次分析）」のx-xi頁に記述がある。

これによると，相談割合は月を重ねるごとに増加傾向にあったことが分かり，福島県全体の傾向（図3-4）における「22　原子力発電所事故等」(55.1%) は，単に1年間の累計数値でしかないことに気付く。また，原子力発電所事故により避難指示等の指示を受けた区域内外を問わずリーガル・ニーズが増加し続けていたことが分かる。

　福島県（全体）の推移をみると，2011年3月期は，「14.8%」と他の相談と比較すると高い割合の類型に含まれるが，全期間累計の「55.1%」からすれば少ない印象を受ける。2011年3月期は，まさに避難所を転々としている時期であり，原子力発電所事故等に伴う困難について直接的に指摘して相談するには時期が早すぎたのではないかと考えられる。それでも，その後一貫して相談割合が急増し，2011年10月期には「78.6%」に至る。避難生活をする中での様々な困難が，次第に原子力損害賠償の分野へと集約し，関心が移り，最終的には極めて高い割合を占めるに至った経緯がわかる。具体的には，福島県は，沿岸部は壊滅的な津波被害を受ける一方，内陸都市部も地震被害による建物損傷被害が激しい。原子力発電所事故がなければ，沿岸部では，「12　震災関連法令」や「9　住宅・車・船等のローン，リース」が突出して多くなり，また内陸都市部では「5　不動産賃貸借（借家）」や「6　工作物責任・相隣関係」が突出して多くなったと推測できる。それにもかかわらず，「22　原子力発電所事故等」の類型が多くなったのは，「原子力発電事故の影響によって仕事を失い，自宅にも住めなくなったが，住宅ローンが残っている。支払わなければならないのか」「原子力発電所事故により，生活基盤のすべてを失った。被災者生活再建支援金などの自然災害に基づく制度の支援は受けられるのか」など，相談背景に必ずといって良いほど原子力発電所事故の影響を垣間見ることができ，相談事例の類型化の時点で複数分類されたからに他ならない。これにより原子力発電所事故等に関する相談割合が必然的に上昇し，他の相談類型をかき消すほどの割合を占めたと考えられる。

　リーガル・ニーズの上昇の要因は，「いずれの区域にも該当しない市町村」の相談内容の推移に注目すると，その一端が解明できる。この「いずれの区域にも該当しない市町村」には，福島市，郡山市，いわき市という，福島県の3大都市が含まれている。推移をみると，2011年3月期には「3.9%」，同年4月

期には「8.2%」でしかない相談が，同年5月期から同年10月期にかけて「10.6%」から「53.9%」まで一貫して急上昇し，その後も徐々に相談割合を増加させ2012年3月期には「69.8%」となり，同時期の福島県全体の相談割合（72.2%）や，「少なくとも1つの区域に該当する市町村」の相談割合（75.2%）と遜色がない高さとなっている。すなわち，福島県全体の「22 原子力発電所事故等」のリーガル・ニーズを押し上げた要因とは，「いずれの区域にも該当しない市町村」のリーガル・ニーズの急上昇に牽引されていたことが明確となっている。政府による避難指示等の指定がなされていなかった地域では，発災直後の数か月は，放射性物質の拡散の情報すら詳細には判明していなかったと思われる。しかし，その後の情報開示の進捗や，実際の被害報告の頻発が各所で話題となり，相談を増加させたものと考えられる。特に，風評被害による経済・産業への多大な影響，除染問題，避難指示等の指定がされなかった自治体からの避難の相当性などが叫ばれ，被害の拡大が一層深刻化し，顕在化し始めた。原子力損害賠償の対象になるかという問題は，福島県全域において最大の関心事となったのである。原子力災害の広域化が認識されるにつれ，「22 原子力発電所事故等」の相談も連動して広域化していったという評価が可能である。

　また，2011年8月期から同年9月期の上昇（33.6%から48.7%）と，2012年2月期から3月期の上昇（58.5%から69.8%）は突出している。これは，政府の原子力損害賠償審査会による中間指針やその追補の公表と連動している。2011年8月5日に「東京電力株式会社福島第一，第二原子力発電所事故等による原子力損害の範囲の判定等に関する中間指針」（中間指針）が公表された。中間指針では，図3-10でいう「少なくとも1つの区域に該当する市町村」に該当する区域への賠償の最低基準を定めている。ここには，すでに被災者のリーガル・ニーズとして相当の割合を占めていた「自主的避難」に関しての指針策定が間に合っていない。そして，2011年12月6日になり，ようやく「東京電力株式会社福島第一，第二原子力発電所事故等による原子力損害の範囲の判定等に関する中間指針追補（自主的避難等に係る損害について）（第一次追補）」が公表された。第一次追補に至り，ようやく図3-10でいう「いずれの区域にも該当しない市町村」に関する賠償指針の最低基準が明確に示された。2011年8

月と同年12月の中間指針の公表が，被災者の関心を一層喚起し，その後の法律相談の急激な上昇につながったということが考えられる。裏を返せば，（鶏と卵はどちらが先かという議論ではあるが）「自主的避難等対象区域」という概念を政府が明確に認め，損害賠償の対象としても明記するに至った背景には，そもそも，自主的避難対象区域を含む「いずれの区域にも該当しない市町村」の被災者のリーガル・ニーズが増大した背景があり，政府が真摯に受け止め，対応を迫られていた状況だったという分析も可能である。

「少なくとも1つの区域に該当する市町村」の「22 原子力損害賠償等」の類型の相談割合の推移を見ると，2011年3月期にすでに「36.3%」になっており，同年4月期に「60.2%」に達している。その後もおおむね上昇を続け，2011年10月期に「85.5%」に達したこともあった。ほぼ全ての相談者が原子力発電所事故等を背景とした相談をしてきたという表現で差し支えないと思われる。これは，現実に避難を余儀なくされ損害賠償の問題が顕在化しているケースが多いこと，避難をしていない場合でも日常生活の不便さや収入などの側面で金銭的被害が発生していたこと等から，初期の段階から，原子力損害賠償請求権の当事者であるとの認識が高い被災者が多かったからであると考えられる。

3.3.4　福島県の「22　原子力発電所事故等」の内訳と被災者ニーズの推移

図3-11は，福島県の「22　原子力発電所事故等」に関する相談内容（図3-5）について，時間経過によるリーガル・ニーズの変化（推移）をまとめたものである。全体期間の累計で最も相談割合が高いのは14種類の大分類のうち「損害賠償」（71.3%）であるが（図3-5），その相談割合は大きく変動していたことが分かる。

福島第一原子力発電所事故発生直後の2011年3月期の「損害賠償」の相談割合は「44.9%」であったが，同年4月期には，「31.6%」に減少している。その後，相談割合は急増し，同年11月期には，「93.3%」にも達している（なお，12月相談受付は母数が18件しかないため，検討対象から除外する）。時間を重ねるごとに，「22　原子力発電所事故等」の相談は，被災者（被害者）から原子力事業者（現・東京電力ホールディングス株式会社）への原子力損害賠償請求の相

[グラフ]

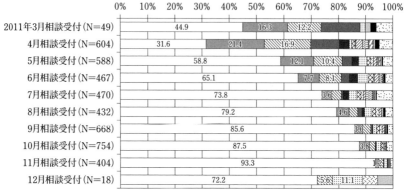

- □ 損害賠償
- ■ 契約関係
- ▨ 避難生活
- ■ 賃借人からの相談
- ■ 賃貸人からの相談
- ▥ 放射能
- ▨ 提言
- ▨ 風評被害
- ▨ 各種手続
- ▨ 盗難・保管責任
- ▨ 避難指示・警戒区域内等立入
- □ 教育
- ■ 事業継続・資産管理等
- □ その他

[数値表]

(%)

相談受付月	損害賠償	契約関係	避難生活	賃借人からの相談	賃貸人からの相談	放射能	提言	件数
2011年3月	44.9	16.3	12.2	14.3	0	2	0	49
4月	31.6	21.4	16.9	10.6	3.5	1	1.2	604
5月	58.8	12.1	10.4	3.6	2.4	3.2	1.4	588
6月	65.1	7.7	8.1	3	3	3.9	1.9	467
7月	73.8	3.6	3.6	0.6	2.1	3	1.5	470
8月	79.2	4.6	3.2	1.6	0.9	2.8	1.4	432
9月	85.6	3	3	0.7	0.1	1.2	1.2	668
10月	87.5	3.8	2.1	0.3	0.1	1.7	0.8	754
11月	93.3	1.2	1.7	0.2	0	1.2	0	404
12月	72.2	0	5.6	0	0	11.1	0	18

図 3-11 福島県の「22 原子力損害賠償等」に関する法律相談の内訳と推移

[グラフ][数値表]ともに日弁連「東日本大震災無料法律相談情報分析結果（第5次分析）」（2012年10月）より抜粋。
各項目の数値の合計はいずれも100％。

相談受付月	風評被害	各種手続	盗難・保管責任	避難指示・警戒区域内等立入	教育	事業継続・資産管理等	その他	件数
2011年3月	0	0	0	0	2	2	6.1	49
4月	0.3	2.5	2.2	1.8	0.7	1.5	5	604
5月	1	1.2	0	1.4	0.5	0.3	3.7	588
6月	0.4	1.7	1.1	0.6	0	0.4	2.8	467
7月	0.9	0.9	2.6	0.6	0.6	0.2	6	470
8月	1.2	0.9	0.7	0	0.2	0.5	2.8	432
9月	0.9	0	0.3	0.1	0.4	0	1.9	668
10月	0.5	0.4	0	0	0	0.1	2.3	754
11月	0.2	0	0	0	0.5	0.2	1	404
12月	5.6	0	0	0	5.6	0	0	18

図3-11　福島県の「22　原子力損害賠償等」に関する法律相談の内訳と推移（続き）

談に集約・特化されていったことがわかる。そして，全体を通じて「損害賠償」の大分類が高い割合を示しているのは，当初から明確な法的手続を辞さない損害賠償請求の意思をもっていた被災者が集中したからであると考えられる。「弁護士」が無料「法律」相談の窓口を開設する以上は必然的なことだとも思われる。

「契約」，「避難生活」，「賃借人からの相談」，「賃貸人からの相談」の4つの大分類に着目する。2011年3月期では，それぞれ「16.3％」，「12.2％」，「14.3％」，「0.0％」であり，合計で「42.8％」となる。また，同年4月期では，それぞれ「21.4％」，「16.9％」，「10.6％」，「3.5％」であり，合計で「52.4％」となる。合計値は，2011年3月期では「損害賠償」の相談割合（44.9％）と拮抗し，同年4月期では「損害賠償」の相談割合（31.6％）より20ポイント以上も高い。政府から発令された避難指示や屋内退避指示の影響を受けた被災者は，2011年3月から4月中旬の初期段階では，賠償問題よりも，身の回りの財産や契約の問題（住宅ローン支払の問題，家賃支払の問題），避難生活全般の問題（各種支援制度の問い合わせ）といったより生活に直結した課題に追われていたことがわかる。

さらに，図3-11により，「損害賠償」の相談割合の推移が明らかになったこ

とで，政府の対応と被災者のリーガル・ニーズとの関係性がより精緻に分析できるようになった。先述した原子力損害賠償紛争審査会による中間指針は，2011年8月になって策定されたが，このときすでに「損害賠償」のリーガル・ニーズは，同時期の福島県全体の「22　原子力発電所事故等」の相談割合のうち，「79.2%」を占めていたことになる。これは，損害賠償に関する法体系が完成した先進国においては，たとえ世界最大の未曾有の原子力損害が発生した場合でも，被災者が最低限の衣食住や身の周りの紛争について見通しを付け，「損害賠償」を請求する段階へシフトするには，発災から数か月程度しかかからないということを意味している。政府（原子力損害賠償紛争審査会）側にとってみれば，指針策定までの猶予は，数か月程度しかないということである。東日本大震災後の中間指針の策定は，被災者のリーガル・ニーズの高まりに比して，追い付いていなかったという評価が可能である。

3.4　基礎自治体単位の被災者ニーズの分析と復興政策モデル

3.4.1　基礎自治体単位でリーガル・ニーズを把握することの意義

　岩手県，宮城県，福島県，茨城県，千葉県という「県単位」でリーガル・ニーズを分析してきたことで，全国的な平均値だけを算出していたのでは到底計り知ることができなかった，地域差や時間経過による多種多様なリーガル・ニーズを一定程度分析できたと思われる（3.2および3.3）。一方で，「宮城県（沿岸部）」（図3-3），「茨城県神栖市」（3.2.6（3）），「千葉県旭市」（3.2.7（2））等のように，県単位のリーガル・ニーズの分析結果でも見落とされてしまう地域特性の存在も明らかになった。同じ県内でもリーガル・ニーズが大きく異なる市町村が存在したのである。そうであれば，県単位だけではなく，基礎自治体単位（公表された日弁連「東日本大震災無料法律相談情報分析結果」のデータセットから可能であれば，さらに細分化した地区単位）でリーガル・ニーズを分析し，その傾向を把握することは，必要不可欠であるように思われた。その結果，被災態様や地域特性を反映した共通項が発見できれば，それを「リーガル・ニーズのモデル」として類型化し，被災者の「生活再建・復興政策提言のモデル（型）」として一般化・抽象化できるようになると考えられる。さらに，「災害

復興法学」の体系化を示すうえで，それが，現実の復興政策の実績や課題に即したものであることを検証する役割も果たすことになる。

　被災地を一定の類型ごとに区分し，それに応じた被災者の生活再建や復興の政策を検討すべきという提言は，東日本大震災後にも政府や有識者等から提言されていた。「地域から震災復興を考える」（藻谷 2011）は，「石巻以北の三陸地方の，リアス式海岸の津波被災地域」，「石巻以南・いわき以北の，海岸平野部の津波被災地域」，「福島第一原子力発電所の影響地域」，「津波は来なかったが強震に見舞われた，東日本一円に広がる内陸部地域」の4つに分けて地域ごとに政策を検討すべきと提言している（藻谷 2011・54 頁）。また，政府の東日本大震災復興構想会議「復興への提言：悲惨の中の希望」（平成 23 年 6 月 25 日）は，地震・津波による被災地を「平地に都市機能が存在し，ほとんどが被災した地域」，「平地の市街地が被災し，高台の市街地は被災を免れた地域」，「斜面が海岸に迫り，平地の少ない市街地および集落」，「海岸平野部」，「内陸部や，液状化による被害が生じた地域」という5つの類型に分類して，復興のプランを構築すべきである旨提言している。さらに，『災害弱者と情報弱者：3.11 後，何が見過ごされたのか』（田中 2012）は，被災した自治体を単位として様々なデータ（被害概況，財政指数，所得，人口，浸水範囲概況にかかる人工等）をプロットした図表を作成し（同・38-53 頁），たとえば「自治体間において被害の程度は相対的に異なっており，またそれらは自治体の経済的な状況と負の相関関係にある（経済的に富裕な自治体ほど被害の割合は小さく，また逆に経済的により貧困な自治体ほど被害の割合は大きい）」（同・53 頁）との分析結果を導く。自治体単位での分析の意義を見出す成果と考える。

　本稿では，いくつかの基礎自治体単位（仙台市にあっては「区」の単位）における東日本大震災のリーガル・ニーズの傾向を分析し，①「都市地震被害型（C 型）」②「集落津波被害型（T 型）」③「都市津波被害型（AI 型）」④「人口高密度都市津波被害型（AII 型）」という4つの被災態様モデルを提示する。そのうえで，対応する「復興政策モデル」の提示を試みる。第3章 3.2 および 3.3 において論じてきたリーガル・ニーズの傾向分析は，災害復興法学が取り扱う法学類型や個々の法律——すなわち「縦軸」——を明確化するための準備作業であった。これに対して，被災態様を手掛かりに4種類の「型」を浮き彫りに

してから，それぞれの復興政策の方針を検討しようとするのは，災害態様（被災態様）に応じた全体復興方針の在り方——すなわち「横軸」——をモデル化しようとする試みと位置づけられる（個別の施策の解説については第7章において詳述する）。

3.4.2　①都市地震被害型（C型）

　図3-12は被災者の被災当時の住所が仙台市青葉区の法律相談内容の内訳である。「5　不動産賃貸借（借家）」（33.6％）が突出して高く，「6　工作物責任・相隣関係（妨害排除・予防・損害賠償）」（15.4％）も相当多い。一方で「9　住宅・車・船等のローン，リース」（3.1％）は，宮城県（全体）の傾向（図3-2）の「8.0％」と比べてもかなり相談割合が低い。仙台市青葉区は，震度6弱の地震に襲われているが，海に面していないので津波浸水被害がない。住宅の壊滅的被害がない一方で，地震による建物等の一部損壊や，インフラの一時寸断が主たる被害態様となっていた。また，仙台市青葉区の借家率は「43.7％」と宮城県内の他の市町村と比べて相当高いことは，「5　不動産賃貸借（借家）」の相談割合の高さに影響を与えていると思われる。一方で，仙台市全体の全半壊率は「21.6％」である。これは，宮城県全体の全半壊率「23.5％」よりも低い[31]。住宅街や商業施設が壊滅せず，多くの相談者は，発災当時の住宅への居住を継続しながら，建物の修繕やがれきの撤去，近隣紛争の解決を要望して，弁護士への無料法律相談を求めたのではないかと推測できる。

　図3-13は，被災者の被災当時の住所が宮城県富谷町（当時）[32]の法律相談内容の内訳である。「5　不動産賃貸借（借家）」（16.8％）の相談割合が最も高く，「6　工作物責任・相隣関係（妨害排除・予防・損害賠償）」（12.9％）も高い。富谷町の借家比率は「14.3％」と低いため，仙台市青葉区ほど相談割合が高くなっていないが，震度6弱を観測しており，建物の一部損壊被害に対応したリーガル・ニーズが発生したものと考えられる。なお，「遺言・相続」（14.9％）も

---

31)　宮城県および仙台市それぞれの全壊棟数と半壊棟数の和を「平成20年住宅・土地統計調査」の総住宅数で除したもの。

32)　富谷町は，2012年12月に人口5万人に到達したことを受け，2016年8月25日に市制移行し，富谷市となった。

第3章　東日本大震災無料法律相談情報分析結果

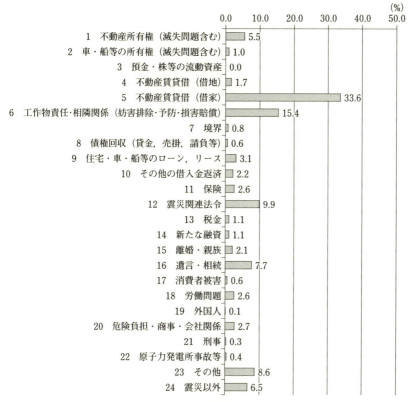

図3-12　宮城県仙台市青葉区の無料法律相談内容

日弁連「東日本大震災無料法律相談情報分析結果（第5次分析）」（2012年10月）より抜粋。
相談受付日は2011年3月中旬から2012年5月下旬まで。各法律相談割合の分母はそれぞれ1,130件。

高いが，これは沿岸部で亡くなった家族・親族が多かったことによるものと推測される。当時の人口規模は4万7,000人程度であり，仙台市に比べれば小規模な自治体であるが，仙台市のベッドタウンとして発展を続けている自治体である。リーガル・ニーズの傾向としては，共通点が多く確認できた。

大都市・小規模都市のいずれにおいても，地震被害（いずれも震度6弱）に対するリーガル・ニーズは，「5　不動産賃貸借（借家）」「6　工作物責任・相隣関係（妨害排除・予防・損害賠償）」の相談割合が高くなる傾向にあることが一応は観察できた。都市部の地震被害に伴うリーガル・ニーズを，本書では，

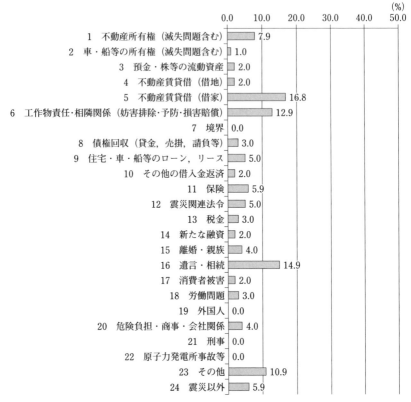

図 3-13　宮城県富谷町の無料法律相談内容

日弁連「東日本大震災無料法律相談情報分析結果（第5次分析）」（2012年10月）より抜粋。
相談受付日は2011年3月中旬から2012年5月下旬まで。各法律相談割合の分母はそれぞれ101件。

「①都市地震被害型 City［C］型」と呼称する。

3.4.3　②集落津波被害型（T型）

　図 3-14 は被災者の被災当時の住所が宮城県女川町の法律相談内容の内訳である。「16　相続・遺言」（24.7％）と「12　震災関連法令」（22.5％）が突出して高い割合となっている。「9　住宅・車・船等のローン，リース」（8.4％）もやや高く，無視できない割合である。一方で，「5　不動産賃貸借（借家）」（4.4％）と「6　工作物責任・相隣関係（妨害排除・予防・損害賠償）」（2.9％）の

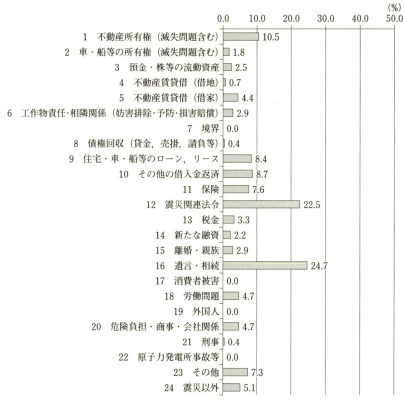

図 3-14　宮城県南女川町の無料法律相談内容

日弁連「東日本大震災無料法律相談情報分析結果（第5次分析）」（2012年10月）より抜粋。
相談受付日は2011年3月中旬から2012年5月下旬まで。各法律相談割合の分母はそれぞれ275件。

相談割合は低い。

　巨大津波によって，小規模の集落が複数壊滅に至り，多くの方が亡くなった被害が起きた地域では，被災者の生活再建へのリーガル・ニーズが「12　震災関連法令」の相談割合を押し上げ，また遺族や行方不明者の家族らのリーガル・ニーズが「16　相続・遺言」の相談割合を押し上げるのではないかと考えられる。女川町の死者・行方不明者占有率は「8.7％」であり[33]，宮城県内では

---

[33]　死者（災害関連死含む）と行方不明者の合計872人（宮城県「東日本大震災における被害状況・平成28年12月31日現在」（2017年1月10日公表））を2011年3月11

突出して高い。一方で,「5 不動産賃貸借（借家）」や「6 工作物責任・相隣関係（妨害排除・予防・損害賠償）」といった,「都市地震被害型（C型）」に多かったリーガル・ニーズについては,割合が低くなっている。

　市街地が小規模である場合は,新築住宅等の割合も少なくなるからか,「9 住宅・車・船等のローン,リース」の相談割合は,市街地の相当部分が壊滅しているとしても,「10％」前後程度で推移するのではないかと思われる（逆に浸水域が極端に広範囲になれば,「9 住宅・車・船等のローン,リース」を押し上げる要因となると思われる）。津波により甚大な人的物的被害を受けた,集落や比較的小規模の市街地にみられるリーガル・ニーズの傾向を,本書では,「②集落津波被害型（Tsunami〔T〕型）」と呼称する。

3.4.4　③都市津波被害型（AI型）

　図 3-15 は,被災者の被災当時の住所が宮城県南三陸町の法律相談内容の内訳である。「12 震災関連法令」（22.7％）,「16 遺言・相続」（14.5％）という「②集落津波被害型（T型）」（3.4.2）においても相談割合が高い類型だけではなく,「9 住宅・車・船等のローン,リース」（16.1％）の類型の相談割合が,より一層高くなっている。これはより規模の大きな市街地が甚大な津波被害を受け,新築ないし比較的新しい住宅,増改築などが行われた住宅が甚大な被害を受けたことを意味しているからと考えられる。

　図 3-16 は,被災者の被災当時の住所が宮城県陸前高田市の法律相談内容の内訳である。「16 遺言・相続」（37.7％）の類型の相談割合が突出して高く,「12 震災関連法令等」（19.8％）も相当高い。加えて,「9 住宅・車・船等のローン,リース」（13.4％）が比較的高い割合を占めている。一方で,「5 不動産賃貸借（借家）」（3.2％）や「6 工作物責任・相隣関係（妨害排除・予防・損害賠償）」（2.5％）は低い割合である。

　単純に「田園」と「都市」というリーガル・ニーズの区別はできないが,「9 住宅・車・船等のローン,リース」の類型の相談割合がより一層多くなり,「15％」前後という高い割合になった場合には,「10％」の前後の場合と比べて,

---

日時点の女川町の人口 10,014 人（女川町企画課防災公表資料）で除したもの。

第3章 東日本大震災無料法律相談情報分析結果

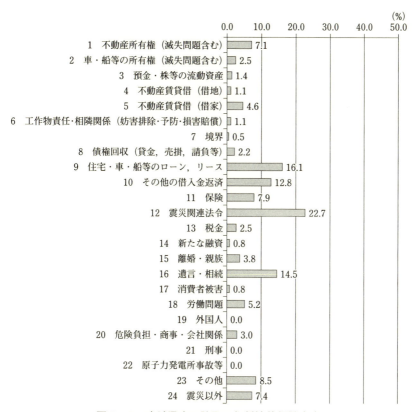

図3-15 宮城県南三陸町の無料法律相談内容

日弁連「東日本大震災無料法律相談情報分析結果(第5次分析)」(2012年10月)より抜粋。
相談受付日は2011年3月中旬から2012年5月下旬まで。各法律相談割合の分母はそれぞれ356件。

より積極的に復興政策・被災者支援に弁護士が関与すべきであり,これを区別する必要があると思われた。特に既存の債務(被災ローン)の支払困難に陥る被災者に対しては,「被災ローン減免制度」の情報提供と,利用のための申立支援など,継続的な法的支援が不可欠である。リーガル・ニーズの多寡については,弁護士が最も注目しなければならない類型の一つである。そこで,甚大な津波被害に伴うリーガル・ニーズが「12 震災関連法令」と「16 遺言・相続」のみならず「9 住宅・車・船等のローン,リース」においても相当に高い割合となった場合には,その被災態様と復興政策について,特別の型を設け

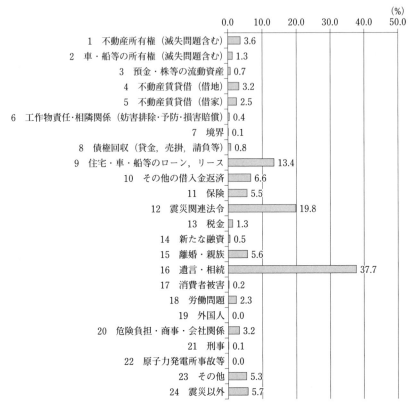

図 3-16　宮城県陸前高田市の無料法律相談内容

日弁連「東日本大震災無料法律相談情報分析結果（第 5 次分析）」（2012 年 10 月）より抜粋。
相談受付日は 2011 年 3 月中旬から 2012 年 5 月下旬まで。各法律相談割合の分母はそれぞれ 843 件。

た考察を加える必要がある。かかるリーガル・ニーズを，本書では，「③都市津波被害（ALLI）［AI］型」と呼称する。

3.4.5　④人口高密度都市津波被害型（AII 型）

　図 3-17 は，被災者の被災当時の住所が宮城県石巻市の法律相談内容の内訳である。「16 遺言・相続」（19.5%），「12　震災関連法令」（18.4%），「5 不動産賃貸借（借家）」（18.0%），「9　住宅・車・船等のローン，リース」（10.3%）となっている。「①都市地震型被害（C 型）」，「②集落津波被害（T 型）」，「③都市津

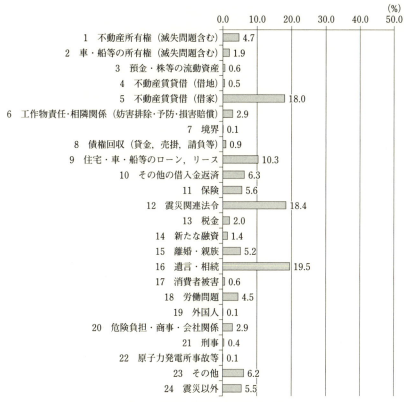

図3-17 宮城県石巻市の無料法律相談内容

日弁連「東日本大震災無料法律相談情報分析結果（第5次分析）」（2012年10月）より抜粋。
相談受付日は2011年3月中旬から2012年5月下旬まで。各法律相談割合の分母はそれぞれ3,481件。

波被害（AI型）」のそれぞれにおいて高い相談割合を示している相談類型が，一つの自治体で同時に高い割合を示し，その数値も拮抗しているのが特徴である。

石巻市は，震災当時人口約16万人，借家率「25.0％」，持ち家比率「61.2％」という都市である[34]。借家率は突出して高いわけではないが，人口が密集した沿岸部の市街地，住宅地，水産加工団地，工業地帯が津波で被災し壊滅的

---

34) 借家率および持ち家率は，「平成20年住宅・土地統計調査」の数値から算定した。

被害を受けており，これらの地域の被災者のニーズが，「5　不動産賃貸借（借家）」の類型の相談割合を押し上げたものと考えられる。

　石巻市の被害態様をいくつかの数値でみると，建物の全半壊率「51.0％」[35]，推定浸水域にかかる人口比率「69.8％」[36]，人口における死者行方不明者占有率「2.4％」[37]となる。これらの被害程度の高さが，「③都市津波被害型（AI型）」と同様に，「9　住宅・車・船等のローン，リース」，「12　震災関連法令」および「16　遺言・相続」の各類型の相談割合を押し上げたものと考えられる。

　図3-18は，被災当時の住所が宮城県気仙沼市の法律相談内容の内訳である。「12　震災関連法令」（18.1％），「9　住宅・車・船等のローン，リース」（17.5％），「16　遺言・相続」（13.5％），「5　不動産賃貸借（借家）」（10.8％）の4つの類型について高い相談割合となっている。気仙沼市は，震災当時の人口約7万3,000人の都市である。住宅の全半壊率は「43.0％」[38]と相当高い。これは「9　住宅・車・船等ローン，リース」や「12　震災関連法令」の類型の相談割合を押し上げる要因になったと考えらえる。また，死者・行方不明者占有率も，女川町ほどではないが，「1.95％」[39]と石巻市に迫る。これは「16　遺言・相続」の類型の相談割合が高くなる要因となったと考えられる。そして，気仙沼市は，借家率が「24.1％」であり，全国平均である「35.7％」と比べれば比較的低いものの[40]，中心市街地の被害を考えると，「5　不動産賃貸借（借家）」の割合が

---

35)　宮城県「東日本大震災における被害状況・平成28年12月31日現在」（2017年1月10日公表）および「平成20年住宅・土地統計調査」の数値から算定した。

36)　総務省統計局「浸水範囲概況にかかる人口・世帯数（平成22年国勢調査人口速報集計）」から推定浸水域にかかる人口を算出し，「平成22年国勢調査」による人口総数で除したもの。

37)　死者（災害関連死含む）と行方不明者の合計3,977人（宮城県「東日本大震災における被害状況・平成28年12月31日現在」（2017年1月10日公表））を，2011年2月時点の人口163,602人（2011年2月時点石巻市公表資料）で除したもの。

38)　宮城県「東日本大震災における被害状況・平成28年12月31日現在」（2017年1月10日公表）および「平成20年住宅・土地統計調査」の数値から算定した。

39)　死者（災害関連死含む）と行方不明者の合計1,434人（宮城県「東日本大震災における被害状況・平成28年12月31日現在」（2017年1月10日公表））を，人口総数73,489人（平成22年国勢調査）で除したもの。

40)　借家率は「平成20年住宅・土地統計調査」の数値から算定した。

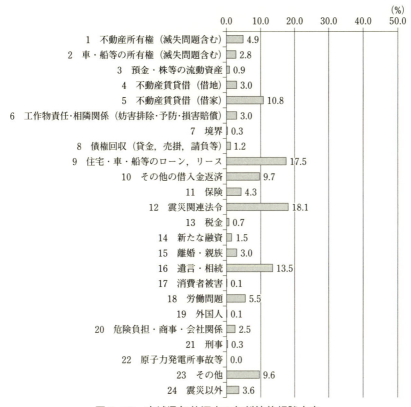

図 3-18　宮城県気仙沼市の無料法律相談内容

日弁連「東日本大震災無料法律相談情報分析結果（第 5 次分析）」（2012 年 10 月）より抜粋。
相談受付日は 2011 年 3 月中旬から 2012 年 5 月下旬まで。各法律相談割合の分母はそれぞれ 568 件。

高いことにも一応の説明が付くと思われる。

「5　不動産賃貸借（借家）」，「9　住宅・車・船等ローン，リース」，「12　震災関連法令」，「16　遺言・相続」の 4 類型のすべての相談割合が「10%」を超え，それぞれの相談割合がおおむね「10%」から「20%」までの高い相談割合を示し拮抗するという，被災者のあらゆる相談ニーズが発現している基礎自治体の存在を確認できた。その後の被災者の生活再建においても，あらゆる困難が待ち受けていたことが，石巻市（図 3-17）や気仙沼市（図 3-18）のリーガル・ニーズから十分に推認できる。震災時の都市・市民生活・産業の在りよう

と，壊滅的な被害の実態が，被災者のリーガル・ニーズに色濃く反映されているという評価が可能である。これらについては，「①都市地震被害型（C型）」，「②集落津波被害型（T型）」および「③都市津波被害型（AI型）」のすべての視点を総合して被害状況・被災態様を捉え，かつ復興政策モデルを検証する必要があると思われる。かかるリーガル・ニーズを，本書では，「④人口高密度都市津波被害型（ALL II［AII］型）」と呼称する。

3.4.6　リーガル・ニーズに応じた復興政策モデル

　基礎自治体レベル（仙台市は区レベルの場合もある）という比較的小規模な範囲でリーガル・ニーズを比較することで，基礎自治体ごとに異なる特徴を発見することができた。このリーガル・ニーズの差異は，災害後に講ずべき政策メニュー・手法にも差異があるということにほかならないと考えられる。
　図3-19は，「①都市地震被害型（C型）」，「②集落津波被害型（T型）」，「③都市津波被害型（AI型）」・「④人口高密度都市津波被害型（AII型）」のそれぞれについて，東日本大震災から復興および生活再建に係る政策手法の考え方（指針），政策の実績，政策の課題をマトリックス図で整理したものである。「災害復興法学」の「横軸」を示すこと（災害態様・被災態様に応じた復興方針の在り方のモデル化）を目指したものである。
　「①都市地震被害型（C型）」は，東日本大震災においては，宮城県では仙台市や多賀城市，福島県では福島市や郡山市，茨城県の主要都市等で見られる傾向であった。地震による建物，道路，土地等の損壊に伴うリーガル・ニーズが主要なものとなっている地域である。このような地域では，被災者同士の民事紛争が起きやすい（図3-2，図3-12，図3-13）。これに対する東日本大震災の実績の一つを紹介するならば，仙台弁護士会による「震災ADR」の創設を挙げることになるだろう。課題は，主に被災者同士の紛争解決スキームの構築に対する公的支援の充実である。民間の専門家組織の公益活動や社会貢献に頼る制度の構築は，今後の首都直下型地震や東南海地震という大規模震災には対応しきれないのではないかと考える。
　「②集落津波被害型（T型）」は，東日本大震災においては，岩手県から宮城県のリアス式海岸の漁港を中心とした集落を含む自治体においてみられる傾向

第3章 東日本大震災無料法律相談情報分析結果

被災態様	C型 都市地震型	T型 津波型	AI・AII型 都市津波型
指針	賃貸借契約や隣人被災者同士の紛争の円満解決	継続的な相談に対応する拠点の設置 相続等の問題は一回的な相談では解決不能	相続，ローン，事業者再生，各種契約等あらゆるリーガル・ニーズへの対応
	紛争予防≪　弁護士無料法律相談活動・立法提言　≫救済		
実績	震災ADR	拠点事務所 専門家派遣	拠点事務所 専門家派遣
課題	ADR制度維持に対する公的支援の不存在 ADR拠点の不足	拠点事務所の維持 専門家の長期派遣 専門家のリソース不足	拠点事務所のさらなる設置 行政内インハウスローヤーの登用

図3-19　復興政策モデルに関する簡易の考察（まとめ）

である。このようなエリアでは，「16　遺言・相続」（相続問題や行方不明者の問題）が突出して高い割合を占めている（図3-14）。また，生活基盤を根こそぎ奪われた被災者が多いことを反映し，震災後の各種支援制度の情報提供や適用の是非を巡った解釈問題へのリーガル・ニーズ（「12　震災関連法令」の分野）が多くなる（図3-14）。これらのうち，特に相続に関する相談は，1回的な無料法律相談で被災者のリーガル・ニーズが満たされることはほぼなく，被災者は，専門家に事件を依頼しての継続的なリーガル・サポートを受けることが必要になる。そこで，個々の被災者を支援できる「拠点」が必要になるが，東北沿岸部は弁護士の数が圧倒的に不足していた。また，専門家を臨時で派遣する制度も存在していたが，その専門家を使う側である自治体において，どのような分野にどのような専門家を配置するかなどのノウハウが不足していた。このため，東日本大震災後に内閣官房地域活性化統合事務局が実施した「地域づくり支援事業（専門家派遣事業）」は，その予算執行率が相当低い[41]。中長期支

---

41)　「平成24年行政事業レビューシート　事業番号　復興庁：1　内閣官房：0003」によれば，平成23年度の予算は4億700万円であったが，その執行金額は2,200万円，予

援が必要な「C型」では，このような，現場ニーズと政策手法のミスマッチ解消も課題になる。

「③都市津波被害型（AI型）」と「④人口高密度都市津波被害型（AII型）」は，「C型」と「T型」のリーガル・ニーズがすべて現れ，そのため，政策手法を総動員すべき類型である。中長期支援が必要な類型としては，「T型」では相続関係のリーガル・ニーズが中心であるが，「AI型」や「AII型」では，住宅ローンの問題が加わる。いわゆる二重ローン問題を解消するための「個人債務者の私的整理に関するガイドライン」を利用するためのサポートが必要であり，より一層手厚い「拠点法律事務所」や「拠点法律相談センター」による支援が必要になってくる。

特に，都市化が進んだ「AII型」地域では，賃貸借関係の契約問題の紛争も勃発するので，「震災ADR」のような紛争処理政策も求められるだろう。「東日本大震災におけるあらゆる困難と被害が凝縮されている」とまで評される宮城県石巻市（図3-17），駅前市街地を含み平地がすべて津波に覆われてしまった岩手県陸前高田市（図3-16）や宮城県南三陸町（図3-15）などにおける復興政策の手法に注目する価値は高いと考えられる（岡本2014）。

算執行率は5.4%に過ぎなかった。

第 4 章　広島市豪雨災害無料法律相談情報分析結果

4.1　広島土砂災害

　2014 年 8 月 20 日午前 3 時 20 分頃から 40 分頃にかけ，広島市内で大規模な土砂災害（土石流）が発生した。直前までに発達した低気圧は「バックビルディング現象」[1]を引き起こし，発災時には 1 時間で約 120 ミリという猛烈な雨を観測するに至っていた。死者は 77 名（災害関連死 3 名を含む）に及んだ[2]。一連の低気圧による豪雨災害は，広島県のみならず，京都や兵庫をはじめ全国に被害をもたらしたことから，「平成 26 年 8 月豪雨」と名付けられた[3]。本稿では平成 26 年 8 月豪雨による広島市内の土砂災害（広島土砂災害）を中心としたリーガル・ニーズを検証する。

---

1)　繰り返し発生した積乱雲により積乱雲群が形成されたことや，積乱雲群が複数連なった線状降水帯が同じ場所で数時間維持されたこと等により，集中豪雨等が引き起こされる現象をいう（気象庁「特集 1　集中豪雨の実態と最新監視技術の動向　～豪雨災害から身を守るため～」参照）。http://www.jma.go.jp/jma/kishou/books/hakusho/2015/index1.html（2017 年 3 月 31 日）
2)　内閣府「8 月 19 日からの大雨による広島県の被害状況等について」（平成 27 年 12 月 18 日　18 時 00 分現在），広島市報道資料「災害関連死の認定について」（2016 年 6 月 22 日）。
3)　気象庁「平成 26 年 7 月 30 日から発生した豪雨の命名について」（平成 26 年 8 月 22 日）。

4.2　広島土砂災害の分析結果報告書の概観

4.2.1　リーガル・ニーズの分析手法
(1)　分析基礎資料となる無料法律相談事例の集約

　分析の対象は，広島弁護士会「平成26年（2014年）8月広島市豪雨災害無料法律相談情報分析結果（第1次分析）」（2015年8月公表）の基礎となった，250件の無料法律相談事例である。相談窓口には，広島弁護士会が，広島県災害復興支援士業連絡会や日本司法支援センター（法テラス）と協力して実施したものや，弁護士有志がボランティアと連携して実施したものがある。表4-1は，これらの相談窓口で実施された無料法律相談のうち，広島弁護士会が集約できた限りでの実績を示したものである。表4-1の面談相談には，被災地の自治会や公民館等で実施したものも含んでいる。

　広島弁護士会は，2014年8月20日の土砂災害発生当日に災害対策本部を設置した。その後，弁護士のみならず関連士業と連携し，電話相談および面談による相談を開始するに至っている。分析結果によれば，発災直後の2014年8月と同年9月の約1か月半のうちに寄せられた相談が，全相談の63％を占めているなど，初期段階にこそ被災者が弁護士へのアクセスを求めていたことが判明した[4]。災害時における弁護士の無料法律相談の「精神的支援機能」や「パニック防止機能」が確認されたと考えることができる。

(2)　無料法律相談事例の分類・類型化

　広島弁護士会が集約した無料法律相談事例の分析手法は，日弁連「東日本大震災無料法律相談情報分析結果」における分析手法をそのまま踏襲している（3.1.1.(3)）[5]。すなわち，弁護士が無料法律相談実施後に作成した「法律相談

---

[4]　2015年8月18日の広島弁護士会「平成26年（2014年）8月広島市豪雨災害無料法律相談情報分析結果（第1次分析）」公表記者会見時における，同報告書作成責任者の今田健太郎弁護士の発言等による。

[5]　広島弁護士会の依頼により，東日本大震災の分析作業を担った筆者および小山治氏が作成に協力している。

表 4-1　主な無料法律相談窓口と分析対象の相談期間

主な法律相談窓口	相談形態	相談受付期間
広島弁護士会	電話	2014.08～2015.05
紙屋町法律相談センター	面談	2014.08～2015.05

広島弁護士会「平成26年（2014年）8月広島市豪雨災害無料法律相談情報分析結果（第1次分析）」（2015年8月）の「第1 無料法律相談分析の概要」v頁より抜粋。

票」等は，分析・分類を担当する広島弁護士会所属の弁護士らにより，改めて「23類型」に分類される。この分類は，東日本大震災時の分析（第3章・表3-2）と同じルールに基づく。東日本大震災との相違点は，①「22　原子力発電所事故等」の類型を設けていないこと，②「12　震災関連法令」は，「12　災害関連法令」と名称を変更していること，などである。

　また，東日本大震災の報告書同様，1件の法律相談につき，最大で3つまでの法律相談類型に分類している。実際の法律相談が1相談1類型ではない以上，かかる相談分類方法を踏襲・採用している。

4.2.2　リーガル・ニーズの分析結果とその公表

　2017年3月31日時点では，広島弁護士会「平成26年（2014年）8月広島市豪雨災害無料法律相談情報分析結果（第1次分析）」（2015年8月公表）（以下「報告書」と記載する場合がある）が唯一の公表資料となっている。全250件の相談分析の結果，報告書は表4-2の構成（分析項目）となった。なお，相談者の居所とは，相談時において実際に居住している場所である。「自宅」とは，原則として被災当時と同じ住所を指す。「自宅以外」とは，相談時において，「避難所」，「親類宅」，「知人宅」，「仮設住宅」，「借り上げ住宅」などに居住している場合を指す。

4.2.3　報告書の位置付けと評価
(1)　報告書の作成方針
　当該報告書は日弁連「東日本大震災無料法律相談情報分析結果」を踏襲する

表4-2 「平成26年（2014年）8月広島市豪雨災害無料法律相談情報分析結果（第1次分析）」の構成

全 体	被災時住所，相談時居所，相談月，性別，年代相談形態（面談・電話）などの時間経過・属性分析	・全法律相談内容 ・相談者の住所の構成比率 ・主要住所別にみた法律相談内容 ・相談受付月の構成比率 ・相談受付月別にみた法律相談内容 ・相談受付月別にみた主な法律相談内容 ・相談者の男女比率 ・男女別にみた法律相談内容 ・相談者の年齢構成比率 ・年代別にみた法律相談内容 ・相談形態の構成比率 ・相談形態別にみた法律相談内容 ・相談者の居所（自宅／自宅以外）の構成比率 ・居所別（自宅／自宅外）にみた法律相談内容
地 域	広島市（全体），広島市安佐南区，広島市安佐北区などの地域別分析と，広島市（全体）における時間経過・属性分析	・広島市全体の法律相談内容 ・広島市安佐南区の法律相談内容 ・広島市安佐北区の法律相談内容 ・広島市それ以外の区（区不明を含む）の法律相談内容 ・その他（広島県内外）の法律相談内容 ・相談受付月別にみた法律相談内容（広島市全体） ・年代別にみた法律相談内容（広島市全体）
個別分析	罹災証明書に関する分析	・「12 災害関連法令」のうち，「罹災証明」の占める割合

広島弁護士会「平成26年（2014年）8月広島市豪雨災害無料法律相談情報分析結果（第1次分析）」（2015年8月）の「第2 報告書の構成」vi-viii頁の記述から筆者が作成した。

ものである。集約した250件のすべての法律相談について弁護士が徹底したデータクリーニングを実施し，相談傾向を数値化して公表する方針としている。また，政策提言要素は報告書には盛り込まず，中立的なデータブックに徹している点は，東日本大震災と同様に，データ自体が持つ公共的意義に配慮したものである（3.1.3 (1)）。

(2) マクロデータとしての位置付け

データは弁護士のみならず，あらゆる分野の専門家によって検証されるべきである。特に当該報告書においても，「第3 今後の課題等について」（viii

頁）において，「東日本大震災における地震・津波被害等の相談分析結果と比較することによって，より一層，土砂災害の特集性や地域性が浮かび上がる形となった」としており，他の災害とのデータの比較検証の必要性に言及している。なお，本書執筆時において，広島土砂災害のリーガル・ニーズと東日本大震災のリーガル・ニーズを比較検証し，その共通性や普遍性を実証しようとした先行研究は，「東日本大震災を教訓とした弁護士の防災・減災活動：災害復興法学の展開と災害派遣弁護士の浸透に向けて」（岡本 2016）や「東日本大震災・広島土砂災害・熊本地震のリーガル・ニーズ分析と弁護士の役割」（岡本 2017）のほかは，「法と経済学会」（2016 年度全国大会）[6]における筆者の報告「復興の叡智を復興へ活かす：東日本大震災・広島豪雨・熊本地震のリーガル・ニーズの実相と復興政策の軌跡」などが存在する[7]。

4.3　被災者のニーズの全体像とその評価

4.3.1　広島土砂災害（全体）

図 4-1 は，広島土砂災害後に広島弁護士会が開設した無料法律相談窓口（主なものは表 4-1）で実施された全法律相談内容の内訳である。「工作物責任・相隣関係（妨害排除・予防・損害賠償）」（34.0％），「1　不動産所有権（滅失問題含む）」（28.8％），「12　災害関連法令（公益支援・行政認定等に関する法解釈等）」（22.4％）の 3 類型が他の法律相談と比較して相談割合が高い。なお，全 250 件のうち 82 件は法律相談票から被災者の被災当時の住所地が判明しなかった。全体の傾向からすれば，ほぼ広島市内の土砂災害地域の相談と推測されるが，

---

[6]　「特別セッション「熊本大学「熊本復興支援プロジェクト」と震災復興のパネルディスカッション」（法と経済学会 2016 年度　全国大会 11 月 6 日）」。モデレーターとして金子宏直（東京工業大学），パネリストとして安部美和（熊本大学），金子由芳（神戸大学）および筆者。

[7]　メディアでは，「平成 26 年（2014 年）8 月広島市豪雨災害無料法律相談情報分析結果（第 1 次分析）」公表後の，筆者投稿記事「広島豪雨災害から 1 年　弁護士会が 250 件の災害無料法律相談の分析結果を発表」（Yahoo! ニュース個人・2015 年 8 月 20 日）や取材記事「広島県土砂災害時の無料法律相談分析結果を発表」（リスク対策.com・2015 年 8 月 26 日）などが存在する。

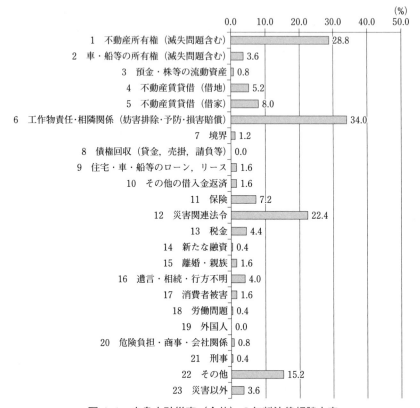

図 4-1 広島土砂災害(全体)の無料法律相談内容

広島弁護士会「平成 26 年(2014 年)8 月広島市豪雨災害無料法律相談情報分析結果(第 1 次分析)」(2015 年 8 月)より抜粋。

相談受付日は 2014 年 8 月から 2015 年 5 月まで。各法律相談割合の分母はそれぞれ 250 件。

250 件のうち,相談者の住所の構成比は,広島市安佐南区が 76 件,広島市安佐北区が 73 件,広島市それ以外の区(不明を含む)が 11 件,広島市内の広島市以外の自治体が 6 件,広島県以外が 2 件,不明・無回答が 82 件である。

この点は一応留意しておく必要がある。

　以下これらについて「平成 26 年(2014 年)8 月広島市豪雨災害無料法律相談情報分析結果(第 1 次分析)」で紹介された個別事例等を踏まえて概説する。なお,より精緻な地域のリーガル・ニーズについては,4.4 において詳述する。

(1)「6　工作物責任・相隣関係」(34.0%)

ここでは、土地建物の損壊による工作物責任（損害賠償）問題やその他相隣関係等の問題が分類されている（第3章・表3-2参照）。

より具体的には、「自宅の壁が倒壊して、下方の家に損害を与えた。賠償の義務があるか」等の相談があった。

広島土砂災害のリーガル・ニーズの中で、最も相談割合が高い類型となった。広島市内における土石流等の発生件数は107件、がけ崩れは59件に及ぶ[8]。土石流やがけ崩れのあった上方から下方に、大量の土砂や損壊した家屋のがれきが流れ込むことで、財産が毀損された被災者が現れる。このような場合に、工作物責任（損害賠償）を巡る紛争が発生するのである。阪神・淡路大震災（1995年）や東日本大震災（2011年）においても、これらの紛争は多発している（第3章・3.2.2(2)）。広島土砂災害では、土石流が谷裾に造成された住宅密集地帯を直撃した。工作物責任等に関する近隣紛争の相談割合の高さは、市街地における土砂災害の被害実態を顕著に反映したものといえる。

住宅街等が津波で壊滅した東日本大震災の被災自治体では、「6　工作物責任・相隣関係」の相談割合が低くなる傾向にあった（第3章・図3-15～図3-18等）。これは、建物自体が滅失していることから、工作物責任（損害賠償）の紛争すら起きようがないほどに被災の程度が深刻であったことを反映していると考えられる。そして、地域全体が津波の甚大な被害を受けており、被災者の心理が紛争を抑制したという分析も可能である。一方で、広島土砂災害の現場においては、土石流やがけ崩れの通り道となった地域と、そこから外れた地域では被災態様が全く異なる。隣地同士で片や住宅全部が隣家に流され隣家の庭を埋め尽くすが、その隣家は土砂の影響がほとんどなかったという場合もある。同一地域内での被災態様の格差およびそれに起因する支援内容の格差が、がれき撤去や損害賠償の紛争をより多く引き起こす結果になったと考えられる[9]。

---

[8]　内閣府「8月19日からの大雨による広島県の被害状況等について」（平成27年12月18日　18時00分現在）。

[9]　2015年8月18日の広島弁護士会「平成26年（2014年）8月広島市豪雨災害無料法律相談情報分析結果（第1次分析）」公表記者会見時における、同報告書作成責任者の今田健太郎弁護士の発言等。

相談内容は, 近隣被災者同士の紛争案件がほとんどである。そうすると過去の裁判例や東日本大震災当時の相談実績の教訓を踏襲し, 弁護士が集中的に対応することができる分野といえる。

(2) 「1　不動産所有権（滅失問題含む）」(28.8％)

ここでは, 土地および建物の毀損に関する所有権問題, 滅失登記や権利証の紛失, 宅地開発業者や宅地売主に対する責任追及等が分類されている（第3章・表3-2参照）。

より具体的には,「土砂で埋まった建物を取り壊したが, 登記はそのままにしておいて問題ないか」等の相談があった。

前述のとおり, 広島市内における土石流等の発生件数は107件, がけ崩れは59件に及ぶ。さらに, これによる同市内の住宅被害は, 全壊179棟, 半壊217棟となった[10]。特に大きな土砂災害があった地域では, 宅地開発が山裾に及んでいたことから, 宅地のすぐ裏側においてがけ崩れが多発し, 住宅とその底地を押し流している。また, 土石流等の流れに沿って広範囲で建物が全壊している。これに伴い, 所有権そのものの帰趨や権利関係の証明などについて情報を求めるリーガル・ニーズが現れたものと考えられる。

(3) 「12　災害関連法令」(22.4％)

ここでは, 罹災証明書の各種認定に対する相談（不服申立てを含む）, 被災者生活再建支援法の適用や認定に関する相談が大部分を占める。

より具体的には, たとえば「罹災証明書において, 半壊認定されたが, 隣の家は大規模半壊とされており, 納得できない」というものであり,「罹災証明書」や「被災者生活再建支援金」の関係が多くを占めた。初期の段階では, まずは罹災証明書等支援制度の存在を伝えることが最優先事項となる。これにより, 被災者に将来の生活再建の見通しに関する情報を少しでも取得してもらうのである。

図4-2は, 広島土砂災害全体で「12　災害関連法令」に分類された相談56

---

10) 内閣府「8月19日からの大雨による広島県の被害状況等について」（平成27年12月18日　18時00分現在）。

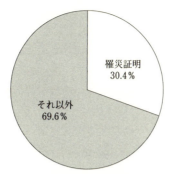

図 4-2 広島土砂災害（全体）の「12 災害関連法令」のうち「罹災証明書」に関する相談が占める割合
広島弁護士会「平成26年（2014年）8月広島市豪雨災害無料法律相談情報分析結果（第1次分析）」（2015年8月）より抜粋。
相談受付日は2014年8月から2015年5月まで。分母は相談件数56件。

件のうち，相談内容に「罹災証明書」に関する事項を含む相談の割合である。罹災証明書に関する相談が「30.4％」と高い割合を占めている。

「罹災証明書」は，多くの行政給付の起点となる。また，官民問わず各種の支払減免の根拠資料としても活用されている。災害後に，被災者個々人に対する公的証明制度の存在と，それに伴う支援の存在を「知ってもらう」「認知してもらう」こと自体の重要性が再確認されていると考えられる。

4.3.2 被災者ニーズの推移とその評価

図4-3は，広島土砂災害（全体）の広島土砂災害（全体）の「1 不動産所有権（滅失問題含む）」，「6 工作物責任・相隣関係（妨害排除・予防・損害賠償）」，「12 災害関連法令（公益支援・行政認定等に関する法解釈等）」の各類型の法律相談割合の推移の分析結果である。いずれの相談も，半年以上にわたり高い割合を維持し続けていることが分かる。2012年12月以降は，相談件数が極端に減少していることから，必ずしも正確な被災者のリーガル・ニーズを反映しているとは限らないが，全体を通じて，①「1 不動産所有権（滅失問題含む）」は相談割合の増加傾向が顕著であり，②「6 工作物責任・相隣関係（妨害排除・予防・損害賠償）」は，初期段階で高いリーガル・ニーズであるが一旦は収束し

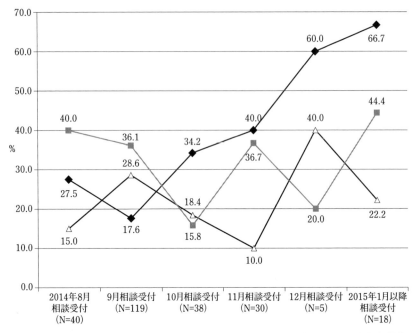

図4-3 広島土砂災害（全体）の「1　不動産所有権（滅失問題含む）」・「6　工作物責任・相隣関係（妨害排除・予防・損害賠償）」・「12　災害関連法令（公益支援・行政認定等に関する法解釈等）」の法律相談割合の推移

広島弁護士会「平成26年（2014年）8月広島市豪雨災害無料法律相談情報分析結果（第1次分析）」（2015年8月）のデータを元に筆者にて加工・作成。年月は相談受付月。

（ただし再び増加），③「12　災害関連法令」は，時期によって大きく相談割合が異なるという，それぞれの特徴的な推移を観測できる。以下に個別に評価検証を試みる。

(1)　「6　工作物責任・相隣関係」

　法律相談割合の推移を見ると，2014年8月に「40.0%」，同年9月に「36.1%」となっており，すべての相談のなかで最も高い割合を占めた。現実に

隣家や土石流の上流側の家からがれきや土砂が流れ込み，それによって地盤や家屋に直接影響があるなど，被災者にとって直接的な目の前の困難として浮かび上がった。これがリーガル・ニーズに反映されたものと考えられる。その後，2014年10月期に「15.8%」にまで減少し，他の上位2類型と相談割合が逆転する。これは，繰り返し行われた「工作物責任」（損害賠償）に関する相談と弁護士の回答によって，紛争解決基準の指針が被災地に作られ，当面の被災者にとっての情報収集が完了し，リーガル・ニーズが収束したことによるものと考えられる。弁護士の無料法律相談の紛争解決予防機能が現れたと評価できる。

　建物等土地の工作物の設置・保存の「瑕疵」によって損害を与えた場合には，その所有者は被害者に対して無過失の損害賠償責任を負うとされている（民法717条）。土砂災害により自宅建物のがれき等が隣家を損傷させれば，形式的には本条に該当し，所有者は無過失責任を負うことになる（3.2.2 (2)）。一方で，不可抗力の巨大土砂災害であっても同様の結論になるのかは検討を要する。すなわちそもそも巨大災害で損壊した建物等に「瑕疵」があったといえるのかが争われるのである。

　土砂災害ではないが，昭和53年9月に北九州地方を襲った台風18号で建物の「瓦」が飛散して隣家に被害を及ぼしたという事例の裁判では「風のため屋根瓦が飛散し損害が生じた場合において，土地工作物に瑕疵がないというのは，一般に予想される程度までの強風に堪えられるものであることを意味し，北九州を台風が襲う例は南九州ほど多くはないが，過去にもあり，当該建物には予想される程度の強風が吹いても屋根瓦が飛散しないよう土地工作物である建物所有者の保護範囲に属する本来の備えがあるべきであるから，その備えがないときには，台風という自然力が働いたからといつて，当該建物に瑕疵ないし瑕疵と損害との間の因果関係を欠くものではない」と規範を定立し，当該案件については，所有者側に本来の備えを怠った面があるとして，「損害の少くとも三分の一」の損害賠償責任があるとしている[11]。つまり，逆を言えば「本来の備え」をしていたにも関わらず，それを超える自然災害があれば，所有者は工作物責任を負わないとしていると受け取れる。これは，阪神・淡路大震災の裁

---

11) 北九州地方を襲った昭和53年9月台風18号の事例である福岡高等裁判所昭和55年7月31日判決（判例時報992号71頁）。

判例 (3.3.2 (2)) などとも考え方は共通する。弁護士らもこれらの裁判例を参考に，広島土砂災害のような災害ではおよそ不可抗力で建物が流失する場合も多いと考えられることから，必ずしも所有者が責任を負わない場合があるとして，双方へ紛争解決の説得を試みていたように思われる。

なお，2014年11月期以降も高い割合を示す時期が存在することから，必ずしも一度に多くの被災者が弁護士の無料法律相談を通じて解決指針を持ち得たわけではないことも分かる。

(2) 「1　不動産所有権（滅失問題含む）」

法律相談割合の推移を見ると，2014年8月期は「27.5％」と高い割合を示し，9月期はやや落ち着くものの「17.6％」と高い。そして，2014年10月期には再び「34.2％」と相当高い割合を示し，その後同年12月期までは「40.0％」「60.0％」と急増する。2015年1月期から5月期の累計では「66.7％」となる。ほぼ全期間にわたり，被災者の関心の大部分を占めたのが「1　不動産所有権（滅失問題を含む）」の相談類型だったという評価ができる。

前述したとおり，土砂災害の住宅被害の特徴は，土石流等の通り道やがけ崩れなど，局地的な被災が多発する点である。隣同士の住宅であっても，被災の程度が全く異なることもしばしばである。当初は，がれきの撤去や地盤流失に対する応急の復旧と権利関係についての相談が多くを占めたが，次第に滅失した住宅の登記や税金など諸手続きに関する相談も多くなってきたと思われる。特に地盤ごと失われた住宅の復旧や生活再建については被災者自身で見通しをつけることは到底できず，行政の情報や権利関係の整理について，弁護士へ相談を求めたのではないかと思われる。

(3) 「12　災害関連法令」

法律相談割合の推移をみると，2014年8月期から同年12月期までは「15.0％」，「28.6％」，「18.4％」，「10.0％」，「40.0％」，2015年1月期から同年5月期までの累計は「22.2％」と，前述した上位2類型と同様，全期間を通じて高い割合で推移している。相談内容は，「罹災証明書」の発行や，「被災者生活再建支援金」に関する情報提供が大部分を占めている（4.3.1 (3)）。相談内容に

ついては，初期の段階は罹災証明書や被災者生活再建支援制度の存在自体を伝える情報整理提供が主だったものであったが，次第に，発行された罹災証明書の「全壊」「大規模半壊」「半壊」「一部損壊」の被害区分に関する不服などが増加していった。罹災証明書の被害認定は，被災者生活再建支援金や義援金の支給，各種支払減免に影響することから，想定よりも被害認定が軽い場合には，被災者は，「家には住めないし修理にも多額の費用を要するのに，認定が軽過ぎるのではないか」という悩みを抱えることになる。土砂により完全に流されてしまった家が「全壊」なのは間違いないが，偶然土砂の流入だけで家自体は残った隣家があった場合，危険ながけ地にこれ以上居住することは事実上できないのに，被害認定としては，全壊に至らず，半壊程度という事例も存在する。このような近隣との「被害認定格差」が発生することで，罹災証明書の認定に対する不服の相談が弁護士に寄せられることになったのである[12]。罹災証明書や被災者生活再建支援金の情報提供と，不服がある場合の再申請の知識は，被災者にとっては必要不可欠であることが再確認された。

4.4 地域単位での分析結果とその評価

広島市には，中区，東区，南区，西区，安佐北区，安佐南区，安芸区，佐伯区の8区がある。そのうち，大規模な土砂災害に襲われ，犠牲者が出たのは，安佐南区と安佐北区である。そこで，かかる2区のリーガル・ニーズに着目し，より精緻な分析を試みる。

4.4.1 広島市安佐南区

図4-4は，被災者の被災当時の住所が広島市安佐南区の法律相談内容の内訳である。「6 工作物責任・相隣関係（妨害排除・予防・損害賠償）」（26.3％）と「1 不動産所有権（滅失問題含む）」（21.1％）の類型が上位2つを占めていることや，「12 災害関連法令」（17.1％）も相当高い割合であることは，広島市全

---

[12] 2015年8月18日の広島弁護士会「平成26年（2014年）8月広島市豪雨災害無料法律相談情報分析結果（第1次分析）」公表記者会見時における，同報告書作成責任者の今田健太郎弁護士の発言等を参照。

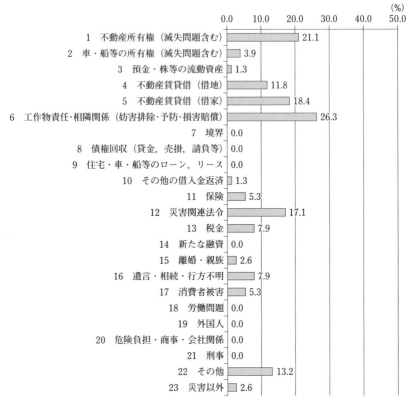

図 4-4 広島土砂災害（安佐南区）の無料法律相談内容

広島弁護士会「平成 26 年（2014 年）8 月広島市豪雨災害無料法律相談情報分析結果（第 1 次分析）」（2015 年 8 月）より抜粋。
相談受付日は 2014 年 8 月から 2015 年 5 月まで。各法律相談割合の分母はそれぞれ 76 件。

体の傾向（図 4-1）と同じである。一方，「5 不動産賃貸借（借家）」(18.4%)と「6 不動産賃貸借（借地）」(11.8%)が全体傾向と比べて相当多くなっている。このほか，「16 遺言・相続・行方不明」(7.9%)や「13 税金」(7.9%)も無視できない割合となっている。以下にいくつかの類型について考察を加える。

(1) 「5 不動産賃貸借（借家）」(18.4%)

広島市安佐南区は広島市内の中心街に近く，市内 8 区の中では，共同住宅数

も中区や西区に次いで多い地域である。また，借家率は「45.7%」と，広島市全体の借家率「46.4%」とほぼ同じで，比較的高い割合を示している[13]。この借家率の高さが建物および土地に関する賃貸借契約の相談割合が高い要因であると考えられる。具体的な相談内容は，「借家が全壊して住めなくなったが家賃を払い続ける必要があるのか」，「賃貸人が修繕できないといっているが，修繕費を自分が負担した場合に請求できるのか」等である。

(2) 「16　遺言・相続・行方不明」(7.9%)

広島土砂災害の全犠牲者77人中，広島市安佐南区における直接死者数は，68人を占める。遺族からの相談が多いのは当然と考えることができる。広島土砂災害（全体）では「4.0%」であることを考えれば，一定の地域における災害犠牲者の多さは，「16　遺言・相続・行方不明」の類型の相談割合を押し上げる明確な要素になっていると改めて確認できる。

(3) 「13　税金」(7.9%)

具体的には，損壊した家屋や流失した土地の固定資産税等の支払減免措置がどうなるのかといった相談が主な内容である。広島市安佐南区の住家被害は，全壊が145棟，半壊が122棟，一部損壊が106棟，床上浸水が796棟，床下浸水が2,278棟となっている。多くの被災者が住宅被害を訴え，税金の支払減免措置への関心が高まったものと考えられる。

広島土砂災害（全体）の全期間を通じた累計では，「9　税金」の法律相談類型が占める割合は「4.4%」に過ぎない。推移をみると，2014年8月期から同年10月期は「2.5%」から「2.6%」であり，11月期と12月期は該当する相談がない。ところが，2015年1月期以降は，全相談の「16.7%」を占める。これは，2015年1月期以降だけでいえば，図4-2で示した3つの類型の相談割合に次ぐもので，4番目に多い類型となる。確定申告の期限が近づく2015年1月以降になって，市税等の減免を求める被災者のリーガル・ニーズが顕在化したものと考えられる[14]。

13)　「平成20年住宅・土地統計調査」の数値から算定した。
14)　広島市は，広島土砂災害における被災の程度に応じて，平成26年度分の個人市民

4.4.2 広島市安佐北区

図4-5は，被災当時の住所が広島市安佐南区の被災者の法律相談内容の内訳である。「6　工作物責任・相隣関係（妨害排除・予防・損害賠償）」(35.6%)」，「12　災害関連法令」(31.5%)，「1　不動産所有権（滅失問題含む）」(28.8%)の3類型が突出して割合が高く，また拮抗している。そのほかは「11　保険」(12.3%)が比較的多い。逆に，これらの4類型以外は，ほとんど目立たないか相談自体がない。

広島市安佐北区の持ち家率は「72.4%」であり[15]，広島市内8区の中で最も高い。また，住家被害は，全壊が33棟，半壊が95棟，一部損壊が73棟，床上浸水が286棟，床下浸水が784棟であり，安佐南区と比較すれば少ないが，被害はやはり大きいと言わざるをえない。「1　不動産所有権（滅失問題を含む）」の相談割合や「12　災害関連法令」の相談割合の高さは，財産が毀損された所有者のリーガル・ニーズ反映の結果であると考えられる。反面，借家率は「26.4%」と低く，広島市安佐南区（図4-3）で相談割合が高い「4　不動産賃貸借（借地）」や「5　不動産賃貸借（借家）」の各類型の相談割合は低い。

広島市安佐北区の「9　住宅・車・船等のローン，リース」の類型の相談割合は「4.1%」となっている。この数値だけをみると，相談割合は低いように思われる。しかし，広島土砂災害（全体）では「1.6%」（図4-1）であり，広島市安佐南区では「0%」（図4-3）であることを考えると，その他の地域よりは相当高い割合であったことが分かる。これは前述した持ち家率の高さが，被災者のリーガル・ニーズとして反映されたものと考えられる。

税や固定資産・都市計画税の減免措置や納期の延長などの措置を講じている。
http://www.city.hiroshima.lg.jp/www/contents/1408724220302/simple/common/other/5459dfa4002.pdf（2017年3月31日）
15)　「平成20年住宅・土地統計調査」の数値より算定した。

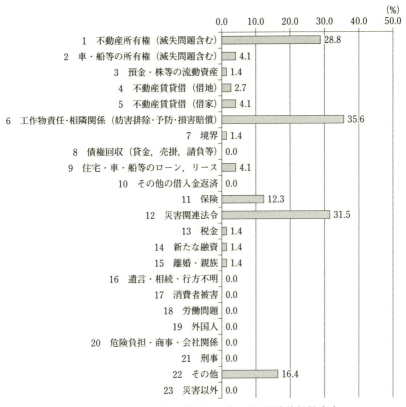

図4-5 広島土砂災害（安佐北区）の無料法律相談内容

広島弁護士会「平成26年（2014年）8月広島市豪雨災害無料法律相談情報分析結果（第1次分析）」（2015年8月）より抜粋。

相談受付日は2014年8月から2015年5月まで。各法律相談割合の分母はそれぞれ73件。

第5章 熊本地震無料法律相談データ分析結果

5.1 熊本地震

　2016年4月14日午後9時26分，熊本県熊本地方を震源とするマグニチュード6.5の地震が発生し，熊本県益城町では震度7を記録する大激震がおきた。その約28時間後の4月16日午前1時25分には，同地方を震源とするマグニチュード7.3の地震が発生し，熊本県益城町と同県西原村で震度7を記録した。また4月14日から16日にかけ，同地方や同県阿蘇地方では震度6弱以上の地震が7回発生し，同年4月中に発生した震度4以上の地震は120回を数えた。巨大地震の群発という前代未聞の地震災害により，熊本県と大分県で大きな被害が発生し，2016年12月14日時点で死者は161人（うち熊本県内の災害関連死は106人），住宅被害は全壊8,369棟，半壊32,478棟に及んだ[1]。2017年4月10日時点で死者は225名（災害関連死は170名）となった[2]。特に熊本県の被害は甚大であり，この熊本県熊本地方を震源とする地震は「熊本地震」と命名された。本稿では，この熊本地震にかかるリーガル・ニーズを分析・検証する。

---

1) 非常災害対策本部「平成28年（2016年）熊本県熊本地方を震源とする地震に係る被害状況等について」（平成28年12月14日18時00分現在）。
2) 熊本県危機管理防災課「平成28（2016）年熊本地震等に係る被害状況について【第232報】速報値」（平成29年4月10日16時30分発表）。

5.2　熊本地震のデータ分析結果の概観

5.2.1　リーガル・ニーズの分析手法
(1)　分析基礎資料となる無料法律相談事例の集約

　分析の対象は，日弁連「熊本地震無料法律相談データ分析結果（第2次分析）」（2016年12月公表）の基礎となった，8,012件の無料法律相談事例である。2016年4月25日から同年8月31日までの相談が集約されている。相談実施主体は，熊本県弁護士会である（表5-1）。電話相談および面談相談が実施された。ただし，電話相談に関しては，東京弁護士会，第一東京弁護士会，第二東京弁護士会，福岡県弁護士会および大阪弁護士会が，電話転送により相談を受け付け，運営面での支援を実施してきたものである。

　相談の分析作業は，日弁連の熊本地震災害対策本部において担当しており，分析結果自体も日弁連の名義で公表している[3]。

(2)　無料法律相談事例の分類・類型化作業

　日弁連災害対策本部において嘱託を受けた弁護士が，東日本大震災の際に実施された「東日本大震災無料法律相談情報分析結果」（第3章）の手法をおおむね踏襲して相談の集約と分析作業を実施した。東日本大震災当時は，各弁護士会や日弁連で五月雨式に相談が実施され，その集約作業自体にも多大な労力を必要としたが，熊本地震においては，日弁連が早期から熊本県弁護士会を集中的に支援し，相談取りまとめの窓口（すなわち，無料法律相談が実施された際に書き上げる「法律相談票」または「電話相談カード」の集約窓口）も日弁連に一本化することが可能となった。

　熊本地震における分析では，無料法律相談における相談内容を，災害発生時

---

3)　日弁連「熊本地震無料法律相談データ分析結果（第1次分析）」は，2016年8月に公表されている。また，2017年7月には「熊本地震無料法律相談データ分析結果（第3次分析）」が公表されるに至った。12,284件の法律相談データの分析結果が示されているが本書では参照していない。なお，日弁連による熊本地震の分析作業には，筆者は参加していないことを付言する。

表 5-1　無料法律相談窓口と分析対象の相談期間

法律相談窓口	相談形態	相談受付期間（第 2 次分析対象）
熊本県弁護士会	電話	2016.04.25～2016.08.31
熊本県弁護士会	面談	2016.05.07～2016.08.31

日弁連「熊本地震無料法律相談データ分析結果（第 2 次分析）」および熊本県弁護士会のリリース等から筆者が作成。

に一般的にみられる法律相談内容から，「23 類型」に分類している（表5-2）。分類のルールは，東日本大震災のそれとほぼ一致している。ただし，東日本大震災で創設された「原子力発電所事故等」の相談類型は熊本地震では存在しない。また，東日本大震災で「12　震災関連法令」とした分類は，より具体的に相談内容を標榜する「12　公的支援・行政認定等」に名称変更している。

「熊本地震無料法律相談データ分析結果」では，全体の分析傾向については，総数は相談件数としたうえで，1 件の相談を複数の相談類型に分類する場合がある（最大 3 類型まで分類している）。相談割合を求める際の分母は，「相談件数」8,012 件である。したがって，この場合は，各類型の合計件数は相談件数を超過し，各類型の相談割合の合計は 100％ を超過することになる[4]。これは東日本大震災および広島土砂災害の各無料法律相談情報分析において採用されていた手法と同様である。

一方で，全体の分析傾向以外の，市町村単位，特定の地域単位，相談者の性別や年代などにおける属性等での分析においては，各法律相談類型の「述べ合計件数」（複数類型に分類したものをそれぞれ 1 つとカウントする場合の合計件数（ただし，「23　震災関連以外」および欠損値を除いたもの。総数は「8,734」となった）を母数として各相談類型が全体に占める割合を算出している。したがって，この場合は，各類型の割合の合計は 100％ となる。これは，熊本地震で独自に

---

4)　日弁連「熊本地震無料法律相談データ分析結果（第 2 次分析）」9 頁は，これを「相談者数ベースの分析」と表現しているが明らかな誤りである。法律相談票の集積結果だけからは「相談者数」が判明することはない。しかも，同一人物の重複についてもチェックが必要であるが，日弁連でそれが実施されていない（作業的にも不可能である）。あえてこの分析手法を表現するならば，「東日本大震災無料法律相談情報分析結果」や「平成 26 年（2014 年）広島市豪雨無料法律相談情報分析結果」と同様，分母を「相談件数」と表現するべきであったと考える。

表 5-2　熊本地震の無料法律相談内容の内訳（23 分類）

番号	分類名	内容
1	不動産所有権	・主として，土地および建物の毀損に伴う所有権問題や建築瑕疵問題に関する相談を分類。 ・また，本類型内においてさらに，「建築の瑕疵」に関する相談または「その他（滅失問題含む）」に分類。 ・毀損した土地・建物等による近隣土地・建物所有者等との間の妨害排除・予防や損害賠償の問題に関する相談は 6 に分類。 ・滅失等した住宅のローンに関する相談は 9 に分類。 ・毀損した住宅等に対する公的支援に関する相談は 12 に分類。 ・新築建物完成後引渡し前や不動産売買契約締結後引渡し前等の目的物滅失による危険負担に関する相談は 20 に分類。
2	車等の所有権（滅失問題含む）	・自動車や船舶等の毀損に伴う所有権問題に関する相談を分類。
3	預金・株等の流動資産	・預金通帳，有価証券，不動産の権利書等の滅失等に関する相談を分類。
4	不動産賃貸借（借地）	・土地の賃貸借契約に関する問題を分類。
5	不動産賃貸借（借家）	・建物の賃貸借契約に関する問題を分類。
6	工作物責任・相隣関係	・土地・建物の毀損，集合住宅における漏水または墓地における墓石の倒壊等による近隣土地・建物所有者等との間の妨害の排除・予防や損害賠償等に関する相談を分類。 ・また，本類型内においてさらに，「妨害排除・予防」に関する相談，「損害賠償」に関する相談または「その他」の相談に分類。
7	境界	・境界の確定等に関する相談を分類。
8	債権回収	・貸金，売掛金，請負代金等の回収に関する相談を分類。
9	住宅・車等のローン・リース	・住宅や自動車，事業資金等に係るローンやリースに関する相談を分類。 ・また，本類型内においてさらに，「住宅」のローンに関する相談，「車」のローン・リースに関する相談または「事業資金」のローン・リースに関する相談に分類。

番号	分類名	内容
10	その他の借入金返済	・9以外の借入金に関する問題を分類。
11	保険	・損害保険（火災保険・地震保険・自動車保険），生命保険および共済等に関する相談を分類。 ・また，本類型内においてさらに，「地震火災」のための保険に関する相談または「その他」の相談に分類。
12	公的支援・行政認定等	・罹災証明書の取得手続や住家の被害認定等に関する相談，住宅の応急修理に関する相談，被災者生活再建支援金や義捐金等の受領その他金銭的支援に関する相談，災害弔慰金に関する相談，応急仮設住宅に関する相談，生活保護の受給に関する問題，その他公的支援や行政認定等に関する問題を分類。 ・また，本類型内においてさらに，「罹災証明」に関する相談，「応急修理」に関する相談，「支援金」に関する相談，「弔慰金」に関する相談または「その他」の相談に分類。
13	税金	・税金に関する相談を分類。
14	新たな融資	・新たな融資に関する相談や新たな融資のための制度に関する相談を分類。
15	離婚・親族	・震災に関連する親族間の相談や成年後見制度等に関する相談を分類。
16	遺言・相続	・遺言，相続，失踪宣告，認定死亡制度等に関する相談を分類。 ・また，本類型内においてさらに，「行方不明」の場合に関する相談，「相続放棄」に関する相談または「その他」の相談に分類。
17	消費者被害	・震災に関連する消費者被害に関する相談を分類。
18	労働問題	・雇用契約に基づく労使間の問題や雇用保険等の問題に関する相談を分類。 ・また，本類型内においてさらに，「解雇」その他雇用契約の終了に関する相談，「休業賃金等」に関する相談，「未払給与」に関する相談または「その他」の相談に分類。
19	外国人	・外国人特有の問題に関する相談を分類。

番号	分類名	内容
20	商事・会社関係	・会社および事業者に関する相談，売買契約や工事請負契約における目的物の滅失等に際しての危険負担に関する相談その他取引に関する相談を分類。
21	刑事	・刑事事件に関する相談を分類。
22	その他	・1～21の類型にただちに該当しない内容の相談を分類。 ・たとえば，住宅に設置された給湯器の毀損や墓石の毀損等に関する相談を分類。
23	震災関連以外	・震災とは無関係または震災との関係が希薄な内容の相談を分類。

日弁連「熊本地震無料法律相談データ分析結果（第2次分析）」(2016年12月) 5-7頁の内容から筆者が作成した。

日弁連が採用した手法である[5]。しかし，なぜか分母から「23 震災以外」と「欠損値」を除外してしまっており，社会調査法の観点からやや正確性に欠ける可能性がある（本来であれば「不明」は同じグラフ内に表示しなければならないはずであるが，それをそもそも分母から除いてしまっている点は疑義がある）。ただし，地域におけるリーガル・ニーズの大まかな「傾向」を視覚化し，対策を掴むことを主眼に置けば，その限りにおいて一応の傾向分析が可能であることから，本稿における熊本地震のリーガル・ニーズの把握においては，後者の手法によって作成された図表も参照し，評価分析を加えることとする。

5.2.2 リーガル・ニーズの分析結果とその公表

「熊本地震無料法律相談データ分析結果」は，2017年3月31日時点では，第1次分析（2016年8月）と第2次分析（2016年12月）が日弁連より公表されている。

---

[5] 日弁連「熊本地震無料法律相談データ分析結果（第2次分析）9-10頁は，これを「類型数ベースの分析」と表現している。あえて言うなれば，複数回答式の質問を含むアンケート票における「総選択数」を分母にしたものと思われる。しかしながら，もしそうであれば，「23 震災以外」や，欠損値を除外するのは，社会調査上の分析手法としては，誤りということになる（盛山和夫 2004・99頁参照）。

第1次分析では，5,179件をデータベース化した。分析対象は熊本県弁護士会のほか，東京弁護士会，第一東京弁護士会，第二東京弁護士会，福岡県弁護士会および大阪弁護士会が実施した「電話相談」[6]のみであり，対象期間は2016年4月25日から同年7月24日までである。熊本県弁護士会が2016年5月から開始した避難所等における直接の面談相談は含んでいないので，最も被災の激しい地域のリーガル・ニーズを十分に拾えていない可能性はあるが，速報版として全体の傾向を摑むうえでは価値のある報告書と考えられる。なお，この速報版の時点で熊本地震のリーガル・ニーズについて解説を行った先行研究としては，「熊本地震と被災地のリーガル・ニーズ：日弁連「熊本地震無料法律相談データ分析結果」の公表を受けて」(岡本2016b)がある。
　第2次分析は，前述の通り，2016年4月25日から同年8月31日までに実施した電話相談と，熊本県弁護士会法律相談センターおよび避難所等における面談相談の合計8,012件をデータベース化した。時間経過に伴う推移や，市町村別分析を含むより詳細な分析がなされている。報告書の構成(分析項目)は表5-3のとおりである(ただし，前述したとおり，社会調査法の観点からすれば分析手法・視覚化について一定の疑義があることには留意する必要がある)。

5.2.3　報告書の位置付けと評価

　「熊本地震無料法律相談データ分析結果(第2次分析)」は，巨大「地震」災害の膨大なリーガル・ニーズを浮き彫りにした唯一の報告書としての価値を有している。阪神・淡路大震災では無料法律相談の集約と分析作業が実施されていないことからしても，その価値はより一層高いといえる。また，報告書は，純粋なデータブックとしての側面も存在する一方で，日弁連災害対策本部や分析担当責任者である嘱託弁護士等による従来の政策形成活動を踏まえた提言書としての側面も強い。したがって，データから読み取れる立法事実を分析・評価するには，当該報告書の提言的な部分の記述を差し引いて，より客観的に検証する姿勢が重要になると考えられる(その検証の結果，報告書の記述と同一の結論に至ることは当然予想される)。熊本地震の報告書に提言的要素が盛り込ま

---

6)　なお，電話相談の実施主体は，あくまで熊本県弁護士会であり，日弁連ほか支援協力をした弁護士会は，コールセンターとしての機能を果たした。

表 5-3 「熊本地震無料法律相談データ分析結果（第 2 次分析）」の構成

第 1	データ分析の趣旨および対象	・データ分析の趣旨 ・本分析の対象とした法律相談データ
第 2	熊本県の基礎情報	・熊本県の市町村およびその位置 ・2016 年 4 月 1 日時点の熊本県の人口
第 3	本分析における分析の視点および留意点	・分析の視点 ・留意点
第 4	本分析の結果	・全相談件数（8,012 件）を母数として算出した各類型の割合 ・類型の合計件数（8,734 件）を母数として算出した各類型の割合 ・相談開始日から 10 日ごとの各時期における法律相談内容の傾向（各時期において各相談類型が占める割合） ・各類型の法律相談内容の例 ・「1 不動産所有権」内の分類（母数：503 件） ・「6 工作物責任・相隣関係」内の分類（母数：1,643 件） ・「9 住宅・車等のローン・リース」内の分類（母数：1,104 件） ・「11 保険」内の分類（母数：206 件） ・「12 公的支援・行政認定等」内の分類（母数：1,285 件） ・「16 遺言・相続」内の分類（母数：448 件） ・「18 労働問題」内の分類（母数：125 件） ・自然災害債務整理ガイドラインおよび二重ローン問題について ・被災者生活再建支援制度について（地盤被害に関して等） ・被災マンション法について ・相談者の被災時の住所（市および郡単位）の分布 ・相談者の被災時の各住所（市および郡単位）における法律相談内容の傾向 ・全相談者において相談時の居所が「自宅」である相談者と「自宅以外」である相談者がそれぞれ占める割合（母数：5,032 件） ・相談時の居所が「自宅」である相談者の相談内容の傾向，および，相談時の居所が「自宅以外」である相談者の相談内容の傾向 ・全相談において各年代の相談者が占める割合（母数：6,280 件） ・相談者の性別による分析（各相談類型における男女比）

日弁連「熊本地震無料法律相談データ分析結果（第 2 次分析）」（2016 年 12 月）から分析項目をピックアップして筆者が作成した。

れているのは，東日本大震災を教訓として，日弁連が各種提言を公表し，政策形成活動を展開していたその途上において，熊本地震が発生したことも影響しているためと推測される。

5.3 被災者のニーズの全体像とその評価

5.3.1 熊本地震（全体）

図5-1は，熊本地震における被災者の無料法律相談内容の内訳である。「5 不動産賃貸借（借家）」(25.8%)，「6 工作物責任・相隣関係」(20.7%)，「9 住宅・車等のローン・リース」(17.3%)，「12 公的支援・行政認定等」(15.5%)の4類型が他の法律相談と比較して相談割合が高い。また，「1 不動産所有権」(6.7%)に関する相談類型も無視できない割合になっている。「熊本地震無料法律相談データ分析結果（第2次分析）」における各相談類型の詳細分析結果を踏まえつつ，個別に概説する。

5.3.2 「5 不動産賃貸借（借家）」(25.8%) の詳細分析

この類型では，建物賃貸借契約を巡る賃貸人または賃借人からの相談が大部分を占める（図5-2）。熊本地震（全体）における2016年4月から同年8月までの累計では，被災者にとって最大のリーガル・ニーズとなっている。

より具体的には，「建物が全壊した場合の賃料や敷金，立退料の取扱い」，「建物の一部が毀損した場合の，賃借人が居住できない期間の賃料の取扱い（支払義務の有無や減額の可否），修理義務の所在，および修理義務の不履行と賃料支払義務との関係」，「賃貸人と賃借人との間で建物の毀損状況の認識に齟齬があり，賃借人は居住可能と考えているが賃貸人から取り壊すとして明渡しを求められている場合や，逆に賃貸人として取り壊すために賃借人に明渡しを求めたい場合の対応や手続き」「建物の所有者でなく賃借人でも当該建物につき罹災証明書を取得できるか」等の相談があった。

熊本県全体の借家率は，「34.5%」であり，熊本市の借家率は「47.4%」とさらに高い[7]。そして，熊本地震当時の熊本県の人口は「1,778,955人」であり，熊本市は「739,698人」を占める[8]。かかる人口の分布と借家率の高さを反映し

---

7) 「借家率」は当該自治体・地域の「借家数」を「総住宅数」で除し，四捨五入したものである。「平成25年住宅・土地統計調査」の数値から算定した。
8) 熊本県統計調査課資料（2016年4月1日現在）による。

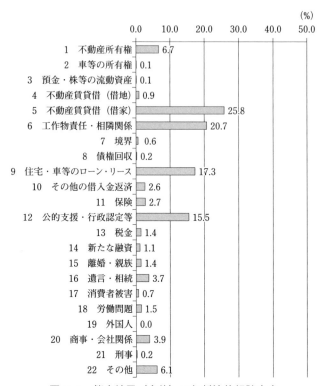

図 5-1　熊本地震（全体）の無料法律相談内容

日弁連「熊本地震無料法律相談情報分析結果（第 2 次分析）」（2016 年 12 月）のデータを元にして筆者が作成した。
相談受付日は 2016 年 4 月 25 日から 2016 年 8 月 31 日まで。各法律相談割合の分母はそれぞれ 8,012 件。
「23　震災以外」の類型については，日弁連の報告書に記述がないため不明であり，図表から省略した。

て，「5　不動産賃貸借（借家）」の割合が高くなったと評価できる。相談の具体的内容も，賃貸借契約の当事者であるが故の契約「紛争」が多くを占めている。被災地における紛争解決を求めるリーガル・ニーズが顕著に現れていると考えられる。

5.3.3　「6　工作物責任・相隣関係」（20.7%）の詳細分析

　がれきの撤去や危険建物等の防護措置等，被災者の所有権等の権利に基づく

「妨害排除請求権」や「妨害予防請求権」に関する相談と，屋根や壁が隣家を損傷させたことによる「損害賠償請求」に関する相談に大別できる。

より具体的には，妨害排除・予防に関しては，「隣家が毀損し相談者の居住建物に倒れかかっている（逆に相談者の居住建物が隣家に倒れかかっている）場合の対応」，「毀損した隣家の塀や石垣が相談者の敷地内に侵入している（逆に，相談者の塀などが隣家の敷地内に侵入している）場合のその撤去に対する対応」等の相談があった。また損害賠償に関しては，「居住する建物の屋根瓦の落下を原因として隣家の建物の壁や自動車，車庫，物置または設備（屋外機など）を毀損した（逆に毀損された）場合の損害賠償に関するもの（毀損原因としては，屋根瓦の落下のほかに，塀の倒壊や墓石の倒壊（隣の墓石を毀損）等もみられる）」，「集合住宅において上階に漏水が生じて被害を受けた，あるいは逆に漏水により下階に被害を与えた場合の損害賠償に関するもの」等の相談があった。その他としては，「隣地との間にある共有または所有者不明の塀や擁壁の修理費用の負担者に関する相談」等があった。

図5-2は，熊本地震（全体）における「6　工作物責任・相隣関係」の類型に分類された1,643件の相談の内訳である（割合の合計値は100％）[9]。「損害賠償」の相談が「53％」と最も多く，「妨害排除・予防」の相談が「39％」と次いで多い。いずれも近隣住家同士の切迫した金銭問題，資産問題を含んでおり，紛争解決へのニーズの高さをうかがわせるものとなっている。

5.3.4　「9　住宅・車等のローン・リース」（17.3％）の詳細分析

住宅，車，事業資金等に関する既存債務（ローン）の支払困難や，それに基づく災害後の債務処理に関する相談である。「住宅ローン」「車のローン」「事業資金ローン」など各種ローンの支払に関する相談事項が分類されている。

---

[9]　ただし，実際に「6　工作物責任・相隣関係」の類型に分類された相談の総数は，報告書の計算上では「1,685件」（8,012×20.7％，小数点以下を四捨五入）となる。円グラフの分母が「1,643件」であることから，分類未了の相談が相当数存在していることになる。この点からも日弁連の「熊本地震無料法律相談データ分析結果（第2次分析）」の統計処理上の精緻さ・正確性には，一定の留意が必要である。リーガル・ニーズの大まかな傾向を摑むという限りにおいて参照すべきものと考えられよう。

134

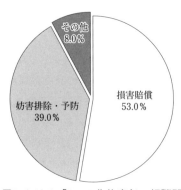

図 5-2　熊本地震における「6　工作物責任・相隣関係」の相談内容

日弁連「熊本地震無料法律相談データ分析結果（第 2 次分析）」(2016 年 12 月) のデータを利用して筆者が作成。
相談受付日は 2016 年 4 月 25 日から 2016 年 8 月 31 日まで。分母は 1,643 件であり, 合計100% となる。

より具体的には,「住宅ローン」に関しては,「地震により自宅建物が毀損したために, その解体・再築や修理をしなければならない, あるいは新たに自宅建物を購入しなければならないが, 災害前に組んだ住宅ローンに係る借入金が残っているため, 今後その返済や資金調達が困難である (いわゆる「二重ローン問題」)」という相談,「どうしたらよいかと対応方法を漠然と尋ねる相談」,「相談者自ら自然災害債務整理ガイドラインに言及し, 自然災害債務整理ガイドラインを利用するための手続等に関する情報提供を求めたりする相談」等があった。「車のローン」に関しては,「どうしたらよいかと対応方法を漠然と尋ねる相談」,「相談者自ら自然災害債務整理ガイドラインに言及し, 自然災害債務整理ガイドラインの利用の可否を尋ねたり, 自然災害債務整理ガイドラインを利用するための手続等に関する情報提供を求めたりする相談」等があった。「事業資金ローン」に関しては,「どうしたらよいかと対応方法を漠然と尋ねる相談」,「相談者が自ら自然災害債務整理ガイドラインに言及し, 自然災害債務整理ガイドラインを利用するための手続等に関する情報提供を求めたりする相談」等があった。既存のローンの種類を問わず, 支払に窮し, 対応を求める点では共通している。また, 2015 年 12 月に策定され, 2015 年 9 月 2 日以降に発生した災害救助法が適用された自然災害において利用できる「自然災害債務整理ガイドライン」[10]の存在が, 一定程度周知されている様子がうかがえるもの

となっている。東日本大震災における「個人債務者の私的整理に関するガイドライン」のように，災害後になって制度構築されたのではなく，災害発生時にすでに存在している制度であったことが，メディアなども取り上げる要因となり（岡本 2016a）[11]，多少なりとも被災者の周知に役立ったのではないかと思われる（東日本大震災以降の災害時の既存債務（被災ローン）の減免を巡る政策については第 6 章・6.2.4 で詳述）。

図 5-3 は，熊本地震（全体）における「9 住宅・車等のローン・リース」の類型に分類された 1,104 件の相談の内訳である（割合の合計値は 100％）[12]。「住宅ローン」（84.0％）の相談が圧倒的に高い割合を示し，「車のローン」（8.0％）と「事業資金ローン」（8.0％）も若干含まれている。熊本県下における全半壊住宅棟数は，合計で「40,728 棟」に及んでいる[13]。住宅や建物の被害が大きい

---

10) 自然災害による被災者の債務整理に関するガイドライン研究会「自然災害による被災者の債務整理に関するガイドライン」（2015 年 12 月 25 日）。「自然災害債務整理ガイドライン」と略称される。同ガイドラインは，「平成 27 年台風第 18 号等による大雨」（2015 年）や「熊本地震」（2016 年）など，2015 年 9 月 2 日以降に災害救助法の適用対象となった地域で利用できる。自然災害によって，住宅ローンや事業性ローン，リース等の既往債務を弁済することができないか，近い将来弁済できないことが確実と見込まれる場合に，その個人や個人事業主の手元に，一定程度の財産残したまま，既往債務を減免することができる。被災者（債務者）が契約している金融機関（メインバンク）が窓口となり，金融機関と債務者との間で簡易裁判所の特定調停手続を利用することで合意に至る制度。

11) NHK では，今井純子解説員による『積極的な活用を！ 被災ローンの減免制度』（時論公論）』（2016 年 4 月 27 日）が放送されるなどした。筆者の経験によれば，被災者支援制度が NHK 等の全国的なマスメディアで集中して特集されるのは，画期的なことであったと考えている。

12) 日弁連「熊本地震無料法律相談データ分析結果（第 2 次分析）」17 頁には，車のローンの相談について，住宅ローンとあわせて相談する被災者が多いという説明がなされ，かかる車のローンの相談を「こうしたケースは「住宅」にも分類」と記述している。このことから，詳細分類を実施する際に，「住宅」「車」「事業資金」の複数に分類した相談があったことがわかる。また，実際に「9 住宅・車等のローン・リース」の類型に分類された相談数は「1,386 件」（8,012×17.3％，小数点以下を四捨五入）のはずであるが，円グラフの分母は「1,104 件」となっており，分類未了の相談が相当数存在していることになる。

13) 非常災害対策本部「平成 28 年（2016 年）熊本県熊本地方を震源とする地震に係る被害状況等について」（平成 28 年 12 月 14 日 18 時 00 分現在）。

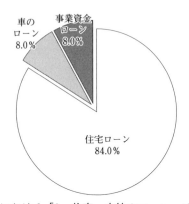

図 5-3 熊本地震における「9 住宅・車等のローン・リース」の相談内容
日弁連「熊本地震無料法律相談データ分析結果(第2次分析)」(2016年12月)のデータを利用して筆者が作成。
相談受付日は2016年4月25日から2016年8月31日まで。分母は1,104件であり,合計100%となる。

被災者(世帯)ほど,住宅ローン,車のローン,事業ローン等のあらゆる既存債務の支払が困難に陥りやすいのではないかと思われる。既存の住宅ローンの支払および新たな融資を受けることについて,リーガル・ニーズが発現したものと考えられる。

5.3.5 「12 公的支援・行政認定等」(15.5%)の詳細分析

被災者が災害発生後に生活を再建しようとするときに,行政による給付金や支援にはどのようなものがあるかについて,弁護士が情報提供を実施した分野である。特に「罹災証明」,「被災者生活再建支援金」,「応急修理制度」,「災害弔慰金」等,具体的な給付や認定に関する相談が多くなっている。

より具体的には,罹災証明に関しては,「罹災証明とは何か」,「罹災証明は何に使うのか」,「罹災証明書の取得手続を教えてほしい」,「空き家や,居住しているが住民票記載の住所でない建物,借家等の建物について罹災証明書を取得できるか」,「罹災証明書を取得する前に建物を解体してよいか」,「住家の被害認定の結果に不服がある」,「罹災証明書を申請したがまだ交付されていない」等の相談があった。被災者生活再建支援金に関しては,「当面の生活資金や自宅建物の解体費用や修理費用について何らかの公的支援はないか教えてほ

しい」,「被災者生活再建支援金や義援金といった具体的な支援制度を挙げてその利用の可否や利用するための手続を相談」,「離婚や夫婦別居の場合等における被災者生活再建支援金や義援金の配分や受領の方法」等の相談があった。その他の制度については,「金銭的支援に限定せず何らかの公的な支援はないか知りたい」,「罹災証明書の申請後,発行前の段階において,罹災証明書の発行を待たずすぐに利用できる支援制度に関する情報提供を求める相談」,「生活福祉資金貸付制度に関する情報提供を求める相談」,「生活保護受給者が被災者生活再建支援金や災害義援金,保険金等を受領することについて,これらが収入に認定されないかを尋ねる相談」等があった。

　図5-4は,熊本地震(全体)における「12　公的支援・行政認定等」の類型に分類された1,285件の相談の内訳である(割合の合計値は100%)[14]。主な相談をみると,「罹災証明」(39.0%),「被災者生活再建支援金」(24.0%),「応急修理制度」(3.0%),「災害弔慰金」(1.0%)となっている。特に「罹災証明」と「被災者生活再建支援金」は,当該類型の大部分を占めており,災害直後における当該制度の周知徹底の重要性が再確認できるものとなっている。「罹災証明書」は,2013年6月の災害対策基本法改正により,法律上の制度として位置付けられ,市町村長に発行義務が課せられた[15]。これにより,東日本大震災ではほとんどメディアなどで取り上げられていなかった当該制度が,熊本地震では逆に脚光を浴びたという分析も可能である[16]。

---

14)　日弁連「熊本地震無料法律相談データ分析結果(第2次分析)」において,実際に「12　公的支援・行政認定等」の類型に分類された相談は「1,242件」(8,012×15.5%の小数点以下を四捨五入)のはずであるが,円グラフの分母は「1,285件」となっている。複数の小分類に重複して分類された相談を,複数件にカウントし分母に回しているものと考えられるが,分析としては一貫性を欠くように思われる。

15)　「市町村長は,当該市町村の地域に係る災害が発生した場合において,当該災害の被災者から申請があつたときは,遅滞なく,住家の被害その他当該市町村長が定める種類の被害の状況を調査し,当該災害による被害の程度を証明する書面(次項において「罹災証明書」という。)を交付しなければならない」(災害対策基本法90条の2第1項)。

16)　TBS「ひるおび!」(2016年5月2日放送)の特集コーナー「ゴゴイチ」などでは「罹災証明書」や「被災者生活再建支援金」などを解説する長時間の特集が組まれた(なお,筆者が専門家コメンテーターとして番組出演している)。筆者の経験によれば,全国放送の民放が,大災害直後の時期に,支援制度を網羅した特集を組むことは,大変に

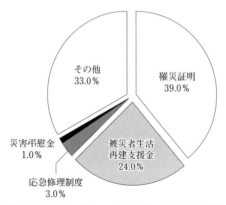

図5-4 熊本地震における「12 公的支援・行政認定等」の相談内容

日弁連「熊本地震無料法律相談データ分析結果（第2次分析）」（2016年12月）より抜粋。
相談受付日は2016年4月25日から2016年8月31日まで。分母は1,285件であり、合計100%となる。

5.3.6　熊本地震の「1　不動産所有権」（6.7%）の詳細分析

　建物の建築の瑕疵、建物が存在する地盤の造成の瑕疵、登記関係、土地をめぐる権利関係の紛争等が分類されている。

　より具体的には、「建物の瑕疵」に関しては、「熊本地震の発生より前に瑕疵をうかがわせる徴表があった（しかし建設業者等は問題ないと回答していた）」、「熊本地震の際に建物等が毀損した後に自身または専門業者により調査したところ、なされるべき工事がなされていないことが判明した」、「周辺にある建物は毀損していないのに相談に係る建物のみが毀損した」等の相談があった。その他には、「登記上の所有名義がすでに死亡した者のまま変更されていない不動産や共有名義不動産に関し、その相続人や共有者の一部が、当該不動産が毀損したためこれを解体、修理若しくは売却したい、これを解体撤去するための補助を受けたい、または、これを担保として借り入れをしたい等として、その

画期的なことであると思われる。なお、大災害直後ではないものとしては、日本テレビ「News every.」（2015年3月9日放送）の特集コーナー「未来へつなぐ、キオク」においても「罹災証明書」やそれを元にした各種減免制度の存在、「被災者生活再建支援制度」、「個人債務者の私的整理に関するガイドライン」などについて、災害対策として「知識の備え」をすべきとする特集が放送された（筆者において番組監修を担当）。

第5章 熊本地震無料法律相談データ分析結果　　139

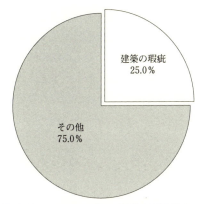

図 5-5　熊本地震における「1　不動産所有権」の相談内容

日弁連「熊本地震無料法律相談データ分析結果（第2次分析）」(2016年12月) より抜粋。
相談受付日は 2016 年 4 月 25 日から 2016 年 8 月 31 日まで。分母は 1,285 件であり，合計 100% となる。

ための権限の所在や費用負担，必要な手続について相談」，「毀損したマンションに関し，その管理や修理，建替えに必要な手続や区分所有者としての協力・負担義務の有無，管理費の支払義務の有無等について相談」，「判断能力が十分でない（高齢の）親等が所有する建物を解体するための手続を相談」，「熊本地震による建物の毀損を機に不動産の所有権を移転させたいとしてそのための手続や注意点を相談」等があった。

図 5-5 は，熊本地震（全体）における「1　不動産所有権」の類型に分類された 503 件の相談の内訳である（割合の合計値は 100%）[17]。中でも，「建物の瑕疵」(25.0%) に関する相談が多かった。前述の通り，熊本地震においては，群発する大地震の影響で，全半壊住家が 40,728 棟にも及んでいる[18]。建築や宅地造成の瑕疵の相談が多くなったのは，膨大な住家被害・宅地被害の裏返しであ

---

17)　日弁連「熊本地震無料法律相談データ分析結果（第2次分析）」において，実際に「1　不動産所有権」の類型に分類された相談は「537 件」(8,012×6.7%，小数点以下を四捨五入）のはずであるが，円グラフの分母は「503 件」となっており，分類未了の相談が相当数存在していると思われる。
18)　非常災害対策本部「平成 28 年（2016 年）熊本県熊本地方を震源とする地震に係る被害状況等について」（平成 28 年 12 月 14 日 18 時 00 分現在）。

ると評価できる。また，かかる造成地や宅地の被害は，「罹災証明書」の認定において課題を生んだ。罹災証明書は，原則として建物の被害を中心に被害判定を行うことから，宅地被害だけではたとえ地盤の流出などがあっても被害認定が実態より軽微になることがしばしばある。事実上居住できないのに，認定は「半壊」や「一部損壊」となる住居が続出しかねないという懸念が生まれたのである。

5.4　基礎自治体単位の被災者ニーズの分析と復興政策モデル

5.4.1　地域別・基礎自治体単位での分析の意義

　基礎自治体または限定された地域単位でリーガル・ニーズを把握し，分析することの意義については，第3章（3.4.1）で述べたとおりである。熊本地震においても，災害後の特徴的な被災者のリーガル・ニーズが顕著に浮かび上がり，災害復興法学の枠組みとなる個別の法律分野（災害復興法学の「縦軸」）の明確化への準備作業がさらに進んだと考えられる。一方で，熊本地震においても，「熊本地震（全体）」だけのリーガル・ニーズの分析で終えていれば，地域の特徴を踏まえた被災者のリーガル・ニーズを見落とす恐れがある。そこで，熊本地震においては，①「5　不動産賃貸借（借家）」の類型の相談割合が顕著に高かった地域（熊本市および宇土市），②「9　住宅・車等のローン・リース」の類型の相談割合が顕著に高かった地域（上益城郡および阿蘇郡），③「6　工作物責任・相隣関係」の類型の相談割合が顕著に高かった地域（合志市および菊池郡）のリーガル・ニーズに評価を加え，東日本大震災において示した4つの復興政策モデル（第3章・3.4）のさらなる深化について簡易の考察を加える。

5.4.2　「5 不動産賃貸借（借家）」と「借家率」の分析

　図5-6は，被災当時の住所が熊本市の被災者の法律相談内容の内訳である。「5　不動産賃貸借（借家）」（27.7％）の割合が突出して高く，次いで「6　工作物責任・相隣関係」（19.1％）も相当高い。そして，「9　住宅・車等のローン・リース」（11.3％）と「公的支援・行政認定等」（10.8％）も比較的高い割合となっている。相談件数自体が多いことから，熊本地震（全体）の相談傾向（図

第 5 章　熊本地震無料法律相談データ分析結果　　　　　　　　　141

図 5-6　熊本市の無料法律相談内容

日弁連「熊本地震無料法律相談情報分析結果（第 2 次分析）」（2016 年 12 月）のデータを元にして筆者が作成した。
相談受付日は 2016 年 4 月 25 日から 2016 年 8 月 31 日まで。各法律相談割合の分母はそれぞれ 5,001 件。ただし，5,001 件とは，相談件数ではなく，被災者の被災当時の住所地が熊本市の法律相談を「23 類型」に分類したうえ（最大 3 つの類型にまで分類する場合がある），その総分類数（総選択数）から「23　震災以外」と分類不能の欠損値を除外した数値であることに留意。

5-1）と類似した傾向となっているが，「5　不動産賃貸借（借家）」が特に高いことが特徴である。熊本市の借家率は「47.4％」と高く，これが顕著に被災者のリーガル・ニーズに反映されたものと考えられる。

図 5-7 は，被災当時の住所が熊本県宇土市の被災者の法律相談内容の内訳である。「5　不動産賃貸借（借家）」（19.5％）と「9　住宅・車等のローン・リース」（19.5％）の各類型がともに最も高い相談割合を占めている。「6　工作物責

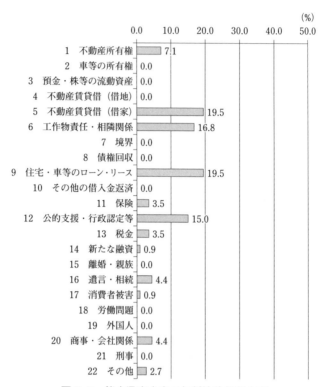

図 5-7　熊本県宇土市の無料法律相談内容

日弁連「熊本地震無料法律相談情報分析結果（第 2 次分析）」（2016 年 12 月）のデータを元にして筆者が作成した。
相談受付日は 2016 年 4 月 25 日から 2016 年 8 月 31 日まで。各法律相談割合の分母はそれぞれ 113 件。
ただし，113 件とは，相談件数ではなく，被災者の被災当時の住所地が熊本県宇土市の法律相談を「23 類型」に分類したうえ（最大 3 つの類型にまで分類する場合がある），その総分類数（総選択数）から「23　震災以外」と分類不能の欠損値を除外した数値であることに留意。

任・相隣関係」（16.8%）と「12　公的支援・行政認定等」（15.0%）の相談割合も相当高い。宇土市は，熊本県の中心部・熊本市の南隣にあり古くから商工業が発展し，熊本市のベッドタウンでもある。宇土市の借家率は「26.4%」[19]であり，それほど高くはない。被害の程度を見ると全半壊世帯率は「12.2%」[20]

---

19)　「平成 25 年住宅・土地統計調査」の数値から算定した。
20)　全半壊世帯率は，熊本地震により「全壊」および「半壊」の認定を受けた世帯数を，

とやや高いものの，突出しているわけではない。家屋が全壊すれば，賃貸借契約は終了し，当該建物への居住関係も終了するため[21]，退去や賃料を巡る被災者同士の紛争は少なくなることを考えると，宇土市では全半壊ではない住宅の相談が多くなったのではないかと推測できる。とはいえ，宇土市内でも 124 棟が全壊，1,505 棟が半壊しており，住宅ローンの支払や公的支援等を求める相談も多くなる。この結果，4 類型について相談割合が高くなり，各々拮抗したものと分析できる。

図5-8 は，熊本地震における市町村または郡単位の「5 不動産賃貸借（借家）」と「賃借率」との相関関係を示したものである。熊本地震において，借家率が高ければ高いほど，建物賃貸借の当事者間の紛争解決のリーガル・ニーズが高くなる傾向が読み取れた。かかる傾向は，東日本大震災におけるリーガル・ニーズの傾向とも合致している（第 3 章・3.2.2 (1)）。巨大災害時においては，当該地方の「借家率」を反映したリーガル・ニーズが普遍的に発生することが観察できた。

5.4.3 「12 住宅・車等のローン・リース」と「全半壊世帯率」の分析（上益城郡・阿蘇郡）

図 5-9 は，被災当時の住所が熊本県上益城郡（御船町，嘉島町，益城町，甲佐町，山都町）の被災者の法律相談内容の内訳である。

「12 住宅・車等のローン・リース」(23.5%)，「6 工作物責任・相隣関係」(18.8%)，「12 公的支援・行政認定等」(14.4%)，「5 不動産賃貸借（借家）」(13.1%) の 4 類型の相談割合が高い。そして，他の自治体と比較すると，「9 住宅・車等のローン・リース」の類型の相談割合の高さが際立っている。

図 5-10 は，被災当時の住所が熊本県阿蘇郡（南小国町，小国町，産山村，高

各自治体・地域の「全世帯数」で除したものである。全壊および半壊の世帯数については熊本県災害警戒本部「平成 28 (2016) 年熊本地震等にかかる被害状況について【206報】 速報値」（平成 28 年 12 月 27 日発表）記載の「被害状況報告（市町村報告のとりまとめ H28.12.27 13:00 現在)」から集計した。「全世帯数」は「熊本県統計調査課」の 2018 年 4 月 1 日の公表データによる。

21) 賃貸借契約の目的物たる建物が滅失した場合，当該賃貸借契約は当然に終了する（最高裁判所昭和 42 年 6 月 22 日判決・民集 21 巻 6 号 1468 頁）。

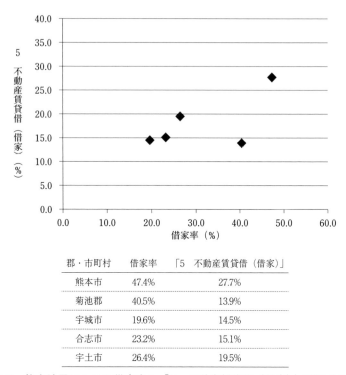

図 5-8 熊本地震における借家率と「5 不動産賃貸借（借家）」に関する相談の関係性

「5 不動産賃貸借（借家）」の相談割合は，日弁連「熊本地震無料法律相談情報分析結果（第2次分析）」（2016年12月）のデータによる。
「借家率」は，「平成25年住宅・土地統計調査」の数値から算出した。

森町，南阿蘇村，西原村）の被災者の法律相談内容の内訳である。「9 住宅・車等のローン・リース」（28.4%）の類型の相談割合が突出して高く，「12 公的支援・行政認定等」（23.0%）の類型がそれに次いで相当高い。「6 工作物責任・相隣関係」（11.3%）もやや高い。一方で，「5 不動産賃貸借」（6.0%）については他の地域と比べて少ない。

　熊本県上益城郡および同県阿蘇郡のいずれでも「9 住宅・車等のローン・リース」の類型の相談割合が最も高い。この理由については，一見すると「持ち家率」との相関関係があるのではないかと思われる。熊本市の持ち家率は

第5章 熊本地震無料法律相談データ分析結果　　145

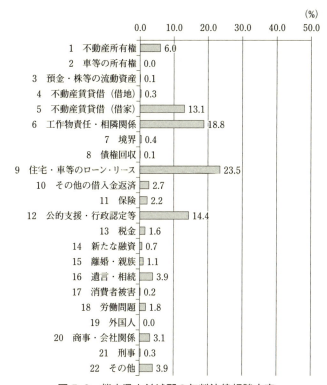

図5-9　熊本県上益城郡の無料法律相談内容

日弁連「熊本地震無料法律相談情報分析結果（第2次分析）」（2016年12月）のデータを元にして筆者が作成した。
相談受付日は2016年4月25日から2016年8月31日まで。各法律相談割合の分母はそれぞれ1,471件。
ただし，1,471件とは，相談件数ではなく，被災者の被災当時の住所地が熊本県上益城郡の法律相談を「23 類型」に分類したうえ（最大3つの類型にまで分類する場合がある），その総分類数（総選択数）から「23 震災以外」と分類不能の欠損値を除外した数値であることに留意。

「50.8%」，「9 住宅・車等のローン・リース」の相談割合は「11.3%」である。持ち家率が高い宇城市（持ち家率75.3%）の同相談割合は「9.2%」，同じく持ち家率の高い合志市（持ち家率73.1%）の同相談割合は「5.0%」と，かえって低くなっている都市もある。一方で，持ち家率の高い宇土市（持ち家率73.2%）

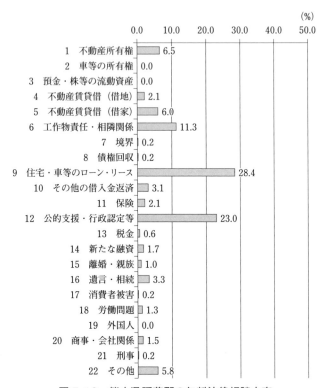

図 5-10　熊本県阿蘇郡の無料法律相談内容

日弁連「熊本地震無料法律相談情報分析結果（第 2 次分析）」（2016 年 12 月）のデータを元にして筆者が作成した。

相談受付日は 2016 年 4 月 25 日から 2016 年 8 月 31 日まで。各法律相談割合の分母はそれぞれ 521 件。ただし，521 件とは，相談件数ではなく，被災者の被災当時の住所地が熊本県阿蘇郡の法律相談を「23 類型」に分類したうえ（最大 3 つの類型にまで分類する場合がある），その総細分類数（総選択数）から「23　震災以外」と分類不能の欠損値を除外した数値であることに留意。

では，同相談割合は「19.5%」と高くなっている[22]。このように，少なくとも熊本地震では，持ち家率と住宅ローンの相談割合の高さに，有意な相関関係は見つからないと思われた[23]。そこで，住宅の損壊が激しく，修繕・解体・新規

22) 持ち家率は平成 22 年国勢調査の結果による。
23) 日弁連「熊本地震無料法律相談データ分析結果（第 2 次分析）」30 頁は，熊本市と上益城郡・阿蘇郡を比較し，上益城郡等の持ち家率が熊本市より高いとの点に言及し，

購入などの将来の資金不足に起因して被災者のリーガル・ニーズが顕現する可能性が高くなるものと仮説を立てて，分析を試みることにする。

図5-11は，熊本地震における市町村または郡単位の「全半壊世帯率」と「9　住宅・車等のローン・リース」との相関関係を示したものである。熊本地震において，全半壊世帯率が高ければ高いほど，当該地域に置ける住宅ローンに関する相談割合が高くなる傾向が読み取れた。自宅に住めなくなるほどの被災を受けるかどうかが，「9　住宅・車等のローン・リース」の類型の相談割合が高まるひとつの基準となることが実証されたものと考える[24]。

5.4.4　「6　工作物責任・相隣関係」と「一部損壊世帯率」の分析（合志市・菊池郡）

図5-12は，被災当時の住所が熊本県合志市の被災者の法律相談内容である。「6　工作物責任・相隣関係」（17.6%）と「12　公的支援・行政認定等」（17.6%）の類型の割合が相当高く，「5　不動産賃貸借（借家）」（15.1%）と「1　不動産所有権」（12.6%）の類型の相談割合も相当高い。一方で，「9　住宅・車等のローン・リース」（5.0%）の類型は他の地域と比較しても相談割合は低い。合志市の住宅被害は，全壊世帯が「50世帯」，半壊世帯が「792世帯」で，全半壊世帯率は「4.0%」である。住宅被害が他の被災地との比較ではやや少ないことから，住宅ローンの相談が少ないという分析は一応可能である（図5-11）。一方で，住宅被害が軽微だからこそ，「5　不動産賃貸借（借家）」や「6　工作物責任・相隣関係」の類型のリーガル・ニーズが発生するものと考えられる。賃貸借の紛争も，隣家との工作物責任を巡る争いは，既存の住宅に被災者が居

「9　住宅・車等のローン，リース」の相談割合の高さは，持ち家率と相関関係が強いかのような解説をしている。ところが，他の自治体をあわせて分析すると，持ち家率と住宅ローンに関する相談割合の高さが相関関係にあると結論付けるのは早計と思われた。

24)　熊本県弁護士会所属の鹿瀬島正剛弁護士は，「阿蘇郡」において「9　住宅・車等のローン，リース」等の相談割合が一番高いのは，①「南阿蘇村」内に，熊本地震で唯一「長期避難世帯」と指定されている場所があること，②「西原村」は活断層が村を分断し，大規模な移転の是非について議論されていること等，既存の住宅への帰還が困難になる可能性がある地域が多く存在することから，住宅ローンへの関心が一層高まった可能性がある旨分析している（2017年4月に聴取）。

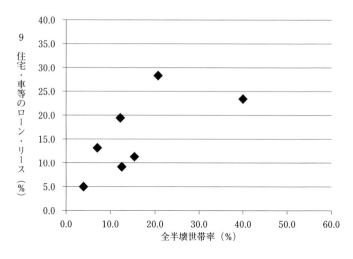

郡・市町村	全半壊世帯率	「9 住宅・車等のローン・リース」
熊本市	15.4%	11.3%
上益城郡（益城町・嘉島町・御船町・甲佐町・山都町）	40.0%	23.5%
阿蘇郡（南小国町，小国町，産山村，高森町，南阿蘇村，西原村）	20.7%	28.4%
菊池郡（菊陽町・大津町）	7.1%	13.2%
宇城市	12.6%	9.2%
合志市	4.0%	5.0%
宇土市	12.2%	19.5%

図 5-11　熊本地震における全半壊世帯率と「9　住宅・車等のローン・リース」に関する相談の関係性

「9　住宅・車等のローン・リース」の相談割合は，日弁連「熊本地震無料法律相談情報分析結果（第2次分析）」（2016年12月）のデータによる。

「全半壊世帯率」は，熊本地震により「全壊」および「半壊」の認定を受けた世帯数を，各自治体・地域の「全世帯数」で除したものである。全壊および半壊の世帯数については熊本県災害警戒本部「平成28（2016）年熊本地震等にかかる被害状況について【206報】速報値」（2016年12月27日発表）記載の「被害状況報告（市町村報告のとりまとめ　H28.12.27　13:00現在）」から集計した。「全世帯数」は「熊本県統計調査課」の2016年4月1日の公表データによる。

第 5 章 熊本地震無料法律相談データ分析結果

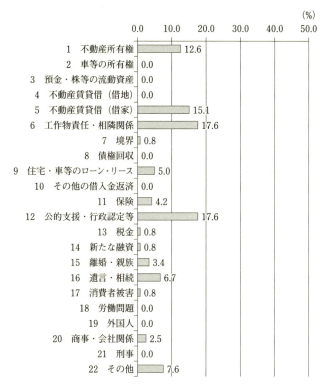

図 5-12　熊本県合志市の無料法律相談内容

日弁連「熊本地震無料法律相談情報分析結果（第 2 次分析）」（2016 年 12 月）のデータを元にして筆者が作成した。
相談受付日は 2016 年 4 月 25 日から 2016 年 8 月 31 日まで。各法律相談割合の分母はそれぞれ 119 件。ただし，119 件とは，相談件数ではなく，被災者の被災当時の住所地が熊本県合志市の法律相談を「23 類型」に分類したうえ（最大 3 つの類型にまで分類する場合がある），その総分類数（総選択数）から「23 震災以外」と分類不能の欠損値を除外した数値であることに留意。

住を継続しているからこそ発生しやすい相談だからである。

図 5-13 は，被災当時の住所が熊本県菊池郡の被災者の法律相談内容である。「6　工作物責任・相隣関係」（18.8％）の類型の相談割合が最も高く，「5　不動産賃貸借（借家）」（13.9％），「9　住宅・車等のローン・リース」（13.2％），「12　公的支援・行政認定等」（12.2％）がほぼ同じ水準でこれらに次ぐ高い相談割合となっている。菊池郡の全半壊世帯率は「7.1％」であり，比較的低い水準で

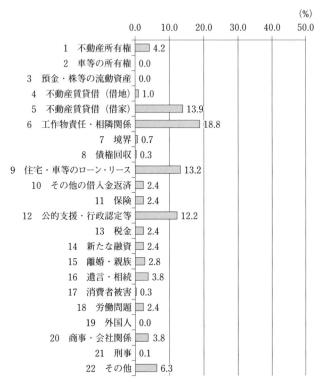

図 5-13　熊本県菊池郡の無料法律相談内容

日弁連「熊本地震無料法律相談情報分析結果（第 2 次分析）」（2016 年 12 月）のデータを元にして筆者が作成した。
相談受付日は 2016 年 4 月 25 日から 2016 年 8 月 31 日まで。各法律相談割合の分母はそれぞれ 288 件。
ただし 288 件とは，相談件数ではなく，被災者の被災当時の住所地が熊本県菊池郡の法律相談を「23 類型」に分類したうえ（最大 3 つの類型にまで分類する場合がある），その総分類数（総選択数）から「23　震災以外」と分類不能の欠損値を除外した数値であることに留意。

ある。合志市と同様に，被災後においても既存住宅への居住者が多いことが，特に「6　工作物責任・相隣関係」の類型の相談割合を押し上げるものと考えられる。

図 5-14 は，熊本地震における市町村または郡単位の「一部損壊世帯率」と「6　工作物責任・相隣関係」との相関関係を示したものである。前述の熊本県合志市（図 5-11）および同県菊池郡（図 5-12）のリーガル・ニーズの分析にお

いては，全半壊世帯率の低さの反射として「6　工作物責任・相隣関係」の類型の相談割合が大きくなった旨述べたが，そもそも損壊した家屋自体も少なければ，かかる類型のリーガル・ニーズも発生しようがない。そこで，より積極的に「一部損壊」した世帯の割合との相関性を検証すべきものと考えて分析を試みるものである。その結果，熊本地震において，一部損壊世帯率が高ければ高いほど，当該地域における工作物責任等に関する相談割合が高くなる傾向が読み取れた。自宅は損害を受けたが，退去を余儀なくされるほどではないという環境が多くなるからこそ，「6　工作部責任・相隣関係」のリーガル・ニーズが多く出現するものと思われる。

5.4.5　相談時の居所別の相談傾向の分析

　図5-15は，熊本地震における相談者の相談時の居所別（「自宅」または「自宅以外」）にみた場合の，それぞれの無料法律相談内容である。「自宅以外」とは，相談者が避難所，親戚・知人宅，車中泊等相談時において自宅に居住できていない環境下において相談している場合を指す。相談割合が高い類型のうち，「1　不動産所有権」（自宅5.0％，自宅以外5.4％），「5　不動産賃貸借（借家）」（自宅22.9％，自宅以外24.6％），「12　公的支援・行政認定等」（自宅13.1％，自宅以外16.8％）の3類型については，相談割合の差は5％以内に収まっている。一方で，「6　工作物責任・相隣関係」（自宅23.4％，自宅以外11.2％），「9　住宅・車等のローン・リース」（自宅12.5％，自宅以外23.0％）の2類型については，相談割合の差がいずれも10％を超えている。

　「6　工作物責任・相隣関係」の類型の相談割合については，相談者が自宅の場合は非常に高い相談割合となるが，自宅以外の場合はやや高い程度にとどまっている。居住を継続しているからこそ，隣家等との工作物責任を巡る紛争が発生し，同時にこれに対する紛争解決のリーガル・ニーズが出現したものと考えられる。前述の図5-11における分析結果とその考察を補強するものと考える。

　「9　住宅・車等ローン・リース」の類型の相談割合については，相談者が自宅以外の場合に非常に高い相談割合であるが，自宅の場合はやや高い程度にとどまっている。これは，居住ができないほどに住宅が毀損している場合には，

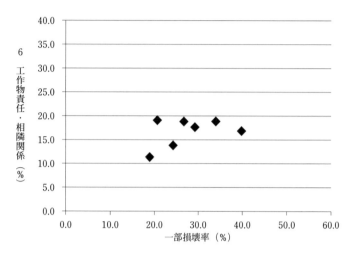

郡・市町村	一部損壊世帯率	「6 工作物責任・相隣関係」
熊本市	20.7%	19.1%
上益城郡（益城町・嘉島町・御船町・甲佐町・山都町）	34.0%	18.8%
阿蘇郡（南小国町，小国町，産山村，高森町，南阿蘇村，西原村）	19.0%	11.3%
菊池郡（菊陽町・大津町）	26.8%	18.8%
宇城市	24.3%	13.8%
合志市	29.3%	17.6%
宇土市	39.8%	16.8%

図 5-14　熊本地震における一部損壊世帯率と「6　工作物責任・相隣関係」に関する相談の関係性

「6　工作物責任・相隣関係」の相談割合は，日弁連「熊本地震無料法律相談情報分析結果（第 2 次分析）」（2016 年 12 月）のデータによる。
「一部損壊世帯率」は，熊本地震により「一部損壊」の認定を受けた世帯数を，各自治体・地域の「全世帯数」で除したものである。全壊および半壊の世帯数については熊本県災害警戒本部「平成 28（2016）年熊本地震等にかかる被害状況について【206 報】速報値」（2016 年 12 月 27 日発表）記載の「被害状況報告（市町村報告のとりまとめ　H28.12.27　13:00 現在）」から集計した。「全世帯数」は「熊本県統計調査課」の 2016 年 4 月 1 日の公表データによる。

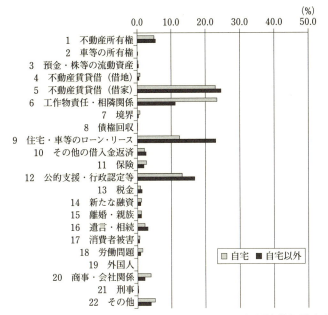

図 5-15　熊本地震における相談者の相談時の居所別の無料法律相談内容（「自宅」または「自宅以外」）

日弁連「熊本地震無料法律相談情報分析結果（第2次分析）」（2016年12月）のデータを元にして筆者が作成した。
相談受付日は2016年4月25日から2016年8月31日まで。
相談者の相談時の居所が「自宅」の場合の各法律相談割合の分母はそれぞれ3,685件。
相談者の相談時の居所が「自宅以外」の場合の各法律相談割合の分母はそれぞれ1,987件。
ただし、上記の3,685件および1,987件の数値は、相談件数ではなく、それぞれの属性の相談を「23類型」に分類したうえ（最大3つの類型にまで分類する場合がある）、その総分類数（総選択数）から「23　震災以外」と分類不能の欠損値を除外した数値であることに留意。

その解体・大規模修繕・再建（新規住宅ローンの借入れ）のための資金を必要とし、かつ、既存の住宅ローン等の債務（被災ローン）の支払困難に直面する可能性が高いからであると考えられる。前述の図5-14における分析結果とその考察を補強するものであると考える。

5.4.6　都市大規模地震被害型（L型）の復興政策モデルの登場

　東日本大震災においては、「①都市地震被害型（C型）」、「②集落津波被害型（T型）」、「③都市津波被害型（AI型）」、「④人口高密度都市津波被害型（AII

型）」の復興政策モデルと課題を整理した（第 3 章・図 3-19）。かかるモデルは，熊本地震においても基本的に妥当すると考える。熊本地震では，津波により市街地や集落が壊滅するという現象は起きていないが，大地震の群発により，多くの家屋に損傷があったことは特筆すべき点である。そして，このおびただしい家屋の損傷，より正確には，当該地域の「全半壊世帯率」の高さが，「12 住宅・車等のローン・リース」の類型の相談割合を押し上げることが判明した。一方で，熊本地震においては，死者・行方不明者比率が東日本大震災に比べて圧倒的に小さい。このため，「16 遺言・相続」に関する被災者のリーガル・ニーズは，全体の中ではごくわずかしか現れていない。

　以上を整理すると，熊本地震の郡市町村の多くは，「⑤都市大規模地震被害型 Large Earthquakes［L 型］」と呼称して，東日本大震災における「④人口高密度都市津波被害型（AⅡ型）」と区別してリーガル・ニーズを把握しておく必要があると思われる。すなわち，「5　不動産賃貸借（借家）」，「6　工作物責任・相隣関係」，「9　住宅・車等のローン・リース」，「12　公的支援・行政認定等」の 4 類型の相談割合がいずれも高く，「16　遺言・相続」の類型の相談割合が低いという型（モデル）である（図 5-6，図 5-7，図 5-9，図 5-10，図 5-15）。そして，この中でも特に「全半壊世帯率」が低く，「一部損壊率」が一定程度の高い割合である場合には，「6　工作津物責任・相隣関係」の類型の相談割合がより一層高くなる傾向にあることも判明した（図 5-12，図 5-13，図 5-15）。

　この「⑤都市大規模地震被害型（L 型）」においては，まず「5　不動産賃貸借（借家）」および「6　工作物責任・相隣関係」の類型の紛争を解決するべく，「震災 ADR」の施策が必要になる。熊本県弁護士会は，熊本地震を受けて 2016 年 5 月 26 日に「震災 ADR」を開始している（第 6 章・6.2.2（2）で詳述）。

　次に「9　住宅・車等のローン・リース」の課題の解決には，自然災害債務整理ガイドラインの登録専門家や，申立支援による中長期的な寄り添い支援が不可欠になる。特に被災ローンに関するリーガル・ニーズが高い地域においては，被災地における継続的支援拠点の設置が不可欠となると考えられる（熊本地震における新たな施策については第 6 章において詳述する）。熊本県弁護士会が，特に住宅被害が激しい益城町に常設の法律相談拠点を設置するに至ったことは

第5章 熊本地震無料法律相談データ分析結果

被災態様	C型 都市地震型	L型 都市大規模地震型	T型 津波型	AI・AII型 都市津波型
指針	賃貸借契約や隣人被災者同士の紛争の円満解決	賃貸借契約や隣人被災者同士の紛争の円満解決 二重ローン問題の多発	継続的な相談に対応する拠点の設置 相続等の問題は一回的な相談では解決不能	相続、ローン、事業者再生、各種契約等あらゆるリーガル・ニーズへの対応
	紛争予防《 弁護士無料法律相談活動・立法提言 》救済			
実績	震災ADR	震災ADR 拠点法律相談センター	拠点事務所 専門家派遣	拠点事務所 専門家派遣
課題	ADR制度維持に対する公的支援の不存在 ADR拠点の不足	ADR制度維持に対する公約支援の不存在 ADR拠点の不足	拠点事務所の維持 専門家の長期派遣 専門家のリソース不足	拠点事務所のさらなる設置 行政内インハウスローヤーの登用

図 5-16 復興政策モデルの実績（熊本地震を付加）

象徴的である[25]。

---

25) 熊本県弁護士会は，2017年1月27日，益城町に常設の法律相談センターを設置した。

第6章　リーガル・ニーズの分析と災害復興政策の実現

6.1　災害復興政策の分析の視点——縦軸と横軸

　第1章でも述べたとおり，巨大災害後の弁護士による提言および政策形成活動によって，数多くの法改正が実現し，また新しい制度が構築された。特に，東日本大震災以降の法改正・制度改善の動きは目覚ましい（佐々木2017が各法制度を詳細解説している）。これは，単に政府がその活動実績を整理したというだけにとどまらず，「被災者の生の声」が集約され，客観的かつ視覚的な分析により，新たな課題の発見と克服ができたという側面もあるのではないかと考える。すなわち，無料法律相談の分析（第3章，第4章，第5章）やその過程での法理論の構築が，既存の法律を改正する，あるいは新規の法制度をつくりあげるための「立法事実」となり得たのである。

　立法事実とは，「法律の立法目的および立法目的を達成する手段（規制手段）の合理性を裏付け支える社会的・経済的・文化的な一般事実」である（芦部2015・383頁）。また，「当該法令の合理性を支える経験的事実」とも説明されている（長谷部2014・431頁）。いかに既存の法制度の限界や，空白地帯を発見しても，それが社会を納得させるだけの政策であるかが常に問われる。そのフィルターを通過しなければ，新しい法制度を生むことはできないのである。

　本章と第7章では，これらの無料法律相談情報の分析結果や被災者のリーガル・ニーズが，実際の法改正にどのように機能し，貢献し，影響を与えたのかを，「リーガル・ニーズに対応した公共政策への寄与と実績の検証」（6.2）と

リーガル・ニーズに対応した公共政策への寄与と実績の検証

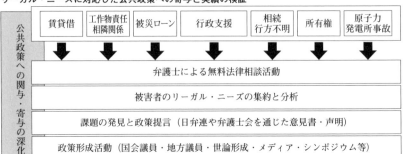

分野横断的な復興政策モデル構築の実績の検証

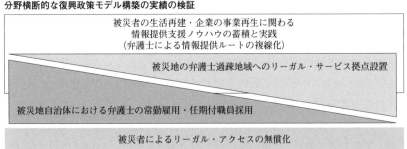

図6-1　リーガル・ニーズの類型化と災害復興政策への寄与の分析の視点

「分野横断的な復興政策モデル構築の実績と検証」（第7章）という2つの視点で分析する。また，それぞれについて「残された課題」も提示する。これを図式化したものが図6-1である。図6-1の上段は，「リーガル・ニーズに対応した公共政策への寄与と実績の検証」の全体像を図式化したものである。災害復興法学が体系化しようとする法学類型そのもの，すなわち災害復興法学の「縦軸」分野である。具体的には，巨大災害時における普遍的なニーズとして浮かび上がってきた①賃貸借，②工作物責任・相隣関係，③被災ローン，④行政支援，⑤相続・行方不明，⑥所有権等に，⑦原子力発電所事故等を加えた，7類型を軸に法制度の改正や新規構築の軌跡を個別に検討する。図6-1の下段と最

第6章　リーガル・ニーズの分析と災害復興政策の実現

下部は,「分野横断的な復興政策モデル構築の実績と検証」の全体像を図式化したものである。災害復興法学が体系化しようとする法学類型を横断する「復興政策モデル」を示す,いわば「横軸」である（第3章・3.4.6）。具体的な復興政策モデルとして,①弁護士による復興支援情報提供ルート複線化とDLAT（災害派遣弁護士チーム）(7.1),②被災地におけるリーガル・サービス拠点の設置（7.2）,③被災地自治体における弁護士任期付職員（7.3）という復興政策モデルを検討する。また,すべての被災者が等しく法的支援を受けることができるように,④被災者のリーガル・アクセスの無償化（7.4）に関する政策形成活動と実績についても概観する。

以上の多くは,『災害復興法学』(岡本2014a) においても詳述している項目ではあるが,その後に発生した広島土砂災害や熊本地震を踏まえて,改めて発展的な考察を加えるものである。

6.2　リーガル・ニーズに対応した公共政策への寄与と実績の検証

6.2.1　公共政策の軌跡の分析手法

前述のとおり①賃貸借,②工作物責任・相隣関係,③被災ローン,④行政支援,⑤相続・行方不明,⑥所有権等,⑦原子力発電所事故の7つの類型について,被災者のリーガル・ニーズを起点として災害復興政策・立法政策が実現した事例の軌跡を概観する。

それぞれの政策が実現するまでの軌跡を,［リーガル・ニーズ］,［立法事実］,［政策提言］,［政策形成活動］,［新制度実現］,［課題］という6つのフェーズに分けて概説する（ただし,必ずしも6つのフェーズすべてについて記述しないものもある）。

［リーガル・ニーズ］とは,弁護士が無料法律相談の現場等で直面した課題に対して,災害発生当時の一般的な法解釈をあてはめた見解である。当然多くの課題（未解決のリーガル・ニーズ）を含んでいる。

［立法事実］とは,主として無料法律相談の集約・分析により証明することができるようになった,法改正・制度改正の根拠となる事実である。無料法律相談分析により定量的に根拠を示すことができる場合は,その点を解説する。

一方で，必ずしも無料法律相談活動に起因しない施策も存在する。その場合は質的・定性的な理論上の根拠などを解説する。

［政策提言］とは，弁護士が，主として日本弁護士連合会（日弁連）や弁護士会等を通じて表明した法改正・新規立法・新制度構築・制度運用改善等の提言・声明である。必ずしも対外的に発表していないものも存在する。

［政策形成活動］とは，政策提言を実現するための具体的な行動である。本書では，弁護士による国会議員，政府（担当省庁），地方議員，メディア等への啓発活動，世論形成活動等，立法事実の発見から一定程度の政策実現に至る具体的な軌跡である。特徴的な事例についてのみ記述している。

［新制度実現］とは，実際の災害を教訓として成立・改正した法律や諸制度等である。いまだ実現していない施策も存在する。

［課題］とは，新制度実現に至っていない場合や，新制度実現に至っていても，改善・拡充の余地がある場合等の課題を提示する。

6.2.2　賃貸借

(1)　仙台弁護士会による震災 ADR（東日本大震災）

［リーガル・ニーズ］　賃貸借契約に関わる規律は民法 601 条以下の規定，借地借家法の規定，当事者間の契約内容等による。賃貸借の目的物が滅失すれば賃貸借契約は当然に終了し，敷金返還請求権も発生する[1]。震災を理由に賃貸人が賃借人に退去を求めても，賃貸借契約の終了事由に該当しない限り（特に解約申入れ等の際の正当事由がない限り）契約は続く[2]。建物等が毀損すれば，その修繕義務は賃貸人が負担し，賃借人が支出した修繕費（必要費）は賃貸人に償還請求できる[3]。建物の一部滅失や経済事情の変動等を根拠に賃借人が賃料減額請求をすることもできる[4]。この分野は，法律の整備や判例蓄積も豊富で

---

[1]　「災害により賃借家屋が滅失し，賃貸借契約が終了したときは，特段の事情がない限り，敷引特約を適用することはできず，賃貸人は賃借人に対し敷引金を返還すべきものと解するのが相当である」（最高裁判所平成 10 年 9 月 3 日判決民集 52 巻 6 号 1467 頁）．

[2]　解約申入れ等の際の正当事由（借地借家法 28 条）．

[3]　修繕義務および必要費償還請求権（民法 606 条，同 608 条）．

[4]　賃料減額請求権（民法 611 条 1 項，借地借家法 32 条 1 項）．

あり，弁護士であれば，およそあらゆる事案について，法律等をあてはめて一応の結論を出すことが可能である。しかし，賃貸借契約当事者はいずれも被災者同士であることが多い。また，賃貸人側が資金力に乏しいとすれば，仮に前述の法律上の権利義務の存在が認められても，現実にそれを履行することが困難になる。実際に居住の安全性に少しでも不安があれば，解約事由がなくても，事実上は退去を余儀なくされる。賃貸借契約当事者同士に何らかの縁故などがあれば，訴訟を前提としたような法的請求や手続に躊躇し，交渉や請求に踏み切ることも少なくなり，結局紛争解決に至らない。

［立法事実］　東日本大震災の無料法律相談の類型のうち「5　不動産賃貸借（借家）」の相談として集約・分析が可能となった。東日本大震災の宮城県の法律相談内容の推移にみられたように，長い期間にわたってリーガル・ニーズが収束せず，被災者の関心が常に高い実態も，事後的検証により判明した（第3章・3.3.1 (1)）。相談内容も裁判による解決以外を望む声が多かった。

［政策形成活動］　仙台弁護士会は，2011年3月22日から東日本大震災の被災者に対する無料法律相談活動を実施し，同月のうちに1,000件を超える無料法律相談を実施した。弁護士はその中で「100か0かという一刀両断の解決が難しい相談が多い」「被災者同士，ご近所同士の悩みであり法的紛争に適さないこと」等を肌身をもって感じていた。このため，裁判所を活用しない「裁判外紛争解決手続（ADR: Alternative Dispute Resolution）」による解決が求められた。その後の紛争の多さに鑑みれば，先見の明による判断と評価できる。

［新制度実現］　2011年4月20日，仙台弁護士会紛争解決支援センターは「震災ADR」の設置を決定した。弁護士が仲裁人となって，当事者間の話し合いによる解決を目指す制度である。特徴として，①申立手数料・相手方手数料の無料化，②東日本大震災に起因する紛争を対象とし厳密な要件を設けずに広く門戸を開いている，③申立サポート弁護士による申立支援など，被災者にとって手厚い支援が行われた。加えて，審理の実施を仙台市だけではなく，宮城県東松島市，同県南三陸町，同県山元町において開催する「出張ADR」も

実現した。

震災 ADR の開始から 2013 年 6 月までの約 2 年余りの実績を紹介する（以下，数値は仙台弁護士会 2013 による）。平均審理期間は 77 日，平均審理回数は 2.6 回であった。これは一般の ADR とくらべても相当早期解決が図られていることを意味する。また，事件解決率も 2012 年 1 月以降は常に 60% 以上で，その平均は 62% であり，一般の震災 ADR と同水準である。上記期間中の ADR 申立 499 件のうち，最も多かったのは，「賃貸借」(211 件) であり，これに「相隣関係」(66 件)，「請負契約」(64 件) が続いている。ADR が被災地の賃貸借の紛争解決への貢献が十分であったことが確認できる数値である。

[課　題]　震災 ADR の課題は公的財政上の支援の拡充に尽きる。震災 ADR は仙台弁護士会の自己資金によって運営されている。ADR の成功手数料，仲裁人の報酬，専門家鑑定費用，その他運営費・人件費等などが課題となっている。後述する「東日本大震災の被災者に対する援助のための日本司法支援センターの業務の特例に関する法律」(2011 年 4 月 1 日施行) により，申立手続の代理援助 (弁護士費用の立替払い) は実施されたが (7.4.1)，それ以外の公費援助はない。たとえば，場所や施設運用の事務サービスの提供は地方自治体が行うなどの事前協定を結んでおくことは有効な対策であるし，援助範囲の拡大も急務と考える。

司法機関の課題もある。「平成二十三年東北地方太平洋沖地震による災害についての特定非常災害及びこれに対し適用すべき措置の指定に関する政令の一部を改正する法律」(2011 年 6 月 1 日施行) により，被災地の裁判所への民事調停申立手数料無料化が行われた。しかし，結局 2011 年度の仙台簡易裁判所への民事調停申立件数は，2010 年度より少なかった。裁判所は紛争解決機関として選択されず，被災者のリーガル・ニーズの受け皿にならなかったことがわかる。むしろ，仙台弁護士会による「震災 ADR」の有効性が強調されたと考えられるが，将来の首都圏や南海トラフ地域の巨大災害を考慮すれば，民間 ADR だけでは限界となることが明らかである。被災者にとって心理的ハードルの低い裁判所の活用手法や啓発が不可欠と考えられる。

(2) 熊本県弁護士会による震災 ADR（熊本地震）

[リーガル・ニーズ]　賃貸借契約の当事者を巡る紛争類型は，東日本大震災において現れたものとほぼ同様である。熊本市を含む都市において甚大な地震被害が発生していることから，建物賃貸借契約の目的物となっている建物の損傷に応じて紛争が発生している。被災者に裁判によって紛争の決着を目指す意図がないことも同様である。

[立法事実]　熊本地震の無料法律相談の類型のうち「5　不動産賃貸借（借家）」の相談として集約・分析が可能となった。借家率の高い熊本市を筆頭に，借家率が高ければ高いほど，当該地域におけるリーガル・ニーズの割合が高まることが明確になった（第5章・5.4.1）。東日本大震以上に，紛争解決を求める当事者の割合が多いことが判明した。

[政策形成活動]　熊本県弁護士会では，仙台弁護士会の「震災 ADR」の実績を研究し，熊本地震の被災者に対する裁判外紛争解決手続制度（ADR 制度）の構築を進めることになった。

[新制度実現]　2016 年 6 月，熊本県弁護士会は，熊本県弁護士会紛争解決センター「震災 ADR」の受付を開始した。申立受付開始から 4 か月となる 10 月 19 日時点で，熊本県内で 52 件の申立てがあった。平常時の熊本県弁護士会の調停申立ては年間を通じても最大 18 件だったということから，その爆発的なニーズが実感できる。申立内容の 7 割が，賃貸借契約の当事者からのもので，敷金返還，退去の是非，修繕義務の履行などを巡るものであった[5]。都市部の地震被害に対して賃貸借契約紛争の解決ニーズが現れるのは，東日本大震災とも共通している。災害の種類にかかわらず，都市部における被災者のリーガル・ニーズに共通点を見出すことができたと考える。なお，2017 年 2 月 23 日時点では，「震災 ADR」の申立件数は 70 件となり，31 件が合意またはあっせん成立に至っている。成立に至らなかったものを含めて 61 件が終了案件とな

---

[5]　毎日新聞 2016 年 10 月 21 日西部夕刊「熊本地震：震災 ADR 急増　簡易手続調停 52 件，住宅関連 7 割」。

っている[6]。

　[課題]　仙台弁護士会による震災ADR同様，実施場所の確保，専門家の確保等への公的支援が大規模な災害になればなるほど必要性を増すことになると思われる。また，裁判所の民事調停の有用性の啓発もあわせて必要になると思われる。

(3)　罹災都市借地借家臨時処理法の不適用（東日本大震災）
　[リーガル・ニーズ]　建物賃貸借契約において賃借人が権利を主張するための対抗要件は，建物の引渡しである[7]。しかし，目的物の家屋自体が滅失した場合は，当然に契約が終了するため，賃借人は生活や事業の基盤を失うことになる。また，土地賃貸借契約においては，借地上の登記ある建物の所有を以て賃借権の対抗要件となる[8]。建物が滅失してしまった場合には，その後2年の間は，建物を特定するために必要な事項等を掲示することで対抗要件を維持できるとしている[9]。ただし，これだけでは，災害を理由に賃借人らが生活基盤や事業基盤を不意に失う可能性がある。たとえば，賃借人による対抗要件維持手段を講じる前に，賃貸人（所有者）が建物滅失を奇貨として土地を第三者に売却してしまうことなどを防ぎきることができない。ただ，これには特例法として「罹災都市借地借家臨時処理法」（罹災法）が存在している。同法は，①優先借地権（借家権しかなかった賃借人が，相当な条件で借地権を取得することができる制度）[10]，②優先借家権（滅失した建物の賃貸人が建物を再建した場合に，相当な条件で他の者に優先して建物賃借権を取得できる制度）[11]，③対抗要件の特例

---

6)　2017年2月27日の関東弁護士会連合会による熊本県弁護士会からの訪問聴取結果（筆者参加）による。
7)　借地借家法31条1項。
8)　借地借家法10条1項。
9)　借地借家法10条2項。
10)　罹災都市借地借家臨時処理法2条1項。優先借地権により，実際に当該地域で経済活動を行うであろう賃借人の拠点を確保し，賃借人の力によって罹災した都市の応急復興を図ることが目的である。
11)　罹災都市借地借家臨時処理法14条。優先借地権により，避難した被災者等が従来

(借地借家法10条2項が定めた建物滅失の場合の対抗要件維持策を講じることなく，5年間にわたり土地の対抗要件を認める制度）などを定めている。賃借人の保護という大義名分だけを考えるならば，東日本大震災における罹災法の適用は時間の問題であった。阪神・淡路大震災でも，新潟県中越地震でも適用されてきた。しかし，優先借地権等はあまりに賃借人保護に偏り過ぎていないかという疑問もある。阪神・淡路大震災では，立退料を得る目的で賃借人らによる優先借地権行使が濫用され，却って賃貸人を逼迫させ，被災地の復興を阻害する要因ともなっていたのである。しかも，東日本大震災では，被災者のリーガル・ニーズを分析すればするほど，「罹災法は適用すべきではない」という立法事実が浮かび上がる。

　[立法事実] 罹災法は，阪神・淡路大震災においても適用の問題があったことは前述のとおりであるが，さらに東日本大震災では，同法を適用すべき被災者の声がほぼ存在しないことが，「5　不動産賃貸借（借家）」の個別の相談内容の分析結果により判明した。すなわち，大規模な津波被災地では，がれき撤去や新たなまちづくり（高台移転や区画整理）の目途が立たない時点では，同一場所であえて借地権を主張するインセンティブが被災者に存在していなかった。むしろ，被災地全体を考えれば，ある場所で個別に優先借地権が行使されてしまえば，のちの土地の活用が阻害され，復興計画が頓挫する可能性もあったといえる（「建物再建における都市計画との連携の欠如」[12]）。法律相談割合だけをみれば，賃貸借契約に関するリーガル・ニーズ自体は多かったが，その内容は，①特に津波被災地においては被災前の借地・借家への居住を希望する被災者の声が僅少，②対抗要件消滅による弊害を訴える被災者の声の不存在，③借地権・借家権の存続より賃貸借契約を継続することによる金銭負担からの解放が最大の関心事，④「みなし仮設住宅」[13]が大量供給されたことで，現地にお

───────
の地域に戻って居住や事業を継続することができ，結果として地域コミュニティの維持と地域復興に資するとの考えによる制度である。
12）　山野目 2013・33頁「別表」。
13）　災害救助法に基づき手当てされる応急仮設住宅のうち県が民間賃貸住宅を借り上げて，供給する応急仮設住宅。プレハブにより新規に供給される応急仮設住宅と区別し

ける居住を頑なに主張する被災者がいなかった、などであり、不適用の裏付けとなる事例が浮かび上がったといえる。

そもそも、罹災法は、第二次世界大戦直後という特殊な社会情勢下で、都心部等のバラック小屋による営業者や居住者を保護するために、事後的に権利を追認する形で策定された法律である。強力かつ簡便な賃借人保護の法律であったため、法改正により、戦争罹災のみならず、各地で頻発した自然災害や大火にも適用が広がった[14]。その後の経済の発展により、「借地権」の価値は急激に上昇した。2011年の東北地方の都市部の借地権割合はおおむね30%から40%であり、かなりの資産価値を有する。罹災法の優先借地権により、借家権を借地権に格上げすることは、もはや現代社会においてあまりにアンバランス[15]なのである。また、優先借家権については、現代社会では当然に各地域に存在する集合住宅の再建において入居者の優先順位を決められない問題を残している[16]。

［政策提言］　日弁連は、東日本大震災以前の2010年10月20日、「罹災都市

　　　　　　て「みなし仮設住宅」と呼称される。復興庁「民間賃貸住宅の借上げによる応急仮設住宅への入居戸数の推移（2013年3月4日現在）」によれば、みなし仮設住宅は「60,500戸」である。これに対し国土交通省住宅局「応急仮設住宅着工・完成状況」（2013年4月1日）によれば、プレハブの仮設住宅は「53,537戸」である。2017年4月1日以降に適用される内閣府告示では、応急仮設住宅を「建設型仮設住宅」と「借上型仮設住宅」に分類した。従来のみなし仮設住宅は、「借上型仮設住宅」として整理している（「災害救助法による救助の程度、方法及び期間並びに実費弁償の基準」（2017年3月31日内閣府告示第535号）による改正）。

14）　過去に30例余りの適用実績があるが、1940年から1960年代に集中している。阪神・淡路大震災（1995）および新潟県中越地震（2004年）を除けば、富山県の「福光大火」（1974）が最後の適用だった（岡山2013a・40頁「表」参照）。

15）　山野目章夫教授は、優先借地権を「従前の賃借人による金銭要求という本来的でない運用のおそれ」があるとし、「自助の追認」の制度と評価している（山野目2013・25頁）。

16）　山野目章夫教授は、罹災法の優先借家権を「共助の過度の強調」や「強いられた共助」であると酷評する（山野目2013・26頁・33頁「別表」）。また、集合的な使用がされる建物をめぐる法律関係が不明確であるとし、あらゆるケースにおける処理の困難性を指摘する（同28-30頁）。

借地借家臨時処理法の改正に関する意見書」を提出し，①優先借地権の廃止，②借地権優先譲受権の廃止，③建物滅失時の借地権譲渡承認許可請求制度の創設，④建物滅失後の無条件による借地権対抗力存続の見直し，⑤優先借家権制度の見直し，⑥借家人の一時使用権制度の創設，⑦復興事業などの公益目的での敷地一時使用権制度の創設，などを求めていた。そして，これらの方向性は東日本大震災後のリーガル・ニーズを踏まえても変更する必要がないことが判明し，東日本大震災の被災地の弁護士会においても，罹災法の適用を求めない意見書が相次いだ。すなわち，①東北弁護士会連合会「東日本大震災への罹災都市借地借家臨時処理法の適用に関する意見書」（2011年5月21日），②仙台弁護士会「東日本大震災への罹災都市借地借家臨時処理法の適用に関する意見書」（同年5月25日），③岩手弁護士会「要請書（東日本大震災罹災都市借地借家臨時処理法の適用に関して）」（同年5月27日）である。なお，日弁連も改めて「罹災都市借地借家臨時処理法の早期改正を求める意見書」（同年5月26日）を公表している。

[政策形成活動]　罹災法は紛れもなく「被災地の賃借人保護」に資する法律である。過去の災害でも適用されてきたことを考えると，政府として不適用の判断・宣言をすることには却って慎重になる。法律を所管する法務省および国土交通省は，被災地自治体からも綿密なヒアリングを実施していた。また，日弁連による無料法律相談情報分析結果をもとにした「適用すべきではないとする立法事実」に関する意見交換も実施した[17]。これに先立つ被災地の弁護士会からの意見書も，被災者の声を間近で集約してきた現場からの声として尊重された。

[新制度実現]　2011年9月30日，法務省は，「罹災都市借地借家臨時処理法（昭和21年法律第13号）を共管する国土交通省と協議の上，東日本大震災については，罹災都市借地借家臨時処理法を適用しないこととしました」と発表した。同日，国土交通省は，「罹災都市借地借家臨時処理法（昭和21年法律第13

---

[17]　日本弁護士連合会災害対策本部および法務省との意見交換などが実施された。筆者において法務省へのレクチャーを実施している。

号）は，災害及び地区を政令で指定することにより適用されます。東日本大震災への適用については，被災市町村の意向を踏まえて検討することとしておりましたが，今般，被災市町村に対する調査等により，東日本大震災によって建物の全壊被害があった各市町村の適用意向を正式に確認したところです。この結果，いずれの市町村からも，法の適用を希望しない，法を適用しないこととして差し支えない，との回答が得られました。このため，国土交通省は，法を共管する法務省と協議の上，東日本大震災については，法が適用される災害及び区域として政令による指定をしないこととしました」と発表した。これにより，被災地への罹災法の一律適用による無用な紛争の発生や復興計画への支障の懸念が回避された。

［課　題］　2011 年 9 月の時点では，罹災法自体は存続してした。しかし，今後の発生しうる災害において様々な課題を含む罹災法が存続していることは，再び復興政策上の障害となる恐れがある。そこで，罹災法の廃止を含む新たな災害時の不動産賃貸借関係を規律する制度を設けなければならなかった。

(4)　罹災都市借地借家臨時処理法の廃止と被災借地借家法（東日本大震災）
　［リーガル・ニーズ］　借家率が高い場合には「5　不動産賃貸借（借家）」に関するリーガル・ニーズの割合が高くなる。そうであれば，将来予想される南海トラフ地震や首都直下地震では，東日本大震災以上に，不動産賃貸借を巡る紛争が多く発生する。このときに罹災法が万一適用されれば，大きな混乱を招く恐れがあった。東日本大震災の検証を踏まえ，新たな災害時の借地借家制度の創設が求められることになった。

　［政策提言］　前述のとおり，日弁連は，2010 年 10 月に「罹災都市借地借家臨時処理法の改正に関する意見書」を公表している。そして，2012 年 8 月 24 日に「罹災都市借地借家臨時処理法の見直しに関する担当者素案に関する意見書」を提出し，罹災都市借地借家臨時処理法の廃止と，新しい災害時の借地借家法制の創設を提言した。

第 6 章　リーガル・ニーズの分析と災害復興政策の実現　　　　　169

[政策形成活動]　2011 年 11 月，公益社団法人商事法務研究会により「罹災都市借地借家臨時処理法改正研究会」が創設された。民事法や社会学の研究者，弁護士，法務省，国土交通省，最高裁判所などが構成員となっていた。そして，2012 年 5 月までに 10 回の研究会が重ねられ，「罹災都市借地借家臨時処理法改正研究会報告書 (2012 年 5 月)」が取りまとめられた。当該報告の内容は，2012 年 9 月から 2013 年 1 月までに 9 回開催された法務省法制審議会の「被災関連借地借家・建物区分所有法制部会」に引き継がれ議論された。そして，最終的に，新規法案の骨子となる「罹災都市借地借家臨時処理法の見直しに関する担当者素案」が公表されたのである。

2012 年の日弁連意見書に先立ち，官民連携のステークホルダーによる私的研究会において，法務省担当者や弁護士実務家が罹災法の廃止と新制度に関して議論を続けていたことが，制度の抜本的改正を後押しした。

[新制度実現]　2013 年 6 月 26 日，「大規模な災害の被災地における借地借家に関する特別措置法」(被災借地借家法) が成立した。罹災法は廃止となったことで，「優先借地権」や「優先借家権」の制度も廃止となった。

被災借地借家法は，①借地契約の解約等の特例 (借地借家法 8 条 1 項の特例である。本来は建物滅失だけでは「借地」契約は終了しないが，被災者となり土地利用継続等を望まない借地権者が早期に賃料負担から解放されるよう，解約権を付与された)，②借地権の対抗要件の特例 (無条件による 5 年の対抗要件付与が廃止され，6 か月間の無条件の対抗力付与と 3 年間の掲示による対抗力付与を定めた。借地借家法 10 条 2 項と旧制度の折衷的な制度となった)，③被災地一時使用借地権 (存続期間 5 年以下の短期借地権制度の創設により，仮設住宅や仮設商店街の土地の迅速な確保を意図した制度)，④従前の賃借人に対する通知制度 (滅失した借家建物が再建された場合，賃貸人が旧賃借人に通知することで賃貸借契約締結の優先的交渉権を付与するもの。契約締結が強制されていた優先借家権は廃止された)，などを内容としている[18]。罹災法の強制的でアンバランスな条項から，私的自治を重視した現代社会の実態に応じた穏当かつ効率的な制度へ転換したという評価

――――――
18)　立法担当者による法案解説書籍として『概説　被災借地借家法・改正被災マンション法』(岡山 2013b) がある。

が可能である。

［課題］　罹災法の優先借地権は廃止されるに至ったが，東日本大震災における仮設商店街や仮設住宅の敷地不足を考えると，被災した土地の借地権に支えられた仮設建築物の利活用は，現代の災害後においても，なお高いリーガル・ニーズがあると考えられる。罹災法の廃止によって，本来経済活動を継続できる被災者がそれを断念することになるのは本末転倒である。そこで，被災借地借家法の「被災地短期賃借権制度」[19]の利活用が今後の課題となる。被災地短期賃借権制度は，大規模災害後の仮設建築物の設置などを念頭に置き，存続期間を5年以下に限定した借地契約を認める制度である。賃借人保護を目的とした借地借家法9条の特例となる。被災地全体の復興過程の中で，所有者（賃貸人）としては，有効に被災した土地を活用できるメリットもあるし，賃借人としては，被災地における土地の確保が容易になる。しかし，制度の推進には課題が残る。たとえば，仮設商店街やがれき置き場などに対して土地を提供することは，所有者にとっては，復興事業の進捗によっては，5年後の更地返還が必ずしも保障されていないという懸念がある。また，被災者が自ら土地を探索し，仮設住宅を建築する自力仮設住宅のインセンティブを付与する補助金も必要である[20]。より多くの借地契約のマッチングが進むことで，公助だけではない復興の推進が可能となると思われる。

6.2.3　工作物責任・相隣関係

［リーガル・ニーズ］　この分野では「瓦屋根や壁が隣家を損傷した場合に損害賠償責任を負うか」という相談が大部分を占める。建物等の所有者は，無過失責任を負うため損害賠償責任を免れない。ところが，「土地の工作物の設置又は保存に瑕疵があることによって他人に損害を生じたときは，その工作物の占有者は，被害者に対してその損害を賠償する責任を負う。ただし，占有者が

---

19)　被災借地借家法7条。
20)　津久井 2013 は，「応急仮設住宅の建設及び撤去には 600 万円程の公費がかかるとされており，これを削って補助金という形とし自力仮設住宅に誘導した方が，経済的に有効であるし，現地再建の方針が進めやすくなる」とする。

損害の発生を防止するのに必要な注意をしたときは，所有者がその損害を賠償しなければならない」（民法717条1項）とする「工作物責任」の規定は，多くの者にとっては既知の情報ではない。さらに，阪神・淡路大震災等の過去の災害の際の裁判例を分析すると，そもそもの「瑕疵」有無によって，加害者の責任を減免する理論が構築されている。いずれも過去の災害の教訓・当該災害の程度・時代背景・技術革新等を考慮し，実質的に「瑕疵」の有無を判断する点で共通する。その結果，「全部責任あり」「責任なし」「5割の範囲で責任あり」など裁判例のバリエーションも存在する[21]。これらの法律の原則と裁判例の蓄積を被災者に解説することで，必ずしも一方的な加害者と被害者の構図ではないことを理解させることが弁護士の役割となった。これによって，痛み分け，お見舞金，などによる納得が被災地全体の雰囲気として醸成されていくことになる[22]。

一方で，「他人の財物の撤去」を巡る課題も，相談件数それ自体は多くないが，津波被災地などにおいては見られた。たとえば「津波で外形上は損傷がほとんどない車が流れ着いてきたが勝手に撤去してよいのか」「写真アルバムや位牌が庭に流れ着いたが，捨てるに捨てられない。どうしたらよいのか」といった問題である。撤去が遅れれば，それだけ生活再建も遅滞する。だからといって，撤去後に当該車の所有者から損害賠償請求されるリスクも避けたいという悩みが存在したのである。これに対しては，「災害によって住居又はその周辺に運ばれた土石，竹木等で，日常生活に著しい支障を及ぼしているものの除去」等が災害救助法[23]に，「現場の災害を受けた工作物又は物件で当該応急措置の実施の支障となるもの（以下この条において「工作物等」という。）の除去その他必要な措置」が災害対策基本法[24]に，それぞれ記述されており，一応の根拠になるとも思える。しかし，損失補償や所有権との関係については触れられておらず，具体的な処理や場面を想定したガイドラインも存在していなかっ

---

21) 第3章・3.2.2（2）と注15・注16を参照。第4章・4.3.2（1）と注12を参照。
22) これは被害者の泣き寝入りを意味するのではなく，あくまで訴訟の見込みなどを考慮して総合的に判断・アドバイスされるべきものであることは言うまでもない。
23) 災害救助法4条1項10号，災害対策基本法施行令2条2号（2013年改正後条文）。
24) 災害対策基本法64条2項。

たため，法律がただちに自治体等の行動指針として活用されなかった。

[分析結果] 東日本大震災では，宮城県や福島県の大都市部の市街地における地震被害のリーガル・ニーズとして顕在化している。広島土砂災害では，上流から下流に土砂やがれきが流れ込むという災害の性質から必然的に，近隣との紛争が発生していた。熊本地震においても，大規模な地震被害を反映してリーガル・ニーズが発生した。いずれにおいても「6 工作物責任・相隣関係」の類型として集約し，分析された。特に，東日本大震災における宮城県における「6 工作物責任・相隣関係」の推移（第3章・3.3.1（2））からは，被災者のリーガル・ニーズが，月ごとに徐々に収束していく傾向が顕著に見られた。これは，無料法律相談活動により，裁判例を含む紛争解決の方針が被災地に知識としてある程度行き渡り，法律の誤解などからくる紛争の予防と解決の効果を発揮したものと分析できる。

一方で，車などの他人の財物の撤去や廃棄については，その財物としての価値をどのように評価するかは必ずしも無料法律相談の限られた情報収集と時間では的確な回答ができず，無料法律相談だけで最終的な解決には至らないリーガル・ニーズのひとつとして，浮き彫りになったといえる。被災地住民側からの相談が多数を占めたが，被災地自治体行政職員からも相談が寄せられていた。

[新制度実現]「工作物責任・相隣関係」に関する紛争解決のリーガル・ニーズに対しては，弁護士による無料法律相談それ自体が寄与したが，さらに，仙台弁護士会「震災ADR」も効果的だった。仙台弁護士会の記録によれば，2011年4月から2013年6月までの「相隣関係」の申立件数は「66件」であった（仙台弁護士会2013・151頁）。建物賃貸借紛争と同様（6.2.2（1）），震災ADRによる紛争解決という新たな仕組みが奏功したものと考えられる。

がれきの撤去と個人の所有権の問題に関しては，災害直後の被災自治体，被災者，復旧工事関係事業者らの現場混乱を回避する必要があった。環境省は，異例の大臣名義により，2011年3月25日に「東北地方太平洋沖地震における損壊家屋等の撤去等に関する指針」（被災者生活支援特別対策本部長・環境大臣）を公表した。当該指針は，「人の捜索・救出，御遺体の捜索・搬出その他防

疫・防火対策の必要性，社会生活の回復等のため，緊急に対処する必要性があるので，その処置についての指針を示す」ことを目的とし，「作業のための私有地立入りについて」「損壊家屋等の撤去について」（建物・船舶・自動車・動産）などの考え方を示した。「敷地内にある建物については，一定の原形をとどめている場合には，所有者等の意向を確認するのが基本であるが，所有者等に連絡が取れない場合や，倒壊等の危険がある場合には，土地家屋調査士等の専門家に判断を求め，建物の価値がないと認められたものについては，解体・撤去して差し支えない。その場合には，現状を写真等で記録しておくことが望ましい」等として，緊急時の所有権（私権）の制限について述べる一方，「位牌，アルバム等，所有者等の個人にとって価値があると認められるものについては，作業の過程において発見され，容易に回収することができる場合は，一律に廃棄せず，別途保管し，所有者等に引き渡す機会を設けることが望ましい」等の細やかな配慮がなされている。復興・復旧に関する初期の活動を無用に遅滞させることがない意味で効果的であったと考えられる。

[課　題]　前述した環境省の指針により，被災地のがれき撤去・処理は劇的に進んだ。特に自衛隊の災害救助活動による支援が大きな助けとなった自治体が多い。ところが，撤去された住居の所有者との紛争も発生することになる。仙台弁護士会の「震災ADR」にも相談が寄せられている[25]。また，修理中の住宅が自治体により無断撤去され，建物評価額相当の損害賠償請求権が認められた裁判例もあった[26]。しかし，慎重さを期す余り，人命救助や復興計画促進

---

25)　「仙台弁護士会によると，同会紛争解決支援センターの「震災ADR」へ申し立てられた住宅や家財の無断解体，撤去をめぐる訴えは4件。このうち宮城県女川町の住宅は昨年8月，町が所有者へ賠償金2千万円を支払うことで和解し，町長ら5人が減給となった」（産経新聞（2013年11月11日）「震災2年8カ月　住民怒り　行政が住宅無断解体　「まだ住めた」損害請求相次ぐ」）。

26)　盛岡地方裁判所平成25年12月6日判決（判例集未搭載）。内容については，日本経済新聞（2013年12月7日夕刊）「住宅を無断解体35万円賠償命令　釜石市に盛岡地裁」を参照。このほかの事例について，産経新聞（2013年11月11日）「震災2年8カ月　住民怒り　行政が住宅無断解体　「まだ住めた」損害請求相次ぐ」では，仙台市内での家屋撤去に伴うトラブル事例を報道している。

が疎かになることは本末転倒である。むしろ、災害救助法や災害対策基本法に基づくがれきの撤去であることを明確にしたうえで、訴訟や損失補償といった将来のリスクも当然想定した復興事業や応急対応が自治体に求められると考える。

6.2.4　被災ローン
(1)　個人版私的整理ガイドライン（東日本大震災）

［リーガル・ニーズ］　災害発生前からの借入金が災害を原因として支払えなくなる被災者が続出した。特に住宅ローンや個人事業のための各種ローンの支払不能の発生は、現在の生活基盤を大きく揺るがす。本来は、生活再建や新規住宅購入の頭金のために手元に残したい保険金、義援金、被災者生活再建支援金、災害弔慰金なども失っていく可能性も懸念された。これに対して、2011年3月11日の東日本大震災発災の当日、金融担当大臣および日本銀行総裁の連名で「平成23年（2011年）東北地方太平洋沖地震にかかる災害に対する金融上の措置について」が公表された。これには、「災害の状況、応急資金の需要等を勘案して融資相談所の開設、審査手続の簡便化、貸出の迅速化、貸出金の返済猶予」などの手当てを促す旨の要望が記述されていた。しかし、これらは被災者、金融機関窓口、自治体等において初期にはほとんど周知されていない。弁護士による無料法律相談により初めて知ることになる場面が多かったことを事実として認識しなければならない（第3章・3.2.1 (3)）[27]。その後、金融機関により一定の支払猶予の対応措置が進み、2011年5月末時点では、1万3,991人（うち住宅ローン6,571人）が返済一時停止措置を講じることができ

---

27)　小粥2013・63-64頁は、「こうした行政からの要請とこれに応じた金融機関の行動が、二重債務問題の渦中にある債務者の窮状を、ある程度緩和していると想像することは許されるのではないだろうか」「二重債務問題の解決局面で、ソフトローや法の外の厚意の役割は、無視できそうにない」としており後半部分の結論において筆者と同様の見解である。一方「東日本無料法律相談情報分析析結果」に鑑みれば、初期の1〜2か月段階においてはそもそも情報が伝わっておらず、その後支払猶予措置が取られても、ただちに義援金などを原資に返済条件変更（リスケジュール）されてしまったこと（小粥2013も指摘している）からすれば、被災者の受けた恩恵は限定的に評価すべきではないだろうか。

た[28]）。しかし，これらは一時的な支払猶予に過ぎず，債務総額や支払条件に変更を加えるものではないし，将来の債務減免も全く不透明である。抜本的解決策を講じる前の，あくまで応急措置に過ぎないと評価できる。

　個人がその資産で債務を支払えない場合には，破産法に基づいて裁判所に破産手続開始の申立て[29]をするのが通常の法的処理である。そして，あわせて免責手続[30]の審理を経て，債務免除となるのが通常である。しかし，破産をすれば，当該個人が信用情報登録の対象になり，生活再建のための新規借入れや起業が困難となるため，いわば「破産したくてもできない」という立場の被災者の声が多数寄せられた。また，破産の際には，連帯保証人を求償権の債権者として掲げることが不可欠であるが，それを回避することに高い優先度を置く被災者が多い。東日本大震災の被災地において，積極的に「破産」を選択できる被災者はなかったといっても過言ではない。民事再生法に基づく個人再生手続により住宅を残しての生活再建を目指す手続も存在する。しかし，将来において継続的に収入を得る見込み（小規模個人再生[31]）や給与所得者など将来の収入が確実（給与所得者等再生[32]）等の要件は，たとえば津波被災地や原子力発電所事故避難を余儀なくされた被災者等，収入基盤も生活基盤も失った被災者には当てはまらない。

　いずれにせよ，破産や個人再生など法的手続によるデメリットを回避できる

28）　金融庁「東日本大震災以降に約定返済停止等を行っている債務者数及び債権額について」(2011年5月末当時の数値。現在はすでに非公開)。

29）　「債務者が支払不能にあるときは，裁判所は，第三十条第一項の規定に基づき，申立てにより，決定で，破産手続を開始する」(破産法15条1項)。

30）　破産法248条から同法254条。

31）　「個人である債務者のうち，将来において継続的に又は反復して収入を得る見込みがあり，かつ，再生債権の総額（住宅資金貸付債権の額，別除権の行使によって弁済を受けることができると見込まれる再生債権の額及び再生手続開始前の罰金等の額を除く。）が五千万円を超えないものは，この節に規定する特則の適用を受ける再生手続（以下「小規模個人再生」という。）を行うことを求めることができる」(民事再生法221条1項)。

32）　「第二百二十一条第一項に規定する債務者のうち，給与又はこれに類する定期的な収入を得る見込みがある者であって，かつ，その額の変動の幅が小さいと見込まれるものは，この節に規定する特則の適用を受ける再生手続（以下「給与所得者等再生」という。）を行うことを求めることができる」(民事再生法239条1項)。

新しい債務整理の制度・ルールの構築がなければ，被災地の産業再生や個人の復興は見えてこなかったのである。

　[分析結果]　いわゆる二重ローン問題は，「9　住宅・車・船等のローン，リース」として集約・分析がなされた。相談の内訳をみても大部分が住宅や事業ローンの支払に関する相談であった。これらは，全半壊率の高い地域において顕著に相談割合が高い（第3章・3.4.5）。また，災害直後の2011年3月期や4月期の相談割合も非常に高い（第3章・図3-8，図3-9）。
　津波で甚大な被害を受け避難所生活となっている被災者の深刻な声は，東日本大震災における「宮城県下震災避難所無料法律相談」（第3章・3.2.3）により集約・分析が可能となった。「9　住宅・車・船等のローン，リース」の相談割合は「18.0%」と非常に高い割合を占めた。かかる事実は数値が明確になったことから，ようやく全国新聞などに取り上げられるようになり「4月下旬から5月初旬まで全国13府県の弁護士約300人が宮城県の約100ヵ所の避難所で無料相談を実施したところ……ローンや借入金の返済の相談が約18%を占めた。阪神淡路大震災後，約1年間受け付けた法律相談ではローンなど借金関係が約2%だったのとは対照的だ」などの報道がなされた[33]。
　図6-2は，「宮城県下震災避難所無料法律相談」の際に実施した被害調査アンケート結果のうち，「建物現況」の分析結果である。「全壊」が81.6%にも及んでいる。避難所生活を余儀なくされている被災者の深刻な被害が浮き彫りになった。
　図6-3は，前述「宮城県下震災避難所無料法律相談」の際のアンケート結果のうち，「住宅ローン金額の分布」の分析結果である。残高が「1,000万～2,000万円」（43.4%）が最も多い。また，回答者のうち63.3%が相談時点で1,000万円以上の住宅ローンを抱えていた。

　[政策提言]　日弁連は，2011年4月22日に「東日本大震災で生じた二重ローン問題などの不合理な債務からの解放についての提言」を示し，個人・個人

---

33)　産経新聞（2011年6月4日朝刊）「東日本大震災　住宅ローン，政府救済案を検討　金融庁と国税庁が調整」。

第6章 リーガル・ニーズの分析と災害復興政策の実現　177

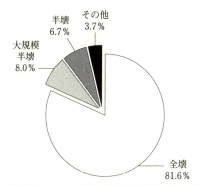

図6-2　東日本大震災「宮城県下震災避難所無料法律相談」における無料避難所等の相談内容（建物現況）

日弁連「東日本大震災無料法律相談情報分析結果（第5次分析）」（2012年10月）より抜粋。
相談受付日は2011年4月29日から2011年5月1日まで。
分析対象は，居所が避難所等自宅以外の相談者で，かつ建物の今後の使用が「不可」の相談数（539件）である。

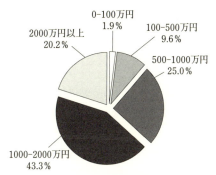

図6-3　東日本大震災「宮城県下震災避難所無料法律相談」における無料避難所等の相談内容（住宅ローン金額の分布）

日弁連「東日本大震災無料法律相談情報分析結果（第5次分析）」（2012年10月）より抜粋。
相談受付日は2011年4月29日から2011年5月1日まで。
分析対象は，分析対象は，居所が避難所等自宅以外の相談者で，かつ住宅ローンが「有」の相談者数（104件）である。

事業主である債務者が、破産法等の個別法手続によらない私的整理スキームによる債務整理ができるような新制度の構築を提言した。これは、阪神・淡路大震災発災時から弁護士が求め続けてきたことであった[34]。日弁連は、同年5月19日の「東日本大震災復興支援緊急措置法案骨子案〈第一次案〉」において、金融機関が個人および法人の債務全部または一部を免除することや、それに対する金融支援・無税償却等の立法化を提言した。「宮城県下震災避難所無料法律相談」を主導した仙台弁護士会も、同年6月15日に「東日本大震災の被災者が抱える既存債務からの解放を求める緊急提言」を表明し、やはり破産ではない債務整理制度の構築を求めた。そのほか多数の意見表明が各弁護士会からなされている。東日本大震災後の、政府の第一次的な見解は、債務免除や個人財産形成支援を新たな制度として構築するのは困難であるということであった[35]。政府関係当局からの自発的な制度構築が厳しいことから、二重ローン問題の解決については、超党派の国会議員の活動、国民世論、被災地自治体の議会決議などによる政策形成活動に委ねられることになった。

[政策形成活動]　政府や国会議員に対するロビイング活動、新聞社説、テレビのニュースや解説番組へのレクチャー、地方議会による決議など多岐にわたった。なかでも仙台弁護士会による署名活動は目覚ましい成果を上げた。仙台弁護士会は、国会に対し、被災者の既存債務からの解放を求めて、「国は、東日本大震災の被災者が抱える既存債務を、買い取り、その債務を免除するなどの立法を行い、速やかに被災者を既存債務から解放すること」等の請願を行うための緊急署名活動を開始した。2011年7月26日までに、全国から10万7,460筆の署名が集まり、同日に請願を提出した[36]。請願の提出自体よりもそれ

---

34)　神戸弁護士会「阪神・淡路大震災被災地復旧、復興に関する緊急要望書」（1995年2月28日）は「個人被災者で住宅を全壊又は半壊して、居住不可となったものについて、すでに大阪弁護士会から提言されているとおり、対象建物の損壊した住宅ローン債務について、これを所有権あるいは敷地権共々公的機関が買取り、且この機関に公的助成を行なう等の抜本的な対策がとられるべきである」とした。
35)　日本弁護士連合会と政府関係省庁との折衝結果等による。筆者も一部同席している。
36)　仙台弁護士会「既存債務解放に関する緊急請願署名活動へのご協力に感謝の意を表する会長談話」（2011年7月27日）。

に至るための全国への周知活動そのものが，後述の成果に繋がった。また，経済学者からも個人財産への税金投入の経済的合理性・正当性が述べられるなどの後押しがあった[37]。何よりも被災者の二重ローン問題の深刻なリーガル・ニーズが，客観的なデータによって裏付けられたことで，当時の官房長官などにも十分な説得力を以て説明を行うことが可能となった。

2011年5月31日には，超党派の議員による「超党派PPP（官民連携）推進研究会」が，債権買取り機構の創設等を内容とする「東日本大震災による二重ローン問題に対応するための立法措置について（案）」を取りまとめて公表するに至る。そして，2011年6月17日，民主党，自民党および公明党の間で，個人債務者に対応する「私的整理ガイドライン」の策定等を求める「三党一次合意事項」が交わされた。同日，政府は「二重債務問題に関する関係閣僚会合」で「二重債務問題への対応方針」を公表するに至る。法的整理手続によらない債務免除を促進する個人向けの私的整理ガイドラインを策定する方針を示したのである。そして，同年7月初旬には，正式に「個人債務者の私的整理に関するガイドライン研究会」（ガイドライン研究会）が発足した。政府（法務省，財務省，金融庁，厚生労働省，経済産業省，国土交通省，農林水産省），日本銀行，最高裁判所，全国銀行協会，同関連金融団体，ノンバンク，リースに至るまであらゆるステークホルダーが参加した。日本弁護士連合会もメンバーに参画している。ここで，破産法によらない全く新しい私的整理ガイドラインの策定が実現する方向で固まったのである[38]。

［新制度実現］　2011年7月15日，ガイドライン研究会は「個人債務者の私

37）原田泰「震災復興議論に欠けていること」東京財団トピックス（2011年5月11日）では，東北地方における農業や漁業などを中心とした産業構造，さらには観光業の復活には，人的な覚悟と人的な有形無形のノウハウが存在している旨述べ，「個人財産の復活を援助しないのでは，大規模な公共事業で人々の所得を復活させるしかないということになる。より少ない税金の投入で済むのであれば，個人財産の復活を支援することが正当化されるのではないか」と個人財産への援助の経済的正当性を指摘している（岡本2014a・83-84頁）。

38）なお二重ローン対策における国会決議，与野党の政策提言，政府会議の経緯等については，藤井2011に詳しい。

的整理に関するガイドライン」(個人版私的整理ガイドライン)を策定し，公表した。一定の要件のものと，ガイドラインを利用することで，災害発生前からの既存債務(被災ローン)の減免が可能になる制度である。一般社団法人個人版私的整理ガイドライン運営委員会(ガイドライン運営委員会)により制度の運営がなされることになった。法律でこそないが，あらゆる金融機関が準則として遵守することを約束したものである。主な特徴は，①破産手続等の法的手続と異なり個人信用情報登録(ブラックリスト)を回避できること，②手続支援に登録専門家(原則として弁護士)が無償で就任すること，③現預金500万円程度を手元に残すなど破産法でいうところの自由財産の範囲が大幅に拡張されること，④生活必需となる中古自動車など200万円を手元に残せること，⑤家財の損害保険金250万円を手元に残せること，⑥義援金，被災者生活再建支援金，災害弔慰金等「差押禁止財産」は当然手元に残せること，など画期的な運用が実現している[39]。被災者のリーガル・ニーズを見事にすくい上げた制度が誕生したことになる。

[課　題]　個人版私的整理ガイドラインは，その策定に至る政策形成活動には成功したが，運用と実績において「失敗」したと評価できる。運用実績をみると，当初見込まれていた利用者は，1万件以上[40]であったにもかかわらず，初年度事業では手続利用申請者をすべて含めても546件という異常なまでの少なさに止まった。また，制度開始から約10か月の2012年6月15日時点では，合意の成立件数は「26件」であった。ガイドライン運営委員会への問い合わせや相談は累計「3,181件」に上っていたことを考えると，あまりにも低い数値である。この利用低迷の原因は大きく2点ある。

---

39)　一般社団法人個人版私的整理ガイドライン運営委員会ウェブサイト参照。http://www.kgl.or.jp/ (2017年3月31日)
　　ただし，自由財産の拡張などを定めた③，④および⑤の運用については，同委員会「個人債務者の私的整理に関するガイドライン」の運用の見直しについて(自由財産の拡張)」(2012年1月15日)や同委員会「個人版私的整理ガイドライン運用基準」(一般には非公表となっている登録専門家専用の手引き)の改訂などに基づく。

40)　金融庁・復興庁「平成24年行政事業レビューシート・東日本大震災復旧・復興事業」(事業番号金融庁13　復興庁7)。

第6章 リーガル・ニーズの分析と災害復興政策の実現

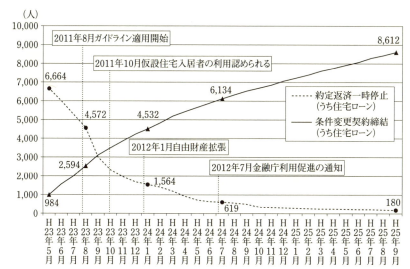

図6-4 東日本大震災における被災者の住宅ローンの「約定返済一時停止」と「条件変更契約締結」の各件数の推移

日弁連「弁護士白書2014年版」(50頁)から抜粋。
金融庁「東日本大震災以降に約定返済停止等を行っている債務者数及び債権額について」の各月ごとの発表(現在はすでに資料の一部は非公表となっている)を参考にグラフ化したもの。
グラフ中の「条件変更契約締結」とは、新たな支援金などを原資とした住宅ローンのリスケジュールの完了を意味する。

原因の1つは、金融機関による返済条件変更（リスケジュール）誘導問題である。すなわち、図6-4に示すように、2011年5月末時点では、被災者（債務者）の相談に応じた金融機関が、政府の指示もあってか返済一時停止措置を講じていたが、それが急速に解消され、かわりに返済条件変更（リスケジュール）件数の増加が起きた。これは、義援金、被災者生活再建支援金、災害弔慰金などの各種公的支援などを原資に、被災者（債務者）が新たな条件での返済をまた始めたことを意味している。多くの金融機関が誘導したことによると考えるほかはない。ガイドラインを利用すれば、これらの支援金は全額手元に残せた可能性があったが、多くの被災者はガイドライン利用に思いを馳せることすらできず、リスケジュールに応じていたのである。

日弁連は、2012年5月18日、金融庁に対して「個人版私的整理ガイドラインの周知等に関する申入書」を提出。「適用開始から8か月以上経過した2012

年5月11日の時点においても，一般的な相談件数1,016件，個別の相談件数2,008件，申出準備件数386件，申出件数わずか231件と低迷しており，債務整理の成立件数は10件となっている。一方，被災3県における金融機関の債務者は，少なくとも，全体で19,298名（法人を含む。），そのうち住宅ローンを抱える債務者は6,231名存在する」と現状を厳しく指摘し周知への改善を求めた。さらに日弁連は，2012年8月3日，「被災ローン減免制度（個人版私的整理ガイドライン）の更なる積極活用を求める会長声明――運用開始から1周年を迎えるにあたって――」においても「この制度を利用して成立した債務整理件数は，本年7月27日現在でいまだ43件に過ぎない」とし，より一層の周知啓発の重要性を訴えた。

政府は，2012年7月と10月の通知や事務連絡[41]によって，金融機関の営業担当者らが懇切丁寧に被災者（債務者）に対してガイドラインの利用について情報提供と説明をするよう指示したが，すでに時は遅く，利用件数が伸びることはなかった。

利用低迷の原因のもう1つは，制度開始当初からの，ガイドライン運営委員会の運用の誤りである。ガイドライン運営委員会は，当初，仮設住宅入居者へのガイドライン利用を認めなかったのである。これは，ガイドラインが利用要件として掲げている「既往債務を弁済することができない」または「近い将来において既往債務を弁済することができないことが見込まれる」との要件を厳格に運用し過ぎた明らかな誤りであった[42]。日弁連をはじめとする現場実務を

---

41) 金融庁金融監督局長通知「いわゆる二重債務問題に係る被災者支援の促進について」（2012年7月24日）では，金融機関に対して「債務者の状況を一層きめ細かく把握し，当該債務者に対してガイドライン利用のメリットや効果等を丁寧に説明し，当該債務者の状況に応じて，ガイドラインの利用を積極的に勧めること」とする指示がなされた。また，財務省東北財務局は「個人債務者の私的整理に関するガイドラインの利用の促進について」（2012年10月1日）において，「ガイドライン利用のメリットや効果等を営業の第一線において丁寧に説明すること」「元本返済猶予等の貸付条件の変更を行っている債務者を除外することなく，当該債務者にもあらためて利用を提案するなど，ガイドラインの利用を積極的に勧めること」とまで踏み込んだお知らせを発出している。しかし，これらの通知やお知らせの時点ですでにリスケジュールは完了しており（図6-4），新たに利用を求める被災者が出現しなかったと評価できる。

42) すなわちガイドライン運営委員会の当初の理屈は，仮設住宅入居者は住居費の負

担う弁護士らの猛烈な抗議と運用改善申し入れ等により，2011年10月には運用が改善されて仮設住宅入居者にも適用されることが明確に宣言された[43]。しかし，多くの仮設住宅入居段階の債務者に対して，ガイドラインの存在意義がほとんどないことを印象付ける結果となってしまったことは否めなかった。その後，仙台弁護士会と七十七銀行との合同の説明会なども実施されたが，最初の説明会は2012年11月になってからと相当の出遅れを見せていた[44]。義援金，被災者生活再建支援金，災害弔慰金等本来まとまって手元に残せたはずの資金を金融機関の返済条件変更により失ってしまったのである（岡田 2015・153-156頁における筆者のインタビューコメント等）。

結局のところ，2017年2月24日時点におけるガイドラインに基づく合意成立件数は1,351件にとどまっている[45]。

(2) 東日本大震災事業者再生支援機構（東日本大震災）

［リーガル・ニーズ］　個人債務者以上に，法人や事業者こそ「破産」ができない。事業者が一度破産すれば，再び同一事業を興して融資を得ることは非常に難しい。法人であれば破産により清算を余儀なくされるため，やはり破産の選択をとることができる被災者・被災企業はないのが実情であった。

［分析結果］　個人債務者の住宅ローンだけではなく，事業に関する借入金の支払困難に陥った個人や法人のリーガル・ニーズは，「9　住宅・車・船等のローン，リース」の類型に集約され，分析された。

［政策提言］　2011年6月2日，仙台弁護士会は「東日本大震災により被災し

担がかからないため，支払不能状態や，近い将来における支払不能の蓋然性がないとする，あまりに形式的かつ硬直的なものであった。

43)　一般社団法人個人版私的整理ガイドライン運営委員会「個人版私的整理ガイドライン運用の見直し：仮設住宅等居住者への取組み」(2011年10月26日)。

44)　毎日新聞 (2014年11月14日)「東日本大震災：被災ローン，減免制度相談会開く　関係機関一堂に―亘理／宮城」。

45)　一般社団法人個人版私的整理ガイドライン運営委員会「個人版私的整理ガイドラインお問い合わせ件数等」(2017年2月24日時点)。

た中小・零細事業者を対象とする救済策に関する提言」を発出。また，同年7月13日，日弁連は「事業者の二重ローン解消のために早期に債権買取機関を設置することを求める会長声明」を発出した。債権買取機構の設立根拠となる立法を求めるものである。事業者のニーズは多種多様である。個人との差は，営業の再開と継続が必須だという点である。それには，不良債権となった被災ローンを公的資金により買い取り，バランスシートを改善したうえで再生を目指す仕組みが不可欠だったのである。

［政策形成活動］ 2011年6月17日の「三党一次合意事項」や「二重債務問題に関する関係閣僚会合」の「二重債務問題への対応方針」においても，事業者に対する二重ローン問題の取り組みが，残された課題として指摘されていた。しかし，具体的なスキームについては，まったく新しい復興支援制度の構築になることから，与野党からそれぞれの法案が示され，提言が乱立していた。債権買取機構をつくることはおおむね一致していたものの，立法措置によることを主張する野党（自民党・公明党）と，立法措置による必要がないとする与党（民主党）との対立があったのである。とはいえ，与野党の結束による超党派立法のすり合わせに期待するしかなかった[46]。

象徴的だったのは，2011年7月のメディア討論である。与党は「借金だけが残って，財産が何も残らない方が被災地にはたくさんいらっしゃいます。我々が合理的な救済策を設けることで，再び立ちがって，新しい生活をしていけるように，チャンスにしていきたいなと思います」と述べ，野党は「マイナスからのスタートを，ゼロから上にする。そのためには，15年間くらいの法律で，安定した機構をつくって，安心感を与えてあげることです。法律をつくって，全党一致で通すことが被災地への誠意です」と述べた。弁護士はこれらを調和して，「迅速な被災者の救済というのは，何よりも大切だと考えます。残念ながら意見の違いはありますが，平成19年に被災者生活再建支援法が改

---

46) 2010年7月の参議院選挙で与党民主党が過半数を割り込んだことで，東日本大震災発災当時は，いわゆる「ねじれ国会」となっていた。災害復興にかかわる単独論点の超党派の議員立法はある程度初期に通過したものの，二重ローン対策などの過去から論点が多数ある法案は，そのすり合わせが間に合わないと廃案になる恐れがあった。

正された時もねじれ国会だったんです。この時も,両方から案が出て,両方廃案になる危機があったんです。でも,最終的には合意して,法案を通していただいた。今回も是非,それを実現していただきたいと思います」と述べ,合意形成の重要性を世論に訴える等した[47]。その後も政府,与党,野党の押し合いの中で,月日が経過していくことになった。

上記テレビ討論は,2011年7月11日に自民党・公明党らが議員立法で参議院に「株式会社東日本大震災事業者再生支援機構法案」を提出した翌日のことであった。永井弁護士がねじれ国会の中における「合意形成」の重要性を強調したのも理解できるところである。同法案は,提出された第177回通常国会では審議未了で成立せず,廃案になるところを,ぎりぎりの与野党調整により閉会中継続審査法案として残った。結局,第179回臨時国会まで法案成立を待つことになる[48]。

[新制度実現] 2011年11月21日,「株式会社東日本大震災事業者再生支援機構法」が成立し,2012年2月22日には,株式会社東日本大震災事業者再生支援機構(再生支援機構)が設立された。超党派の議員立法によるものである。政府(所管は中小企業庁)出資による株式会社である。①事業再生計画づくりの支援(復旧支援,再生支援,業態転換など新生支援等),②旧債務整理・調整支援(債権買取,支払猶予,利子減免,劣後債権化,債務株式化,債務免除等),③事業再生支援(専門家派遣,債務保証,出資,つなぎ融資等)を主な事業内容とし,再生支援機構設立5年の間に集中的に支援決定を行い,その後15年にわたり

---

47) フジテレビ「BSフジLIVE プライムニュース」(2011年7月12日放送)における討論での発言。出演者は,与党・階猛衆議院議員(民主党二重ローン対策プロジェクトチーム主査),野党・片山さつき参議院議員(自民党政調二重ローン問題政策責任者),弁護士・永井幸寿(日弁連災害復興支援委員会委員長)。
48) 「参議院では,7月26日,東日本大震災復興特別委員会に付託され,7月27日及び28日の委員会審査の後,7月29日の本会議において修正議決された。衆議院においては,8月11日,東日本大震災復興特別委員会に付託され,8月25日に趣旨説明及び参議院における修正部分の説明を聴取した後,8月31日,閉会中審査とすることが決定された」(藤井2011・8頁)。その後総理大臣が菅直人総理から野田佳彦総理へとかわり,2度の臨時国会を間に挟んだ後の,2011年10月からの第179回臨時国会で法案審議が再開された。

継続支援するというスキームとなった。中小規模の事業者を特に重点的に支援することを目的としていることも特徴である。地域の担い手である事業者が廃業することなく経済再生を果たすための土壌がようやく整った。

また，比較的事業規模の大きな法人や事業者の再生に対しては，再生支援機構法の成立と前後して，「産業復興機構」が各県に設立された。先述の政府案をベースにしたものである。独立行政法人中小企業基盤整備機構等が出資し投資事業有限責任組合を設立するスキームである。2011 年 11 月 11 日に「岩手産業復興機構」が設立されたのを皮切りに，茨城県，宮城県，千葉県，福島県の各県に設立された[49]。再生支援機構と産業復興機構は対象事業者が異なることから，被災地の事業者支援において相互補完の関係にある。政府与党側が主導する機構と，法律に基づく機構の併存で折り合いをつける方向となったのである。

［課題］「個人債務者の私的整理に関するガイドライン」（ガイドライン）同様，事業者への制度周知が課題となった。しかし，これらは中小企業庁が直接所管する法律と事業であったことから，国を挙げて啓発が推進された。また，再生支援機構の現地事務所には，弁護士資格ほか専門家が常勤雇用されるなど，担い手も集められた。したがって，ガイドラインほどの啓発不足は起きなかったと分析されている。ガイドラインと異なり，事業を直接遂行する所管省庁の存在と中央官僚機構の積極的アプローチがあったため，再生支援機構や産業復興機構については，一定の成果を残せたものと考えられる[50]。一方で，2017 年 2 月 28 日現在で，東日本大震災の影響で倒産した企業数は 1,784 件に及ぶなど，

---

[49] 経済産業省中小企業庁ウェブサイトを参照。http://www.chusho.meti.go.jp/kinyu/kikan.htm（2017 年 3 月 31 日）

[50] 株式会社東日本大震災事業者再生支援機構「活動状況報告（平成 29 年 2 月 2 日）」によると，同機構は同日までに，716 件の支援決定をし，1,218 億円の債権買取を実施した。また，日本経済新聞（2017 年 3 月 6 日電子版）「被災企業，二重ローン解消進む　機構支援 5 年で 721 件」によれば，「年別の支援決定件数は 13 年の 237 件がピーク。16 年は 67 件まで減った。同機構は「ヤマ場は越えた」としているが，これから新たに二重ローンがでる可能性もあるとみている。相談から支援決定まで半年間ほどかかるため，機構は夏までに相談してほしいと呼びかけている」とある。

やはり震災の事業者への影響は大きかった[51]。再生支援機構は、当初の設立から5年間の支援決定機関を法令に従って1年間延長し、2018年2月まで支援開始決定を行うこととしている。

(3) 自然災害債務整理ガイドラインの策定（東日本大震災以降）

［リーガル・ニーズ］　東日本大震災後の弁護士の活動等により策定された「個人債務者の私的整理に関するガイドライン」（個人版私的整理ガイドライン）は、運用と啓発において多くの課題を残したものの、制度そのものは極めて経済的合理性に叶い、かつ被災者の生活再建に資する。ところが、あくまでも東日本大震災による被災者に限定されたガイドラインであるに過ぎない。首都直下地震や南海トラフ地震を想定すれば、二重ローン問題に悩む個人や事業者の存在は東日本大震災を遥かに凌ぐことは明白である。恒常的な二重ローン対策制度の構築は不可欠である。

［分析結果］　日弁連をはじめ弁護士は、ガイドラインの啓発や運用の失敗は、所管省庁による積極的な事業監督や運営がなかったこと、すなわち法制度ではなかったことが教訓であったとの結論に至っている。法的整理を回避するために、あえてガイドライン方式としたことが、予算や人材の不足、組織運営上の専門性の欠如という裏目に出てしまったという評価が可能である。

［政策形成活動］　ガイドラインの失敗を踏まえ、日弁連は水面下で財務省や金融庁をはじめとする政府関係省庁、最高裁判所、全国銀行協会（全銀協）等と大災害時の個人の既存債務（被災ローン）への対策について検討を重ねてきた。そして、2015年9月2日、「自然災害による被災者の債務整理に関するガ

---

51)　「「東日本大震災」関連倒産件数は累計1,784件（2月28日現在）に達した。また、倒産企業の従業員被害者数は2万7,808人にのぼり、1995年の「阪神・淡路大震災」時の6.3倍に膨らんだ。都道府県別では、島根県を除く46都道府県で関連倒産が発生し全国に及んだ。特に直接被災地の宮城県では、この6年間の企業倒産の約3件に1件を震災関連が占め、影響の大きさを物語った」（株式会社東京商工リサーチ"震災から6年"「東日本大震災」関連倒産状況（2017年2月28日現在)」)。

イドライン研究会」が遂に発足する。全国の銀行ほか金融関連団体や信用情報登録機関，弁護士をはじめとする有識者がメンバーとなった。また，全銀協が事務局となり，金融関係を所管する関連省庁や最高裁判所もオブザーバー参加することで，ガイドラインの準則としての意思統一を確固たるものとすることを目指した。

あくまでも最終目的は立法化であることを強調すべく，2014年11月13日，仙台弁護士会は「二重ローン問題対策に関する立法措置を求める意見書」を公表した。また，2015年11月19日，日弁連は「災害時の二重ローン問題対策（個人向け）の立法化を求める意見書」を公表した。これらの提言が自然災害債務整理ガイドラインの議論をより活発なものとしたことは想像に難くない。

[新制度実現] 2015年12月25日，「自然災害による被災者の債務整理に関するガイドライン研究会」（ガイドライン研究会）により「自然災害による被災者の債務整理に関するガイドライン」（自然災害債務整理ガイドライン）が策定された[52]。全国銀行協会が全国の金融機関団体の音頭をとりつつ，日弁連担当者が数年に及ぶ議論を繰り返してきた成果である。自然災害債務整理ガイドラインは，自然災害によって，住宅ローンや事業性ローン，リース等の既往債務を弁済することができないか，近い将来弁済できないことが確実と見込まれる場合に，その個人や個人事業主の手元に，一定程度の財産を残したまま，既往債務を減免することができる制度である。被災者（債務者）が契約している金融機関（メインバンク）が窓口となり，金融機関と債務者との間で簡易裁判所の特定調停手続を利用する。登録支援専門家（弁護士を中心に，専門的知見を持った有資格者など）が，公平中立の立場から，特定調停の成立まで弁済計画策定等の支援を行う。特徴は，①災害救助法適用の自然災害に限られること，②個人債務者を対象としていること，③公平・中立な登録支援専門家の関与があ

---

[52] 一般社団法人全国銀行協会ウェブサイトには「自然災害による被災者の債務整理に関するガイドライン」特設ページが設けられている。http://www.zenginkyo.or.jp/abstract/disaster-guideline/（2017年3月31日）。2017年6月1日付でガイドラインに関わる事業は「一般社団法人自然災害債務整理ガイドライン運営機関」へと譲渡されている。

ること，④簡易裁判所による特定調停を利用して調停条項（弁済計画）の合意に至ることである。債務者は，制度を利用した場合でも，個人信用情報に登録されないので，ただちに生活再建ができるほか，次なる事業への資金を得やすくなる。また，既往債務に保証人がいる場合であっても，「保証履行を求めることが相当と認められる場合」でない限りは，保証債務の履行を求められない。東日本大震災の教訓が恒久的な制度となった。

[課題] この制度は，東日本大震災当時のガイドラインのように，特定の運営主体が一元的な運用をするのではなく，それぞれの金融機関において債務者と協議し，裁判所を利用するスキームである。このため，債務者と銀行が対応の交渉を行う環境が必要である。したがって，先述の登録支援専門家を担う弁護士の育成は急務であり，全国の弁護士会で養成が進んでいる。また，すべての金融機関が，ガイドラインを積極的に運用する意思があるかは未知数である。全銀協のシンクタンク機能や啓発機能に期待したい。そして，政府も無関係ではなく，金融庁，財務省，日本銀行らが積極的に金融機関へ自然災害債務整理ガイドラインの利用を促す役割を負うべきである。

また，自然災害債務整理ガイドラインは，同ガイドライン研究会が発足した2015年9月2日以降に発生した災害救助法の適用された自然災害に利用できる。これに該当するのは，ガイドライン成立前では，2015年9月9日から11日にかけての「平成27年台風第18号による大雨」（平成27年9月関東・東北豪雨）である。鬼怒川決壊による常総市を中心とした大水害は多くの家屋を押し流し，事業を中断させた。しかし，本書時点で，当該災害において自然災害債務整理ガイドラインの適用実績はない。制度を遡及的に啓発・利用することの困難さを実感するところである。

なお，平成25年台風26号による東京都大島町の土砂災害（伊豆大島土砂災害2013年），平成26年広島豪雨による広島市内の土砂災害（広島土砂災害2014年）においても，住宅ローンを抱えた個人や個人事業主の生活・事業が脅かされていた。しかし，自然災害債務整理ガイドラインはこれらに遡及適用されることはない。議論の出発が遅れたことは反省すべき点である。

(4) 自然災害債務整理ガイドラインの運用（熊本地震）

［リーガル・ニーズ］　熊本地震の被災者のリーガル・ニーズは第5章で詳述したとおりである。2015年12月の「自然災害債務整理ガイドライン」の成立後に発生した自然災害としては，初の災害救助法適用災害となり，同ガイドライン適用対象になった。個人債務者の私的整理に関するガイドラインの失敗を繰り返さないことが至上命題となり，①徹底した周知活動，②柔軟な運用の監視・監督，③弁護士によるガイドライン申立支援や登録支援専門家としての支援ほか充実した支援体制の構築，が重要となった。

政府の素早い対応は評価できる。熊本地震のいわゆる「前震」の翌日である2016年4月15日，財務省九州財務局長・日本銀行熊本支店長による「平成28年熊本県熊本地方の地震に係る災害に対する金融上の措置について」が発出された。ここには，「「自然災害による被災者の債務整理に関するガイドライン」の手続，利用による効果等の説明を含め，同ガイドラインの利用に係る相談に適切に応ずること」が明記された。そして，同年4月22日には，全銀協からも「平成28年（2016年）熊本地震への対応について」が発出された。ここでも「……ガイドラインの周知，徹底を行うこと。また，お客さまから災害に伴う債務のご相談があった場合には，「災害救助法適用市町村」との関係にかかわらず，当ガイドラインの趣旨を踏まえて，お客さまの事情に応じた丁寧な対応をすること」といった細やかな記述がなされた。運営主体の積極性と人材の充実により，初動が大きく変わることが東日本大震災における個人版私的整理ガイドライン運営委員会との比較で浮き彫りになったといえる。

［分析結果］　「9　住宅・車等のローン・リース」の問題として集約・分析された。特に地震被害が激しく住宅の全半壊が極めて多い熊本地震においては，災害直後から二重ローン問題が発生することは容易に想像できることであった。

［政策形成活動］　自然災害債務整理ガイドラインの存在を熊本地震の被災者に周知すべく，熊本県内の主要金融機関，特に肥後銀行，熊本銀行らシェアの高い金融機関を中心に啓発・運用協力を仰ぐなどした。東日本大震災では制度発足から1年以上たってようやくできた弁護士と金融機関の連携が，熊本地震

では早期に実現した[53]。また、ソーシャルネットワークサービス（SNS）による情報発信も奏功している。第一東京弁護士会の白木麗弥弁護士は、有志弁護士らの協力を経て、被災ローン減免制度を熊本地震の被災者に解説するための動画「被災ローン減免制度（被サロ）〜その1〜」（2016年5月13日公開）や「被災ローン減免制度その2」等を作成し、「YouTube」にアップロードするなどした。また、熊本県弁護士会の鹿瀬島正剛弁護士は、「Facebook」で被災ローン減免制度（「被サロ」などと称された）を解説する投稿を連載形式で何度も実施した。これらは多くのフォロワーによってシェアされ、熊本県民の知るところとなった。

　特定非常災害の被害者の権利利益の保全等を図るための特別措置に関する法律」（特定非常災害権利保全特別措置法）の第7条を追加指定する政令の実現も、自然災害債務整理ガイドラインの運用を助けるものとなる。2016年4月28日、「平成二十八年熊本地震による災害についての特定非常災害及びこれに対し適用すべき措置の指定に関する政令」が閣議決定され（同年5月2日公布・施行）、特定非常災害特別措置法の第3条から第6条までの4つの措置[54]がすでに実現していた。ところが、第7条にある裁判所に対する民事調停申立手数料を不要とする特例は、未指定であった。確かに、阪神・淡路大震災や東日本大震災では無料法律相談や震災ADRの利用により裁判所の調停に対する申立手数料無償化のニーズは低かったので、第7条を指定しない政府判断もありうる選択肢かと思われる。しかし、「自然災害債務整理ガイドライン」では、被災した債務者が裁判所に特定調停を申し立て、最終的には調停成立によって債務免除等が行われる。この特定調停費用は、債務者負担とするのがガイドラインの方針であった。「自然災害債務整理ガイドライン」の策定により、思わぬところ

---

53) 2016年6月12日には、肥後銀行と熊本県弁護士会とが共催で「自然災害による被災者の債務整理に関するガイドライン無料セミナー・相談会」を開催した。同年6月26日からは、熊本銀行においても、熊本県弁護士会と共催の「自然災害による被災者の債務整理に関するガイドラインについての相談会」が開催された。

54) 行政上の権利利益に係る満了日の延長（特定非常災害特別措置法3条）、期限内に履行されなかった義務に係る免責（同法4条）、債務超過を理由とする法人の破産手続開始の決定の特例（同法5条）、相続の承認又は放棄をすべき期間に関する民法の特例措置（同法6条）。

で調停が大きな存在感を持つようになったことを、政府は看過していたのである。弁護士有志らは、国会議員、政府、メディア等に対して、特定非常災害特別措置法に第7条を追加指定するよう求め水面下での要望を繰り返した[55]。2016年6月21日「平成二十八年熊本地震による災害についての特定非常災害及びこれに対し適用すべき措置の指定に関する政令の一部を改正する政令」が閣議決定された（同年6月24日公布・施行）。これにより、特定非常災害特別措置法第7条が追加指定され、熊本県に住所等を有していた者が、今般の地震に起因する民事に関する紛争について調停の申立てをする場合には、申立手数料を不要とする措置が執られた（2019年3月31日まで適用）。

［課　題］「自然災害債務整理ガイドライン」の徹底的な活用については、必ずしもすべての金融機関の足並みがそろっているわけではなかった。中にはガイドラインについて特段の説明を実施しなかったりする金融機関も現れている。また、奨学金融資を行っている独立行政法人日本学生支援機構なども自然災害債務整理ガイドラインによる債務減免に積極的ではない。2016年8月時点の自然災害債務整理ガイドライン申立件数は、約340件である。熊本地震では発生直後から弁護士会や銀行が周知に取り組んでおり初動はうまくいったのではないかと評価できる[56]。2017年3月31日時点で手続利用件数は619件、うち成立は24件となった[57]。今後さらなる申立件数の増加が見込まれなければならず、運用の監視と制度周知が不可欠である。2017年6月1日からは、「一般社団法人自然災害被災者債務整理ガイドライン運営機関」が全国銀行協

55）　弁護士ドットコムニュース（2016年5月21日）「「災害復興法学」岡本弁護士が語る熊本地震「生活再建」に向けた5つの課題」において「熊本で活用が期待される「自然災害債務整理ガイドライン」は、最終的には被災者（債務者）が裁判所に「特定調停」という手続を申し立てる必要があります。高額の費用がかかるわけではないですが、利用への心理的なハードルを少しでも下げるべく、手数料を無償化してほしいと思います。「特定非常災害特別措置法」の項目（7条）を政令で追加指定することで対応できます」等提言。

56）　朝日新聞デジタル（2016年8月14日）「二重ローン減免、再建へ鍵　熊本の被災者、申請340件」における筆者コメント。

57）　全国銀行協会「自然災害による被災者の債務整理に関するガイドライン　利用状況（平成29年3月末時点）」の「登録支援専門家に手続支援を委嘱した数」による。

会の業務を引き継いで，自然災害債務整理ガイドラインに基づき登録支援専門家や金融機関への事務支援，ガイドライン周知広報を担うことになった。周知広報に関しては，東日本大震災における一般社団法人個人版私的整理ガイドライン運営委員会の消極的運用による実績低迷の反省（6.2.4（1））を踏まえた活動が不可欠となる。

(5) 二重ローン対策の立法化提言（東日本大震災以降）

「被災ローン」の項目を総括するものとして，二重ローン対策の最終目標でもある立法化の必要性について改めて記述する。先述（6.2.4（3））のように，仙台弁護士会と日本弁護士連合会がそれぞれ詳細な意見書を提出済みである。提言した立法化法案は，①債権買取機構の設置，②債務整理のためのADR機関の設置，③周知啓発の法的措置の実施，などを内容としている。意見書の提出を根拠付けているのが，日弁連「東日本大震災無料法律相談情報分析結果」における「9 住宅・車・船等のローン，リース」の相談の分析結果や過去の災害からの教訓の積み重ねである。

「首都直下地震の被害想定と対策について（最終報告）」（2013年12月19日内閣府中央防災会議の防災対策推進検討会議・首都直下地震対策検討ワーキンググループ）によれば，首都圏（東京都，埼玉県，千葉県，群馬県，栃木県，茨城県，神奈川県，山梨県，静岡県）の住居用建物等の地震および地震による火災による全壊および焼失棟数は最大で約610,000棟に達する。これは東日本大震災およびその余震における住宅全壊棟数約127,000棟の約4.8倍の規模である。さらに，「南海トラフ巨大地震の被害想定（第二次報告）」（2013年3月18日防災対策推進検討会議の南海トラフ巨大地震対策検討ワーキンググループ）によれば，震度6弱以上の揺れが発生する地域を中心に最大約1,346,000棟が全壊，津波で最大約169,000棟が全壊，加えて，地震火災により最大750,000棟が焼失，さらに液状化により最大134,000棟が沈下被害を受けるとされた。これだけの規模の住宅被害を考えれば，二重ローン対策の統一的制度の事前構築は不可欠である。そして，全国的にこれを推進していくためには，「法律」として整備しなければならない。

特に，熊本地震のリーガル・ニーズの分析結果によれば，建物被害の大きさ

と「9　住宅・車等のローン・リース」に関するリーガル・ニーズの高さには相関関係があることが明白となった（第5章・5.4.2・図5-11）。南海トラフ地震や首都直下地震における対策の必要性をより一層裏付けるものになると考える。

6.2.5　行政支援
(1)　罹災証明書と住宅被害認定に関する政策（東日本大震災以降）

　［リーガル・ニーズ］　大災害後の被災者に対する支援制度は，当該被災者の住居被害の程度に応じて自治体が給付や減免を決定するものが多い。前提として，自治体が住居被害の調査を経て，被害程度を認定することが必要になる。そのために考案されたのが「罹災証明書」である。通常は住居を「全壊」「大規模半壊」「半壊」「一部損壊（半壊未満）」に区分して被害程度を証明することになり，詳細なマニュアルが整備されている[58]。東日本大震災においても，過去の災害に倣い，まずは罹災証明書の発行が急がれることになった。2011年3月31日，内閣府は「平成23年東北地方太平洋沖地震に係る住家被害認定迅速化のための調査方法について」を発出し，津波被災地域における一括全壊認定や，より簡易な住宅被害判定を示すことで迅速な罹災証明書発行を促した。ところが，多くの被災自治体は，そもそも罹災証明書の運用マニュアルを持っておらず，自治体庁舎自体も流失している地域もあることから，内閣府の通知を受け止めきれずその発行や調査は進んでいなかった。被災者としては罹災証明書の名前も発行申請の手続も，知る由がなかったのである。東日本大震災後，弁護士は，阪神・淡路大震災や新潟県中越地震において活動した弁護士らの知識の支援や，当時内閣府のウェブサイトにあった「被災者支援に関する各種制度の概要」[59]などを活用し，「罹災証明書」の存在と，その重要性を被災者や

---

[58]　内閣府「災害の被害認定基準について」（平成13年6月28日府政防518号内閣府政策統括官（防災担当）通知）および内閣府「災害に係る住家の被害認定基準運用指針」（2009年6月）。

[59]　内閣府防災担当のウェブサイトには，東日本大震災当時「被災者支援に関する各種制度の概要」が存在していた（現在は改訂が重ねられ2016年11月1日現在版となっている）。2011年5月には，「被災者支援に関する各種制度の概要（東日本大震災編）」が，東日本大震災発災を契機に作成された（現在は改訂が重ねられ2013年6月30日現在版となっている）。http://www.bousai.go.jp/taisaku/hisaisyagyousei/seido.html（2017年3

被災自治体の担当者に伝えることに注力した。「自宅も，職場も失った。家族も行方不明である。一体何がこれら起きるのか。何かやりようがあるのか」という絶望的ともいえる被災者の声に対して，最初の希望として，支援制度の存在を伝えることが重要であった。そのための必要不可欠のキーワードが「罹災証明書」であった。弁護士による無料法律相談の「情報整理提供機能」が被災者のリーガル・ニーズに応えたのである。

情報提供が進んだ段階で，罹災証明書の被害認定の程度や発行の是非について課題が浮き彫りになった。東日本大震災以降，すべての災害において，第一次調査に基づき発行された罹災証明書の被害認定に対する不服申立ての是非が，無料法律相談の内容として目立っている。運用上は不服があれば「再調査」がなされているが，それでも最終的に被害認定に不服が生じることもありうる。しかし，その場合の法的な救済手段が設けられているわけではないという課題がある。罹災証明書の発行は，それ自体で法的な効力が発生するものではなく，事実証明行為に過ぎないため，被害調査結果に対して行政不服審査等の対象にならないという見解が支配的である[60]。

東日本大震災における茨城県神栖市や千葉県浦安市における液状化被害（第3章・3.2.6 (3)，3.2.7 (1)）では，地盤被害などにより上下水道をはじめとするインフラが壊滅し，住宅への居住継続は不可能になっていた。ところが，形式的に建物被害だけを見ればさほどの被害がないという事態が生じた。このため，そもそも罹災証明書の発行がなされないおそれがあった。また，熊本地震における地盤や宅地の被害（第5章・5.3.6・図5-5）においては，住居建物それ自体に損傷が少なく，従来の罹災証明書の認定方法では「半壊」以下の認定にしかならない世帯が多くなった。実質的には居住不可能であるにもかかわらず，被災者支援制度の適用がほとんどないという被災者が多数出現したのである。「罹災証明書」による被害程度の区分という行政側にとっての利便性は，被災者の細やかなリーガル・ニーズに応答できない硬直的な運用を生み出していた。

［分析結果］「12　震災関連法令（公益支援・行政認定等に関する法解釈等）」

月31日）
60）山崎2013・67-69頁，同89頁。

（東日本大震災・第3章），「12　災害関連法令（公益支援・行政認定等に関する法解釈等）」（広島土砂災害・第4章），「12　公的支援・行政認定等」（熊本地震・第5章）のリーガル・ニーズの中でも特に重要なものが「罹災証明書」に関する情報提供である。広島土砂災害や熊本地震における詳細分析の結果においても，これらのカテゴリーの中で「罹災証明書」は最大のリーガル・ニーズとして確認されている（第4章・4.3.1（3），第5章・5.3.5）。

　[政策提言]　2011年7月29日，日弁連は「被災者生活再建支援法改正及び運用改善に関する意見書」において「東日本大震災では，内閣府から，迅速かつ柔軟に認定を行うことができるように，具体的な認定方法について通知が何度も発出されたにもかかわらず，厳格かつ硬直的な認定例が散見され，被災者支援に支障が生じている」として被害認定の柔軟化を提言した。また，同意見書において「各市町村に，再調査等を経てもなお不服が申し立てられているケースについては，建築士，不動産鑑定士，弁護士，その他学識経験者等によって構成される判定委員会を設け，同委員会において不服の相当性の判定を行うべきである」とし，罹災証明書の認定に対する不服申立制度の確立を提言した。

　[新制度実現]　東日本大震災以降の新たな運用として注目すべきは，液状化被害に対する罹災証明書発行の手引きが策定されたことである。2011年5月2日，内閣府は「地盤に係る住家被害認定の調査・判定方法について」（事務連絡）を発出する。これにより，液状化被害等が発生している場合に，地盤の傾斜や住家の潜り込みなどを総合的に考慮して，住宅の被害認定に反映させることができるような指針が示された。住家被害認定中心の罹災証明書において，地盤損傷を考慮する画期的な運用改善である。後日東日本大震災の教訓は，内閣府において「災害に係る住家の被害認定基準運用指針」（2013年6月）としてまとめられた。その内容には「地盤の液状化等により損傷した住家の被害認定の調査・判定方法」が含まれている。

　2013年6月の災害対策基本法の改正では，運用に過ぎなかった罹災証明書が法制度として位置付けられた（2013年6月17日成立，同年6月21日公布）。「市町村長は，当該市町村の地域に係る災害が発生した場合において，当該災

害の被災者から申請があつたときは，遅滞なく，住家の被害その他当該市町村長が定める種類の被害の状況を調査し，当該災害による被害の程度を証明する書面（次項において「罹災証明書」という。）を交付しなければならない」（災害対策基本法 90 条の 2 第 1 項）との条文が設けられた。

　熊本地震以降も，地盤損傷を考慮する運用は踏襲された。2016 年 4 月 26 日，内閣府は「平成 28 年熊本地震に係る被害認定調査・罹災証明書交付の迅速化について」（事務連絡）を発出し，罹災証明書発行の手法や人材支援などについて言及した。ところが，地盤損傷についての罹災証明書の発行が躊躇される事態が続いた。本来であれば，前述の内閣府「地盤の液状化等により損傷した住家の被害認定の調査・判定方法」を応用すればよいはずだったが，液状化「等」の部分の指針が活用されなかったのである。そこで，2016 年 5 月 20 日，内閣府は「平成 28 年熊本地震における被害認定調査・罹災証明書交付等に係る留意事項について」（事務連絡）を発出し，「今般の住家被害の実態を踏まえれば，地盤の沈下や斜面の崩壊等の地盤被害に伴い，住家の不同沈下（建物の基礎が場所によって異なった沈下をし，建物に傾斜が発生する状態）や地盤面下への潜り込み（地震等により地盤が軟らかくなり基礎等が地盤面下に沈み込む状態）が発生した場合にも，地方公共団体の判断により適用することが可能であり，必ずしも外観には大きな被害が見られなくても大規模半壊や全壊等として判定できる場合があります」として，東日本大震災を経て改訂した基準のより積極的な活用を促すことになった。

[課題]　東日本大震災を経て，罹災証明書という制度を前提とした場合の被害認定の柔軟化については，大きな運用改善が見られたと考える。特に地盤損傷について考慮することは，単なる形式的な工学的被害判定にとどまらない，法的評価を加えた運用を定着させる第一歩として評価できる。罹災証明書の判定が，単なる工学的・建築的判定ではなく，実質的な法的評価の加わるべき判定であることを，より多くの自治体担当者や応援専門家の共通認識とする必要がある。そのための学習や訓練の機会は今後とも不可欠である。その過程で不服申立てに関する認定組織（委員会）の設立も検討されなければならないだろう。

そして，最終的には，「全壊」「大規模半壊」「半壊」「一部損壊（半壊未満）」という4区分による罹災証明書の認定方法も見直すべきである。菅野2015は，罹災証明はあくまで住んでいる家の壊れ方を証明しているに過ぎず，一人ひとりの生活基盤が受けたダメージの度合いを正しく表しているわけではない旨述べる。したがって，「現行の罹災証明書は，被災者の被害を認定する尺度としては物的被害に偏っている」「単に家屋の被害度のみを表すのではなしに，生活困窮度を示す指標（人的被害，家屋・家財の損壊度，被災者の収入資産，家族状況等）を標準化」する手法が望まれる（山崎2013・68-69頁）。罹災証明書が被災者生活再建支援法の適用だけではなく，仮設住宅の入居，義援金の配分，各種支払減免措置などの起点になっていることからすれば，優先度に応じた段階的認定方式を講じることも検討されなければならない[61]。

(2) 被災者生活再建支援制度（東日本大震災以降）
　[リーガル・ニーズ]　被災者生活再建支援金（支援金）は，被災者生活再建支援法に基づき支給される給付金である。一定規模の災害が発生した場合に，著しく被災した住居に居住していた世帯に「基礎支援金」（最大100万円）と「加算支援金」（生活再建手法に応じて最大200万円）が支給される。被災者生活再建支援金を巡る課題は多岐にわたるが，順次概観する。
　第1に，支援金が支給されるのは，住居が全壊，大規模半壊，半壊でやむをえず解体，および長期避難世帯の場合である。すなわち，単に「半壊」や「一部損壊」では支援金は支払われない。半壊以下となった場合に全く給付支援がないことで支援の断絶・谷間が発生するのである。東日本大震災では，津波被災地とそうでないところで，建物被害の明暗がはっきりしていたが，それでも半壊と大規模破壊の狭間に陥り，修繕未了の住宅で長期生活を余儀なくされた被災者が発生している[62]。熊本地震では，地震被害のため，同じ被災地域で

---

[61]　兵庫県立大学の室崎益輝教授は，2011年3月以降の講演や自身のFacebookの発信において，罹災証明書の認定は，まずは仮設住宅や避難所に行くかどうかという，既存住宅に「安心して住めるか住めないか」のフェーズにおける大枠認定を迅速に行い，その後各種支援や給付に応じた二次判定を行う方式により，漏れのない支援を実現するべきである旨述べている。

も被害程度が千差万別であり，東日本大震災以上に支援格差が顕著に発生している[63]。

第2に，法律の適用対象となる「自然災害」の規模をどう考えるかにおいて課題がある。被災者生活再建支援法の適用は「自然災害により十以上の世帯の住宅が全壊する被害が発生した市町村の区域に係る当該自然災害」[64]等，市町村や県単位における住宅損壊戸数により決定される。ところが，自然災害は行政区画どおりに起きるわけではない。同じ地震，台風，水害，竜巻等でありながら，支援要件を満たす市町村とそうでない市町村が生まれる。①2012年5月6日に茨城県や栃木県で起きた竜巻被害と，②2013年9月2日および同年9月4日に埼玉県越谷市等で発生した竜巻被害において，市町村格差が顕著となり，その問題が先鋭化した。すなわち，①においては，竜巻が通過した順に，埼玉県越谷市で全壊30世帯，同県松伏町で全壊1世帯，千葉県野田市で全壊1世帯となった。同じ竜巻でも被災者生活再建支援法の適用があったのは埼玉県越谷市だけである。②においては，竜巻が通過した市町村のうち，茨城県つくば市で全壊77世帯，栃木県真岡市で全壊5世帯，同県益子町で全壊7世帯となる。被災者生活再建支援法の適用があったのは，茨城県つくば市だけである。

第3に，支援金の支給対象が「世帯」であることが問題を生んでいる。「離婚協議をして別居中であるのに住民票上の世帯主である夫が支援金をすべて受け取ってしまったので生活に困っている」「ドメスティック・バイオレンス（DV）から身を隠しており，夫が受け取った支援金についてこちらは泣き寝入

---

62) 一般社団法人チーム王冠「在宅被災者というサイレントマジョリティー」。http://team-ohkan.net/（2017年3月31日）

63) 朝日新聞デジタル（2016年10月18日）「「半壊」検索で浮かぶ法律の壁　ビッグデータを法改正に」。ヤフー株式会社によるキーワード検索分析の結果，「半壊」というキーワードが熊本地震発生後半年前後で上昇していることが判明している。係るデータを元にして，熊本県弁護士会の鹿瀬島正剛弁護士と筆者においてインタビュー・解説取材を受けている。「半壊」が被災者生活再建支援法の支援が受けられないことや，「半壊」でも一定の要件で仮設住宅への入居が可能となったことなどが影響しているとの考察結果となった。

64) 被災者生活再建支援法施行令1条2号。このほか，同条1号，同条3号から6号までのいずれかに該当した場合に適用される。

りするしかないのか」といった声に対応できない法律となっている。

　第4に，基礎支援金のあとの加算支援金が住居の再建（購入），賃貸，修繕しか認められていない。より広い再建メニューの利用が可能な制度とすべきである。東日本大震災における被災者生活再建支援金の支給状況をみると，2014年12月31日時点では，基礎支援金は19万1,214世帯に対し1,527億円が支給されているのに対し，加算支援金は11万7,538世帯に対し1,492億円となっている[65]。数年経過しても約7万世帯以上が再建に辿り着けていないのは，再建支援メニューが限定的なためだと考えられる。

　［分析結果］　「12　震災関連法令（公益支援・行政認定等に関する法解釈等）」（東日本大震災・第3章），「12　災害関連法令（公益支援・行政認定等に関する法解釈等）」（広島土砂災害・第4章），「12　公的支援・行政認定等」（熊本地震・第5章）のリーガル・ニーズの中に現れている。弁護士が罹災証明書に次いで，情報提供していたのが「被災者生活再建支援制度」が存在するという情報である。熊本地震における詳細分析の結果においても，カテゴリーの中で「支援金」（被災者生活再建支援金）は，罹災証明書と同様に高いリーガル・ニーズとして確認されている（第5章・5.3.5）。罹災証明書の被害認定に基づき支援金が決定される運用のため，罹災証明書の被害認定の不服と一体的に課題が発生する。

　［政策提言］　2011年7月29日，日弁連は「被災者生活再建支援法改正及び運用改善に関する意見書」を発表する。過去の災害からの教訓を東日本大震災でこそ克服しようと，①半壊家屋，一部損壊家屋，宅地被害も支援対象とすること，②事業用資産被害も支援対象とすること，③支援金に対する差押禁止規定を設けるべきであること，④適用対象地域を都道府県，市町村単位で指定せず，地域にかかわらず同一の災害で被害を受けた場合に支援を行うべきであること，④家屋被害認定を柔軟に行うこと，⑤家屋被害認定に対する不服を検討するため市町村に判定委員会を設置するべきこと，⑥福島第一原子力発電所の

65）　日弁連「被災者の生活再建支援制度の抜本的な改善を求める意見書」（2016年2月19日）参照。

事故に対しても被災者生活再建支援法を適用すべきことが提言された。

　2012年5月のつくば市を中心とする竜巻被害では、被災者生活再建支援法の適用対象から漏れてしまった栃木県の市町村のリーガル・ニーズを受けて、栃木県弁護士会は、2012年6月20日、「竜巻被害に関する被災者生活再建支援法施行令の改正を求める声明」を発表し、「法の適用対象地域を行政区分で指定している内容を速やかに改正し、地域を指定する方法でなく、災害単位で被害を受けた世帯に支援を行うことができるようすべき」であると提言した。また、2012年6月21日、日弁連は「竜巻等の被害に関し被災者生活再建支援法施行令の改正を求める会長声明」を公表し、改めて「適用対象地域を都道府県、市町村単位で指定せず、地域にかかわらず同一の災害で被害を受けた世帯等に支援を行うべきである」とした。そして、その後の埼玉県越谷市等における2度目の大きな竜巻被害を受けて、2013年9月11日、日弁連は「被災者生活再建支援法施行令の改正を求める意見書」を発出し、「被災者生活再建支援法の適用の有無を、その規模や、都道府県・市町村ごとに限定する同法施行令第1条を緊急に改正し、同一の自然災害で被害を受けた全ての被災者に同法を適用し、公平な支援を行うよう求め」た。

　2016年2月19日、日弁連は「被災者の生活再建支援制度の抜本的な改善を求める意見書」を完成させる。ここでは、従来の主張に加え、①被害状況に応じた個別の生活再建支援計画を立てて支援を実行する「災害ケースマネジメント」の制度化、②被災者への情報提供や相談、寄り添い・見守り等とともに支援計画の実施に関与する「生活再建支援員」を新たに配置すること、という新たな制度・概念の導入を提言した。前述の自宅被災者の現状や、硬直的な被災者生活再建支援法の運用の実態に鑑み、これらを抜本的に改正することを求めるものである。

　[政策形成活動]　2016年2月の日弁連「被災者の生活再建支援制度の抜本的な改善を求める意見書」における「災害ケースマネジメント」の提言は、「自然災害によりその生活基盤に著しい被害を受けた者に対し……その生活の再建

を支援」[66]するとした被災者生活再建支援法の目的をさらに精緻化し,「住宅再建」だけに囚われない抜本的な制度改正を求めるものである。この意見書の原動力となったのは,2015年5月に発足した「一人ひとりが大事にされる災害復興法をつくる会」である。弁護士,研究者,復興支援を担ってきたNPO法人のメンバーが代表を務め,多くのステークホルダーの賛同を得ている。院内集会やシンポジウムを頻繁に開催し,被災者生活再建支援法の抜本的改正を含む「災害ケースマネジメント」制度実現を呼びかけている[67]。

 [課　題] 政策形成活動を経ても本書時点で2007年を最後に,被災者生活再建支援法改正は実現していない。被災世帯の被害認定に関する運用改善について,災害の都度,内閣府等の通知や事務連絡が発出されるに止まっている。現在まで残された課題を把握するには,被災者生活再建支援法の誕生と東日本大震災直前までの法改正の軌跡を振り返るところから始めなければならない。1995年1月17日,阪神・淡路大震災が発生し,多くの被災者が住宅ローンを抱えたまま住宅を失った。生活必需品を購入し生活再建の一歩を踏み出すため,そして住宅自体を再建するため,金銭給付による被災者支援制度の構築が叫ばれた。1993年7月12日の北海道南西沖地震(奥尻島地震)では義援金を1,000万円近く配分することができたが,阪神・淡路大震災では45万世帯が被災しており,配分は40万円程度であったため,公的支援がなお必要だったのである。ところが,個人に対する経済的支援については,「自然災害により個人が被害を受けた場合には自助努力による回復が原則」[68]というのが当時の大蔵省を中心とする政府の見解であった。かかる「定説」「常識」を打ち破る現金給付を可能とする被災者生活再建支援制度の構築が求められたのである。詳細な

---

66) 被災者生活再建支援法1条。
67) 「一人ひとりが大事にされる災害復興法をつくる会」発足時の共同代表は,新里宏二(弁護士,パーソナルサポートセンター代表理事,元仙台弁護士会会長),津久井進(弁護士),丹波史紀(福島大学准教授,ふくしま連携復興センター代表理事)。http://hitorihitori.jp/memberlist(2017年3月31日)
68) 1995年2月24日第132回国会衆議院本会議における村山富市内閣総理大臣答弁。以降の阪神・淡路大震災に関連する閣僚答弁,政府参考人答弁も基本的に同趣旨であった。

経緯は，当時の兵庫県職員であった和久克明氏による『風穴をあけろ：「被災者生活再建支援法」の成立の軌跡』(和久2004) に詳しい[69]。

　1995年6月，個人への経済支援の必要性を説いた慶應義塾大学経済学部島田晴雄教授の提言等が間接的な後押しとなり，「兵庫県住宅地震共済制度研究プロジェクトチーム」が立ち上がった。その後「日本を地震から守る国会議員の会」(地震議連) 発足，全労災協会，日本生協連，日本弁護士連合会，兵庫県による全国規模の2,500万筆となる署名活動，「自然災害に対する国民的保障制度を求める国民会議」や「県民会議」の全国での立ち上げ，全国知事会地震対策特別委員会との調整，与野党による水面下の激しい折衝・攻防があった。基金による現金支給とするのか，共済制度を設けるのかというスキームの調整も行われた。そして，「被災者生活再建支援法案」(自民・社会・さきがけ与党案)，「阪神・淡路大震災の被災者に関する法律案」(野党三党案)，「災害弔慰金の支給等に関する法律の一部を改正する法律案」(市民立法案) の3本の議員立法法案の調整，個人補償への財政支出に対する大蔵省との折衝などを経て，国会における修正協議・一本化協議を重ねながら，法案がとりまとめられた。1998年5月15日に被災者生活再建支援法は成立し，同年5月22日公布，同年11月6日に施行となった。

　成立した法案は，被災した世帯に最大で現金100万円を支給するものである。自然災害において個人補償に支援を実施しないとする政府の原則的考え方からすれば異例中の異例となる「風穴」を開けた画期的な法案である。ところが，①当面の生活再建資金の手当にとどまり，最終目標である住宅再建支援については未整備であること，②年齢要件や所得要件があり被災者を一律に救済できないこと，③支援金の使途に制限があったことなどが，当初兵庫県が求めていた制度と比較しても課題が残っていた。ただし，法案成立時の被災者生活再建支援法附則2条には「自然災害により住宅が全半壊した世帯に対する住宅再建支援の在り方については，総合的な見地から検討を行うものとし，そのために必要な措置が講ぜられるものとする」との記述があり，法制度を要望し，関与

---

69) 法案成立に至るまでの政治，行政，各団体ほかステークホルダーの動きが詳細に記録されており，「災害復興法学」が個別の法改正の軌跡に着目することを考えると，和久2012は先行研究の1つとしても位置付けられる。

した先人の思いが明文で未来に託されることになった。

2004年には最大200万円となる「居住安定支援金」が追加で創設された。住宅の解体・撤去・整地費用，住宅の建設・購入の借入金利息，住宅ローン保証料，家賃，仮住まい経費などに充てることができる。「住宅再建」（居住確保）の部分にも被災者生活再建支援法が拡充されたのである。

2007年には，議員立法によりさらに大幅な改正が行われる。すなわち①支援金の使途制限を撤廃したこと，②被災世帯の年収や年齢要件を撤廃したこと，③基礎支援金と，住宅の再建手法（再建・購入・補修・賃貸入居）に応じた加算支援金の2段階とし，いずれも定額渡し切りの制度としたこと，である。すべての「被災者」に生活再建と住宅再建の支援をという当初の理念にかなり近いものができ上がったと評価できる[70]。2007年法改正では，同年11月9日の衆議院災害対策特別委員会では「支援金の支給限度額については，被災者の住宅再建に対する意欲に十分応え得るよう，今後の実績等を踏まえ，引き続き検討すること」や「支援金の申請及び支給状況等を勘案し，本法施行後四年を目途として，対象及び負担のあり方を含め，制度の見直しなどの総合的な検討を加えること」などの附帯決議がなされ，改めて課題が未来に託されている。

2011年は被災者生活再建支援法の見直しの年となるはずであったが，東日本大震災の発災によりなし崩し的に検討が延期されたままでいる。2015年3月，内閣府は「被災者生活再建支援法関連調査報告書」をまとめ，東日本大震災以降の災害における被災者生活再建支援金の適用や周知などに関するアンケートやヒアリング結果について詳細に報告した。しかし，法改正に繋がる提言やこれらをもとにした実質的な検討会などは開催されていない。

市町村ごとの対象地域判定手法の限界が露呈した竜巻災害，半壊未満の住宅への支援格差が顕著に露呈した熊本地震の教訓（第5章）は，特に法改正を根拠付ける立法事実としてすでに十分な検証ができていると思われる。残された

---

[70] これに対し，生田2013・201-203頁は，「被災者生活再建支援制度は，その意味では，災害により「生活の本拠を失った者」に対してその不幸を慰めることを目的とするものに変貌した……金銭による回復が可能な住居の喪失について富裕な国民に対してまでその喪失を慰めることが本当に必要なのだろうかという疑問は拭い難い」と評価していることを付言する。

課題のうち，重要なものを掲げておくと，①支援対象地域の判定方法の見直し（同一自然災害同一支援の実現），②世帯ごとの支給の見直し（個人単位の原則の実現），③支援対象被害の区分の見直し（住宅損壊の区分だけに依存しない支援対象の決定），④被災者一人ひとりに応じた再建メニューの構築とそれに対する支援（災害ケースマネジメントの実現），⑤事業者に対する現金給付支援の実現，ということになる。また，東日本大震災以降の主な被災地自治体のうち8割以上が被災者生活再建支援法の改善を要望している。「改善すべきだ」とした49市町村では，「半壊世帯まで支給対象を拡大」，「支給額引き上げ」および「家屋被害認定の弾力化」の要望が特に多かった[71]。被災者生活再建支援法の抜本的改正は急務と考えられる。

「家屋の被害は「全壊」「大規模半壊」「半壊」「一部損壊」の4区分で判定し，その結果で，被災者生活再建支援金の受給額や，仮設住宅入居の可否が決まる。ところが，家屋の損傷が軽微でも，宅地被害が大きければ，現実的には住むことは難しい。「家屋損傷の程度のみで判定する手法には限界がある。住めるかどうかを実質的に判断できるように，制度を見直す時期に来ている」[72]。2016年の熊本地震では，国の支援から漏れて不十分な「宅地復旧」について，復興基金を活用して工事費用を助成する制度を開始した。罹災証明書の被害認定にとどまらない生活基盤整備に県の独自支援が実現している。現場のリーガル・ニーズを国の助成制度に反映させる議論の契機と捉えるべきである[73]。

---

71) 毎日新聞（2016年9月11日）「被災者支援法「改善を」8割…制度とニーズに差」。毎日新聞が61市町村（岩手県12市町村，宮城県15市町村，福島県10市町村，茨城県5市町村，栃木県4市町村，熊本県15市町村）を対象にアンケートを実施し，2016年台風10号で大きな被害が出た岩手県の4市町村を除く57市町村から回答を得たもの。
72) 読売新聞（2017年3月16日西部朝刊）「［復興を語る　熊本地震］（下）被災者の声　無駄にしない（連載）弁護士岡本正さん」。
73) 市町村が，熊本県から「平成28年熊本地震復興基金」の交付を受けて宅地復旧助成支援を実施するもの。2017年3月13日の熊本市の受付を皮切りに，益城町，嘉島町，御船町，甲佐町，南阿蘇村，西原村などで実施。前掲読売新聞（2017年3月16日西部朝刊）においても筆者が同趣旨の見解を述べている。

(3) 災害弔慰金制度と支給範囲の拡大（東日本大震災）

［リーガル・ニーズ］「住民票で世帯も同じ。障害がある兄の世話をしながら二人きりで何十年も暮らしてきた。家計も一緒。その兄が津波で亡くなった。遺族に出ると聞いた「災害弔慰金」を申請したら，兄弟は対象者ではないということだった。兄は家族ではないのですか。震災で亡くなった兄の，私はたった一人の遺族として認めてもらえないのですか」[74]。災害弔慰金とは，災害弔慰金の支給等に関する法律（災害弔慰金法）に基づき，市町村の条例が定めるところにより，災害により死亡した住民の遺族に支給される「見舞金」の性格を持つ給付金制度である[75]。問題となったのは災害弔慰金の支給対象者である。東日本大震災発災当時の災害弔慰金法3条2項の条文は，支給対象者を「死亡した者の死亡当時における配偶者（婚姻の届出をしていないか事実上婚姻関係と同様の事情にあった者を含み，離婚の届出をしていないが事実上離婚したと同様の事情にあった者を除く。)，子，父母，孫及び祖父母」としていた。内縁を含む配偶者と直系遺族だけとなっており，「兄弟姉妹」を含んでいなかったのである。また，市町村の条例によっては，兄弟姉妹を独自に含む災害弔慰金支給条例をつくっている自治体と，そうでない自治体との格差があった。ところが独自に兄弟姉妹に支給する条例を策定している自治体の災害弔慰金については，それ自体は有効であるとしても，必ずしもその予算は国庫負担の対象にならない可能性もあるとの政府見解が示された[76]。兄弟姉妹にそもそも支給できない自治体も，支給できるとする条例の自治体も，大きな課題を抱えていたのである。遺族にとっては，行政から公式に「遺族」と認められないことは，家族を失う悲しみに加え，不公平感，絶望感を与える。何よりも，家族が震災までは確かにそこに「生きた証」があったことを証明できなくなるという恐怖と喪失感に襲われてしまうのである。

［分析結果］　東日本大震災発生直後，遠野ひまわり基金法律事務所（当時）

74）　日弁連報告書や報道資料などを参考にして被災者の声を最大公約数的にまとめた筆者によるモデルケースである。
75）　災害弔慰金法3条1項。
76）　2011年5月17日衆議院法務委員会における担当政務官答弁。

の亀山元弁護士より，災害弔慰金法の支給対象者に兄弟姉妹が含まれていなかったことの問題点を指摘された。法律相談分析においては「12　震災関連法令（公益支援・行政認定等に関する法解釈等）」または「16　遺言・相続」（第3章）の類型に分類される相談である。しかるに，個別のエピソードが挙がってくるほどには目立った相談とは言い難かった。筆者は当時日弁連災害対策本部嘱託室長として立法提言の基礎資料作成を担っていたことから，2011年6月当時数千件ほど集積されていた無料法律相談事例の中から，「兄」「弟」「姉」「妹」「災害弔慰金」「災害関連死」などのキーワードにより同種事案の抽出を試みた。そうしたところ，兄弟姉妹から災害弔慰金の支給に関する相談が，それなりに「一覧表になるくらい」（岡本 2014a・103頁）の件数は寄せられていたことが判明した。東北地方沿岸部においては，もともと別々の家族で住んでいた兄弟が，それぞれの配偶者の死亡を契機に再び兄弟で一緒に居住するという形態が相当数いることも判明したのである。農業や漁業などで親族・一族が同一地域に定住していることが多いのも要因であろうと思われた。

[政策提言]　2011年5月25日，兵庫県弁護士会はいち早く「災害弔慰金の支給に関する法律及び同法施行令の改正等を求める意見書」を発出した。阪神・淡路大震災においても同様の悩みがあり法改正に至らなかった教訓が承継されていたのである。2011年6月23日，日弁連もようやく「災害弔慰金の支給等に関する法律等の改正を求める意見書」を発出する。内容は「災害弔慰金の支給等に関する法律3条2項に定める遺族の範囲に，災害により死亡した者と生計を一にする兄弟姉妹も含めるべきである」とするものであった。無条件に兄弟姉妹に拡大する意見を述べることも考えられたが，実現可能性の観点と収集できたリーガル・ニーズを基にした立法事実の絞りこみの結果，「同一生計の」兄弟姉妹を災害弔慰金支給対象者へ加えるべきとした。また，他の法令との均衡についても強調した。民法の相続人の範囲は配偶者がいる場合は配偶者が当然対象となり，それ以外の親族がいる場合には，第1順位が子，第2順位が直系尊属，第3順位が兄弟姉妹である[77]。さらに，事件事故に起因する遺

---

77) 民法887条1項，同法889条1項，同法890条1項。

族給付の範囲については，ほとんどの法律（たとえば国家公務員災害補償法等）が兄弟姉妹を含めていた[78]。民法の相続の範囲や，他の法令との均衡を考えると，あえて災害弔慰金が兄弟姉妹を排除する理由は見いだせないのである。

[政策形成活動]　法改正に向けた動きは東日本大震災前からあった。しかし，結局先延ばしになる中で東日本大震災が発生してしまったのである。2000年の第147回通常国会では，参議院に議員立法で「災害弔慰金の支給等に関する法律の一部を改正する法律案」が提出され，「第三条第二項中「及び祖父母」を，「，祖父母及び兄弟姉妹」に改める」とする内容が盛り込まれていた。しかし，審議未了により成立していない。また，同年の第150回臨時国会でも，衆議院に議員立法で「災害弔慰金の支給等に関する法律の一部を改正する法律案」が提出され，参議院のものと同一内容が盛り込まれていた。しかし，同様に成立には至らなかった。結局10年以上法案改正の動きはなかった。

2011年3月11日の東日本大震災を契機とした，被災地の亀山弁護士からの法改正提言には，多くの弁護士が賛同した。特に呼応したのは，阪神・淡路大震災で同様の問題に直面しながら災害弔慰金法の改正実現に至らなかったことを経験した大阪市の阪口徳雄弁護士であった。今度こそは法改正を実現したいという思いが通じたのだ。2011年5月24日，全国の弁護士414人の連名で，災害弔慰金法改正を含む「要請書」が岩手県復興局に提出された。岩手県復興局からは「被災地からも同様の要望を聞いている。（是正に向け）検討したい」との回答を得た[79]。

[新制度実現]　2011年7月14日，超党派の議員立法として「災害弔慰金の支給等に関する法律の一部を改正する法律案」が衆議院に提出され，参議院を

---

78) 戦傷病者戦没者遺族等援護法35条，原子爆弾被爆者に対する援護に関する法律33条，労働者災害補償保険法16条の2，国家公務員災害補償法16条，船員保険法35条，公害健康被害の補償等に関する法律30条，犯罪被害者等給付金の支給等による犯罪被害者等の支援に関する法律5条等がある。いずれも給付支給対象者から兄弟姉妹を除外していない。

79) 河北新報（2011年5月25日）「災害弔慰金支給　兄弟姉妹，自治体間で格差　原則対象外」。

経て同年7月25日に法案が成立した。

　改正後の「遺族」の範囲は「死亡した者の死亡当時における配偶者（婚姻の届出をしていないが事実上婚姻関係と同様の事情にあつた者を含み，離婚の届出をしていないが事実上離婚したと同様の事情にあつた者を除く。），子，父母，孫及び祖父母並びに兄弟姉妹（死亡した者の死亡当時その者と同居し，又は生計を同じくしていた者に限る。以下この項において同じ。）の範囲とする。ただし，兄弟姉妹にあつては，当該配偶者，子，父母，孫又は祖父母のいずれもが存しない場合に限る」（災害弔慰金法3条2項）との条文となった。生計同一の兄弟姉妹に災害弔慰金の支給対象者が拡大されたのである。また，東日本大震災発災当時まで遡及適用されることになった（附則（平成23年7月29日法律第86号））。兄弟姉妹が対象となるには「同居」「同一生計」「その他の親族の不在」などを満たす必要がある等限定的であるが，被災者の最低限のリーガル・ニーズには応える制度になったと評価できる。亀山弁護士が支援した被災者の一人からは「法律が変わったことで……「生きた証し」と家族の絆を証明してもらえた気がする。今はそれで十分だ」との言葉が述べられている[80]。

　[課　題]　災害弔慰金支給対象者の拡大という意味では一定の解決を見た。ただし，2000年の衆参議員立法に参画した国会議員は，2009年の政権交代により政権与党の中でも重役にあったことに鑑みれば，東日本大震災前からの手当も十分可能だったのではないかと考えられる。また，今後の超高齢化社会や情報通信技術発達などにおいて，兄弟姉妹に支給される要件である「同居」「同一生計」「他の親族の不在」が，必ずしも遺族のライフスタイルや感情を反映しなくなる可能性がある。引き続き時代背景を考慮し，兄弟姉妹への支給要件の改善について検討する必要があると思われる。また，法制度に合わせて自治体の条例や現場運用に確実に反映させることも課題である。2013年10月16日の台風27号による「伊豆大島土砂災害」では，東京都大島町において死者35名，行方不明者4名という甚大な被害となった[81]。大島町から被災住民に対

---

80)　岩手日報（2013年3月12日「「法は何をなし得るか」①：被災地から変えるⅠ・災害弔慰金弟も「家族」，訴え代弁」。
81)　内閣府「平成25年台風第26号による被害状況等について（第30報）」（平成25

する災害弔慰金のお知らせには，当初，(他の親族がいない場合の)生計を同一にする兄弟姉妹が支給対象者から抜けているという問題があった。弁護士らが大島町に指摘し修正されるという経緯があったことを付言しておく。

(4) 義援金等の差押禁止（東日本大震災）

[リーガル・ニーズ] 東日本大震災の被災者から寄せられる相談により「銀行から「義援金が支払われる頃になれば，もう支払猶予ができないので住宅ローンなどはその段階で返済を再開してほしい」と言われた」「口座に入ってきた被災者生活再建支援金が消費者金融の差押えにあってしまったが，どうしようもないのか」等といった，被災者生活再建支援金，災害弔慰金，そして義援金が本来政府や国民の意図しない顛末を辿っていることが判明した。これらの現預金は確実に手元に残し，生活再建の礎としなければならないはずだった。ところが，「災害弔慰金の支給等に関する法律」や「被災者生活再建支援法」には，差押え，権利譲渡，権利の担保差入れなどを禁止する条項が存在しない。口座に現預金が存在する以上，債権回収は，債権者側からすれば正当な権利保全行為に過ぎないということになる。

[分析結果] 「12 震災関連法令（公益支援・行政認定等に関する法解釈等）」，「9 住宅・車・船等のローン，リース」および「10 その他の借入金返済」（第3章）等において被災者のリーガル・ニーズとして顕在化していた。破産法や民事再生法をはじめとする倒産法制，そして判決等の債務名義を使って金銭等の回収を実現する民事執行手続，権利保全のための民事保全手続などの実務に慣れ親しんでいないと，口座の「差押え」による不都合には気付きにくい。差押禁止条項の不存在は，弁護士こそが気付くことができる法の欠陥であったといえる。

[政策提言] 2011年6月23日，日弁連は「災害弔慰金の支給等に関する法律等の改正を求める意見書」の中で，災害弔慰金，災害障害見舞金，そして被

年11月25日17時00分現在)。

災者生活再建支援法の差押禁止条項の整備を求めた。意見書に明記されなかったが，義援金についても同様の問題が生じていることを突き止め，差押禁止の新規立法を求めた。義援金については法律上の位置付けが全く存在していなかったことから，日弁連としても意見集約が間に合わなかったのではないかと考えられた。

[政策形成活動]　災害弔慰金に関しては，兄弟姉妹への拡大を求める政策形成活動が優先し，差押禁止条項の創設は第2ラウンドとなった。また，「義援金」を初めて法制度に位置付けることになるため，政府には対応する部署が存在していなかった。政府が自発的に新規立法や法改正を実施する閣法提出は期待できなかった。そもそも，「災害弔慰金法」や「被災者生活再建支援法」が議員立法により成立していることも各省庁が積極的でない間接的な理由のようにも思われた。結局，被災者のリーガル・ニーズに対応するためには，超党派の議員立法に委ねるしかなくなった。

[新制度実現]　与野党のキーパーソンを通じた政策形成活動が奏功し，超党派の議員立法により，2011年8月23日，「災害弔慰金の支給等に関する法律及び被災者生活再建支援法の一部を改正する法律」および「東日本大震災関連義援金に係る差押禁止等に関する法律」が成立した。同年8月30日施行となり，東日本大震災発災当時に遡及して適用されることになった。具体的には，災害弔慰金と災害援護見舞金については，「災害弔慰金の支給を受けることとなつた者の当該支給を受ける権利は，譲り渡し，担保に供し，又は差し押さえることができない」「災害弔慰金として支給を受けた金銭は，差し押さえることができない」との明文規定が設けられた[82]。被災者生活再建支援金についても同様の規定である[83]。また，義援金についても同様ではあるが，東日本大震災の義援金について「東日本大震災関連義援金とは，東日本大震災（平成二十三年三月十一日に発生した東北地方太平洋沖地震及びこれに伴う原子力発電所の事故による災害をいう。）の被災者又はその遺族（以下この項において「被災者等」

---

82)　災害弔慰金法5条の2，1項・2項。
83)　被災者生活再建支援法20条の2，1項，2項。

という。）の生活を支援し，被災者等を慰藉する等のため自発的に拠出された金銭を原資として，都道府県又は市町村（特別区を含む。）が一定の配分の基準に従い被災者等に交付する金銭をいう」と定義され[84]，法律上の位置付けが初めて明確になった。当時は，「個人債務者の私的整理ガイドライン」がすでに策定され，申立受付を開始していた。手元に残せる現預金として差押禁止財産が拡大したことは非常に大きな救済措置となったはずである。

[課題] 災害弔慰金と被災者生活再建支援金については，既存の法律に条文を追加する法改正を行ったため，東日本大震災以降においても適用可能な恒久法として整備できた。しかし，「義援金」については，東日本大震災に限った特例にとどまった。東日本大震災以降の大災害を考えれば，義援金の差押禁止を定めた恒久法の立法措置は不可欠である。

(5) 義援金等の差押禁止（熊本地震）

[リーガル・ニーズ] 東日本大震災から5年経過した2016年4月14日から16日にかけ，熊本県で震度7を2度記録する大地震が発生し，その後も大規模な余震が続いた。熊本地震である。熊本地震の被災地にも全国から数多くの義援金が寄せられた。ところが，東日本大震災から積み残しとなっている義援金の差押え禁止の恒久法の整備はなされていなかった。そこで，東日本大震災以上に素早いスピードで義援金差押禁止立法を行う必要性があった。

[分析結果] 「9 住宅・車等のローン・リース」の類型に分類された被災者のリーガル・ニーズの多くは，「自然災害債務整理ガイドライン」に関する情報提供であった。被災者の関心事は，ガイドラインを利用することでどの程度の資金を手元に残せるのかということに尽きる。その場合に，差押禁止財産は当然ガイドライン利用においても資産としては考慮しない運用（手元に残せる運用）であるため，義援金が差押禁止財産となるかは，被災者の生活再建にとっては非常に大きな意義があった。

---

84) 東日本大震災関連義援金に係る差押禁止等に関する法律3項。

BOOK review 1月の新刊

JANUARY 2018

〒112-0005 東京都文京区水道2-1-1
営業部 03-3814-6861 FAX 03-3814-6854
ホームページでも情報発信中。ぜひご覧ください。
http://www.keisoshobo.co.jp

表示価格には消費税は含まれておりません。

入門・倫理学

赤林 朗・児玉 聡 編

『入門・医療倫理』I〜III巻から、倫理理論を論じた章を抜粋して再編集。倫理学の基礎知識が一冊で身に着く、待望の入門テキスト。

A5判並製312頁 本体3200円
ISBN978-4-326-10265-5

「未解」のアフリカ
欺瞞のヨーロッパ史観

石川 薫・小浜裕久 著

私たちは「アフリカ」を知っているのか。従来のアフリカ観を根底からひっくり返す、本物のアフリカ(国家、宗教、言語等々)を語る書。

四六判上製392頁 本体3200円
ISBN978-4-326-24847-6

「日本人」は変化しているのか
価値観・ソーシャルネットワーク・民主主義

ジャーデン・プロイデ
人の不幸を喜ぶ私たちの闇

Book review

JANUARY 2018

勁草書房 http://www.keisoshobo.co.jp
表示価格には消費税は含まれておりません。

1月の新刊

都市の老い
人口の高齢化と住宅の老朽化の交錯

齊藤 誠 編著

人口高齢化と住宅老朽化が時間的・地理的にも複雑に交錯するなか、人口減少・地価低下という事態に対しどのように向き合うべきなのか。

A5判上製 336頁 本体3500円
ISBN978-4-326-50442-8

KDDI総合研究所叢書6
OTT産業をめぐる政策分析
ネット中立性、個人情報、メディア

実積寿也・春日教測・宍倉 学
中村彰宏・高口鉄平 著

グローバルな大企業から、規模の小さなベンチャー企業まで、多種多様なサービスを展開するOTT産業に、求められる新たな産業政策とは。

A5判上製 240頁 本体3500円
ISBN978-4-326-50443-5

フランスの社会階層と進路選択
学校制度からの排除と自己選抜のメカニズム

ちょっと気になる医療と介護
[増補版]

1月の重版

社会科学系のための
「優秀論文」作成術
プロの学術論文から卒論まで
川崎 剛

「論文ってどう書けばいいんだ？」と一度でも悩んだことのある、社会科学の学生たちに必要な力をつけるノウハウを、教えます。

A5判並製 196頁 本体1900円
ISBN978-4-326-00034-0 1版9刷

選択しないという選択
ビッグデータで変わる「自由」のかたち
キャス・サンスティーン 著
伊達尚美 訳

ネットに拡散する「あなたへのおすすめ」の数々……。あなたにとって、より効率的なユートピアか？ 見えないテディベアに満ちたディストピアか？

四六判並製 272頁 本体2700円
ISBN978-4-326-55077-7 1版3刷

メタ倫理学入門
道徳のそもそもを考える
佐藤岳詩

善いとか悪いっていったいどういうこと？ 倫理の問題に答えるためには「〜であるべき」の一歩下がって考えることだ。深くて広く新しい世界が見えてくる。

A5判並製 352頁 本体3000円
ISBN978-4-326-10262-4 1版3刷

なぜ日本の公教育費は少ないのか
教育の公的役割を問いなおす
中澤 渉

財政部際出身者の変遷や結婚を、出向を理由に反対する「結婚差別」。膨大な聞き取りデータの分析から、その実態を明らかにする。

四六判上製 404頁 本体3800円
ISBN978-4-326-65388-1 1版4刷

フランス再興と
国際秩序の構想
第二次世界大戦期の政治と外交
宮下雄一郎

ナチスに屈服され、ついに分裂した交戦国は、どうやって偉大さを取り戻そうとしたのか？ ド・ゴールたちの闘争者たちの闘争を描き出す。

A5判上製 504頁 本体6000円
ISBN978-4-326-30248-2 1版2刷

結婚差別の社会学
齋藤直子

被差別部落出身者の恋愛や結婚を、出向を理由に反対する「結婚差別」。膨大な聞き取りデータの分析から、その実態を明らかにする。

四六判上製 312頁 本体2000円
ISBN978-4-326-65408-6 1版3刷

ヨーロッパ経済
[改訂版]
過去からの照射
朝倉弘教・内田日出海

かつてヨーロッパは分裂の長い時代を経て、今ひとつになりつつある。中世以降、近代に力点をおいて読む一千年のヨーロッパ経済史。

A5判並製 320頁 本体3000円
ISBN978-4-326-50233-2 2版7刷

転げ落ちない社会
困窮と孤立をふせぐ制度戦略
宮本太郎 編著

今日の日本社会に広がる困窮や格差、孤立の問題にいかに取り組むべきか。日本社会にとり喫緊の課題に新たな視点から提言する。

四六判並製 384頁 本体2500円
ISBN978-4-326-65412-3 1版2刷

東アジアの新しい地域主義と市民社会

ヘゲモニーと規範の批判的地域主義アプローチ

五十嵐誠一

市民社会が創る東アジアの新しい共同体。多様な視点から市民社会による「下」からの地域形成力に光を当てた待望の研究。

A5判上製424頁 本体5200円
ISBN978-4-326-30264-2

責任と法意識の人間科学

唐沢穣・松村良之 編著

法に関する一般の人々の意識を社会心理学的な研究によって解明。法社会学や刑法学等、応用倫理学との協働により新たな学際領域を拓く。

A5判上製328頁 本体4800円
ISBN978-4-326-40349-3

ロボット法

ウゴ・パガロ 著
新保史生 監訳・訳/松尾剛行・工藤郁子・赤坂亮太 訳

ロボット法とは何か。ロボット技術の発展が社会に投げかける挑戦とはどのようなものか。法はそれにいかに対応するべきか。

A5判上製272頁 本体4500円
ISBN978-4-326-40345-5

勁草法律実務シリーズ

損害賠償の法務

喜多村勝徳

改正民法を前提に、理論と実務の両面から、判例を多数紹介しつつ、主張立証責任の訴訟手続までを詳説。損害賠償法務の基本をつくる。

A5判並製344頁 本体3500円
ISBN978-4-326-40350-9

第 6 章　リーガル・ニーズの分析と災害復興政策の実現　　　213

　［政策提言］　東日本大震災関連の義援金の差押禁止措置が特別法だけで終わっていたことはすでに弁護士らにおいて把握していた事項であったため，各地でただちに義援金差押禁止の提言が起こった。2016 年 4 月 26 日の慶應義塾大学 SFC 研究所防災情報社会デザインコンソーシアム緊急セミナー「熊本地震対応　今なにをすべきか」における筆者の解説[85]，東日本大震災発災当時岩手県宮古ひまわり基金法律事務所所長であった小口幸人弁護士の提言[86]などである。2016 年 5 月 9 日，日弁連も「平成 28 年熊本地震に関し義援金差押禁止措置等を求める緊急会長声明」により，「義援金は被災者の被害復旧と生活再建のために集まった善意の金員であり，債権者が債権満足の原資として期待すべきものでもなく，一律に差押禁止財産とすることが相当である。……昨年 12 月に策定された「自然災害による被災者の債務整理に関するガイドライン」に基づく住宅ローン等の債務整理（以下「被災ローン減免制度」という）の利用後も義援金を被災者の手元に残すことができ，被災ローン減免制度の利用促進，ひいては被災者の生活再建の後押しにつながる」旨明確に訴えている。また，2016 年 5 月 16 日付の日本災害復興学会と関西学院大学災害復興制度研究所により「平成 28 年熊本地震に関する共同提言」が発表され，その中にも義援金差押禁止法案の立法化提言が明記された[87]。

　［政策形成活動］　上記提言活動に加え，与野党国会議員へ弁護士らがアドホックなレクチャーを早期に展開し，その後同時にメディアレクチャーも実施するなどの政策形成活動を展開した。個人オーサーによる Yahoo! ニュース発信など，メディア拡散の方法も，東日本大震災以降，より一層多様になってきた

---

85)　弁護士ドットコム（2016 年 4 月 28 日）「「義援金が金融機関に差し押さえられてしまう可能性も」熊本地震・慶大で緊急セミナー」。なお「慶應義塾大学 SFC 研究所防災情報社会デザインコンソーシアム緊急セミナー「熊本地震対応　今なにをすべきか」」の様子は，慶應 SFC2016 に詳細に記録されている。
86)　小口幸人「コラム　早急に義援金差押禁止立法を」（2016 年 4 月 29 日）http://www.nanzanlaw.com/column/468（2017 年 3 月 31 日）
87)　提言の第 2 第 4 項に「被災者の生活再建を促進し，かつ，義援金を寄付して頂いた人の願いを反映させるために，義援金についても被災者生活再建支援金・災害弔慰金と同様，差押を禁止する立法措置をとることを求めます」としている。

ことも奏功しているように思われた[88]）。また，東日本大震災同様，所管する省庁が明確でなく，政府省庁が主導する立法（閣法）は見込めないことから，超党派による議員立法が望まれた。

[新制度実現]　2016年5月27日，「平成二十八年熊本地震災害関連義援金に係る差押禁止等に関する法律」が超党派議員立法の全会一致により成立した（同年6月3日公布）。東日本大震災と同じ条文構造であり，調整コストもわずかで済んだことから，早期の立法が実現したことは評価できる。

[課　題]　恒久法による措置が急務である。すでに東日本大震災，熊本地震という大災害を経ているし，その間にも，多くの犠牲者を発生させた災害があったことを考えれば，一刻の猶予もないはずである。たとえば，大災害時に政令によって各種の期限延長や義務の免除・猶予などを一括で可能とすることを定めた「特定非常災害の被害者の権利利益の保全等を図るための特別措置に関する法律」に義援金差押禁止条項を追加するなどの法改正が望まれる。

(6)　災害時要援護者の個人情報の取扱い（東日本大震災以降）
　[リーガル・ニーズ]　個人情報の保護に関する法律（個人情報保護法）はその目的を「高度情報通信社会の進展に伴い個人情報の利用が著しく拡大していることにかんがみ，個人情報の適正な取扱いに関し，基本理念及び政府による基本方針の作成その他の個人情報の保護に関する施策の基本となる事項を定め，国及び地方公共団体の責務等を明らかにするとともに，個人情報を取り扱う事業者の遵守すべき義務等を定めることにより，個人情報の有用性に配慮しつつ，個人の権利利益を保護すること」としており[89]，個人情報は保護と利活用のバランスによって個人の権利利益の保護に資する取扱いをすることが求められる。

88）　東北復興新聞（2016年5月10日）「弁護士が見た復興・岡本正「東日本大震災の教訓を熊本・大分へつなぐ：義援金差押禁止の立法提言」」等メディア発信（Yahoo!ニュースにも転載）。http://www.rise-tohoku.jp/?p=13267（2017年3月31日）
89）　個人情報保護法1条（2015年改正個人情報保護法施行前・東日本大震災当時の条文）。

災害時には，基礎自治体が保有する住民情報のうち災害時要援護者[90]の個人情報をいかに利活用し，被災者の命や生活を救済するかが課題となる。ところが，個人情報保護法成立以降，本来は個人情報を利活用して国民・住民の権利利益の実現を図るべきところを「保護」のみに傾倒して本来の目的を果たせない「過剰反応問題」が横行する。それは，自治体保有の個人情報を規律する全国各地の自治体単位で存在する「個人情報保護条例」に基づく自治体保有の個人情報の取扱いについても同様であった。東日本大震災は，全国が過剰反応問題を抱えたまま起きた。東日本大震災に伴い，自治体が，障害者など災害時要援護者の情報を支援団体等からの要望に応じて，本人の同意の有無にかかわらず外部提供したかどうかについてメディアが調査したところ「岩手，宮城，福島3県と，被害が大きい沿岸部と福島第一原子力発電所周辺（警戒区域内除く）の33市町村に調査したところ，3県とも開示要請を受けたほか，直接要請を受けた市町村は8あった。このうち，開示に応じたのは岩手県と，南相馬市だけだった」という衝撃的な結果となった[91]。2011年6月15日開催の消費者委員会個人情報保護専門調査会第7回では，日本民間放送連盟報道委員会報道問題研究部会所属委員より「東日本大震災でも明らかになったように，自治体の管理する情報が有効に開示されなかったり，自治体等により地域住民の名簿が存在しないことや，存在していても有効に開示，共有できていないことなどによって，特に高齢者，障害者など，災害弱者の救助や被災後の確認やケアに大きな支障を来していると聞いております。また，安否情報などで氏名等を適切に提供，開示することが，被災地域の住民のみならず，全国の親族や知人等にとってもいかに重要かということが明らかになっております」と報告された。

---

90) 災害時要援護者とは「必要な情報を迅速かつ的確に把握し，災害から自らを守るために安全な場所に避難するなどの災害時の一連の行動をとるのに支援を要する人々をいい，一般的に高齢者，障害者，外国人，乳幼児，妊婦等があげられている」と説明されてきた（内閣府災害時要援護者の避難対策に関する検討会「災害時要援護者の避難支援ガイドライン」（2006年3月改定版）による定義）。

91) 読売新聞（2011年6月4日）「障害者の安否確認進まず，個人情報保護法が壁」（なお，記事中の「個人情報保護法」は誤りであり，「個人情報保護条例」または「個人情報保護法制」が正しい）。

なお，東日本大震災における各地の問題事例やその克服過程，抽出された教訓や法改正への軌跡については，筆者自身による『自治体の個人情報保護と共有の実務：地域における災害対策・避難支援』（岡本・山崎・板倉 2013），『災害復興法学』（岡本 2014a・146-197 頁），「災害対策と個人情報の利活用」（岡本 2016a，『非常時対応の社会科学：法学と経済学の共同の試み』14-38 頁（齊藤・野田 2016））などの研究書籍や，「災害対策と個人情報利活用の課題：災害対策基本法と消費者安全法が示唆する政策展開」（岡本 2015a）をはじめとする論文等に詳しい。以下にはこれらの論文で示したところから復興政策の軌跡についてまとめて記述する。

[分析結果] 日弁連をはじめ，弁護士有志が，各自治体や担当者らから個別ヒアリングを実施し，問題点を抽出した。岩手県では，県が保有する避難所入所者名簿と障害者情報を突合し，避難所滞在の障害者の情報を本人の同意なくして支援団体へ提供し支援に繋げるなど比較的早期の段階で，個人情報利活用の施策は進んでいたと評価できた。しかしその一方で，仙台市は社会福祉協議会へみなし仮設住宅の入居者情報を提供するために，1 万件以上の個別同意を取得する等，ある意味で過剰な事務負担を行っていたことが判明した。また，福島県南相馬市では，担当者の逡巡や紆余曲折はあったものの，最終的には緊急時避難準備区域内に取り残された障害者らの情報を，本人の同意なくして支援団体に提供したうえで安否確認や生活再建支援に繋げる施策が実現した。このように，自治体ごとに「個人情報保護条例」の理解と実務運用に大きなばらつきがあり，また，これ以外の自治体では災害時要援護者名簿がほとんど活用されていないことも判明した。

[政策提言] 東日本大震災直前の 2011 年 3 月 7 日に実施された，内閣府行政刷新会議による「規制仕分け」における「パーソナル・サポート・サービス推進上の諸課題」では，滋賀県野洲市が本人の同意書を徴求して，多重債務や困窮支援の機関へ個人情報を提供しているとの例が紹介されるなどし，行政の部局や旧来の職務分掌を超えた個人情報の共有事例などが報告された[92]。この結果は政府により，個人情報の利活用を促す通知または事務連絡などによっ

て発信され，災害時や緊急時のみならず，「平常時の」孤立防止支援，高齢者・障害者見守り支援，災害対策の準備の指針となるはずであった。ところが，2011年3月11日の到来により，これらの施策の発信は頓挫した[93]。

2011年6月17日，日弁連は「災害時要援護者及び県外避難者の情報共有に関する意見書」を提出した。その中で①自治体は，災害時要援護者の救助や安否確認等，県外避難者への支援や相互連絡等につき，これらに協力する行政機関・地方公共団体，関係機関や民間協力団体等との間で，その保有する災害時要援護者および県外避難者情報を共有するため，個人の同意を前提とせず情報の外部提供をただちに行うこと，②自治体は，個人情報保護条例上の根拠規定および関係機関共有のためのガイドラインを設け，周知を徹底すること，③国は，災害時要援護者および県外避難者の情報を関係機関等との間で速やかに共有するよう助言すること，④自治体は，個人情報保護条例において，災害時の個人情報の外部提供を促進する根拠規定を定めること，⑤国は，災害救助法または災害対策基本法に情報の関係機関共有を正当化する根拠規定を新設すること，⑥自治体は，大規模災害時に住民の安否・避難状況等の確認と被災者に対する支援施策を円滑に行うためのシステムを早急に整備すること。⑦国および都道府県は，各自治体が保有する災害時要援護者情報等が喪失された場合に，速やかな安否確認を行えるよう，各地方自治体の保有する要援護者に関する情報の外部提供を受け，これを都道府県または国においてバックアップして保存するためのシステムを早急に整備すること，などを盛り込んだ。

2012年10月23日，日弁連は「災害時における要援護者の個人情報提供・共有に関するガイドライン」（日弁連ガイドライン）を公表し，安否情報や災害直後，そして被災者生活再建フェーズにおける個人情報の適切な共有の指針を示した。既存の個人情報保護条例においても十分な個人情報の利活用ができることを訴えた。法改正提言が実現するまでの応急措置というべきガイドラインである。日弁連ガイドラインが冒頭に「災害時における要援護者情報の要援護者支援機関への提供は，安否確認ができていない状況においては本人の同意を

---

92) 滋賀県野洲市の取り組みは，生水2013に詳しい。
93) 筆者は内閣府行政刷新会議における「パーソナル・サポート・サービス推進上の諸課題」における内閣府担当者の一人であった。

要しない典型的なケースであって，地方公共団体において，①本人の同意の欠如，あるいは②一般的な個人情報保護を理由に提供をしないのは，要援護者の安全確保という地方公共団体に課せられた責務を懈怠しているといえる。ゆえに，地方公共団体は，災害時要援護者の災害後における安否確認のため，要援護者支援機関に対し，安否確認に必要な個人情報を提供し，要援護者支援機関との間で情報を共有しなければならない（情報提供・共有は地方公共団体の義務である）。また，安否確認ができた後においても，災害時要援護者の避難後の支援を促進すべく，災害時要援護者の支援に関する情報が積極的に提供・共有されなければならない」と示した点は，相当踏み込んだ提言であるとともに，自治体政策法務に即応できる指針であると評価できる。

［政策形成活動］　日弁連は，シンポジウムキャラバン「災害時における個人情報の適切な取扱い：高齢者・障がい者等の安否確認，支援，情報伝達のために」を企画し，東京（2012年7月3日），大阪（2012年11月20日），名古屋（2013年1月28日），徳島（2013年6月17日），札幌（2014年1月20日），宮崎（2014年2月17日）の6か所で連続シンポジウムを開催した[94]。福島県南相馬市で個人情報の共有施策の推進に貢献した青田由幸氏（特定非営利活動法人さぽーとセンターぴあ代表理事），東京都から派遣され仙台市でみなし仮設住宅における被災者支援に取り組み個人情報の共有問題に奮闘した鳥井静夫氏（東京都・平成23年度仙台市震災復興本部震災復興室併任），岩手県において災害時の個人情報の共有政策などを担当し速やかな情報共有実現の立役者となった山本和広氏（当時・岩手県総務部法務学事課）らによる報告と，有識者らとで「災害時の個人情報の利活用」について積極的な提言を実施した（朝日新聞特別報道部2013・48-49頁）。

時期を同じくして，日弁連の意見書や同ガイドラインの発出に伴い，内閣府（防災担当）との意見交換も積極的に行った。内閣府としても，災害対策において個人情報の扱いに大きなばらつきがあったことを憂慮し，災害対策基本法の法改正による最低限の指針を示そうとしていたのである。内閣府主導による

---

[94] 筆者は全シンポジウムに日弁連災害復興支援委員会幹事の立場で登壇している。

災害対策基本法改正に日弁連提言をどれだけ盛り込めるかについて意見交換が行われるなどした。

[新制度実現] 2013年6月17日，東日本大震災発災後第2弾となる「災害対策基本法」の改正案が成立し，同年6月21日に公布された。災害対策基本法改正のうち災害時の個人情報の取扱いに関する部分をまとめると表6-1のとおりとなる。日弁連の意見書の提言をおおむね踏襲している。災害時要援護者に対する最低限の基準がようやく策定されたものと評価できる。

また，自治体独自に解決策を見出した事例もある。福島県南相馬市は，災害時における個人情報共有施策の準備不足の教訓から，2012年3月，個人情報保護条例そのものを改正した。すなわち，従来本人同意なくして個人情報の共有を行う際に適用できる緊急時条項が「人の生命，身体又は財産を保護するため，緊急かつやむを得ないと認められるとき」[95]となっていたものを，「災害時等において，人の生命，身体又は財産を保護するため，緊急かつやむを得ないと認められるとき」[96]とした。必ずしも明確でなかった「災害」の発生時における個人情報共有要件を明確化したことは，自治体の現場判断の緊急時の躊躇を軽減する効果があるものとして評価できる。

被災者台帳は，法改正直後の2013年10月16日に発生した台風26号による「伊豆大島土砂災害」において活用された。全国初となる改正法の適用事例として，自治体間（東京都と大島町）の被災者情報の随時共有が実現したのである[97]。これらの被災者台帳システムは，その後熊本地震でも活用されることになる[98]。

---

95) 南相馬市個人情報保護条例11条1項4号（改正前・東日本大震災当時）。
96) 南相馬市個人情報保護条例6条3項4号（改正後・収集の制限），同11条2項6号（改正後・目的外利用及び外部提供の制限）。
97) 東京都「大島の応急復旧に向けた取組について」（2013年12月20日）。筆者は，東京都の要請を受けて，被災者台帳の東京都と大島町との間の共有に関して，申請様式の作成や災害対策基本法改正について法的助言を行った。
98) 熊本県庁は，2016年4月22日に被災者台帳システムの説明会を開催し，まずは熊本市をはじめとする15市町村が導入を決定した。熊本市「熊本地震に係る「被災者台帳・生活再建支援システム」の活用について」（2016年5月12日報道資料）および毎日

表6-1　2013年改正災害対策基本法の概要（個人情報の取扱いに関する部分）

新たな制度	改正法の条文	概　要
要配慮者の定義の明確化	改正法8条2項15号	要配慮者とは「高齢者，障害者，乳幼児その他の特に配慮を要する者」とされた。従来のガイドラインで示されてきた「災害時要援護者」とほぼ同義である。
避難行動要支援者名簿の作成と共有	改正法49条の10～49条の13	市町村長が，避難について特に支援が必要な者（避難行動要支援者）の名簿をあらかじめ作成し，消防機関や民生委員等の地域の支援者との間で情報共有するための制度を創設した。避難行動要支援者名簿作成が市町村長の法的義務として明記された。また，災害時における名簿情報の共有が条文で明確に許容された。ただし，平常時からの名簿共有に関しては，当該自治体の個人情報保護条例に規律に従うものとし，自治体の独自施策に委ねられることになった。
安否情報の提供	改正法86条の15	被災自治体において個人の安否情報の回答が可能となるよう，法律上の明確な根拠を創設した。
被災者台帳の作成と共有	改正法90条の3，90条の4	個々の被災者の被害状況や支援状況，配慮事項等を一元的に集約した台帳（被災者台帳）の作成と，市町村内部や相互間での台帳情報の共有制度を創設した。

　[課　題]　改正された災害対策基本法を使いこなすための自治体政策法務には大きな課題を残している。まずは「避難行動要支援者名簿」である。災害対策基本法は避難行動要支援者名簿の作成を自治体に法律上の義務として課した[99]。東日本大震災の教訓を踏まえると，災害時および災害対策のための関係支援機関との共有の促進が不可欠であるところ，災害対策基本法は災害時にお

新聞（2016年5月17日）「被災者台帳15市町村導入　支援漏れを防止」等参照。
99)　「市町村長は，当該市町村に居住する要配慮者のうち，災害が発生し，又は災害が発生するおそれがある場合に自ら避難することが困難な者であつて，その円滑かつ迅速な避難の確保を図るため特に支援を要するもの（以下「避難行動要支援者」という。）の把握に努めるとともに，地域防災計画の定めるところにより，避難行動要支援者について避難の支援，安否の確認その他の避難行動要支援者の生命又は身体を災害から保護するために必要な措置（以下「避難支援等」という。）を実施するための基礎とする名簿（以下この条及び次条第一項において「避難行動要支援者名簿」という。）を作成しておかなければならない」（災害対策基本法49条の10第1項）。

ける名簿情報の共有についてはこれを許容し，全国統一の最低基準を設けた[100]。ところが，平常時からの情報共有に関しては「市町村長は，災害の発生に備え，避難支援等の実施に必要な限度で，地域防災計画の定めるところにより，消防機関，都道府県警察，民生委員法（昭和二十三年法律第百九十八号）に定める民生委員，社会福祉法（昭和二十六年法律第四十五号）第百九条第一項に規定する市町村社会福祉協議会，自主防災組織その他の避難支援等の実施に携わる関係者（次項において「避難支援等関係者」という。）に対し，名簿情報を提供するものとする。ただし，当該市町村の条例に特別の定めがある場合を除き，名簿情報を提供することについて本人（当該名簿情報によって識別される特定の個人をいう。次項において同じ。）の同意が得られない場合は，この限りでない」[101]とするにとどまる。すなわち，平常の共有は，自治体が独自に個人情報保護条例の条文を駆使して（たとえば個人情報保護審議会の答申を経るなどの方法），あるいは独自の平常時からの名簿情報共有条例（条項）を制定するなどして対応することを求められたのである。このため，多くの自治体では，平常時からの名簿情報の共有は，「同意」を経た災害時要援護者（要配慮者，避難行動要支援者）に限られることになってしまった。筆者は，先述の岡本・山崎・板倉 2013 等をはじめとする書籍[102]や国の過剰反応対応の説明会事業などで，平常時からの災害時要援護者情報の共有政策の実務について解説と提言を継続

---

100) 「市町村長は，災害が発生し，又は発生するおそれがある場合において，避難行動要支援者の生命又は身体を災害から保護するために特に必要があると認めるときは，避難支援等の実施に必要な限度で，避難支援等関係者その他の者に対し，名簿情報を提供することができる。この場合においては，名簿情報を提供することについて本人の同意を得ることを要しない」（災害対策基本法 49 条の 11 第 3 項）。
101) 災害対策基本法 49 条の 11 第 2 項。
102) 岡本・山崎・板倉 2013 では，東日本大震災の被災地における個人情報の利活用の実績と教訓を詳らかにし，2013 年 6 月の改正災害対策基本法による「避難行動要支援者名簿」「安否情報」「被災者台帳」について詳細な解説を加えている。また，各自治体による「個人情報保護審議会」の活用による個人情報の平常時共有事例や，独自の震災対策条例や名簿共有条例による平常時共有事例のモデルケース・先進事例を多数掲載し，自治体政策法務において参照できるようにしている。

しているところである[103]。鍵屋一教授[104]は，2004年10月に内閣府が設置した「集中豪雨等における情報伝達及び高齢者等の避難支援に関する検討会」[105]委員経験等を踏まえ，自治体が保有する情報を本人同意がなくても災害対策のために共有する「共有情報方式」の推進が望ましいとし，「共有情報方式を早期に自治体に普及するためには，自治体の個人情報保護審議会で承認されやすいように，国が法改正や防災基本計画に記載するなど制度的な担保をすることが効果的と考える」と，平常時からの災害時要援護者名簿情報（個人情報）の共有を認める法改正の必要性に言及している（鍵屋2005・166-167頁）。2013年の改正災害対策基本法における「避難行動要支援者名簿」は災害時の共有を確認的に明記したに止まるものであり，いまだかかる提言が目指す平常時からの個人情報共有の法制化には至っていない。2014年6月成立の「不当景品類及び不当表示防止法等の一部を改正する等の法律」は，消費者安全法の改正を含んでおり，個人情報の取扱いに関する分野として，①自治体による国や国民生活センターからの消費者相談や個人情報の収集[106]，②自治体による消費者安全確保協議会の設置と構成員機関の間の情報共有が定められた[107]。注目すべきは「消費者安全確保地域協議会」に関し，「協議会は，第一項に規定する情報の交換及び協議を行うため必要があると認めるとき，又は構成員が行う消費者安全の確保のための取組に関し他の構成員から要請があった場合その他の内閣府令で定める場合において必要があると認めるときは，構成員に対し，消費生活上特に配慮を要する消費者に関する情報の提供，意見の表明その他の必要な協力

---

103) 筆者は2012年度から2016年度まで，消費者庁が主催する「個人情報保護法に関する説明会」の講師を全国22か所で務め，自治体が保有する個人情報について，災害時のみならず，平常時の災害対策や見守り活動へ活用するための政策実務の解説を実施する等した。
104) 東京都板橋区防災課長（2000年4月～2004年3月）等を歴任。
105) 2004年発生の一連の集中豪雨（「平成16年7月新潟・福島豪雨」等）を契機に設置。内閣府「集中豪雨時等における情報伝達及び高齢者等の避難支援に関する検討報告」（2005年3月）を取りまとめる。ここでの議論は，内閣府災害時要援護者の避難対策に関する検討会「災害時要援護者の避難支援ガイドライン」（2006年3月改定版）の策定に繋がる。ここでは「情報共有方式」は「機関共有方式」という名称で整理された。
106) 消費者安全法11条の2。
107) 消費者安全法11条の3から同条の6。

を求めることができる」[108](11条の4第3項)としている点である。協議会構成機関となることで，「消費生活上特に配慮を要する消費者」の個人情報や消費者被害情報について，内閣府令の定めがあれば，個人情報保護条例如何にかかわらず，一定の条件のもとで個人情報の共有が実現する可能性があるということである。「避難行動要支援者名簿」との関係性や部局を超えた連携がなければ，自治体内部で部署ごとに類似の目的を有する名簿が乱立する恐れがあり，部局を超えた連携がより一層必要になるものと考えられる(岡本2015a)。

2017年3月3日，兵庫県は，阪神・淡路大震災から10年を契機として制定された「ひょうご安全の日を定める条例」を大幅に追加改正し，防災減災を推進する基本方針を定めた「ひょうご防災減災推進条例」を制定した。そこには，「市町は，災害の発生に備え，自主防災組織等(法2条の2第2号に規定する自主防災組織，自治会等の民間団体をいう。以下同じ。)に対し避難行動要支援者の法49条の11第1項に規定する名簿情報を提供するため，同条第2項ただし書に規定する特別の定めを設ける条例を制定する等法制上の措置その他の必要な措置を行うものとする」との条項[109]が設けられた。災害対策基本法が意図した「官民における平常時からの災害時要援護者の個人情報の共有」を推進する画期的なものである。あくまでもプログラム規定にとどまるが，県の明確な意思が示されたことは大きな一歩であり先進事例として注目に値する[110]。

「安否情報」についても現場運用の課題が露呈した。安否情報については，「都道府県知事又は市町村長は，第一項の規定による回答を適切に行い，又は当該回答の適切な実施に備えるために必要な限度で，その保有する被災者の氏名その他の被災者に関する情報を，その保有に当たつて特定された利用の目的以外の目的のために内部で利用することができる」「都道府県知事又は市町村長は，第一項の規定による回答を適切に行い，又は当該回答の適切な実施に備えるため必要があると認めるときは，関係地方公共団体の長，消防機関，都道府県警察その他の者に対して，被災者に関する情報の提供を求めることができ

---

108) 消費者安全法11条の4第3項。
109) ひょうご防災減災推進条例3条3項。
110) 2017年2月24日の兵庫県企画県民部防災企画局防災企画課担当者からの訪問聴取結果等。

る」[111]としており，災害直後に救援や支援を行う支援機関においては，職務分掌や自治体の枠を超えて安否情報を共有することができる。当該条文に思い至れば，特段の法的評価・判断をするまでもなく，また個人情報保護条例の規定如何にかかわらず，少なくとも行方不明者情報などを共有できる。しかしながら，平成26年8月豪雨による「広島土砂災害」(2014年8月20日)においては，広島市内の災害部局や救助救援機関が把握する行方不明者数が目まぐるしく増減し，このことから，関係機関で行方不明者情報の共有や情報収集の一元化がなされていないことが推察された。広島市としては，同市の個人情報保護条例において緊急性に基づく外部提供などが可能であること自体は把握していたということである。情報を広く求めるため行方不明者情報を開示したのは災害発生から6日目となった。あてはめと検討にあまりに慎重過ぎたものと評価せざるをえない[112]。平成27年9月関東・東北豪雨(2015年9月9日から11日)では，鬼怒川の決壊(同年9月10日)等で特に被害の大きかった茨城県常総市の対応が教訓としてある。すなわち，行方不明者の情報が茨城県と同県常総市との間で全く共有されていなかったのである[113]。災害対策基本法改正後の安否情報の規定がことごとく活用されていない現状が浮き彫りになった。

　「被災者台帳」は，複数自治体で平常時・災害時の導入が進んでいるものの，多くは，罹災証明書の発行のために被害認定作業の標準化・一元管理，その後の行政給付における行政上の名寄せの便宜性などに主眼が置かれているように思われる[114]。罹災証明書や被災者生活再建支援法に基づく判定は総合的な法

---

111)　災害対策基本法86条の15第3項および第4項。
112)　日本経済新聞(2014年8月26日)「不明者の氏名・住所公開　市，緊急性を考慮　死者58人に」。筆者は，災害対策基本法の安否情報の規定の理解浸透がなされていなかったことを念頭におき「情報の取扱いについて，事前に基準やルール作りを進める必要がある」とコメントした。また，岩手日報(2017年1月8日)「2017年大型企画　あなたの証し　匿名社会と防災　第1部 安否を伝える　特集　岡本正氏・弁護士「保護法制の理解不足　個人情報を緊急時提供」」および同(2017年4月11日)「2017年大型企画　あなたの証し　匿名社会と防災　第4部　実名の価値(4)　公表基準の検討　要配慮者へ対策課題」において，筆者は，行方不明者の氏名公表に関しても，事前のルールを策定したうえ，人命救助を優先し，硬直的で慎重過ぎる運用にならないよう述べている。
113)　読売新聞(2015年9月16日)「東日本豪雨　不明者数独り歩き　常総市と県連絡不足　氏名非公表確認遅らす」。

的評価によるあてはめが必要であり，必ずしも標準化だけでは解決できない問題も残ることは指摘しておきたい。災害法制分野の研究が，被災者台帳システム導入にともなう技術と法的評価による行政運用の架け橋となるべく，研究の一層の深化が望まれる分野と考える。

最後に，個人情報保護法制の全体像を巡っても課題が残る。すなわち，自治体ごとに個人情報保護条例が存在することから，その解釈のリーガル・リテラシーに相当のばらつきが存在し，特に災害対策や見守り支援などの住民の生命や健康に直結する場面ですら，全国的な最低限度の施策が浸透しないという点である[115]。原因は多岐にわたるが，ここで指摘しておきたいのが，いわゆる「個人情報保護法制2000個問題」である。わが国の個人情報保護法制は，個人情報の保有主体によって個人情報の取扱いを規律する法令が異なるという極めて稀有な制度設計となっている。これは，「OECD8原則」[116]などを受けてもなおわが国が個人情報の取扱いに関する全国的な法制度を設けなかったことで，先進的な自治体の個人情報保護条例のほうが先行して制定されていったという歴史的経緯に由来する。個人情報保護法制定の際に，自治体条例が規律する部分を避けるように法令を制定せざるをえなくなったのである。大まかに言えば，民間部門が「個人情報の保護に関する法律」，国が「行政機関の保有する個人情報の保護に関する法律」，独立行政法人が「独立行政法人等の保有する個人情報の保護に関する法律」，そして自治体が「個人情報保護条例」である。自

---

114) 被災者台帳システムの技術的側面での開発者の先行研究として，井ノ口ほか2008等がある。自治体職員の建物被害判定業務の標準化と情報管理を主眼とした「被災者台帳システム」の実装を提言するものであり，法改正による被災者台帳制度導入の原動力になったものと高く評価できる。

115) 「「災害復興法学」の創設にみる東日本大震災後の政策課題：地域の個人情報政策における「防災リーガル・リテラシー」の必要性」（岡本2014b）等は，自治体の個人情報保護法制に対するリーガル・リテラシーの差が政策実務対応の差を生んだことについて考察を加えている。

116) 1980年9月23日に経済協力開発機構（OECD）理事会で採択された「プライバシー保護と個人データの国際流通についての勧告」の中に記述されている8つの原則（収集制限の原則，データ内容の原則，目的明確化の原則，利用制限の原則，安全保護の原則，公開の原則，個人参加の原則，責任の原則）。日本の個人情報保護法では個人情報取扱事業者の各種義務として反映されている。

治体にも，広域連合や一部事務組合などがあれば，その主体ごとに「個人情報保護条例」が存在し，自治体単体では現在のところ個人情報保護条例の欠落はないが，それ以外の主体の場合には，一部欠落していることすらある。これにより，定義，解釈，運用，方針，様式，法制度の反映等のあらゆるフェーズにおいて「個人情報保護法制 2000 個問題」が生まれてしまったのである[117]。これにより個人情報に関する取扱いが各地で千差万別となり，条文構造の差，解釈や政策熟度の差が著しいものとなった。2015 年 4 月 9 日，「番号創国推進協議会」[118] と「日本ユーザビリティ医療情報化推進協会（JUMP）」[119] は，「自治体データ及び医療データ連携と個人情報保護法制の問題点：個人情報保護法制 2000 個問題の立法的解決に向けて」を公表し，2000 個問題の解消のための全国統一の地方公共団体個人情報保護法の創設を訴えた。また，2016 年 11 月 15 日開催の内閣府規制改革推進会議「第 3 回投資等ワーキング・グループ」を皮切りに，有識者や自治体の現場から 2000 個問題の解消が相次いで提言された[120]。さらに，2016 年 12 月 7 日に，ビッグデータの官民利活用推進と基本計画を定めること等を目的とし，超党派の議員立法で成立した「官民データ活用推進基本法」には，「国の施策と地方公共団体の施策との整合性の確保等」として「国は，官民データを活用する多様な主体の連携を確保するため，官民データ活用の推進に関する施策を講ずるに当たっては，国の施策と地方公共団体

---

117) この問題を指摘する論文として，湯淺 2014 があり，書籍として，鈴木・高木・山本 2015 等がある。また，Yahoo! ニュース個人・岡本正（2015 年 5 月 13 日）「個人情報保護法制「2000 個問題」って何？「自治体個人情報保護法」による解決を目指す」においても指摘している。

118) マイナンバーの利活用を研究する全国 75 市の首長で構成される協議会。会長は横尾俊彦佐賀県多久市長。

119) 医療現場における情報連携・共有の推進，効率的な運用体制の構築，国民視点の医療サービスの質の向上を目指すための基盤となる共通番号の実現に向けた政策提言および政府や社会への啓発活動を行うことを目的とした協議会。理事長は森田朗国立社会保障・人口問題研究所所長（提言当時）。筆者も委員の一人である。http://j-jump.jp/（2017 年 3 月 17 日）

120) 鈴木正朝・湯淺墾道（一般社団法人情報法制研究所）「個人情報保護法制 2000 個問題について」（内閣府規制改革推進会議第 3 回投資等ワーキング・グループ・2016 年 11 月 15 日資料），横尾俊彦（多久市長）「未来への変革イノベーションを 個人情報保護条例 2000 個問題：日本式 PUSH 型行政の実現をめざして」（同）等がある。

の施策との整合性の確保その他の必要な措置を講ずるものとする」[121]との条項が設けられた。かかる条項の意図するところは、「現状千七百八十八団体のうち二百三十三団体。あるいは、地公体ごとにシステムがばらばらということで、調達においても非常にデメリットもあるということで、互換性がない点についても御指摘がございました。そしてまた、さらに申し上げますと、個人情報保護条例というものが各地公体によって定められているわけでございますが、これがいわゆる二千個問題を引き起こしているわけでございます。……本法案では、十九条において、この二千個問題をしっかりと解決しなければいけないねということを、国あるいは地方公共団体が協力して進められるように条文を設けさせていただいているところ」であると説明された[122]。2016年12月8日に開催された国会議員および産学官による公開座談会でも立法に関わった国会議員らから同様の考えが示されている[123]。明確に「個人情報保護法制2000個問題」の解消を政府が目指すべきことを立法府の意思として示したことは注目に値する。

(7) 災害関連死と因果関係（東日本大震災以降）

［リーガル・ニーズ］　災害関連死を明確に定義した法律上の規定はない。一方で、災害弔慰金法3条1項は「市町村（特別区を含む。以下同じ。）は、条例の定めるところにより、政令で定める災害（以下この章および次章において単に「災害」という。）により死亡した住民の遺族に対し、災害弔慰金の支給を行うことができる」としており、「災害により」死亡した、すなわち、災害の発生と死亡に民事上の相当因果関係[124]が認められる場合に、それを「災害関連

---

121) 官民データ活用推進基本法19条。
122) 第192回臨時国会衆議院内閣委員会（2016年11月25日）における濱村進衆議院議員による説明答弁。
123) Enterprise Zine ニュース（2017年3月7日）「公開座談会：「官民データ活用推進基本法」成立と「個人情報保護法制2000個問題」」。http://enterprisezine.jp/（2017年3月31日）
124) 阪神・淡路大震災により死亡した被災者の災害関連死認定を巡り、大阪高等裁判所平成10月28日は、「震災がなければ死亡という結果が生じていなかったことが必要であるが、これが認められる以上は、死期が迫っていたか否かは右相当因果関係の存否

死」と捉えるのが相当であると考える。東日本大震災の災害関連死は3,523人[125]，熊本地震の熊本県内の市町村が災害関連死と認定した死者は，146人に上る[126]。

　東日本大震災では，特に岩手県と宮城県の自治体において，2011年3月の震災発生から「6か月」を経過すると，極端に災害弔慰金の支給申請や，災害関連死の認定件数が減少していることも明らかになった。申請を受け付ける行政の対応や，災害関連死の認定をする「災害弔慰金支給審査委員会」(審査委員会)において何らかの運用上の課題があることは明白であった。そのうち一つの理由は新潟県中越地震（2004（平成16）年10月23日）の際に，新潟県長岡市で策定され，2005年10月に公表された「長岡市・新潟県中越大震災関連死認定基準（平成16年10月23日）」の誤った伝承と解釈であった。「長岡基準」と呼ばれたこの基準は，「①平成16年10月中に死亡➡関連死であると推定，②1か月以内の死亡➡関連死の可能性がある，③死亡まで1か月以上経過➡関連死の可能性が低い，④死亡まで6か月以上経過➡関連死でないと推定」という，審査委員会が災害関連死を認定する際の判断指針を示すなどした。ところが，この期限で区別した基準だけが独り歩きし，「6か月の壁」を生み出した。特に問題を増長させたのは，災害弔慰金法を当時所管していた厚生労働省社会・援護局災害救助・支援対策室による，2011年4月30日付事務連絡「災害関連死に対する災害弔慰金等の対応（情報提供）」である。これには，参考資料として「〇〇市災害弔慰金支給審査委員会設置要綱（平成17年11月18日告示347号）」，「災害弔慰金支給審査委員会における委員構成等」，「〇〇市・

の認定を左右するものではない」「少なくともその時期には未だ死亡という結果が生じていなかったと認められる以上は，右相当因果関係の存在を肯定するのが相当」として災害弔慰金不支給決定を取り消した。災害関連死亡の認定については「相当因果関係」によるものであることを明確に示している。

125）　復興庁・内閣府（防災担当）・消防庁「東日本大震災における震災関連死の死者数（平成28年9月30日現在調査結果）」（2017年1月16日公表）。ここでは，「「震災関連死の死者」とは，東日本大震災による負傷の悪化等により亡くなられた方で，災害弔慰金の支給等に関する法律に基づき，当該災害弔慰金の支給対象となった方」と定義。（実際には支給されていない方も含む。）」としている。

126）　NHK NEWS WEB（2017年3月3日）「熊本地震の死者205人　新たに1人を災害関連死と認定」。

新潟県中越大震災関連死認定基準（平成 16 年 10 月 23 日）（平成 17 年 10 月）」，「平成 16 年（2004 年）新潟県中越地震における死者一覧（消防庁調べ）」が添付されていた。厚生労働省から東日本大震災の被災地に対して「長岡基準」を採用して災害関連死かどうかを認定するよう推奨したかのようになってしまったのである。期限による明確な判断指針は，多忙を極める基礎自治体にとってみれば拠り所となりやすかった。民法上の相当因果関係がこのように簡単に決せられるはずがないことや，東日本大震災における超広域災害，超長期避難生活，多数回避難の現実等は，新潟県中越地震とは比較にならない程度であったことを，厚生労働省は看過し，誤解を広めていたことになる。

　また長岡基準だけではなく，審査委員会の審査の在り方や，委員構成なども課題である。前述の厚生労働省 2011 年 4 月 30 日付事務連絡「災害関連死に対する災害弔慰金等の対応（情報提供）」に添付された「災害弔慰金支給審査委員会における委員構成等」によれば，「阪神・淡路大震災及び新潟県中越地震の際に設置された災害弔慰金の支給審査委員会等は概ね下記のとおり」「委員の総数は 4～7 人」「① 医師（1～4 人）」「② 弁護士（1～3 人）」「③ 市職員（1 人）」「④ その他・大学教授等・医療ソーシャルワーカー，ソーシャルワーカー」と記述されていた。これもあくまで阪神・淡路大震災（1995）と新潟県中越地震（2004）の事例に過ぎないが，東日本大震災直後に疲弊し，かつ初めての業務にあたる被災自治体にとって，疑問をさしはさむ余力はほとんどないと思われた。これにより，医学鑑定的な意見が偏重される事態が発生したのである。その結果，東日本大震災では，災害弔慰金不支給決定処分取消訴訟も起きている。そのうち第一審で不支給決定取消しの判断が下された事例としては，① 2014 年 12 月 9 日仙台地方裁判所判決（2011 年 8 月に肺炎を悪化させて亡くなった仙台市の 85 歳の女性の事例），② 2014 年 12 月 17 日仙台地方裁判所判決（東日本大震災後 1 週間で脳梗塞により亡くなった宮城県美里町の 99 歳の男性の事例），③ 2015 年 3 月 13 日盛岡地方裁判所判決（2011 年 11 月に急性心筋梗塞を発症し 12 月に亡くなった岩手県陸前高田市の 56 歳の男性の事例）等がある。いずれの判決も，死亡した被災者が置かれた過酷な環境や健康状態の変化等について，診療記録等により丁寧に事実を認定し，震災と死亡との間に相当因果関係があることを認めた。これらの判決で明らかになったのは，審査過程の杜撰さであ

る。そもそも審理時間が短か過ぎるものや，法律上の相当因果関係の認定作業であることを強く意識せず，本来は判断の前提となるだけの専門的意見を提供する医師の発言を偏重した審査しかなされていなかったことが明らかにされた。なお，不支給決処分取消請求訴訟の裁判事例を収集して分析した研究である小口 2017 は，取消しの判断をした前述 3 つの事例のほか，取消判断に至らなかった① 2014 年 5 月 27 日福島地方裁判所判決（請求棄却），② 2014 年 9 月 9 日仙台地方裁判所判決（請求棄却），③ 2015 年 4 月 23 日盛岡地方裁判所判決（請求棄却），④ 2016 年 4 月 26 日仙台高等裁判所判決（控訴棄却（原審請求棄却））についても紹介・分析している。

　本稿では，災害関連死と因果関係を巡る課題として，①長岡基準偏重の問題と改善への政策的課題，②審査会における審査手法の在り方について復興政策の軌跡を概観する。

　[分析結果]　図 6-5 は，東日本大震災発災から 3 年間の災害関連死の認定件数を一定期間ごとに区分し，その推移を示したものである。これによれば，超長期避難生活などが影響して災害関連死が震災後 1 年を超えて認定件数のピークを迎えている福島県内の市町村に対し，岩手県と宮城県は，震災後 6 か月以降は認定数が極端に少ないことがわかる。そして，表 6-2 は，岩手県と宮城県について，審査委員会の実務を県に業務委託した市町村とそうでない自治体とに区分して，「発災後 6 か月」で区切った災害弔慰金支給決定件数を示したものである。これによれば，県に委託した市町村において，発災後 6 か月以降の認定件数の減少が顕著であることがわかる（ことに宮城県においては 6 か月以降の申請すらほぼ無いという異常事態である）。厚生労働省における長岡基準の誤った周知と自治体の誤解が深刻な影響を与えたと評価できる。

　日弁連は，2013 年 2 月 18 日付けで岩手県，宮城県，福島県および同 3 県内の 130 市町村に対し，「災害弔慰金の審査状況に関するアンケート」を実施し，合計 101 件（自治体）の回答を得た。結果は，2013 年 9 月に「災害弔慰金の審査状況に関するアンケート報告書」として公表した。主に①審査会の委員の人数，②審査会の委員の性別，③審査会の委員の職種，④審査会の開催回数，⑤審査会の平均時間，⑥審査会の申請件数や認定件数等，⑦再申請件数，⑧異議

第6章 リーガル・ニーズの分析と災害復興政策の実現

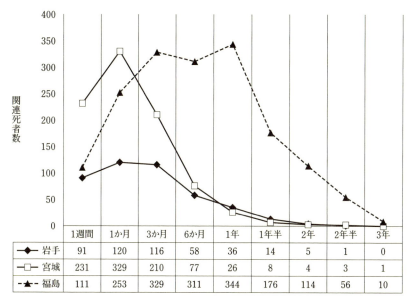

図6-5 東日本大震災における災害関連死者数の推移（岩手県・宮城県・福島県）

2015度慶應義塾大学法学部「災害復興と法2」における小口幸人弁護士の特別講義資料より抜粋。
復興庁等による公表資料「東日本大震災における震災関連死の死者数」等から構成したもの。

表6-2 岩手県と宮城県における災害関連死の審査件数と認定率（震災後6か月以内／同6か月超／審査委員会の県委託の有無による分類）

| | | 審査件数 | | 申請減少率 | 有 | 無 | 6か月以内認定率 | 有 | 無 | 6か月超認定率 |
		6か月以内	6か月超		6か月以内			6か月超		
岩手県	県委託	359	192	53.5%	277	82	77.2%	28	164	14.6%
	市町村	68	43	63.2%	55	13	80.9%	18	25	41.9%
宮城県	県委託	76	1	1.3%	35	41	46.1%	0	1	0.0%
	市町村	913	133	14.6%	771	142	84.4%	36	97	27.1%

第185回臨時国会衆議院決算行政監視委員会・2013年11月20日配布資料。

申立件数，⑨死亡時期，⑩各委員の意見が分かれた場合の審査方法（多数決・全会一致），⑪不服申立方法の周知手法などが，数値を伴って具体的に明らかになった。明確になった数値の中でも，平均審理期間が「7.2分」に過ぎなかったことは衝撃であった。そして，審査委員会は多くの自治体で5名または7

名で構成され、その職種は、人数ベースで医師4割、弁護士2割、学識経験者・自治体関係者・その他2割となった。医師は当然ながら死因や既往症などについて医学的見地から意見を述べることができる唯一の存在である。しかし、災害弔慰金の支給決定の判断基準は、災害と死亡の「法律上の」因果関係（相当因果関係）の有無である。医学的・科学的見地から「医学上」の因果関係の有無を判断する作業ではない。ところが、医師の数のほうが多いことで、図らずも医学的・科学的見地による判断の偏重が、審査会で行われる傾向が強くなるのである。これは災害弔慰金の支給の有無を決する審査会の任務としては誤りと言わざるをえなかった。

［政策提言］　2012年5月11日、日弁連は「災害関連死に関する意見書」を公表する。その内容は以下のとおりであった。

①災害関連死とは、災害と死亡の間に直接的なつながりが認められる場合だけでなく、災害がなければその時期に死亡することはなかったと認められる場合が含まれる。弔意の趣旨に沿って、できる限り広い認定がなされるよう適正に運用すべきである。
②災害弔慰金支給審査委員会における審査を迅速化し、審査が容易な件については申出から2か月以内に決定し、審査が困難で十分な事実調査を必要とする件または不認定とする件についても6か月程度で判断を行うことを目安に審査体制を整えるべきである。
③被災地の自治体は、過去に不支給と判断した事例についても必要に応じて積極的に再審査を行うべきである。
④国および被災地の自治体は、被災地の住民および全国の避難者に対し、震災直後から現在に至るまでに死亡届の提出がなされた全ての方の遺族に、遺族の心情に十分に配慮した内容の災害関連死の制度と申出に関する具体的な案内を個別に発送し、疑問を感じる事案については積極的に災害関連死の審査の申出等を促すべきである。

災害から1年のうちに浮き彫りになった各種課題のうち喫緊のものを厳選し

ている。

　2013年9月18日、日弁連は「震災関連死の審査に関する意見書」を再び公表する。先述の同年2013年9月公表のアンケート結果に基づいた提言である。災害弔慰金の支給・不支給の決定を行う災害弔慰金支給審査会（審査会）の問題点を仔細に指摘したものである。

①審査会においては、震災からの時間の経過により一律に判断するのではなく、災害により死亡した者の遺族に対する見舞いおよび生活再建の支援という災害弔慰金の趣旨を十分に踏まえて、震災による避難等により体調を崩したり、病状が悪化したりしてから震災前と同程度まで体調を回復させることなく亡くなった場合などを含め、できる限り広く支給される方向で認定されるべきである。
②市町村は、災害弔慰金の支給に関する審査会を自ら設置すべきであり、県への審査の委託はできる限り避けるべきである。
③審査会の構成員は、審査の対象が法律上の相当因果関係の有無であることから、医師の他、法律実務に精通した専門家を、少なくとも複数置くべきである。
④審査は必要な資料を収集した上で、十分に議論を尽くして行われるべきである。特に支給しない方向で決定する場合は、審査会の結論が遺族に与える影響の大きさを考慮し、慎重に、時間をかけて行われるべきである。
⑤国は、被災地により被災の状況が異なることから、一義的な審査基準の明示が困難な場合でも、少なくとも過去の判例を類型的に整理し、過去における支給例等の参考事例を具体的に示すべきである。
⑥国は、今後災害が発生した場合、災害直後から、災害弔慰金の存在および審査会への申立方法を含めて、広く周知すべきである。

　日弁連が自治体に直接アンケートをとり、審査会が抱える課題を詳らかにした意義は大きい。
　2015年3月18日、日弁連は「災害弔慰金不支給決定処分取消判決に関する会長声明」を発出する。同年3月13日に盛岡地方裁判所が岩手県の災害弔慰

金等支給審査会の判断を受けて陸前高田市長が行った災害弔慰金不支給決定処分を取り消す旨の判決を言い渡したことに基づくものである。「相当因果関係についても医学的見地からの厳格な因果関係を要求すべきではなく、災害がなければその時期に死亡することはなかったと認められることで足りること」「審査会は申請の際に添付された資料に限らず積極的に資料を収集した上で審査すべきであること」について改めて提言した[127]。

熊本地震発災後の2016年5月12日、弁護士有志142名は「震災関連死の審査を地元市町村で行うこと等を求める弁護士有志による緊急声明」を発する。声明は「被災市町村は、震災関連死の審査を県に委託するのではなく、各市町村に災害弔慰金等支給審査委員会等を設置し、自ら審査すべきである」ことおよび、「審査委員会の委員を選任する際は、弁護士の委員を複数選任すべきである」ことを内容とする。

2016年5月20日、日弁連も「平成28年熊本地震における震災関連死の審査に関する会長声明」を発した。「関連死の審査を適正に行うためには、被災地の震災前の状況、被害状況、各避難所の状況、亡くなられた被災者の方が震災前後に利用していた医療機関や介護事業者の地理的関係や震災前の状況、震災後の復旧状況など、様々な情報を元に、そこから十分な調査を行う必要がある。こういった事情を最も把握しているのは被災地の市町村であるから、災害弔慰金の支給に関する審査は被災地市町村が設置する審査会で行うことが適当」「震災関連死の認定は、法律上の相当因果関係の有無の判断であって、医学上の因果関係の有無ではない。そして、法律上の相当因果関係の有無の判断については、事案によっては判断に相当な困難を伴うものであることから、審査委員には、法律実務に精通した専門家を、できれば3名、少なくとも複数名を置くことにより、その判断の知見が反映される体制とすることが求められる」との内容である。

[政策形成活動] 2014年9月2日、日弁連はシンポジウム「教訓を活かすために災害関連死を考える」を開催し、災害後、死亡に至った経緯や、どのよう

---

127) さらに詳細に解説するものとして、東北復興新聞（2015年3月24日）「弁護士が見た復興・小口幸人「災害関連死の認定の重要性：3月13日の盛岡地裁判決を受けて」」。

な対策で災害関連死を防ぐことができたのかについて，医学・福祉・法制度の観点から，実情と課題の分析を行うとともに，根本的かつ総括的な問題提起と提言を行った。おおむね日弁連の意見を踏襲するものである[128]。また，弁護士有志は，政府や国会議員らとの意見交換も精力的に実施している。しかし，結局大きな制度改善の進展を見ないまま，2016年4月の熊本地震が発生する。熊本地震後，ただちに行った提言は，災害弔慰金の審査の在り方について，長岡基準が誤って周知されないことである。初期の段階から有志弁護士が国や熊本県などに対して提言と政策形成活動を実施した。一方で，熊本県下の多くの市町村は，災害弔慰金支給審査委員会を独自に設けることに躊躇していた。

[新制度実現]　熊本県は，2016年8月，委託を希望する自治体のために県に「合同審査会」の設置を決定した。14市町村（天草市，菊池市，宇土市，宇城市，阿蘇市，美里町，菊陽町，御船町，嘉島町，益城町，甲佐町，山都町，南阿蘇村，西原村）が参加することになった。県の審査結果は各市町村に答申される。独自に災害弔慰金支給審査委員会を設けたのは，すでに審査業務を行っていた熊本市と八代市，ほかには合志市，大津町，高森町，氷川町に限られた。熊本市は独自に審査委員会を設置し，2016年6月14日，「平成28年熊本地震 関連死認定基準」を公表した。「地震関連死」については「平成28年熊本地震（以下「地震」という。）の影響（地震及びその後の余震に起因する家屋・家財の倒損壊，医療機関や介護施設等の機能低下・停止，ライフラインの途絶や交通事情等の悪化，避難生活，ストレスやショック，その他生活環境の変化などによる肉体的・精神的影響をいう。）による負傷又は疾病，既往症の増悪など（以下「疾病等」という。）による死亡で，地震と死亡との間に相当因果関係が認められるものをいう」とし，地震関連死の判定にあたっての基本的な考え方については，「地震関連死の判定にあたっては，申出者による死亡に至るまでの経過を記した申立書に加え，医師の診断書や診療記録など，できる限り客観的な資料（以下「資

---

[128]　特に災害関連死を巡る課題については，筆者，原澤慶太郎医師（元南相馬市立総合病院），青田由幸氏（南相馬市・NPO法人さぽーとセンターぴあ代表理事），小口幸人弁護士（元宮古ひまわり基金法律事務所・元山田町災害弔慰金支給審査委員会副委員長）らにより積極的な情報提供と意見交換が実現した。

料」という。）に基づいて，次の各号ごとに地震との関連性の有無について審査を行う」としている。基本的な類型はおおむね「長岡基準」の枠組みを採用しているものの，長岡基準が地震後1か月以内の死亡は災害関連死の可能性が高いとか，半年以上経過したケースは関連死ではないと推定するような，時間経過に基づくだけの基準は採用していない。あくまで「相当因果関係」の判断である旨を明記した点は高く評価できる。また，「地震関連死」の例示として，ストレスや精神的影響にも明確に言及している点は，東日本大震災後の取消訴訟の裁判結果を踏まえているとの評価が可能である。また，審査委員の構成については，熊本市も熊本県合同審査会も，医師3名と弁護士2名で構成された。3名の選任を求めた提言どおりにはならなかったが，弁護士を複数名選任した点は今後の布石として評価できるだろう。

[課　題]　長岡基準が独り歩きした東日本大震災の教訓は，熊本地震においてはおおむね克服されたのではないかと評価できる。一方で，審査手法に対する「相当因果関係」の理解については，大きな課題を残している。特に，判断を県に委ねる場合，都市部と農村部のライフスタイルや医療・福祉インフラの差が考慮されにくい欠点があることから，県への委託が熊本地震により固定化されてしまわないことが重要である。東日本大震災の教訓を最大限踏まえようとした熊本地震でも，「災害弔慰金の支給に関する審査は被災地市町村が独自に設置する審査会で行うべきである」との提言はいまだ実現したとは言い難い。宮本ともみ岩手大学教授は，自らが市町村の委託を受けた岩手県災害弔慰金等支給審査会の委員でありながら「地元市町村で相当数の判断が可能であったのではないか……。判断に必要な聞き取りあるいは書類収集にしても，基準を満たすために何が必要であるのかが分かれば，いちいち県とやりとりする必要はない。むしろ，地元住民の震災前後の状況，あるいは，医療機関や社会福祉施設などの被災状況や所在を把握している市町村の方が，どこに，あるいは，誰に何を求めればよいのか即応できるように思う」と市町村独自の審査が十分可能であると述べている（宮本2013・81-82頁）。

2017年3月16日，日弁連は「災害弔慰金支給申請に対する結果通知の運用に関する意見書」を策定し，同年3月21日に熊本県，宮城県，福島県，岩手

県内の市町村（一部地域を除く）に提出した。被災地の市町村が災害弔慰金不支給決定をする場合には，判断の基となった具体的な事実関係を理由として記載した通知書を交付すべきとした。これは，行政手続法の観点[129]からも，また，「災害さえなければ」との思いを抱いて災害弔慰金の申請をする遺族が不支給決定を下された場合に極めて大きい精神的衝撃を受けている現実があるという観点（6.2.5（5））からも，二重に重要なことである。ひいては，審査会の審査方法や相当因果関係に照らした正しい判断手法が浸透するためのチェック機能を狙った提言と評価でき，早急の実現が不可欠と考えられる。

審査結果の事例収集も不可欠である。前述した 2014 年 9 月 2 日の日弁連シンポジウム「教訓を活かすために災害関連死を考える」においても，国や県は，災害関連死（災害弔慰金支給事例・不許可事例）を収集し分析し，災害関連死の原因究明と対策を講じる検討チームをつくること，またその結果を広く国民に共有し，東日本大震災を含む，次の災害における防災に活用できるようにすべきである旨提言する取りまとめを行ったところである[130]。また，2016 年 3 月 18 日開催の日本医師会総合研究機構主催のシンポジウム「東日本大震災 5 周年 災害対応と復興にむけて」における筆者の講演とパネルディスカッションにおいても，国がイニシアティブを取り，審査委員会資料や追加ヒアリングの実施などにより災害関連死認定の調査研究事業を実施すべきである旨指摘し，災害関連死をめぐる課題を医療界における共通認識とすることを提言している[131]。

---

129) 災害弔慰金不支給決定は，行政手続法 8 条 1 項の「申請により求められた許認可等を拒否する処分をする場合」または同法 2 条 4 号の「不利益処分」に当たると考えられる。この場合，申請者に対し当該処分の理由を示さなければならないとされ，処分を書面でするときは理由を書面で示さなければならないとしている（行政手続法 8 条 2 項，同法 14 条 3 項）。
130) 災害関連死に関する日弁連シンポジウムの議論について，リスク対策.com（2014 年 9 月 3 日）「NEWS&TOPICS 震災関連死 458 人 南相馬市長が現状訴え 日弁連シンポジウム」では「シンポジウムのコーディネーターを務めた岡本正弁護士は「災害関連死認定のために地方公共団体の審査会が所持する資料は，被災者の命や健康を守るための情報が詰まった貴重な資料だ。国などで分析をして，将来の防災や人命救助に役立てるデータを抽出することが必要」と話している」と報道されている。
131) 日本医師会冊子「平成 27 年度日医総研シンポジウム「東日本大震災 5 周年 災害

(8) 災害関連死と災害弔慰金支給額（東日本大震災以降）

[リーガル・ニーズ]　災害弔慰金支給額は「生計を主として維持」していたものが死亡した場合は 500 万円，それ以外の者の場合は半額の 250 万円が遺族に支給される[132]。「生計を主として維持」とは，遺族に収入がないか，収入があっても 103 万円以内（控除対象配偶者として認められる収入限度以内）であることを意味している。「災害弔慰金の支給及び災害援護資金の貸付けに関する法律の一部を改正する法律等の施行について（社施 17 号厚生省社会局長通知昭和 50 年 1 月 29 日）」（昭和 50 年厚生省通知）が根拠である[133]。たとえば，夫名義の収入が 600 万円，それを手伝いなどで支えていた妻名義の収入が額面上で 150 万円であれば，夫は「生計を主として維持」とは認められず，災害弔慰金支給額は半額となる[134]。「お金でもめていると思われたくない」と結局はあきらめるケースが大半で，弁護士らは「潜在的な不満は根強い」と指摘する[135]。

対応と復興にむけて」」（2016 年 7 月）。

132)　「災害弔慰金の額は，死亡者一人当たり五百万円を超えない範囲内で死亡者のその世帯における生計維持の状況等を勘案して政令で定める額以内とする」（災害弔慰金法 3 条 3 項），「法第三条第三項 に規定する政令で定める額は，死亡者が死亡当時においてその死亡に関し災害弔慰金を受けることができることとなる者の生計を主として維持していた場合にあつては五百万円とし，その他の場合にあつては二百五十万円とする」（災害弔慰金の支給等に関する法律施行令 1 条の 2）。

133)　「「生計を主として維持していた場合」とは，社会通念上，死亡者が受給遺族の主たる扶養者であったと見られる場合で，かつ，受給遺族に収入がない場合又は受給遺族の収入が所得税法（昭和 40 年法律第 33 号）第 2 条第 1 項第 33 号ロに規定する控除対象配偶者に係る所得金額の制限を受ける限度以内の場合をいう」（社施 17 号厚生省社会局長通知昭和 50 年 1 月 29 日）。収入ベースで 103 万円が東日本大震災当時の基準である。

134)　具体的事例として「石巻市の御婦人からいただいた御相談です。御主人を津波で亡くされました。亡くなられた御主人が年金そしてアルバイトで生活を支えていたわけでありますけれども，残された奥様の方も主婦をしながら細々と美容院を営んでいたと。災害弔慰金は，主たる生計者が亡くなられた場合には五百万円，それ以外は二百五十万円となっています。ここで，主たる生計維持者はお二人のうちどちらだったのかということを考えれば明白だと思うんですが，奥様は年間所得，厚労省に確認していただいたんですけど，四十一万八千二百五十六円。しかしながら，これが厚労省が出している基準を超えているということで，亡くなられた御主人が災害弔慰金で言うところの主たる生計維持者とはみなされなかった」等がある（第 179 回臨時国会参議院財政金融委員会（2011 年 10 月 27 日）における公明党・竹谷とし子参議院議員による質問）。

そして，2016年4月の熊本地震発災時においても，かかる通知の効力は残存したままであった。

[分析結果]　2015年3月末時点の災害弔慰金の支給件数は2万55件であり，総額は596億9,125万円であった。そのうち生計維持者が死亡した件数は3,827件（191億2,750万円），その他の者が死亡した件数は16,228件（405億6,375万円）であった。すなわち，世帯の中で主な収入がある者の死亡が全体の2割程度にとどまっていることが判明している[136]。

[政策形成活動]　東日本大震災直後，小口幸人弁護士が，災害弔慰金を申請した遺族への支給額が満額ではなかったことについて，相談者から「「この制度はおかしい」「私が働いていたせいで，夫の命が半分になった。私は働いていない方がよかったのか。こんなの納得できない」と強く叱責された」ことから同弁護士の政策形成活動は始まる[137]。その後有志弁護士らがメディア戦略や国会議員らへの精力的な政策形成活動を展開した。これが奏功して，2011年10月24日の第179回臨時国会衆議院東日本大震災復興特別委員会では，野党国会議員から昭和50年厚生省通知の不合理性の指摘があり，「生計を主として維持していた場合の考え方，これは実際の今の家計の実態に合わなくなってきているというふうに私も考えております」「今のこの時代には合っていないのできちんと対応を考えさせていただきたい……。はっきりとわかりやすい形でお示しをしたいと思っています」との厚生労働大臣答弁があった。また，同年10月27日，第179回臨時国会参議院財政金融委員会においても，野党国会議員から同趣旨の指摘があり，「厚生労働大臣政務官から「これまでの自然災害によって不幸にして亡くなられた方の御遺族に支給された災害弔慰金との均衡，

---

135)　読売新聞（2014年8月20日朝刊）「東日本大震災　弔慰金　満額支給に壁　遺族年収103万超で半額」。
136)　第190回通常国会参議院災害対策特別委員会（平成28年5月25日）による政府参考人答弁。
137)　東北復興新聞（2016年7月5日）「弁護士が見た復興・小口幸人「災害弔慰金制度。東日本から広島，熊本の災害をへてついに運用見直しへ」」。

各種の制度の取扱いのバランスなど，いろんな問題が実はございます。こうしたものを一つ一つ検討しながら，しかし，今委員の方からお話がございましたように，この通知の見直しそのものについてしっかりと速やかに検討をしていきたい，このように考えておりますので，ご理解をいただきたいと思います」との答弁があった。

　しかし，東日本大震災以降，昭和50年厚生省通知の見直しは厚生労働省で行われることはなかった。また，当時前述の国会質問を行った野党議員が所属する政党が，2011年12月に政権与党となってからも，そして2013年に災害弔慰金法の所管が内閣府に移管したのちも，昭和50年厚生省通知の見直しが行われることはなかった。そしてそのまま2016年4月の熊本地震が発生したのである。

　熊本地震後も，弁護士有志らは，メディアや与野党議員へのレクチャーを精力的に実施し，昭和50年厚生省通知の撤廃と新たな基準の提示を訴えた。当該分野について継続的な研究と調査を行っている小口幸人弁護士による発信や，2016年4月26日の「慶應義塾大学SFC研究所防災情報社会デザインコンソーシアム　緊急セミナー　熊本地震対応　今なにをなすべきか」における筆者講演等である[138]。日弁連や各弁護士会が正式に提言を公表する場合，相応の内部手続や決議が必要となるが，その時間的余裕はなかった。2016年5月25日の第190回通常国会参議院災害対策特別委員会における野党国会議員の質問に対して，政府参考人は，「昭和50年厚生省通知」により災害弔慰金支給額が決定されることを明確に述べた。その上で，昭和50年厚生省通知の金額設定が現代社会に合致していないとの指摘に対して，「従来の運用が現状において適切かどうか，最近の働き方の状況や社会情勢の移り変わりといったものを踏まえてしっかり検討してまいりたいと思います」「昭和50年の頃の家庭の在り方，働き方と現状というのは大分違ってきているということがあると思いますので，それを踏まえてしっかり対応します」との内閣府防災担当大臣答弁が行われた。2012年10月の大臣答弁から約3年半ぶりに，担当大臣による見直しが明言された。

---

138)　前掲・慶應SFC2016。

[新制度実現] 2016年6月1日,「災害弔慰金等の支給の取扱いについて(府政防700号内閣府政策統括官(防災担当)通知)」が各都道府県へ発信された。当該通知では,災害弔慰金法に基づく「生計を主として維持していた場合」については,「昭和50年厚生省通知」により,災害による死亡者の死亡当時における遺族の恒常的な収入が,控除対象配偶者に係る所得制限を受ける程度(103万円)以下とされていた旨の運用を説明したのち,「今般,この取扱いについて,各世帯における就労状況の変化や社会情勢の移り変わり等を踏まえ,「生計を主として維持していた場合」の取扱いを下記のとおり変更することとした」とし,新たな基準を示した。新たな通知は①「生計を主として維持していた場合」について「世帯の生活実態を考慮し,収入額の比較を行うなどにより市町村において状況を確認し,死亡者が死亡当時において,その死亡に関し災害弔慰金を受けることができることとなる者の生計を主として維持していた場合か,その他の場合かを判断する」,②「恒常的な収入」について,「従前どおり,一定期間継続的に収入がある場合をいい,一時的な所得は含まないこととする」とした。形式的な収入要件は撤廃され,「昭和50年厚生省通知」の廃止が明確になった。

[課　題] 新制度は実現したものの,実際の運用にも注意しなければならない。103万円という一律の基準が撤廃されたとしても,市町村が実質的な判断を行った結果,結局は遺族収入を過大評価し,従前と同水準の支給基準を採用する可能性は残されている。今後の大災害における災害弔慰金支給総額とその内訳については,通知の趣旨を反映した運用となっているのかを常に監視していく必要がある。また,東日本大震災以降の災害への遡及適用が必要である[139]。新しい通知は「平成28年4月14日以後に生じた災害に関して適用されることとする」とされた。熊本地震以降の災害関連死にのみ対応するというのである。ところが,先述の通り,2011年10月時点で,東日本大震災における災害弔慰金支給金額を巡る国会質疑において,所管大臣による「昭和50年厚生省通知」の見直し答弁があった。遅くとも,東日本大震災以降の災害には遡

---

[139] 東北復興新聞(2016年7月5日)「弁護士が見た復興・小口幸人「災害弔慰金制度。東日本から広島,熊本の災害をへてついに運用見直しへ」」。

って適用されなければならない。現状では，2011年以降の行政の不作為による不利益を被災者に被せている形になっていることは指摘しておかなければならないと考える。

(9) 災害救助法の運用（東日本大震災以降）

　［リーガル・ニーズ］　災害救助法は，「国が地方公共団体，日本赤十字社その他の団体及び国民の協力の下に，応急的に，必要な救助を行い，被災者の保護と社会の秩序の保全を図ることを目的」とした法律[140]であり，高知・徳島・和歌山を中心に大規模な津波被害を発生させた南海地震（昭和南海地震・1946年12月21日）を契機として1947年に成立した。都道府県知事を災害救助の主体と定めて救助の種類や程度について最低基準を示し[141]，救助活動による国の財政的手当てが組み込まれている点に大きな意義を持つ[142]。災害救助法を解説し，課題を提示する先行研究としては，弁護士の視点から津久井ほか2012，憲法・行政法の研究者の視点から山崎2013，防災担当の国家公務員経験の視点から佐々木2017等がある。また，災害救助法に基づいて県や市町村が迅速に対応できるよう「救助の程度，方法及び期間は，応急救助に必要な範囲内において，内閣総理大臣が定める基準に従い，あらかじめ，都道府県知事が，これを定める」とされている（「一般基準」と呼ばれる）[143]。加えて，ほぼ全ての大災害においては，一般基準では対応が不十分となることが明らかであるため「前項の内閣総理大臣が定める基準によっては救助の適切な実施が困難な場合には，都道府県知事は，内閣総理大臣に協議し，その同意を得た上で，救助の程度，方法及び期間を定めることができる」ともされている（「特別基準」と呼ばれる）[144]。

　本稿では，特に被災者のリーガル・ニーズとして強調しておくべき点に絞って記述する。東日本大震災や熊本地震においても，事業者の支援，避難所の環

---

140)　災害救助法1条。
141)　災害救助法4条，災害救助法施行令2条および同3条。
142)　災害救助法18条から同29条まで。
143)　災害救助法施行令3条1項。
144)　災害救助法施行令3条2項。

境改善，仮設住宅の入居要件等を巡って被災者のリーガル・ニーズと制度とのミスマッチが起きている。たとえば，東日本大震災では塗装業を営む個人事業主が津波で事業所を失ったものの，自宅に大きな損傷がないことから被災者生活再建支援金の支援がなく，一方で事業所に対する現金支援が初期段階で皆無であったことから，わずか数十万円程度の塗料や仕事道具を入手することができず事業再開ができないという状況に追い込まれていた[145]。仮設住宅の入居要件についても，「自宅の全壊を入居条件にしているのは，宮城県気仙沼市と福島県田村市。宮城県名取市は，津波による半壊以上で入居できるが，地震だけの被害の場合は全壊しか原則認めていない。岩手県久慈市，同県田野畑村，宮城県東松島市，福島県新地町，同県いわき市は「大規模半壊」以上が条件になっている」など要件が厳し過ぎる運用となっていた[146]。また，熊本地震では，全壊した住宅8,369棟に対し，半壊32,478棟，一部損壊146,382棟に及んでいる。半壊でも度重なる余震や耐震性を考えれば実質的には「住めない」住宅が多いことは想像に難くない。しかし，「半壊」以下の住宅では過去の運用からすれば仮設住宅への入居が認められないというのが熊本地震における熊本県の当初の対応であった。

災害救助法の運用に関しては，内閣府（東日本大震災当時は厚生労働省）によって「災害救助事務取扱要領」という詳細かつ膨大な取扱要領が整備されている。ところが，これらに目を通して理解をしている国の職員，自治体の職員，専門家らは圧倒的に少ない。しかも，取扱要領には，東日本大震災など過去災害時に柔軟な運用を認めた通知や事務連絡の例などはほとんど記述されていない[147]。これは，災害が発生するごとに，常に最低基準からの救助・救援が繰り返される懸念があることを意味している。

---

145) 河北新報（2011年5月20日）「焦点 3.11大震災 災害救助法 生かされぬ趣旨 生業再建すべて自腹 給付条文「死文化」」。
146) 朝日新聞（2011年6月26日）「半壊でも仮設住宅資格外…入居基準，自治体でまちまち」。
147) 災害救助法事務取扱要領を製本したものとして，災害救助実務研究会2014（全941頁）があるが，東日本大震災当時の柔軟運用の教訓はほとんど反映されていない（避難所運営の柔軟な整備については一定程度記述が認められる）。

[分析結果] 災害救助法は，その救助の種類として「生業に必要な資金，器具又は資料の給与又は貸与」[148]を定めており，さらに「救助は，都道府県知事が必要があると認めた場合においては，前項の規定にかかわらず，救助を要する者（埋葬については埋葬を行う者）に対し，金銭を支給してこれを行うことができる」[149]としている。ところが，現金給付条項は東日本大震災で使われることはなかった。災害救助法を所管する内閣府（2013年までは厚生労働省）の見解では，「現物給付の原則」が貫かれているのである[150]。

また，救助の種類のうち，仮設住宅の入居要件は一般基準では，「住家が全壊，全焼又は流出し，居住する住家がない者であって，自らの資力では住家を得ることができないもの」[151]となっているが，過去の災害では，罹災証明書における「大規模半壊」という基準が一般的な現場運用となっていた。すなわち，内閣府告示が定める仮設入居要件である「全壊」は，必ずしも建物被害における罹災証明書の「全壊」「大規模半壊」「半壊」「一部損壊」とは同義ではないと考えられる。どちらかといえば，「住めるか住めないか」という基準によるという大枠の解釈が災害救助法の成立の趣旨であると思われた[152]。

[政策提言] 2011年5月26日，日弁連は「災害救助法の運用についての意見書」を厚生労働大臣に提出した。①生業資金給与の実施，②現金支給条項の運用実施，③仮設住宅の敷地内再建と入居要件（法律上は「全壊」）の緩和，④応急修理制度の「全壊」適用とともに完全な修繕を可能にする程度への支給額増額と所得要件の撤廃，などを求めた。2011年7月1日，仙台弁護士会は「災害救助法の積極的活用等を求める意見書」を発出し，①在宅被災者への支

---

148) 災害救助法4条（東日本大震災当時は23条）1項7号。
149) 災害救助法4条（東日本大震災当時は23条）2項。
150) 内閣府防災（被災者行政担当）「災害救助法について」（平成28年度災害救助法等担当者会議資料1-1）。なお移管前の厚生労働省における解釈も同様である。
151) 内閣府「災害救助法による救助の程度，方法及び期間並びに実費弁償の基準」（内閣府内閣府告示228号・2013年10月1日）2条2号。なお移管前の厚生労働省（東日本大震災当時）においても同様である。
152) 現行の運用が一般基準を超えた所謂「特別基準」によるのか，条文の柔軟な解釈を政府が行っているのかは明確な見解が示されていない。

援の実施を認める特別基準の策定，②精神面や衛生面に配慮した食生活の実現，③生活必需品としての防塵マスクの支給，④中小零細事業者への生業資金給与の実施等を求めた。過酷な避難所や在宅被災者への支援を現場の声として示したことに大きな意義がある。

また，先述した津久井ほか 2012 も，制度の解説以上に，政策提言の要素が大部分を占めている。政府が原則とする「現物給付の原則」等に対して，①人命優先の原則，②柔軟性の原則，③生活再建継承の原則，④救助費国庫負担の原則，⑤自治体基本責務の原則，⑥被災者中心の原則を打ち出し，災害救助法の徹底活用による被災者救援の効率化と充実を求めている（津久井ほか 2012・20-28 頁）。

[政策形成活動] 東日本大震災においては，日弁連や有志弁護士らを中心に災害救助法の柔軟適用，すなわち「特別基準」の策定を求めて国会議員や厚生労働省へ提言を重ねた。熊本地震後も同様である。特に熊本地震では，①新潟県中越地震（2004 年 10 月 23 日）において長岡市は仮設住宅入居要件を「地震で居住する住家に災害を受け，住宅の再建までの期間中，住宅を確保することができない方が対象」とし，罹災証明書の被害認定とは切り離していたこと[153]，②新潟県中越沖地震（2007 年 7 月 16 日）の最大の被災地である新潟県柏崎市では仮設住宅入居要件を罹災証明書の「半壊」以上とする運用であったこと[154]，③東日本大震災（2011 年 3 月 11 日）の被災地である岩手県宮古市や福島県南相馬市は仮設住宅入居要件を「一部損壊以上」と幅広く規定していること，同じく宮城県多賀城市と岩沼市は，個別の相談で「もう住めない」という状況を聞き取って決めていること，同じく岩手県釜石市は津波の場合は床上浸水以上，地震被害では建築士が危険と判断すれば認めるとしていること[155]，等の過

---

153) 長岡市の過去資料のアーカイブウェブサイト「e-ネットシティながおか」における「お知らせ／応急仮設住宅の入居申込資料」「応急仮設住宅入居の本申込について（11 月 10 日更新）」より。http://www.e-net.city.nagaoka.niigata.jp/data2/siryou/kasetu_jyu.html（2017 年 3 月 31 日）
154) 朝日新聞（2007 年 8 月 18 日）「住宅被災度の再調査始まる 中越沖地震」。
155) 朝日新聞（2011 年 6 月 26 日）「半壊でも仮設住宅資格外…入居基準，自治体でまちまち」。

去の災害救助法の柔軟運用の実例を示すなどして，熊本県弁護士会から熊本県への仮設住宅入居要件の緩和（柔軟運用）申入れ等が積極的に実施された。

　[新制度実現]　東日本大震災では2011年3月19日以降，「平成23年（2011年）東北地方太平洋沖地震に係る災害救助法の弾力運用について（その1）」（社援総0319第1号）等が政府（厚生労働省）から自発的に出されていた[156]。特別基準を活用することの許容性についても明確に示されていた。ところが，かかる弾力運用の知識が，現場の運用担当者や被災した県・市町村へと浸透しなかったという課題が残る。一方で，少なくとも一般基準を超えた特別基準について政府側からの発信が積極的であったことは，今後の災害における政府対応の指針となるべきものと評価された。2015年8月，内閣府は「避難所における良好な生活環境の確保に向けた取組指針」を策定し，避難所における生活必需品や災害時要援護者対応などについて指針を示した（なお，2016年4月改定）。2016年4月には，「避難所におけるトイレの確保・管理ガイドライン」と「福祉避難所の確保・運営ガイドライン」が示された。

　熊本地震においても，2016年4月15日に内閣府から「避難所の生活環境の整備等について（留意事項）」（府政防582号）が発出され，東日本大震災で課題となっていた簡易ベッド導入，パーテーションの導入，冷暖房や家電の導入，入浴施設の導入等にも明確に言及されていた。また，前述の内閣府の取組指針やガイドラインも参考資料として言及されていた。ところが，県や市町村の現場においてこれらが積極的に参照されることはなかった。

　仮設住宅の運用については，熊本地震において進展がみられた。2016年5月24日，内閣府は事務連絡「平成28年熊本地震に係る応急仮設住宅について」を発出する。それまでは熊本県は仮設住宅の入居を「全壊」と「大規模半

156）　2011年3月19日厚生労働省通知「平成23年（2011年）東北地方太平洋沖地震に係る災害救助法の弾力運用について」（社援総0319第1号）を始めその通知や事務連絡の発信件数は正確には数えきれないほどになっている。たとえば「東日本大震災通知集作成プロジェクトチーム」（代表筆者）が立ち上げた東日本大震災後の通知・事務連絡の検索サイト「東日本大震災　通知・事務連絡集」にまとめたものだけをみても，厚生労働省による関連通知は，膨大な量となっていることが確認できる。http://www.sinsailaw.info/（2017年3月31日）

壊」に限る運用をしていたが,「①住宅の被害を受け,現在,避難所にいる方はもとより,ホテル・旅館,公営住宅等を避難所として利用されている方や,親族宅等に身を寄せられている方」「②二次災害等により住宅が被害を受ける恐れがある,ライフライン（水道,電気,ガス,道路等）が途絶している,地すべり等により避難指示等を受けているなど,長期にわたり自らの住居に居住できない方」,「③「半壊」であっても,住み続けることが危険な程度の傷みや,生活環境保全上の支障となっている損壊家屋等取り壊さざるを得ない家屋の解体・撤去に伴い,自らの住居に居住できない方」との 3 つの新しい入居類型を認める運用に緩和した。災害救助法では仮設住宅の入居要件は「全壊」のみを認めていることから,運用上の大幅な特例と見ることがき,今後の災害において一層「特例」を活用するための一歩と評価できる先例となった。一方で,かかる事務連絡だけでは,「半壊」住宅を「修繕」するだけの金額が災害救助法の応急修理制度では捻出できないため,やむなく「解体」と仮設住宅入居を選択する被災者が急増することを防げなかった。解体業者不足に陥り,震災から 1 年近く経過してもなお手付かずの毀損住宅が残る地域も数多くある[157]。

　2017 年 3 月 31 日,災害救助法の一般基準を定める内閣府告示のうち,応急仮設住宅の建設型仮設住宅の規格と限度額に関する規定が大幅に改正された（平成 29 年 3 月 31 日内閣府告示 535 号,同年 4 月 1 日より施行）。2016 年 4 月 1 日時点の災害救助基準では応急仮設住宅の規格は「一戸あたり平均 29.7 平方メートル」で,限度額は「266 万円以内」となっていた。それが,「一戸当たりの規模は,応急救助の趣旨を踏まえ,実施主体が地域の実情,世帯構成等に応じて設定」し,「その設置のために支出できる費用は,設置にかかる原材料費,労務費,付帯設備工事費,輸送費及び建築事務費等の一切の経費として,551 万 6,000 円以内とすること」と大幅に基準が拡大されたのである[158]。広さや耐久性に関して自治体から改善要望の強かった応急仮設住宅の規格が,大規模災害において長期化せざるをえない応急仮設住宅の実態に合わせてようやく

---

157)　2017 年 2 月 26 日の関東弁護士会連合会による熊本県益城町の訪問視察結果（筆者参加）等によっても確認された。
158)　災害救助法による救助の程度,方法及び期間並びに実費弁償の基準（内閣府告示 228 号）2 条 2 号イ（2）。

改善された。地域特性や世帯構成に鑑み，面積基準が撤廃されたことは相当に評価されるべきである。

[課題] 災害救助法を巡る課題は本書で記述したものに到底とどまらないが，前述した現金給付の実現に向けた課題，避難所運用に関する自治体や運営主体のリテラシー向上，仮設入居要件の緩和，については，特に大きな課題と言える。過去の災害救助法の特別基準や柔軟な運用を認める通知や事務連絡については，確実に承継し，将来の災害時の標準にすべきであるが，熊本地震で東日本大震災の教訓が現場実務として反映されているとは言い難い。克服するための，国による災害救助法に関する事例アーカイブ[159]と伝承教育が不可欠である。熊本地震では，仮設入居要件の緩和や，災害救助法の「特別基準」の活用が積極的に国から発信されたにもかかわらず，被災自治体側（熊本県）において，これらを受け止めて使いこなせるリテラシーがなかったという評価をせざるをえない。しかも国の事務取扱要領には「(2) 特別基準 災害の種類，態様によっては，上記一般基準では救助の万全を期すことが困難な場合があるので，そのような場合に災害の実情に即した救助を実施するため，内閣総理大臣に速やかに協議を行い，同意を得た上で，救助の程度，方法及び期間を定めることができるようになっている（令3条2項）。なお，協議に当たっては，災害時においては迅速に救助を行う必要があることから，電話やファクシミリ・電子メール等でも構わないこととなっているので速やかに対応するようにされたい」「応急救助を実施する際には，硬直的な運用に陥らないよう，被害状況

---

[159] 熊本地震では内閣府において災害救助法，罹災証明書，被災者生活再建支援法，仮設住宅入居要件の緩和などに関する通知や事務連絡が比較的初期の段階で発出されたが，それらが当初は内閣府のウェブサイトに公表されていなかった。弁護士や支援者らは，熊本県をはじめとする被災自治体からの情報や，新たな運用改善がなされ，それらが内閣府から県に伝えられたとの熊本県による記者会見などを頼りに，はじめて通知や事務連絡の発出を知るという有様だった。内閣府に対する再三にわたる通知や事務連絡の公表の要請を経て，発災から2か月以上経過した，2016年6月中旬頃になって，初めて「関係通知」が内閣府のウェブサイトに掲載・公表されるに至ったことを付言しておく。なお内閣府から公表された通知・事務連絡は，佐々木2017・266-287頁に収載されている。

に応じて特別基準を設定するなど，救助の万全を期する観点から，臨機応変に対応しなければならないことはいうまでもない」（災害救助実務研究会2014・293頁）と明確に記述されているにもかかわらず，実務で特別基準が活用されない実態に鑑みれば，自治体職員や国の職員らへの災害救助法実務研修の不足の指摘は避けられないと考える。

　また，事業者に対する現金給付は，いまだ実績がない。「災害救助法には，生業資金の給付又は貸与が規定されているが，これまで生業資金の給与は行ってこなかったところであり，貸与については制度発足当初は行っていたものの，公的資金による長期かつ低利の各種貸付制度が整備・拡充されてきたことから，現在ではこの生業資金の貸与制度は運用されていない」とするのが政府見解であるが[160]，このような考え方が東日本大震災や熊本地震の現場においてミスマッチを生んだことは，もはや確実である。法律根拠がある救助の種類を，運用レベルで勝手に失わせることは，本来あってはならないことである。過去の災害を踏まえた運用改善（事業者への現金給付実施の実現と，被災者全般への現金給付条項の活用）は急務の課題である。

　最後に，災害救助法の抜本的な見直しも不可欠である。阪神・淡路大震災の教訓を総括して，災害救助法を所管していた厚生労働省は，2001年の時点で，「被災者の住居の地域・形態については，住家の被害状況，年齢，世帯構成，経済力，勤務先等により様々なものが考えられ，既存住宅ストックの活用を図る観点からも，国，地方公共団体において，住居確保の支援に当たっては，従来のような避難所→応急仮設住宅→恒久住宅といった単線的な支援ではなく，多様な選択肢をパッケージとして提示し，被災者の状況に応じた公平な支援を図るべきである」として，災害救助法の問題点を明確に指摘している[161]。また，

---

160) 災害救助実務研究会 2014・381 頁。
161) 厚生労働省「大規模災害救助研究会報告書」（2001 年 4 月 17 日）。なお，災害公営住宅の需要と供給のミスマッチの課題に言及し，雲仙普賢岳の噴火（1991 年）から東日本大震災（2011 年）までの住宅支援政策を丁寧に論じたうえで，避難所──応急仮設住宅──災害公営住宅の単線的支援の弊害を説いた上，「住宅バウチャー方式」（民間住宅家賃補助を現金ではなくクーポンチケットにより実施する方式）による解決を提言するものとして，板垣 2014a，同 2014b，および同 2014c がある。

災害の規模によっては，災害救助法により原則2年以内[162]としている応急仮設住宅の運用前提を大幅に見直す必要がある。東日本大震災では被災県・市町村は「多くの復興計画はその期間を5年以上としている」（大水2013・100頁）「仮の住まいの期間が5年以上となるならば，その期間における被災者に対するハード・ソフト両面での支援策を，災害救助法とは切り離して体系的に整備する必要があるのではないだろうか。……災害救助法で「住」を扱うことの是非を議論すべきではないかと考えられる」（同・225-226頁）。しかし，東日本大震災を経た2013年の災害救助法改正により所管が内閣府に移管された後もこれらを踏まえた抜本的な見直しには至っていない。先述した2017年度災害救助基準の応急仮設住宅（建設型仮設住宅）の規格と限度額の一般基準拡充もひとつの契機として，抜本的な災害時の「住まい」に関する「災害ケースマネジメント」の確立を目指すべきと考える。

6.2.6 相続・行方不明
(1) 死亡届と戸籍（東日本大震災）

[リーガル・ニーズ] 生命保険契約における死亡保険金の支払事由（保険事故）は「死亡」である。生命保険契約の被保険者は「その者の生存又は死亡に関し保険者が保険給付を行うこととなる者」以外になく，死亡以外の理由によって「死亡」保険金を支払うことは保険法の予定しているところではない[163]。一方で，東日本大震災に伴う津波により家族が行方不明となり，家計を脅かされた家族らが葛藤しながらも生命保険金を必要とする場面は数多く存在した[164]。このような家族に果たして死亡保険金を支払うことはできるのであろうか。死亡は，客観的な書類によって認定されなければならない。生命保険会社は，少なくとも戸籍および死亡診断書（死体検案書）の提出を求め，「死亡」を確認し，保険金支払手続を進めるのである。戸籍上の死亡が記録されるには，

---

[162] 災害救助法による救助の程度，方法及び期間並びに実費弁償の基準（内閣府告示228号）2条2号イ（6），建築基準法85条3項，同4項。
[163] 保険法2条4号ロ。
[164] 岩手県・宮城県・福島県の東北3県の行方不明者数は，2011年4月10日時点で14,415人，2011年6月6日時点で8,195人である。

遺族からの死亡届が必要である。その死亡届には「診断書又は検案書を添付しなければならない」が[165]、津波で行方不明の家族では診断書や検案書の提出は不可能である。結局のところ、死亡を証明する戸籍を家族が用意することはできず、保険会社も死亡保険金を「払いたくても払えない」事態が発生する。大災害においてこそ、被災者の支えになるべき保険が、行方不明者の家族に対して機能しなかったのである。

[分析結果] 弁護士に対する相談としては「11 保険」の類型に相談が顕現していた。行方不明者の家族が保険金の支払を求めて直接弁護士へ相談するなどのリーガル・ニーズも確認でき、保険会社で断られたり、対応のため待たされたりしている被災者もいることが判明した。また、仮に保険会社が独自に死亡保険金を支払ったとしても、それは単なる契約者への「贈与」になる可能性が高い。贈与税がかかるとなれば、それは家族が意図するところではないことも明らかであった。

[政策形成活動] 東日本大震災後の弁護士や日弁連から直接の提言は確認できていない。そこで、生命保険会社各社や生命保険協会の動向に注目してみると、遅くとも2011年5月の時点で、生命保険会社各社は所管省庁の金融庁に対して、行方不明者の家族にも「死亡保険金」の支払を認めるよう要望していた。しかし、保険は厳格な金融商品であり、当局の判断なくしては支払に踏み切ることは難しいとの検討結果となったようである。それでも、2011年6月2日の報道からは、生命保険会社の積極的な姿勢が見受けられる。「生命保険大手各社が、東日本大震災で行方不明になった契約者の家族らに対し、震災から3カ月となる6月11日以降、死亡保険金を支払う方向で検討していることがわかった。災害時の行方不明者の死亡認定は通常1年かかるが、早く保険金を支払うことで復興を支援できるとして、特別な措置に踏み切る……生保各社は、家族らから申請があれば、早めに保険金を支払う方向で検討。不正請求を防ぐため、地元の警察や自治体に協力してもらい、死亡を客観的に推定できる書類

---

165) 戸籍法86条2項柱書。

を出してもらうことなどを考えている。指針を設けるなど，業界全体で取り組むことになる見通しだ。ただ，支払の根拠が「死亡の推定」で戸籍上の死亡ではないため，相続は発生しない。このため，保険金の受取人も行方不明になっているケースなどでは支払ができない場合もあり，根本的な解決にはならないという」[166]。2011年6月6日，生命保険協会は，政府の検討結果が出ないうちに，「東日本大震災で行方不明になった人の家族らに対し，自治体から「災害弔慰金」を受け取った場合は保険金を支払う方針を決めた。協会に加盟している国内の生命保険会社47社が，震災から3か月となる6月11日以降に請求を受け付ける」と踏み切った[167]。生命保険業界からの積極的な要望は，政府内部の議論を活性化させた。戸籍法を所管する法務省，金融機関を所管する金融庁，そして税務関係を所管する国税庁の3省庁を中心に，ぎりぎりの協議が続けられることになる。

[新制度実現]　生命保険業界の精力的な政策形成活動と問題提起・行動力が，最終的には，法務省を動かすことになる。2011年6月7日，法務省は「東日本大震災により死亡した死体未発見者に係る死亡届の取扱いについて」を発表し，各法務局へ周知した。津波による行方不明者については死亡診断書や遺体検案書の添付を不要とし，別途「死亡の事実を証明すべき書面」[168]によって運用することができるとした。それは，届出人申述書，被災を現認した者の申述書等であり，要するに家族や目撃者の証言によって死亡を認定できるとしたのである。法律上は存在していたが今まで使われることのなかった取扱いをするにあたり，国が大々的に音頭をとったことは評価に値する。生命保険会社も，被保険者の「死亡」を証明する戸籍の提出を受けることができ，「死亡保険金」を支払うことができるようになった。運用開始直前の岩手県，宮城県および福島県の3県の行方不明者は8,195人であったが，2012年11月30日時点で

---

166)　朝日新聞（2011年6月2日デジタル版）「行方不明者の家族に3カ月で死亡保険金　生保各社検討　東日本大震災」。
167)　朝日新聞（2011年6月7日朝刊）「不明者家族に保険金支払い　生保協会が方針　東日本大震災」。
168)　戸籍法86条3項。

は 2,501 人となった。その間の簡易な添付資料による死亡届受理件数は 3,834 件にも及んでいることを考えれば，当該運用が奏功したとの評価が可能である[169]。

[課題]　2011 年 6 月からの制度運用当初におきた課題として，「遺族の葛藤」という問題があった。行方不明ということは，遺族にとっても一縷の望みを抱いており，だからこそまだ死亡を受け入れる心の準備もできていない。「元会社員の男性 (69) は，長男 (41) が行方不明。津波に巻き込まれたとみられるが，周辺は原発事故で立ち入り禁止となり，捜しに行くこともできない。長男には妻と 2 歳の長男，5 か月の次男がいる。「息子がもう帰ってくることはない」と覚悟している男性は，保険金を請求できるのならば手続を始め，孫たちの生活に役立てて欲しいと考える。だが，長男の妻はまだ気持ちの整理がついていない。「息子を「死亡」させてしまうことを，どう思うか。話を切り出せない」」[170]。経済的に考えれば生活再建のためと考えつつも，自ら行方不明の家族の「死亡届」を提出することになるその心境は計り知れないものがある。また，死亡届を受理する自治体職員側にも大きな負担が課せられたことになる。自治体の窓口は多くの場合，「届出人の申述書」だけで死亡，そして相続という大きな法的効果を発生させる認定を行うことを迫られる。不明者の数すら正確に把握できていない自治体もある。「死亡届の提出手続が簡略化されても，市町村の手続が残る。宮城県石巻市の担当者は「どうやって裏付けをするのか。1 件ごとに調査する余裕はとてもない」と戸惑う。過誤で生存者を死者として扱ってしまった場合の問題は大きく，法務省も「死亡の判断は厳正に行う必要がある」との立場は変えていない」など行政側の葛藤も大きい[171]。

南海トラフ地震の津波で東海地方が大きく被災した場合に想定される死者数

---

[169]　法務省「東日本大震災による死体未発見の行方不明者に係る死亡届の届出数及び受理数」（2012 年 11 月 30 日）。
[170]　朝日新聞（2011 年 6 月 10 日朝刊）「不明者，葛藤の家族　続く課税・携帯契約　見えぬ死亡届緩和効果　東日本大震災 3 カ月」。
[171]　前掲・朝日新聞（2011 年 6 月 10 日朝刊）。

は約8万人から32万3,000人である[172]。当然初期は多くが行方不明となり，同様の課題は発生するだろう。戸籍を扱う窓口の負担は被災者の不利益に直結することから，少なくとも戸籍法86条3項の運用マニュアルについて，恒常的な運用ガイドラインを策定しておくことが不可欠であると考える。

(2) 相続放棄の熟慮期間（東日本大震災）

［リーガル・ニーズ］　相続は，死亡によって開始する[173]。相続人は，相続開始の時から，被相続人の財産に属した一切の権利義務を承継する[174]。相続によってプラスの財産（不動産，動産，現預金，各種権利等）もマイナスの財産（負債等）も相続人が承継する。一方で相続人は，自己のために相続の開始があったことを知った時から3か月以内に，「相続放棄」等をしなければならないとされており[175]，相続放棄手続を行えば，相続しないこともできる。この3か月は「熟慮期間」と呼ばれる。東日本大震災の直接死亡者は15,893人に及び，ご遺体の発見や行方不明者の死亡届受理（6.2.6（1））の時点で死亡が客観的に確定し，相続人の知るところになる。そこから3か月で相続（単純承認）か，相続放棄かを決定する必要性に迫られる。ところが，津波や地震被害に遭い，突如遺された相続人らが被相続人の財産を把握しているはずがない。遺言などもほとんどなかった。相続の承認や相続放棄をする前に相続人に認められている財産調査[176]をしようにもいまだ被災地沿岸部は瓦礫の山である。仮に被相続人に借入金があったとしても正確に把握することもできず，手がかりすら見つからない。不動産の価格も判然としない。結局，相続放棄の是非を「3か月」で決定することは不可能なのである。そもそも，相続放棄は最寄りの家庭裁判所へ申請しなければならない。避難所生活を続ける被災者が発災後「3か月」でそのような手続の実施に思い至ることを期待するのは酷であるし，現実

---

172) 内閣府防災対策推進検討会議南海トラフ巨大地震対策検討ワーキンググループ「南海トラフ巨大地震対策について（最終報告）」「別添資料2　南海トラフ巨大地震で想定される被害」4頁。
173) 民法882条。
174) 民法896条本文。
175) 民法915条1項本文。
176) 民法915条2項。

第6章　リーガル・ニーズの分析と災害復興政策の実現　　　　255

に戸籍等の書類を揃えようとしても，市町村側で戸籍発行のシステムが流出しているケースも存在していたのである。もちろん，熟慮期間は，相続人など利害関係人の請求によってその期間を「伸長」することができる[177]。しかし，その「伸長」の手続も，やはり家庭裁判所への申述が必要であり，これを被災者から自発的に期待することはできるはずがないというのが実態であった。

[分析結果] 「16　遺言・相続」の類型は，東日本大震災発災後約1年における被災者の最大のリーガル・ニーズであった（第3章・3.2.1（1））。そして，発災から数か月の内に相談割合が急増し，リーガル・ニーズが高止まりする傾向も確認できた。（第3章・3.2.2（2））。家族の「死」を受け入れようとする家族にとって，相続放棄熟慮期間「3か月」は，あまりに短か過ぎたといえる。表6-3は，岩手県の主な自治体における「16　遺言・相続」の類型の相談割合の推移をまとめたものである。発災後1か月から2か月は，リーガル・ニーズがそれほど高い割合ではない自治体が多い。ところが，多くの被災者にとって「熟慮期間」の期限を迎える3か月目以降から，リーガル・ニーズが急増していることがわかる。当時の民法が圧倒的なまでのリーガル・ニーズに応えられていないことを意味する。

[政策提言] 2011年5月26日，日弁連は圧倒的な急増を見せる被災地のリーガル・ニーズに応えるべく「相続放棄等の熟慮期間の伸長に関する意見書」を発表し，民法915条の「相続の単純若しくは限定承認又は放棄」の期間を，自己のために相続の開始があったことを知った時から1年に伸長する特別の立法措置を早急に講じるよう求めた。また，2011年6月7日，日弁連により「被災者の相続放棄等の熟慮期間に関する会長談話」が発表され，いまだ法的措置がなされない現状を打破し，速やかに立法措置をとるよう政府および国会議員らへ提言した。

[政策形成活動] 表6-3で示した「相談割合の急増」の数値や，個別の相談

---

[177]　民法915条1項但書き。

表6-3 岩手県および岩手県の主な自治体における「16 遺言・相続」の法律相談割合の推移

「16 遺言・相続」相談受付月	2011年3月	4月	5月	6月	7月	8月	9月	10月	11月	12月	2012年1月	2月	3月	4月	5月
岩手県全体	7.7	16.5	23.5	43.0	31.2	37.4	29.6	30.0	45.6	31.1	26.4	15.3	24.8	11.8	0.0
盛岡市	10.0	30.0	28.6	72.2	33.3	14.3	25.0	41.2				5.6			
宮古市	8.3	18.6	16.9	39.0	25.0	24.1	25.0	23.1				20.0			
大船渡市	0.0	12.0	7.6	26.7	20.8	7.7	28.6	21.1				21.9			
釜石市	9.5	16.5	21.2	32.3	27.0	30.6	22.2	42.2				21.7			
陸前高田市	15.4	18.7	41.2	60.3	35.7	55.3	38.0	39.7				38.0			
大槌町	0.0	16.7	24.4	39.7	29.5	50.0	25.0	55.8				17.7			
山田町	2.6	16.2	22.5	39.8	35.4	44.7	44.0	23.3				31.4			

日弁連「東日本大震災無料法律相談情報分析結果(第5次分析)」(2012年10月)の数値から筆者にて作成。
数値の単位は「%」。分母となる相談件数は,地域と相談月によりすべて異なるが,件数の表示は本表では省略している。
枠で囲った数値は,実際の法改正提言や政策提言活動において活用できた数値を指す。
網掛け部分は期間中において最も相談割合の高い月を指す。

事例の収集によって明らかになった「相続放棄の是非を検討したくても津波被災地では財産調査ができない」「そもそも相続放棄という制度を初めて知った」という声を積み上げ,弁護士有志や日弁連により精力的な政策形成活動が展開された。意見書を提出した先である法務省は,相続放棄等の申立前の入手が不可能な戸籍等がある場合には,申立後に追加提出することもできるとの見解を示し,法務省として相続放棄の熟慮期間を延長する法改正に踏み切る態度は示さなかった。しかし,法務省の述べる書類追完が可能であるとの見解が確実に家庭裁判所によって運用される保障はなく,しかもそれらの運用改善がなされても周知するにはあまりに時間が短か過ぎた。最高裁判所事務総局民事局と日弁連との意見交換結果でも,相続放棄の熟慮期間の起算日である「自己のために相続の開始があったことを知った時」の時点を柔軟に解釈して救済対応する余地はあるという見解が示されたが,同時に,家庭裁判所の担当裁判官の独立的判断を拘束するものではなく,最終的には各裁判所の判断に任されるという消極的な見解が示されるにとどまった。政府や司法が被災者のリーガル・ニーズに直接応えることを期待することはできなくなった。超党派の議員立法により,民法の相続法制規定の規制緩和を目指す以外に方法がなくなったので

ある。先述の 2011 年 6 月 7 日の日弁連会長談話は，議員立法を求めることを狙った緊急談話の発表と位置付けられる。

[新制度実現]　2011 年 6 月 21 日，「東日本大震災に伴う相続の承認又は放棄をすべき期間に係る民法の特例に関する法律」が超党派の全会一致の議員立法により成立した。同法の 1 項[178]で「東日本大震災（平成二十三年三月十一日に発生した東北地方太平洋沖地震及びこれに伴う原子力発電所の事故による災害をいう。以下同じ。）の被災者（東日本大震災に際し災害救助法（昭和二十二年法律第百十八号）が適用された同法第二条に規定する市町村の区域（東京都の区域を除く。）に同日において住所を有していた者をいう。以下同じ。）であって平成二十二年十二月十一日以後に自己のために相続の開始があったことを知ったものに対する民法（明治二十九年法律第八十九号）第九百十五条第一項の規定の適用については，同項中「三箇月以内」とあるのは，「三箇月以内（当該期間の末日が平成二十三年十一月三十日前である場合には，同日まで）」とする。ただし，当該被災者が相続の承認若しくは放棄をしないで死亡した場合又は未成年者若しくは成年被後見人である場合については，この限りでない」とした。要するに東日本大震災発災後に期限が到来する熟慮期間が「2011 年 11 月 30 日」より前である場合には，「2011 年 11 月 30 日」まで一律伸長されたのである。また，附則 2 項により「この法律は，この法律の施行の日（以下「施行日」という。）前に民法第九百二十一条第二号の規定により単純承認をしたものとみなされた相続人についても適用する。ただし，当該相続人が単純承認をしたものとみなされた後，施行日前に同条第一号に掲げる場合に該当することとなったときは，この限りでない」とされ，東日本大震災発災前の時点まで遡及適用できるとされた。弁護士が求めた「1 年」への延長ではなかったものの，法務に詳しい国会議員を中心に法務省との調整がなされ，約 8 か月の熟慮期間が確保された。

その後，「相続放棄の申立ては津波被害が大きかった宮城県沿岸部で急増している。仙台家裁によると，ことし 3～10 月の申立ては，石巻支部で 453 件，気仙沼支部で 253 件に上り，ともに前年同期の約 2.5 倍に達している」との報

---

178)　全条文が 1 条しかないため項しか設けられていない。

道があった[179]）。また，司法統計[180]）によれば，特例法が成立した2011年度の岩手，宮城，福島の東北3県の「相続の放棄の申述の受理（甲29）」の合計は「8,670件」であった。2010年度は「6,745件」，2012年度は「7,641件」であることを考えると，2011年度の申請数の多さが際立つ。議員立法による特例法については，相応の効果があったことが確認できる。

　2013年6月21日，「特定非常災害の被害者の権利利益の保全等を図るための特別措置に関する法律」（特定非常災害権利保全特別措置法）の改正案が成立した。政府による内閣提出法案（閣法）である。特定非常災害権利保全特別措置法の改正法2条1項前段は，「著しく異常かつ激甚な非常災害であって，当該非常災害の被害者の行政上の権利利益の保全等を図り，又は当該非常災害により債務超過となった法人の存立，当該非常災害により相続の承認若しくは放棄をすべきか否かの判断を的確に行うことが困難となった者の保護，当該非常災害に起因する民事に関する紛争の迅速かつ円滑な解決若しくは当該非常災害に係る応急仮設住宅の入居者の居住の安定に資するための措置を講ずることが特に必要と認められるものが発生した場合には，当該非常災害を特定非常災害として政令で指定するものとする」と規定している。この「相続の承認若しくは放棄」の部分が新設部分である。そして改正法6条が新設され，その柱書きには「相続人……が，特定非常災害発生日において，特定非常災害により多数の住民が避難し，又は住所を移転することを余儀なくされた地区として政令で定めるものに住所を有していた場合において，民法（明治二十九年法律第八十九号）第九百十五条第一項の期間（この期間が同項ただし書の規定によって伸長された場合にあっては，その伸長された期間。以下この条において同じ。）の末日が特定非常災害発生日以後当該特定非常災害発生日から起算して一年を超えない範囲内において政令で定める日の前日までに到来するときは，同項の期間は，当該政令で定める日まで伸長する」との規定が設けられた。「特定非常災害」に

---

179)　河北新報（2011年11月22日）「焦点3.11大震災 震災犠牲者の資産・負債　相続か放棄か，迫る期限　特例法，今月末まで」。
180)　最高裁判所事務総局「司法統計年報」における「第9表　家事審判・調停事件の事件別新受件数：家庭裁判所別」の2010年度から2011年度の「仙台」「福島」「盛岡」数値を参照した。

指定される大災害時には，政府の判断で，最大1年間の相続放棄等の熟慮期間の伸長ができることになった。2011年の議員立法による特例法が，恒久的な立法措置になったのである。

　かかる法改正は，2016年4月の熊本地震において改正後初めて発動された。2016年4月28日，「平成二十八年熊本地震による災害についての特定非常災害及びこれに対し適用すべき措置の指定に関する政令」が閣議決定され（同年5月2日公布・施行），当該政令の6条に「相続の承認又は放棄すべき期間の特例」として「特定非常災害発生日に熊本県に住所を有していた相続人については，相続の承認又は放棄すべき期間を平成28年12月28日まで伸長すること」と定められた。東日本大震災と同程度となる熟慮期間として約8か月が確保されたのである。もし熊本地震でも新規立法をするとなれば，発災から約2週間という時期での対応は不可能だったといえ，法改正が奏功したといえる。

　[課　題]　課題の1つは周知の方法である。「東日本大震災に伴う相続の承認又は放棄をすべき期間に係る民法の特例に関する法律」成立後，所管する法務省によりウェブサイト更新や，自治体向けの事務連絡等を発信することまでは行ったが，それ以上政府により特段の啓発や周知がなされた記録はない。また，日弁連と最高裁事務総局との意見交換においても，裁判所が独自に相続放棄に関する特例法の周知や啓発を行うことはないと明言されていた。法律が成立しても，その周知に政府も司法当局も積極的に関与しなかったのである。弁護士らは無料法律相談の機会を使い，なかには自治体とも協力して，精力的な周知活動を行った。「16　遺言・相続」の類型の相談割合の推移をみると，岩手県では，2011年6月に相談割合のピークを迎え，その後2度目のピークが2011年11月にやってきている。弁護士による周知活動が，「16　遺言・相続」の類型の相談割合自体も引き上げることになった（表6-3，第3章・3.2.2(2)）。大手メディアや新聞では2011年11月の特例法の熟慮期間が満了する直前には「期限が迫る」などの報道が過熱したが，時宜に遅れた対応であるとの評価を免れない[181]。

181）　日本経済新聞（2011年11月19日）「震災遺族，借金相続に注意　弁護士ら確認呼びかけ」等。

また，法解釈論としても論点は残る。特例法新設や特定非常災害権利保全特別措置法改正の立法事実は，「東日本大震災の犠牲者遺族の場合，相続放棄を検討したくても，故人の財産に関する資料がほとんど流失してしまったケースも多い」[182]という事態である。とすれば，仮に特例法の発動で熟慮期間が1年に延長されたとしても，忘れた頃に債権者からの請求に接することも十分考えられる。また，震災で亡くなった者が，誰かの保証人になっている場合，主債務者が震災後しばらくは支払可能であっても，1年以上経過した後に支払えなくなり，そのときにはじめて保証人の相続人らに請求を起こすことで，債務が判明することも考えられる。「相続を済ませた後に新たな債務が発生した場合は原則，その債務も相続対象になる。このため各地の弁護士は今月末までに判断しかねる人には期限の延長を家裁に申し立てるよう勧めている。岡本弁護士は「震災という特殊な状況では，借金や保証債務を把握することは困難。救済措置を講じるべきだ」と指摘「日弁連も政府に柔軟な対応を求める考えだ」とコメントしている。」[183]。なお諸外国の法制をみると，たとえば，英米法では日本でいう「限定承認」を原則としており相続財産への債権者の届出手続が行われる。したがって，あとから債権者が判明して予期せぬ債務を相続人が負うことはない。ドイツ法では，相続放棄後に新たな債権者が判明した場合は，錯誤

---

182) 前掲・河北新報（2011年11月22日）・注179。
183) 日本経済新聞電子版（2011年11月26日）「大震災被災者の相続手続き早めに「熟慮期間」11月末で終了」。なお筆者の新聞コメントの根拠となる裁判例として，最高裁判所第二小法定判決昭和59年4月27日（民集38巻6号698頁）があり，「熟慮期間は，原則として，相続人が前記の各事実を知つた時から起算すべきものであるが，相続人が右各事実を知つた場合であつても，右各事実を知つた時から三か月以内に限定承認又は相続放棄をしなかつたのが，被相続人に相続財産が全く存在しないと信じたためであり，かつ，被相続人の生活歴，被相続人と相続人との間の交際状態その他諸般の状況からみて当該相続人に対し相続財産の有無の調査を期待することが著しく困難な事情があつて，相続人において右のように信ずるについて相当な理由があると認められるときには，相続人が前記の各事実を知つた時から熟慮期間を起算すべきであるとすることは相当でないものというべきであり，熟慮期間は相続人が相続財産の全部又は一部の存在を認識した時又は通常これを認識しうべき時から起算すべきものと解するのが相当」と判示している。最高裁が示す基準は厳しく，しかもその運用は明確でない。最高裁の考えを採用しても，運用として，家庭裁判所が相続放棄の申述を受理することが拘束されるとは限らない。

取消しや限定責任制度によって相続人が保護される。フランス法では，熟慮期間経過後であってもただちに単純承認とならず，債権者の請求に対して，相続放棄や単純承認の選択権行使の機会が確保されている。韓国法は，相続人が債務超過を知らなかったことに重過失がなければ，それを知った時から熟慮期間が進行するとされており，改めて相続放棄ができる（遠藤 2011・26-29 頁）。日本の民法の相続法制においても十分参考にすべきものと考えられた。

6.2.7 不動産および車両の所有権等

(1) 被災マンション法制（東日本大震災）

　[リーガル・ニーズ] ここでは区分所有建物である分譲マンションが被災した場合のリーガル・ニーズとその克服過程を記述する。マンションの被災は余りに多様で深刻である。地盤が損傷し，建物自体が大きく損傷した場合では，当然ながらがれき撤去・建物解体撤去を余儀なくされることになる。その後は同じ地域に再建することも可能であるが，金銭的負担は膨大なものとなる。一方，復旧・修繕したいというリーガル・ニーズもあるが，大きな損害を被ったマンションの修繕費用もまた莫大なものとなり，マンション管理組合で蓄積している修繕積立金などで賄えるケースはほとんどない。「再建」や「大規模な復旧」のリーガル・ニーズより，むしろ「区分所有者としての負担からの解放」「費用負担ができるだけ少ない処理」を求めるニーズが噴出したのである[184]。

　ここで，実際のリーガル・ニーズを離れて考えうるモデルケースを挙げると，①「地震で損壊したマンションを復旧したいが費用や合意形成はどうすればいいのか」，②「修繕積立金と新たな資金でマンションの建替えを実施したいが賛成者は少ないようだ。どうしたらよいか」，③「建物にはもう住めないので早期撤去をして改めて再築して住みたいが，費用や合意形成はどうすればよいの

---

[184] 宮城県マンション管理士会萩原孝次会長は「深刻なダメージを受けたマンションでは，再建・建替えは必ずしも合理的な選択肢ではなく，また合意も困難であり，区分所有関係の解消が合理的な選択でありうる」と述べる（萩原 2011・65 頁）。また，日本マンション学会所属の折田泰宏弁護士は「管理組合からすると全体の補修資金がかなり不足するという問題がある」と指摘する（小杉 2011・140 頁）。

か」，④「まずは倒壊の危険のある建物を取り壊し，更地の敷地を売却するなどして共有関係や区分所有関係の解消を図りたい」，⑤「倒壊するほどの被害はないが，余震や今後の災害のために修繕に加えて大規模な耐震化工事も実施したい。その場合は鉄骨フレームを外壁に組む工法が最も効果的で費用も抑えられるが，眺望や一部の柱の補強で専有部分に影響が出る所有者が反対している。このまま進めてよいのか」，⑥「解体費用もなく，敷地の売却先の目途も立ってない。何か行動を起こそうにも所有者の居住先もバラバラになってしまった。何もできない。もし防犯や建物の管理で問題があれば賠償責任にもなるのか」等の課題が無数に発生すると思われる。同じマンションでも居住者の思いや資力に応じて様々なリーガル・ニーズが噴出する。また，復旧・再建などを行うには，マンション管理組合における特別の多数決が必要であり，区分所有者間の合意形成にも多大な労力を必要とする。

　分譲マンションの権利関係を定めている主な法令は，民法とその特別法にあたる「建物の区分所有等に関する法律」（区分所有法）である。分譲マンションの一つ一つの区画が所有権の対象となり，「区分所有者は，全員で，建物並びにその敷地及び附属施設の管理を行うための団体」，すなわちマンション管理組合を構成し，「この法律の定めるところにより，集会を開き，規約を定め，及び管理者を置くことができる」とされている[185]。マンション管理組合における合意形成によりマンションの維持・管理などが決定され，多数決による意思決定方式が採用されるなど，民法の共有法制[186]が，建物の共同維持・管理に即して修正されているのである。区分所有建物においては，保存行為は原則単独で可能となり，管理行為は区分所有者と議決権の各過半数で可能となり，変更のうち軽微なものは各過半数で可能となり，変更のうち重大なものは各4分の3で可能となる[187]。

　被災者のリーガル・ニーズのうち，①「復旧」[188]については，滅失（被災

---

[185]　区分所有法3条前段。
[186]　民法249条から264条まで。共有物の変更には全員同意（民法251条），共有物の管理は持分価格の過半数（同252条本文），保存行為は共有者単独でできる（同252条但書）とするのが民法の規律である。
[187]　区分所有法17条および同18条。

したのが，建物価格の2分の1以下（小規模一部滅失）なのか，2分の1超（大規模一部滅失）なのかで処理が分かれる。小規模一部滅失の場合は，規約に定めがなければ原則単独で実施可能である。大規模一部滅失のときは各4分の3の管理組合の決議が必要になる。多額の費用に加え，合意形成はより一層困難になる。②「建替え」[189]は，いったん建物を取り壊して再建するものであり，各5分の4の決議が必要となる。やはり費用がかかり，合意形成が非常に難しい。③「建物が滅失した場合の再建」は，東日本大震災発災当時においても「被災区分所有建物の再建等に関する特別措置法」（被災マンション法）に規定が存在していた[190]。本来なら建物が滅失して区分所有関係は解消されるはずであるが，敷地共有者の議決権の5分の4の賛成により，再建のために決議ができるような特例が置かれている。阪神・淡路大震災において，同じ場所で再建したい被災者のリーガル・ニーズを受けて成立した法律である。こちらも多額の費用と合意形成が課題になる。④「建物取壊」や「売却」については，東日本大震災当時において，区分所有法や被災マンション法の多数決による特別な措置は存在していない。民法の原則に戻り区分所有者全員の同意を取り付けて解体や，解体後の売却を実施することになる。⑤「修繕」と「耐震化」については，共用部分の「重大な変更」に当たることが多いと思われ，各4分の3の合意があれば可能となるが，耐震化によって眺望阻害や専有部分削減の影響（「特別の影響」）を受ける区分所有者の「承諾」がなければならない[191]。影響を受ける区分所有者への個々の説得がなければ，多数決によっても手続が進捗しない。⑥は前述のリスクが常に解消されず，工作物責任を区分所有者らが負う可能性もある。

いずれも，当時の区分所有法や被災マンション法によっては，被災者のリーガル・ニーズに応えることはできなかったのである。

---

188) 区分所有法61条。
189) 区分所有法62条。
190) 被災マンション法2条および3条。
191) 「共用部分の変更が専有部分の使用に特別の影響を及ぼすべきときは，その専有部分の所有者の承諾を得なければならない」（被災マンション法17条2項）。

[分析結果] マンションに関する相談は「1 不動産所有権（滅失問題含む）」の類型や「9 住宅・車・船等のローン，リース」の類型等において散見され，また「12 災害関連法令（公益支援・行政認定等に関する法解釈等）」においても，罹災証明書の被害認定などを巡り一戸建てとの格差に対する不服などが被災者のリーガル・ニーズとして浮かび上がった。弁護士のみならず，マンション管理士やマンション管理業者の専門団体も積極的に調査を実施し，被害実態を浮き彫りにした。2011 年 9 月 21 日に公表された，社団法人高層住宅管理業協会（現一般社団法人マンション管理業協会）による「東日本大震災の被災状況について（続報）」[192]によれば，東北 6 県と関東 1 都 6 県の「建物本体被害」は，大破（致命的な被害・建替が必要）0 棟，中破（大規模な補強・補修が必要）44 棟（宮城県 23 棟），小破（タイル剥離・ひび割れ等補修が必要）1,184 棟，軽微（外形上はほとんど損傷なしか極めて軽微）7,477 棟となった。一見すると建築物としてのマンションの強固性が一定程度認められたようにも思えるが，実際に居住環境としての被災の程度を考えると必ずしもそうは捉えられない。仙台弁護士会の調査によれば，2012 年 3 月の時点で，すでに 5 棟の取壊し必要事例があり，そのうち 3 棟は所有者全員の同意が得られていないなど，被害が深刻であり，かつ合意形成も停滞していることがわかった。「幸いにも人命に関わる被害はなかったが，多くのマンションで非構造壁のせん断，ドアの損壊もしくは変形，タイル・パネル等の剥落，エクスパンションジョイント部の破損等，生活に支障が生じる被害を受けており，何らかの被害を受けたマンションの割合は約 9 割に及んでいる。深刻な被害により取り壊しが決められたものも数棟あると言われている」[193]。「大破 0」という建築学上の調査結果が，必ずしも実際の被災程度を正確に表現していないものと考えられた。

[政策提言] 2011 年 6 月 11 日，一般社団法人日本マンション学会は「東日本大震災によるマンション被害に対する緊急提言」を発表し，「マンションの区分所有解消制度創設の検討」をいち早く提言した[194]。阪神・淡路大震災の際

---

192) 当該報告書を詳細に解説する論文として，藤本 2011 がある。
193) 仙台弁護士会「被災マンションの復旧・復興に関する提言」（2012 年 3 月 14 日）。
194) 提言について詳しく解説するものとして折田 2011 がある。

には，既存敷地への再建のリーガル・ニーズが高く，被災マンション法が新規に立法され，「再建」の制度が創設された。ところが，東日本大震災では，区分所有者としての費用負担や法的責任からの解放や，液状化被害や地震被害により倒壊の危険のあるマンションの早期解体を求めるリーガル・ニーズのほうが，再建を求めるリーガル・ニーズ以上に高かった。だからこそ，不動産業界・マンション管理の現場の支援者らは，解体や売却にあたり区分所有者や敷地共有者の「全員の同意」が必要となり，合意形成が頓挫する現状を目の当たりにしていたのである。その後もマンションの被災状況の調査などは各機関，政府などでも実施されてきたが，新たな制度創設には至らなかった。2012年3月14日，仙台弁護士会は，発災後1年間の調査結果やマンション管理組合への支援経験を踏まえ「被災マンションの復旧・復興に関する提言」を公表する。「少なくとも震災等の非常時には，一定の被害を受けたマンションについて，特別多数決によって区分所有関係の解消を適時可能とする制度の創設を検討するよう求める」として，新制度の創設（被災マンション法の改正）を明確に求めた。

　[政策形成活動]　仙台弁護士会や仙台市を中心に，被災マンション法の改正を求める精力的な政策形成活動が実施される。前述の通り，学術関係団体の意見も効果的であった。2012年には，法務省や国土交通省も頻繁に仙台市を中心に現地調査を行うようになり，2012年9月，法務省法制審議会「被災関連借地借家・建物区分所有法制部会」がようやく立ちあがった。先述した被災借地借家法（6.2.1（4））の制定の議論と共に，新しいマンション法制の議論も開始されたのである。2012年10月26日の法制審議会部会第3回会議において「被災区分所有建物の再建等に関する特別措置法の見直しに関する中間取りまとめ」が策定され，パブリックコメントに付される。①取壊し決議制度，②滅失又は取壊し後の建物の敷地についての特例（敷地売却決議制度，取壊し後の敷地についての再建の決議，敷地共有者による敷地の管理に関する規律，共有物分割請求の制限），③団地の特例（再建承認決議制度，再建を含む一括建替え決議制度）等の新しい制度の導入を盛り込んだものであった。被災借地借家法の議論をはじめ弁護士も議論に参画していたこともあり，同パブリックコメントを支

持する形で，2012年11月29日，日弁連は，「被災区分所有建物の再建等に関する特別措置法の見直しに関する中間取りまとめ」に関する意見書をとりまとめ法務省，法務大臣，国土交通大臣等に提出し，速やかな被災マンション法の改正を提言した。2013年1月29日の法制審議会部会第9回で，ついに「罹災都市借地借家臨時処理法の見直しに関する要綱案」(6.2.1 (4)) とともに「被災区分所有建物の再建等に関する特別措置法の見直しに関する要綱案」がまとめられ，2013年2月8日の第168回法制審議会を経て法務大臣へ答申された。

　[新制度実現]　2013年6月19日，「被災区分所有建物の再建等に関する特別措置法の一部を改正する法律案」が全会一致で成立した（同年6月26日公布）。マンション関係の現場実務者や専門家による提言から実に2年以上の時を経て，政府が精緻な議論を積み重ね，我が国の民法体系の中に新たな被災マンション制度を組み込んだ[195]。

　しかし法案成立により自動的に被災マンション法の適用があるわけではない。政府による政令指定が必要となる。仙台弁護士会は，上記法案成立前の国会審議中の2013年6月14日に「東日本大震災に被災マンション法改正法の適用を求める会長声明」を発し，「東日本大震災を被災マンション法改正法の災害として政令指定するなど，しかるべき措置がとられることにより，東日本大震災に同法が適用されることを強く求める」と提言した。現場の法案成立にかける期待の高さを感じ取ることができる。

　2013年7月26日，「被災区分所有建物の再建等に関する特別措置法第二条の災害を定める政令」により，東日本大震災は正式に被災マンション法適用の災害に政令指定された（同年7月31日公布）。新たな被災マンション法に基づく区分所有関係解消制度が実務運用されることになった。2013年12月8日の報道は，「東日本大震災で全壊して解体された仙台市のマンションの所有者が8日，跡地売却の決議をする。行方不明の所有者がいることなどから合意形成できなかったが，6月の法改正で所有権の5分の4の同意を得れば売却できるようになり，震災から1千日以上を経てまとまった。決議をするのは「東仙台

---

　195) 岡山2014bおよび岡山2014c（いずれも政府の立法担当者であった岡山忠広裁判官（元総務省民事局参事官）による解説書）が政府内の立法経緯等を詳述している。

マンション」。所有する140の個人・法人のうち2人が行方不明のままだ。小学校に隣接していたため市が危険と判断し、2人の同意がないまま解体された。跡地については、市内の医療法人に約1億9千万円で売ることに、法改正で緩和された要件を上回る同意が7日までに得られた」[196]と、改正被災マンション法で新設された「滅失又は取壊し後の建物の敷地についての特例」のうち「敷地売却決議」[197]の初適用を伝えている。

2016年4月の熊本地震では、2016年10月5日、新たに「被災区分所有建物の再建等に関する特別措置法第二条の災害を定める政令」が公布・施行された。東日本大震災を含む2回目となる改正被災マンション法の適用が決定された。

[課題] 改正被災マンション法の成立により、被災したマンションの再生に関する様々な事業バリエーションが誕生したことは高く評価されるべきである。しかし、区分所有法それ自体が抱える問題や、日本の分譲マンションストックの現状[198]を考慮すると、災害とマンションの課題はいまだ多くが解決を見ていない。ここでは未解決課題のうち主要なものを記述する。

まず耐震化の促進が急務である。その一つの対策として、区分所有法17条2項が、共用部分の管理と変更の際に「共用部分の変更が専有部分の使用に特別の影響を及ぼすべきときは、その専有部分の所有者の承諾を得なければならない」としている条項の改正（撤廃と補償制度の導入）が求められる[199]。前述の

---

196) 朝日新聞（2013年12月8日朝刊）「被災マンション、跡地売却決議へ 改正法、仙台で初適用」。
197) 改正被災マンション法5条。
198) 国土交通省「分譲マンションストック数（平成27年末現在）」によれば、日本のマンションストックは623万戸（ここでいうマンションとは、中高層（3階建て以上）・分譲・共同建で、鉄筋コンクリート、鉄骨鉄筋コンクリートまたは鉄骨造の住宅をいう。マンションの居住人口は、平成22年国勢調査による1世帯当たり平均人員2.46を基に算出すると約1,530万人となる）。
199) 福井2008は、区分所有法が抱える建替えや耐震化の課題を詳細に論じている。なかでも区分所有法17条2項は、「当該所有者による絶対的な拒否権となっているため、耐震改修が進まないなど、棟全体の安全性を損なう現状を残存させる場合がある」「適切な補償等により承諾を不要とする措置を導入すべきである」として、当該条項の経済的不合理性を厳しく指摘し、承諾に代わる補償制度の導入を提言している。

とおり，マンションの耐震化を進める場合に，特別の影響を受けるごく少数の区分所有者によって，その手続が頓挫する可能性があるからである[200]。全国には約106万戸の旧耐震マンションが存在する。東京都都市整備局が2013年3月に発表した「マンション実態調査結果」によると，東京都内の分譲マンション53,212棟のうち，いわゆる「旧耐震基準」[201]の分譲マンションは11,892棟にも及んでいるが，耐震化はほとんど進んでいない。その原因にもし区分所有法17条2項による合意形成困難があるとすれば，ただちにこれは除去されなければならない問題といえる[202]。耐震化における合意形成困難を解消するため，2013年5月22日，「建築物の耐震改修の促進に関する法律」の一部改正法案が成立し，同年11月25日から施行された。「要耐震改修認定建築物」とされた建築物については，通常区分所有者および議決権の各4分の3の多数決が必要な共有部分の重大変更について，「過半数」に緩和されるとした[203]。合意形成のハードルは大きく下がったと評価できる。一方で，区分所有法17条2項は健在であるため，前述の特別の影響を受ける区分所有者の同意が必要となる課題は当該法令では解決されていない。

災害時のみならず，老朽化したマンションの「建替え」も課題である[204]。これに対しては，2014年6月18日に「マンションの建替えの円滑化等に関する法律の一部を改正する法律案」が成立し，「要除去認定マンション」となった

---

200) 国土交通省社会資本整備審議会建築分科会建築基準制度部会「今後の建築基準制度のあり方について「住宅・建築物の耐震化促進方策のあり方について」(第一次報告)」。当該報告書でも区分所有法17条2項が合意形成を阻害する可能性を指摘している。

201) 1981年の建築基準法施行令改正以前(1981年5月31日までに建築確認を受けた建物)の耐震基準。阪神・淡路大震災，新潟県中越地震，東日本大震災のいずれにおいても，旧耐震基準の建物被害は，それ以降の建物被害に比べて被害が大きい。

202) 国土交通省「平成25年度マンション総合調査結果」(2014年4月23日公表)による「耐震診断を検討していないマンションにおける実施しない理由」によれば，「改修工事費の費用がないため」(50.1%)，「診断費用がないため」(32.5%)，「診断に対する関心等が低いため」(31.0%)が理由の上位であるが，「合意形成が難しいため」(9.3%)という理由も一定程度あり，区分所有法上の問題の存在を示唆する結果となっている。

203) 建築物の耐震改修の促進に関する法律25条。

204) 「規制改革実施計画」(2013年6月14日閣議決定)の第14項に「老朽化マンションの建替え等の促進について」が明記され，マンション建替え等の再生事業の円滑化を求めている。

場合には，区分所有者および議決権の各5分の4以上の多数決で「マンション敷地売却決議」等ができる。2013年改正被災マンション法の老朽化版とでもいうべき内容であり，東日本大震災の発生が法案制定を加速させたことは間違いない。マンション敷地の再開発の促進を狙いとし，老朽化したストックの更新を目指すものとして評価できる。ただし，これらの法律を駆使できるのは，都心の一等地だけではないかとの懸念もあり，効果については今後の運用実績を見極める必要がある。

「団地」[205]となると問題はさらに深刻化する。団地の一括建替えを行う場合，①団地全体で各5分の4以上の賛成，②各棟で各3分の2以上の賛成が必要である[206]。仮に①を満たしても，どこかの少数住戸棟だけが基準を満たさない場合には，圧倒的多数の賛成を得ながら一括建替えが頓挫する可能性がある。これを解消するには，もはや区分所有法等の既存法の修正ではなく，都市計画と一体化した新しい団地再生開発法案が必要になるものと考えられる。国土交通省は，2014年7月22日，「住宅団地の再生のあり方に関する検討会」を開始し，2016年1月28日，「住宅団地の再生のあり方について 取りまとめ」を公表した。検討会開催期間中の「規制改革実施計画」（2015年6月30日閣議決定）においても，「老朽化した団地型マンションの建替え等に関し，団地内の合意形成を含めた権利調整や一団地に係る建築規制等について，事業法も含めて制度の在り方を検討し，結論を得る」と提言されるなど，喫緊の課題と認識されている。しかし，当該取りまとめでは，中長期では抜本的な団地再生スキームを構築するとされたが，当面は一団地認定の取消しの推進など既存制度の枠内での対応にとどまっている[207]。

賃貸借契約との関係も課題である。分譲マンションの区分所有者が賃貸人として物件を貸し出している場合，当該賃貸借契約が普通賃貸借契約であれば，

---

205) 区分所有法65条。「一団地内に数棟の建物があつて，その団地内の土地又は附属施設（これらに関する権利を含む。）がそれらの建物の所有者（専有部分のある建物にあつては，区分所有者）の共有に属する場合」の権利関係を「団地」と呼ぶ。
206) 区分所有法70条。
207) 国土交通省「建築基準法第86条第1項等の一団地認定にかかる運用の明確化について（技術的助言）」（国住街119号・2016年10月3日）。

借地借家法によって,「正当の事由」がない限りは建物賃貸借契約を終了できない。たとえば,「マンションで建替え決議があった」ことは,その一事をもっては,賃貸借契約終了の正当事由足りえない。賃借人が明渡しに応じない場合は,建替事業が進まないことになる[208]。戎正晴弁護士は,建替え決議の存在は,単なる正当事由の一要素とするのでは足りないとし,「借家権消滅請求制度」の創設を提言している[209]。

　分譲マンションと災害時要援護者の個人情報の問題も重大である。2015年5月12日,総務省自治行政局住民制度課長通知「都市部をはじめとしたコミュニティの発展に向けて取り組むべき事項について(通知)」(総行住49号)が発信された。同通知は,総務省の「都市部におけるコミュニティの発展方策に関する研究会」が2015年3月に公表した報告書の趣旨を踏まえ,都市部において弱体化した地域コミュニティの課題克服のために自治体等が取り組むべき事項を示している。特に,2013年改正災害対策基本法改正を踏まえ,災害時要配慮者等の個人情報を,自治体とマンション管理組合とで共有するための〈具体的取組みの例〉として,マンション管理組合の「自主防災組織化」を促す等,自治体とマンション管理組合の関係に切り込む内容になっている。ところが,これらの通知を活用し,マンション管理組合を地域防災計画上明確に位置付けたり,あるいは自主防災組織化することが急速に促進されたりしている状況は見受けられない[210]。特に災害と個人情報の問題についての自治体の政策法務リテラシーの不足も大きく影響していると考えられる(岡本 2015a,岡本 2015b)。また,国土交通省により,「マンションの管理の適正化に関する指針」の改正(平成28年3月14日国土交通省告示490号)」および「マンション標準管理規約及び同コメント」の改正(最終改正・平成28年3月14日国土動指89号,国住マ60号)等が行われ,管理費支出項目の「地域コミュニティにも配慮した居住者

---

[208]　規制改革会議「規制改革に関する答申:経済再生への突破口」(2013年6月5日)において指摘されている。

[209]　内閣府・法務省・国土交通省「分譲マンションの建替え等の検討状況に関するアンケート結果」(2008年11月21日)を踏まえた,法務省および国土交通省によるヒアリング資料(2008年11月)における戎正晴弁護士の見解。

[210]　岡本 2015c において,マンションにおける個人情報問題について取り上げている。

間のコミュニティ形成に要する費用」[211]や管理組合の業務の「地域コミュニティにも配慮した居住者間のコミュニティ形成」[212]が削除され，コミュニティ形成に関する考え方が再整理された。全体の改正趣旨としては，マンション管理組合によるコミュニティ活動を否定する内容ではないものの，条項削除のインパクトは大きく，防災活動を含む様々なコミュニティ活動の参加や費用支出への躊躇など，過剰反応が起きる恐れがある。自治体が保有する災害時要援護者名簿（避難行動要支援者名簿）の利活用は，分譲マンションにおいてこそ，なおさら重要になると思われた。

このほか，被災者生活再建支援法との関係では，被害の程度についてマンションごとの認定か，区分所有権ごとの認定かについて，自治体ごとにばらつきが存在することや，区分所有者に支援金が個別に支給されてもマンションの再建や復旧資金に充当できるとは限らないことなど，制度と再建のミスマッチが，前述した東日本大震災後の仙台弁護士会やマンション学会の提言でも指摘されている。マンション管理組合を対象とした新たな給付金支援制度の創設も検討しなければならない事項である。

(2) 復興事業と土地収用法の規制緩和（東日本大震災）

［リーガル・ニーズ］「弁護士の先生に言っても仕方ないのはわかってる。でも，俺が住むはずのあの山の工事は，一体いつになったら始まるのさ。このままじゃお迎えが来ちまうよ」。東日本大震災から2年以上経過しても，一向に住まいの再建の目途が立たない現状に被災者は憤り，また諦めの心情を無料法律相談の現場で弁護士に吐露していた[213]。高台移転が進まない最大の原因は，「所有者不明の土地」の存在である。復興事業を実施するには，当該土地を行政が取得する必要があるが，相手方が探索できない，特定できない，十分な調査すらできない，という事態が発生していたのである。岩手県の調査によれば，2013年11月末日時点において，事業用地取得のための契約予定件数は県・市

---

211) 2016年改正前標準管理規約（単棟型）27条10号。
212) 2016年改正前標準管理規約（単棟型）32条15号。
213) 東北復興新聞（2015年6月18日）「弁護士が見た復興・小口幸人「進まない高台移転を法律で変える（前編）」」。

町村合計で約2万件とされていたが，数代前の相続（遺産分割）登記の未了，権利者不明および権利者多数等の事情のために事業用地の取得が円滑に進まないことが予測される懸案件数は4,000件に上っていた。権利者調査すら進んでいない件数も約6,400件あった。特に相続関係の登記未了は深刻である。家系図の1つでも途切れると現在の所有者にたどり着けず「お手上げ」状態となる。1筆の土地について100名を超える共有者が存在する例や，50年から100年以上前から動きがない古い登記簿に「○○○○ほか△名」と共有者が記載されており，「ほか△名」についての氏名・住所の把握が不可能な事例も報告されている[214]。「復興事業用地には，江戸時代の1863年生まれの人が登記上の所有者で，相続人が20人近い土地すらある。1人ずつ捜し出し，全員から買収の同意を取り付けるのは困難だ。相続の登記手続が不十分で，今の地権者が，どこの誰なのか，分からない土地も多い」[215]。復興事業用地の取得それ自体は行政（県）が進めていながらも，工事を始めるにはパッチワークの様な権利関係になっている全ての土地取得が不可欠である。行政としては，9割以上の土地の取得が判明していると報告しても，結局のところ，全部の土地の取得までは具体的な工事等は行えない。被災者の「工事が始まらない」という声には応えていないのである。

　土地の収用に関する実務慣行にも大きな問題があった。法律上は土地収用法や都市計画法に基づいて強制収用が可能な場合でも，これは伝家の宝刀とされており，通常はほとんど使われない。任意交渉と現地調査の繰り返しによって土地取得（買い取り）を進めるのである。また，仮に調査の限界があるとしても，当該県の土地収用委員会の裁量によって調査が尽くされたかが決定されるため，現場の調査負担は天文学的な作業量に及ぶ。従来の枠組みでは，法律の限界以上に，実務慣行を抜本的に改善しなければならないのである。

　しかし，復興庁や国土交通省は，既存制度の活用により十分対応可能であるとの見解を示していた。「住宅再建・復興まちづくりの加速化措置（第三弾）」（2013年10月19日）および「住宅再建・復興まちづくりの加速化措置（第四

214）　日弁連「復興事業用地の確保に係る特例措置を求める意見書」（2014年3月19日）。
215）　毎日新聞（2014年3月1日朝刊）「東日本大震災3年：進まぬ用地取得　仮設暮らし，いつまで」。

弾)」(2014年1月9日)でも，所有者等が不明の場合における土地収用法の迅速化が図られている。しかし，この実態は，あくまでも防潮堤や道路等の公共インフラを対象とするものであり，そもそも50戸未満の災害公営住宅事業や防災集団移転促進事業は収用事業の対象外とされていることに応えていない。また，行方不明者の土地については，「不在者財産管理制度」[216]の活用が図られているが，この対策も，遺産分割未了かつ相続人多数の場合や土地の権利者が所在不明な場合等において，財産管理人選任申立前の権利者調査に多くのマンパワーと時間を要する。被災地で現に起きている問題状況を変えるほどの効果はなかった。そもそも不在者財産管理人は管理財産の保全を目的とするものであるから，確実に事業予定地が売却されるわけではないという課題も残っていた。

[分析結果] 日弁連の「東日本大震災無料法律相談情報分析結果」は，2012年5月頃までに実施された無料法律相談事例を集積している。したがって，仮設住宅からさらに次の住まいやまちづくりを見据えた支援や制度の動向についての相談は，それほど多く発見することはできない。2012年度以降の被災者のリーガル・ニーズについては，個別の調査や復興事業の進捗から立法事実を探り当てていくことになった。

[政策提言] 2013年11月25日，岩手弁護士会は，会長声明「復興事業用地の確保のための特例法の制定を求める要望」を発表した。また，同年11月27日，岩手県は「事業用地の確保に係る特例制度の創設に関する要望書：東日本大震災津波からの復興加速化に向けて」を発表した。いずれも，国に対して，復興事業用地の確保を促進する特別の立法措置を求める提言である。これらを後押しする形で，2014年3月13日，被災地の無料法律相談支援などを継続していた東京弁護士会の法友会により「東日本大震災被災地復興事業用地確保の

---

216) 住所または居所を去り容易に戻る見込みのない者（不在者）に財産管理人がいない場合に，家庭裁判所への申立てによって不在者財産管理人が選任される。不在者財産管理人は，財産を管理・保存，権限外行為許可を得た上での遺産分・不動産の売却等を行うことができる（民法25条から29条）。

ための特別の立法措置を求める意見書」が公表される。2014年3月19日には、ようやく日弁連によって「復興事業用地の確保に係る特例措置を求める意見書」が公表された。

これらの提言のベースとなったのは，岩手県と岩手弁護士会が共同で設置した「復興事業用地の確保に関するプロジェクトチーム」の提言である。弁護士会と県とが共同研究を行い，その成果がそのまま岩手県から国への立法提言となった。岩手県にとって復興事業の促進が大きなプレッシャーとなっているなか，現実の被災者の住まいの悩みを収集している弁護士会と知見を相互に補完しあったものであり，実質的には弁護士会と県の共同提言に等しい。岩手県としては初めてのことであり，極めて異例の経緯と考えられる[217]。立法提言の内容は，それぞれの提言によって細部は若干異なるものの，既存の土地収用法や任意交渉による公共事業用地の取得の手法を抜本的に改善し，復興事業における土地収用の要件と現場実務としての運用手続の緩和を求めるものである。兎にも角にも，復興事業用地の早期確保による工事着手が至上命題となっていた。具体的には，①公益性認定の特例制度の創設（高い公益性を有する復興事業については，東日本大震災復興特別区域法（平成23年法律122号）に基づき設置される復興整備協議会において同意を得ることにより，土地収用法における事業認定相当の公益性の認定が可能とすること），②用地取得の特例制度の創設（私有財産との調整手続，補償金の支払手続等を担う，独立性の高い第三者機関（機構）を設置すること。機構の決定により，取得する土地の区域が確定したときは，事業者が損失補償見積額を機構に予納することをもって工事着工できるものとすること。土地の損失補償額は機構が決定することとし，土地所有者等各人の補償額の確定および支払は機構が行うこととすること。また，事業者は，機構による当該支払の完了を待たずに，損失補償額を機構に納付することをもって所有権を取得できるものとすること）がその主な提言内容である。

[政策形成活動][218] 新規立法に対する政策形成活動は，岩手県と岩手弁護士

---

217) 同様の試みとしては，他には「被災者生活再建支援法」の成立に至るまでの，神戸弁護士会（現兵庫県弁護士会）を含むステークホルダーの協働が挙げられるが，他には例を見ない（6.2.5 (2)）。

会による共同研究「復興事業用地確保に関するプロジェクトチーム」が2013年夏頃から本格的に立法提言の骨子を検討し始めたところから始まる。同時期頃，筆者自身も被災地県出身の国会議員や衆議院法制局とともに，復興事業用地の早期確保に向けた新規法案（具体的には東日本大震災復興特別区域法への新条項追加改正法案。後述の【第三法案】）の検討を開始しようとしていた。2013年秋頃には，岩手県の勉強会の動きと，国会議員有志らによる議員立法とが連動するようになり，少なくとも，岩手県や岩手弁護士会の提言が意図する「工事の早期着工」を実現する方向での議員立法の動きが起こってきた。そして，2013年11月，岩手県や岩手弁護士会から立法提言がなされるに至ったのである。

しかし，岩手県や弁護士らによる提言を受けても，復興特区法を所管する復興庁の対応は慎重であった。岩手県の提言を受けた復興大臣は，「……相続人などを調査すれば，現在の所有者が分かる場合も多いと思いますが，それを調べずに公告するだけで，所有者の知らないままに工事が始まって，所有権を侵害することになるのではないか」との見解を示した[219]。また，岩手県知事と復興大臣の面談においても，「復興相は「（地権者が名乗り出て）訴訟になったら更に時間がかかるのではないか」と述べ，慎重姿勢を崩さなかった」[220]。これは，「財産権は，これを侵してはならない」「私有財産は，正当な補償の下に，これを公共のために用ひることができる」[221]という憲法上の要請である財産権への抵触を懸念したものというのが政府の説明であった。しかも，岩手県以外の被災地からの応援も乏しかった。「宮城・福島両県との連携も模索するが，両県は理解を示しつつも「立法化に時間がかかり早急な解決につながらない」（宮城県），「現行制度の活用で着工に支障はない」（福島県）と足並みはそろっていない」[222]。

218）　岡本2015dにおいて東日本大震災復興区域特別法の政策形成活動や成立に至る経緯を詳述している。
219）　2013年11月19日復興大臣記者会見。
220）　毎日新聞（2014年3月1日）「岩手，状況改善へ独自案　国，拒み続け」。
221）　憲法29条1項，同3項。
222）　前掲・毎日新聞（2014年3月1日）。

弁護士は，岩手県らが主張する特例立法は，復興事業の公益性と手続補償が十分に検討されたものであり，①収用適格事業ではない防災集団移転促進事業等の復興整備事業を収用適格事業にすることは憲法29条1項・3項に違反しない，②個別の復興整備事業を収用対象事業と認定するまでの手続が，憲法31条が要請する適正手続の保障に抵触しない，③収用され所有権の侵害を受ける当事者に対する手続が，憲法31条が要請する適正手続の保障に抵触しない，④事前着工制度創設による事後的に損失補償をすることが，憲法29条3項の財産補償に違反しない，との論理を，国会，政府，地方議会，メディアなどに精力的に説明した。

2014年3月下旬，事態は急転直下で動き出す。同年3月25日，自民党・公明党は「東日本大震災復興特別区域法の一部を改正する法律案」【第一法案】を議員立法として衆議院に提出した。また，同日，民主党・生活の党（筆頭提出者）・みんなの党・結いの党も「東日本大震災復興特別区域法の一部を改正する法律案」【第二法案】を議員立法として衆議院に提出した。与野党ともに，「土地収用法」の規制緩和や特別措置による復興事業用地の加速化を狙った点は共通している。規制緩和手法として既存の土地収用法にある「緊急使用」の要件の規制緩和を軸としている[223]。すでに野党側による後述の【第三法案】の検討が先行していた中で，野党側の別案である【第二法案】が急きょ先行提出されることが決定し，与党側も追随して同日の【第一法案】提出を間に合わせたという経緯である。

【第一法案】と【第二法案】は，いずれも現行の土地収用法にある「緊急使用」の要件を緩和することで「早期着工」を目指す点は同趣旨である。6か月後に権利調査が終わって書類がそろえば先に土地を利用しても構わないとする土地収用法[224]を，「1年後」でも構わないと緩和する特例措置を設けるものである。緊急使用期間内にその他の手続書類や調査が終わらないことを懸念して，緊急使用の申請自体を躊躇しないようにするものである。特に【第二法案】は，期限延長による申請前倒しへの期待だけではなく，緊急使用の実体要件である

---

[223] 法案提出日における自民党・公明党作成資料および民主党・生活の党・みんなの党・結いの党作成資料より。

[224] 土地収用法123条1項，2項。

「災害を防止することが困難となり，その他公共の利益に著しく支障を及ぼす虞があるとき」という厳しい現行の土地収用法を緩和し，「東日本大震災からの復興を円滑かつ迅速に推進することが困難」という特例措置を復興特区法に別途設けることで，実体要件そのものを緩和するという配慮まで行っており，さらに評価できるものとなっている。ところが，いずれの法案も現場のニーズに真に応えているとは言い難い課題をかかえていた。【第一法案】は，①土地収用法の事業手続の迅速化（努力義務の明記）は，既存の運用をそのまま述べているに過ぎず，劇的な変化をもたらすものではない，②土地調書などの書類省略は，入り口となる申請時における負担は少なくなるが，結局のところその後に土地調書を完成させる作業が必要で，それには徹底的な調査が不可欠のままであり，現場の作業負担（「二度の任意交渉を重ねること」などの現行の運用）は解消されていない，③緊急使用の許可を前倒しする点も，着工後に結局のところ現行の運用において土地収用委員会が「過失がない」と認めるだけの調査義務を事業者（自治体など）が果たさなければならず，法令上も負担は一切緩和されていない，など，問題が多かった。【第二法案】も，緊急使用の実体要件緩和まではよかったものの，緊急使用の許可の前倒しは，【第一法案】の③と同様の課題を抱えていた。これでは，緊急使用許可後に行わなければならない「所有者への通知」[225]ほかの手続要件も緩和されない。したがって，いずれの法案も，緊急使用後には，現行の土地収用委員会の運用に従う限りは，結局のところ，膨大な調査をしなければならないおそれがあるなどの欠点があった。与野党の両案とも，被災者の声や岩手県共同声明が最も強調したかった「現行の土地収用委員会の運用を抜本的に改善・上書きする明文規定の創設」の要望を汲み取れなかったことになる[226]。

---

225) 土地収用法123条3項。
226) 河北新報（2014年4月6日朝刊）の社説は，「土地収用には，手続中であっても着工できる緊急使用という仕組みがある。この場合，土地調書を提出するまで，着工から6カ月の猶予が与えられる。改正案は，与野党ともに猶予期間の延長を認めた。これらの措置により，確かに土地収用の入り口要件は格段に緩和されるだろう。だが，これで本当に現場の負担が減るかと言えば，答えは「ノー」だ。いずれかのタイミングで土地調書を作成して提出しなければならず，結局，人手不足の被災自治体の負担は減らない。そもそも地権者の特定が困難なのだから，土地調書を整える見込みがないとなれば，

2014年4月2日，野党側より「東日本大震災復興特別区域法の一部を改正する法律案」(【第三法案】)が議員立法として提出された。岩手県の要望や日本弁護士連合会の意見書を，そのまま法案へ落とし込んだものと言ってよい。岩手県をはじめとする被災地選出の国会議員らが岩手県などとも研究を重ねて生み出された法案であり，当時の衆議院法制局担当者も相当の心血を注いだ労作と評価できる。それは，まったく新しい恒久的制度を生み出そうとする改正法案であった（形式的には東日本大震災復興区域特別法改正案）。しかし，条文数も多く，当時の野党が中心となって策定した法案であったことから，審議は実質的に行われなかった。

与野党で同一のしかも不十分な議員立法の提出があったことから，弁護士有志らにより与野党への徹底的な説明等が展開され，紆余曲折を経て修正協議による一本化が行われる方向で決着がついた。特に留意されたのは，法案成立で終わるのではなく，現場実務を所管する国土交通省および復興庁が法案を反映した現場運用に関するガイドラインを作成し，周知することの重要性を認識することであった。そのために，立法府から強いメッセージを発信させることが重要となった。【第一法案】と【第二法案】は，2014年4月16日に提出が撤回された。そして，同日，「東日本大震災復興特別区域法の一部を改正する法律案」(【最終法案】)が，衆議院東日本大震災復興特別委員会に委員長提案により提出され，超党派の全会一致で通過した。この衆議院東日本大震災復興特別委員会では，法案成立の際に「第186回通常国会衆議院復興特別委員会決議「東日本大震災の被災地における復興整備事業の用地取得の更なる迅速化に関する件」（平成26年4月16日）決議」がなされている。①復興事業用地取得に際しては現場負担の多い任意交渉を前提としないこと，②緊急使用の申立て・許可に係る要件審査を柔軟に行うこと，③緊急使用後の追完書類についても効率性と柔軟性を重視すること，等を内容とする。現場負担を改善するための，

被災自治体は，緊急使用の権限行使を諦めざるを得ないだろう。加えて与党案には，重大な瑕疵（かし）があった。緊急使用の要件に「震災からの復興を円滑かつ迅速に推進するのが困難な場合」という一文の入れ忘れだ。これでは，土地収用委員会が着工を許可しない可能性がある」と記述し，与党【第一法案】と野党の【第二法案】の不十分性・拙速性を厳しく批判している。

運用改善に法改正の結果を確実に反映させなければならないという，岩手県や弁護士有志の政策形成活動が奏功し，立法後の運用を見据えた立法府の意思を明確にすることに成功した。

　[新制度実現]　2014年4月23日，参議院本会議で「東日本大震災復興特別区域法の一部を改正する法律」が超党派の議員立法で成立し，同年5月1日に公布・施行された。①事業認定の処理期間に係る努力義務の短縮を条文に明記したこと（土地収用法の3か月以内の努力義務を2か月以内としたこと），②裁決申請手続の簡素化を図ったこと（書類の大幅な省略，調査義務の軽減，特に，土地所有者および関係者氏名については，登記簿上に現れた氏名および住所で足りるとしたこと），③緊急使用の使用期間を6か月から1年にしたこと（1年もあれば，その期間のうちには土地収用の各種手続による正式な収用の裁決が終わる可能性が高い。そうすると，裁決手続と並行して，前倒しで工事着工が可能になるという効果が生まれる），④裁決手続自体の迅速化を条文に明記したこと（6か月以内の明渡裁決等の努力義務を明記したこと），⑤小規模団地住宅施設整備事業の創設による土地収用手続対象事業の拡大（今までは防災集団移転促進事業で土地収用をするためには50戸以上の住戸計画が必要だったが，5戸〜49戸の防災集団移転促進事業でも土地収用ができるようにしたこと），である。

　2014年5月20日，国土交通省総合政策局長通知「東日本大震災復興特別区域法等における土地収用法の特例について」（国総収11号）が公表された。収用委員会による収用決済の迅速化の項目では，「裁決申請に要する資料等については，受理に当たって必要最小限となるよう吟味すべき旨，「東日本大震災の被災地における土地収用制度の活用について」（平成25年4月5日国総収201号）により通知したところであるが，明渡裁決の申立てに当たっても，起業者に対して過大な書類の提出を求めることなどにより申立ての遅延を招くことのないよう十分留意されたい」など現場への明確な指示がなされている。また，2014年5月23日には，国土交通省総合政策局総務課長通知「不明裁決申請に係る権利者調査のガイドラインについて」（国総収24号）も公表された。最大のボトルネックであった権利者調査について，所有者不明のままでも収用委員会が迅速に対応できるようガイドラインを策定したのである。不明決裁制度の

説明について,「留意すべき点としては,土地所有者等についての第一義的な調査義務は起業者にあります。収用委員会の職権調査の程度については,起業者に求められるものと同等で足りるのであって,いたずらに詳細な調査をして,労力・時間を徒過することは土地収用法の趣旨からいっても好ましくありません。このため,収用委員会は,起業者が行った調査が適正であるかどうかを主として確認し,適正であると認められるのであれば,速やかに結論を出すことが求められます」など,収用決裁の判断権者に対する相当丁寧な記述がみられる。法改正およびこれに至る経緯を十分に反映されたガイドラインになったという評価が可能である。そして,国土交通省が示した通知やガイドラインは,復興庁「住宅再建・復興まちづくりの加速化措置(第五弾)」(2014年5月27日)の中にも組み込まれた。

　2014年4月23日の法案成立の際には,東日本大震災復興特別区域法の一部改正と同趣旨の条項が,「大規模災害からの復興に関する法律」(大規模災害復興法)の改正としても盛り込まれた。大規模災害復興法は,大規模な災害を受けた地域の円滑かつ迅速な復興を図るため,その基本理念,政府による復興対策本部の設置および復興基本方針の策定並びに復興のための特別の措置を規定するものであり,巨大災害があった後の復旧・復興の枠組みとなる法律である。同法に「小規模団地住宅施設整備事業の特例」[227]と「土地収用法の特例」(①通常3か月程度かかる事業認定業務を2月に迅速化し,復興整備事業については2か月以内の努力義務を課す,②緊急使用の活用を促進するとともに,復興整備事業に係る緊急使用期間を6か月から1年へ延長,実質要件として「復興を円滑かつ迅速に推進することが困難な場合」を明記し規制緩和する,③所有者不明土地において不明決裁制度の活用を推進し,復興整備事業については,決裁申請時の土地調書等の添付を不要とし,決裁を6か月以内とする努力義務を課す)[228]が定められたのである。首都直下地震や南海トラフ地震を想定した時,所有者不明の土地もより多くなることが予想される。そうすると,東日本大震災特区法改正のスキームは,将来の災害でも活用するべきものであることは論を待たないだろう。岩手県をはじめとする現地の声が,将来にもつながる形で大きな社会変革をもたら

---

227)　大規模災害復興法18条の2。
228)　大規模災害復興法36条の2から36条の5。

したと評価できる。

　法改正直後の東日本大震災復興特区法を利用した，岩手県内の実績としては，① 2014 年 12 月 3 日，「金浜海岸・津軽石川河川等災害復旧事業」(岩手県事業) において，収用決裁申請と同時に，1 年間の緊急使用の申し立てを実施した事例，② 2015 年 1 月 14 日，「安渡第 1 地区小規模団地住宅施設整備事業」(岩手県大槌町起業の防災集団移転促進事業) において，48 戸の住宅施設に関する収用決裁申請を実施した事例がある。新しい制度が見事に活用されている[229]。

　[課　題]【第三法案】は，①被災関連市町村等による復興整備計画の告示を行う，②特例事業者が新設される「用地委員会」に対する採決の申請を行う，③ 2 週間の縦覧の後，用地委員会による権利取得裁決，補償金の納付を行う，④用地委員会による補償裁決を行う，という手順を踏んだ上，補償裁決については 6 か月経過時点で仮裁決を行って補償金の払渡し等を行うことで，早期着工ができる仕組みを導入するものである。「緊急使用」による見切り発車ではなく，一定の権利関係を構築したうえで着工することで，憲法上の問題点である「手続保障」と「財産権保障」の問題をクリアしつつ，「居住権」を確保するための迅速さを失わせない法案である。条文数は相当多く，調整の苦労の跡が見受けられるものとなっている。国会で実質的な審議に至らなかったのは，まったく新しい制度の構築に対する行政負担を懸念し，東日本大震災で導入することは適切ではないとされたからである。しかし，これらは既存の部局のリソースや，収用委員会のメンバーをそのまま移行させるなどで省力化が可能と考えられる。何より，この法案が目指すスキームこそが，被災地から要望されたものであるため，国のかかる懸念は必要なかったのである。【第三法案】は，住民参加機会の確保，不服申立制度の完備，公平な第三者機関による収用裁決など，より精緻に作り込んだものとなっている。特に復興まちづくりの課題となる「住民参加」「合意形成」の機会確保を丁寧に行うことを予定した法案で

---

229)　2015 年 3 月 16 日の岩手県復興局と日本弁護士連合会の意見交換および，同日の岩手県知事から日本弁護士連合会への御礼状授与式での岩手県からの聴取結果 (筆者同席)。

あることは魅力と思われる。また、【第三法案】では所有者不明の土地を収用した際の対価は、第三者機関に補償金予定額が予納されることになっている。この予納金のプールについては、元本保証がなされるスキームの信託を利用し、被災者支援に活用することも想定できる（吉江 2014）。首都直下地震や南海トラフ地震による大規模な被害予想に鑑みれば、【第三法案】の整備も積極的に検討されるべきである。

　土地収用の規制緩和が必要になった最大の原因は我が国の現行の「登記制度」にある。登記は登記権利者（売買契約の買主等）と登記義務者（売買契約の売主等）との共同申請によることが原則である[230]。ところが、高台移転などの復興事業促進を阻んだ最大の原因は、この登記制度にこそある。不動産登記が問題となり、不動産を処分したくても処分できない類型として、①相続登記が何世代も前から未了であり現在相続人の探索と合意が困難な場合、②集落の入会地・共有地など相当前の年代の多数共有名義の登記である場合、③抵当権、仮登記、仮差押え、買戻権の付記登記など所有権以外の権利について、民事実体法上の権利は時効消滅しているものの登記上の記載が残っている場合等が挙げられる（野村 2015, 野村 2016）。2013 年 5 月から 2016 年 4 月まで、宮城県石巻市の任期付職員であった野村裕弁護士は、②については、「認可地縁団体」への不動産登記の特例措置[231]の活用による解決が期待できるとし（野村 2016）、③については、登記権利者と登記義務者の共同申請の原則に対する例外を設け、一定年月経過した権利の登記を抹消できる制度や、職権による抹消登記制度の創設を提言する（野村 2015）。いずれも大規模災害に備えた新たな登記制度の特例で対応する必要性は高いと考えられる。

(3)　車両の撤去と私有財産への損失補償（東日本大震災以降の雪害）
　［リーガル・ニーズ］　東日本大震災においても、住宅の撤去に関する紛争が

---

230)　不動産登記法 60 条。
231)　地方自治法 260 条の 38。ある不動産についてすでに死亡した人たちの共有名義になっている場合などにおいて、自治会や町会など「認可地縁団体」へと登記名義の変更をする場合には、登記名義人や相続人の全てまたは一部の所在が知れない場合、一定の手続を経ることで認可地縁団体への所有権移転登記をできるようにする特例。

発生した (6.2.3)。一方で，自動車に関しては，津波により明らかに無価値となっているものや，道路復旧のための応急措置として早期に撤去などが実施されていた。ところが，2014年2月14日から16日における東北・関東甲信越地方を中心とした大雪被害（「平成26年（2014年）豪雪」[232]）による大規模な孤立の発生が新たな課題を生む。平成26年豪雪は，山梨県や長野県の一部地域などで約6,000世帯以上が孤立したほか，車両の立ち往生などが多数発生した。救援のために放置車両などを強制的に撤去する必要性に迫られ，撤去を担った行政機関等の現場では判断に苦慮する場面が相当あった。大雪で取り残された車両は，除雪さえ済めば使用可能であり自動車の価値は失われていないと評価されることも，東日本大震災の津波被災地とは異なる課題であった。

また，大雪による死者は，岩手，秋田，群馬，埼玉，山梨，長野，岐阜，静岡で合計26名となり群馬県では8名にも及んだ。死亡原因で最も多いのは，雪の重圧で倒壊した家屋の下敷きになったというものである。住家被害は全壊16棟，半壊46棟，一部損壊585棟に上る。これにより自宅屋根からの落雪により隣家の財物を損傷したり，その逆になったりという，「工作物責任」に基づく損害賠償紛争も多く発生させた。

　[分析結果]　第3章から第5章までの被災者のリーガル・ニーズの分析結果には当然雪害に関する相談は含まれていない。被災者のリーガル・ニーズの把握には，「平成26年豪雪」における群馬弁護士会の活動が注目される。群馬弁護士会は2014年2月24日から同年2月28日までの5日間，集中的に雪害被災者に対する無料電話相談窓口を設置した。相談件数は50件以上に及んだという。報道や公表資料によると主な相談内容としては「工作物責任」や隣家の紛争であり，具体的には「大雪で隣の家の屋根から雪が落ち，自宅の車庫や車が壊れた」，「雨水を屋根から直接隣地に落としてはならないというルールがあると聞くが，雪も同じでは」，「どのようなケースなら修理代を請求できるか」，「自分の家の屋根から雪が落ちて隣の家の車庫や車が壊れてしまった。弁償しなければならないか」，「道路を歩いていて凍結部分で滑ってけがをした。道路

---

232) 非常災害対策本部「平成26年（2014年）豪雪について：2月14日から16日の大雪等の被害状況等について（26報）」(2014年3月6日19時00分現在)。

を管理する自治体に治療費を請求できるか」,「買い物に行った店の通路が凍結し,滑ってけがをした。店に治療費を請求できるか」,「隣家に雪止めの設置など,落雪防止の措置を求めることはできるのか」などであった[233]。雪害の被災者の具体的なリーガル・ニーズが明確にされた意義は極めて大きい。なお,これらのリーガル・ニーズに対しては,東日本大震災（2011年3月）における「6 工作物責任・相隣関係（妨害排除・予防・損害賠償）」の類型に分類される無料法律相談（第3章・3.2.2 (2), 3.3.1 (2)）への対応経験が極めて有効に活用された。

一方で,大雪により道路などに放置された車両に関しては,現場の行政機関が救助活動を躊躇してしまうことが懸念された。地域全体の孤立を早期に解消するには,車両撤去に関する法制度の再整理が不可欠なのである。「平成26年豪雪」発災当時の車両撤去に関する法律を整理すると,①道路法67条の2では,道路維持の緊急やむをえない場合に,放置された車両の移動・保管実施できる場合がある,②道路法68条では,道路災害の現場において撤去できる場合がある,③災害対策基本法64条1項では,災害が発生した市町村での応急措置として,撤去できる場合がある,④災害対策基本法64条2項では,災害が発生した市町村で災害を受けた当該車両を撤去できる場合がある,となる。災害対策基本法では,災害現場での直接対応を念頭においており,災害現場へアクセスする周辺道路における車両撤去については特段の既定を設けていなかった。道路法でも,放置車両は私有財産として毀損することなく移動することが求められていた。裏を返せば,車両所有者にとっても,移動により車両が毀損された場合の損失補償制度は手当てされていなかった。

東日本大震災時は,国土交通省東北地方整備局が,2011年3月11日当日に,津波被害で大きな被害が想定される沿岸部への進出のため,東北道から西側の太平洋沿岸に向けた東西ルートの確保,すなわち「くしの歯型」救援ルートを設定することを決断し道路復旧を順次実行した[234]。災害現場の支援には,災害

---

233) 上毛新聞（2014年3月5日）「群馬弁護士会が法律相談　大雪の損害賠償Q&A　隣家から落雪　請求困難」。

234) 国土交通省「「くしの歯」作戦　三陸沿岸地区の道路啓開・復旧　被災地の復旧,復興のための最重要課題：緊急輸送道路を「くしの歯型」とし,通行可能に」。http://

現場へのアクセス確保こそ最優先であることは論を待たない。大雪被害によって，かかる成果の教訓化と，首都直下地震や南海トラフ地震により救援の寸断が生じた場合の課題の克服が改めて求められたのである。

　[新制度実現]　2014年11月14日，「災害対策基本法の一部を改正する法律」が内閣提出法案（閣法）として成立し，同年11月21日より公布・施行された。2014年2月に相次いだ豪雪による地域孤立と車両撤去の課題を克服することを目指したものである。特に，改正災害対策基本法76条の4，同法76条の6から76条の8までの創設が車両撤去等に関する重要な部分となる。災害応急措置としての緊急車両通行ルート確保のための放置車両対策として，緊急車両の通行確保の必要性がある場合に道路管理者が区間指定したうえで，緊急車両の妨げとなる車両運転者等への移動命令ができる，運転者不在時における道路管理者自らによる車両移動措置ができる，との規定が設けられた。そして，車両移動措置の際には，やむをえない限度での車両の破損を容認し，あわせて所有者等への損失補償規定も創設された。

　首都直下地震等では，都心部の外側からの支援が不可欠であり，自衛隊や消防隊による緊急の道路啓開が不可欠である。現場へのアクセスの過程での車両撤去が，損害賠償紛争を懸念して躊躇することがあってはならない。2014年11月の災害対策基本法改正により，制度上のボトルネックはおおむね解消されたと評価できる。

　[課　題]　道路管理者の権限と裁量が災害対策基本法により明確に位置付けられたことは大きい。法律に明記されたということは，その分現場の判断を迅速にし，行動指針も明確になる。国道のみならず，県道や市道における迅速な判断も可能になる。災害時の初動が劇的に向上するのは，法制度の整備という支えがあるからに他ならない。2014年12月5日からの豪雪災害では，改正後の災害対策基本法に基づく立ち往生車両の移動等が初めて実施された。徳島から愛媛にかけての国道192号で約130台の車両を撤去し，広島と島根にかけて

www.thr.mlit.go.jp/road/jisinkannrenjouhou_110311/kushinohasakusen.html（2017年3月31日）

の国道54号で約60台の車両を撤去した[235]。以降も多数の国道・県道等で改正法に基づく往生車両の移動が実現しており、法改正の効果を強く実感できるものとなっている。これらの実践を将来の大災害に備えて承継することが期待される。

6.2.8　原子力発電所事故等

(1)　原子力損害賠償紛争解決センターと総括基準（東日本大震災）

　　［リーガル・ニーズ］「原発10キロメートル圏内で事業をしていた。借入金はこの先どうなるか。今支払ができないが大丈夫か（福島県：2011年6月）」、「母子家庭で両親と同居していたが生計は別だった。震災後両親は県内避難所に、自分は子供と知人宅に避難したが、両親とは別に1世帯100万円の仮払金をはらってもらうことはできないのか（福島県：2011年7月）」「漁業が不能になったことについて賠償してもらえるのか。立入禁止になったことで停泊中の船のメンテナンスができなくなり沈没してしまったが、船の賠償を請求できるか（福島県：2011年7月）」、「会社が津波の被害を受け、さらに原発から20キロメートル圏内であるため、営業を続けられず、解雇すると言われた。どうすればよいか（福島県2011年4月）」、「地震で屋根が飛んだが、警戒区域のため立ち入りできない。放射線で汚染されて家が使用できなくなったら賠償してもらえるか（福島県：2011年5月）」、「原発から20キロメートル圏内。田畑で自家製作物を作っていたが、今回の原発被害で利用不能になった。今まで野菜を買ったことはなかったが、買わざるを得なくなった。この賠償はできるのか（福島県2011年7月）」、「原発事故によって立入禁止となり両親の捜索ができなかった。原発事故がなければ生きて見つかり又はもっと早く遺体に対面できたかもしれなかった。この点について慰謝料を請求したい（福島県：2011年7月）」。日弁連「東日本大震災無料法律相談事例集」には、契約関係、避難生活・生活再建支援、損害賠償（手続、事業・営業に関する損害、就労・給与等に関する損害、資産・財産等に関する損害、日常生活・避難生活等に関する損害、生命・身体・精神的損害等に関する損害）に分類して、225件の相談事例が収載

---

235)　内閣府「12月5日からの大雪等による被害状況等について」(2014年12月12日17時00分現在)。

されている。原子力発電所事故に伴う未曽有のリーガル・ニーズの中でも，原子力損害賠償紛争を巡る課題はあまりに多種多様であり，比較的早期の段階でかなりのバリエーションが登場している。しかも，それらに関する過去の先例などは全くない。「本件事故による損害賠償は，被害者数・賠償件数，損害の種類・発生態様の多様さ，賠償総額見込みなどの点で，過去に例をみない大規模なものとなった。強制的に移動させられ，生活基盤・収入の基盤を根こそぎ奪われた避難者は，10万人内外に及ぶ。世界の軍事衝突地域や発展途上国では，武力紛争や自然的災害の結果，一定の地域の住民が住居から離れることを余儀なくされ，生活基盤・収入の基盤を失って難民化することがみられるが，先進国の仲間入りをしたと言われて久しいわが国においてこのような強制的な移動が生じたことは，衝撃的なことであった」（野山2012・4頁）。

「原子力損害の賠償に関する法律」（原子力損害賠償法）は，「原子炉の運転等により原子力損害が生じた場合に置ける損害賠償に関する基本制度」[236]を定めた法律であり，民法709条の不法行為責任の特別法として制定された。原子力政策推進と万一の事故の場合の補償として，原子力損害賠償法は，①原子力事業者の無過失責任[237]，②異常に巨大な天災地変または社会的動乱によって事故が生じた場合の原子力事業者の免責[238]，③原子力事業者への責任集中（発電所建設メーカーが損害賠償責任を負わず，東京電力等の事業者に窓口を集中させる）[239]，④損害発生時に原子力事業者の資力で賠償できない場合の国による「必要な援助」[240]，⑤原子力損害賠償紛争が生じた場合の「原子力損害賠償紛争審査会」の設置による「和解の仲介」や賠償の範囲等の「指針」の策定等[241]，が定められているのが特徴である。

[分析結果]「22　原子力発電所事故等」の類型に，福島第一原子力発電所

---

236)　原子力損害賠償法1条。
237)　原子力損害賠償法3条1項本文。
238)　原子力損害賠償法3条1項但書。
239)　原子力損害賠償法4条1項。
240)　原子力損害賠償法16条1項。
241)　原子力損害賠償法18条。

事故に基づく被災者のあらゆるリーガル・ニーズが集約されている（第3章・3.2.4・図3-4）。東日本大震災発災から約1年間のリーガル・ニーズは，福島県においてその相談割合は増加の一途を辿っていた（第3章・3.3.3・図3-10）。相談内容も極めて多岐にわたるが，原子力損害賠償法に基づく，被災者の東京電力株式会社（現・東京電力ホールディングス株式会社）に対する「損害賠償」に関するリーガル・ニーズが大半を占め，2011年のうちには損害賠償紛争に関するリーガル・ニーズ一色となる（第3章・3.2.5・図3-5，3.3.4・図3-11）。潜在的な損害賠償請求権者の数はあまりに多過ぎて推計もままならないとされる。事故直後の時期に把握された最低限の被災者数でも，福島第一原子力発電所を擁する福島県浜通り地域の人口が約53万人（いわき市を含む），原子力発電所から20km圏内で約7万8,000人，20kmから30km圏の人口が約6万人強，それぞれの市町村が把握する避難者数を合計すると約8万3,000人，強制避難を余儀なくされた警戒区域と計画的避難区域には約8,000の事業所があり，就業者は約6万人，という第1回原子力損害賠償紛争審査会における情報等が手掛かりとなる[242]。また，福島県や復興庁の発表している数値では，県外への避難者数は2011年6月末の時点で4万人を超え，2012年3月から同年4月頃には6万2,000人を超えてピークとなる。2011年8月末時点の県内避難者数は約9万5,000人に達していた。これらも紛争の件数を推し量る上で参考になる[243]。さらに，「風評被害」に基づく営業損害を考慮すれば，福島県のみならずその周辺県への影響もあり，海外取引などを念頭に置けば日本全国に影響がある。原子力損害賠償紛争の当事者数はほぼ際限なく拡大しうる。「賠償件数は合計百数十万件に及ぶ。紛争性のある賠償件数が，百数十万件のうち何万件あるかは，だれにも正確に把握できない。数万件から，十万件以上に及ぶ可能性もある」（野山2012・4頁）。

　100万件の紛争解決手法として，現行の司法機関（裁判所）で対処できないことは明白である。一方で原子力損害賠償紛争審査会が直接，和解の仲介を担

---

　　242)　「原子力損害賠償紛争審査会（第1回）」（2011年4月15日）「資料5-1 被害状況と政府等による対応の現状について」。これは当時把握された最低限の人数である。
　　243)　原子力損害賠償紛争審査会（第14回）（2011年9月21日）「資料1 福島県における避難の状況」および福島県「県外への避難状況の推移」（2017年3月1日更新）。

第6章　リーガル・ニーズの分析と災害復興政策の実現　　　289

うことは有識者委員や事務局の能力としても不可能である。被災者の多種多様な主張に基づき「相当因果関係」を綿密に判断し，具体的な損害額を算定する作業は，あくまで法律実務者でなければならなかった。紛争解決の仕組みづくりは，わが国の「弁護士」をいかに活用するかという課題に集約された。弁護士を実務の担い手とした「和解の仲介」（裁判外紛争解決手続・ADR）のための独立機関の創設が不可欠となった。

　［政策提言］　2011年6月24日，日弁連は「原子力損害賠償ADRの態勢整備について（骨子案）」を作成し政府に提言した。同骨子案では「東京電力福島第一原子力発電所の事故は，その規模，事態の深刻さにおいて例を見ないものであり，被害者の範囲，数はきわめて膨大である。今後，これらの被害者から多数の損害賠償請求が提起されることが見込まれるが，その解決を東京電力と被害者との相対交渉に任せることは，両当事者，特に被害者の負担の大きさや解決の公平性・公正性・透明性の点で問題がある。他方，すべてを既存の裁判制度の中で解決することは，裁判所の物理的，人的な容量の限界からきわめて困難であり，迅速な解決が望めない。そこで，多数の被害者の早期救済と公正な解決のために，この原子力損害賠償に係る紛争解決に特化した中立的なADR機関を立法により設立することが必須と考えられる」との理念が述べられ，ADR機関である「原子力損害賠償紛争解決センター」の設置要綱なども具体的に示された。

　［政策形成活動］　原子力損害賠償紛争を解決するADR機関の設置に関しては，極めて高度な政治的判断を必要とする事項である。原子力損害賠償紛争解決センターの設置の方針が水面下でほぼ決まりつつある2011年6月初旬頃から，当該センター設置のための法曹人材の拠出や設置準備を担う中心を果たす弁護士らの人選が始まっていた。最も重要だったのが組織における弁護士実務家の地位・役職であった。最終的には，トップのセンター長（和解仲介室長）を裁判所から出向した裁判官が担うことと，ナンバー2の役職（次長職）が文部科学省と弁護士実務者の各1名態勢で設置されることが決まった。当初文部科学省案では，弁護士はあくまで文部科学省出身次長のさらに下位の役職であ

ったところを，同格に引き上げることで決着を付けたのである。

　原子力損害賠償紛争解決センターの設置に向けた高度な駆け引きの一方で，国の援助（原子力損害賠償法 16 条 1 項）と法人の存続の在り方については，① 2011 年 7 月 29 日，「平成二十三年原子力事故による被害に係る緊急措置に関する法律」が成立し原子力事業者による賠償金の仮払いへの国の財政支出が根拠付けられたこと，② 2011 年 8 月 3 日，「原子力損害賠償支援機構法」が成立し，東京電力に資金を供給するための「原子力損害賠償支援機構」が設立されたことを以て，方向性が確定した。さらに②の資金供給を東京電力の負債としないために，経済産業省資源エネルギー庁より，「電気事業会計規則等の一部を改正する省令」が発令され，2011 年原子力事業者の損害賠償債務を，貸借対照表上の「負債」としてではなく，損益計算書上の「営業費用」として整理する会計処理の変更を実施した（原子力事業者は，原子力損害賠償支援機構から交付を受けた金銭を原資として賠償金を支払う。この交付を受けた金銭は「原子力損害賠償支援機構資金交付金」として「収益」になり，支払債務は「原子力損害賠償支援機構負担金」として「営業費用」とする）。外形上東京電力が債務超過にならないような会計上の措置を講じているのである。なお，同省令は，2011 年 8 月 23 日から同年 9 月 22 日までパブリックコメントに付されていた。2011 年 9 月 22 日，日弁連は「「電気事業会計規則等の一部改正（案）」に対する意見書」により，損害賠償原資は一義的にはあくまで東京電力の資産において賄われるべきであり，最初から国民に転嫁すべきではないこと，資本要素のある交付金を費用で処理することは明らかに誤りであること等を指摘していた。しかし，結局のところ，東京電力を倒産処理しないという政府方針が揺らぐことはなかった。

　[新制度実現]　2011 年 7 月 22 日，原子力損害賠償紛争審査会が担う「和解の仲介の手続は，審査会の定めるところにより，事件ごとに一人又は二人以上の委員又は特別委員によつて実施する」[244]ものとされ，仲介委員による「ADR」の実施が明確にされた。同年 8 月 5 日には，原子力損害賠償紛争審査

---

244)　原子力損害賠償紛争審査会の組織等に関する政令 7 条の 2 第 1 項。

会において,「原子力損害賠償紛争解決センター」における和解仲介手続に関する要綱も決定された。

また,2011年8月5日には,原子力損害賠償紛争審査会において「東京電力株式会社福島第一,第二原子力発電所事故による原子力損害の範囲の判定等に関する中間指針」(中間指針)も策定される。同指針は冒頭において「本件事故による原子力損害の当面の全体像を示すものである。この中間指針で示した損害の範囲に関する考え方が,今後,被害者と東京電力株式会社との間における円滑な話し合いと合意形成に寄与することが望まれるとともに,中間指針に明記されない個別の損害が賠償されないということのないよう留意されることが必要である。東京電力株式会社に対しては,中間指針で明記された損害についてはもちろん,明記されなかった原子力損害も含め,多数の被害者への賠償が可能となるような体制を早急に整えた上で,迅速,公平かつ適正な賠償を行うことを期待する」と説明され,紛争処理の「最低基準」を明らかにしたものであると説明された[245]。「原子力損害賠償紛争解決センター」が設置された際の,和解仲介案作成時の判断の拠り所となる重要な基準となるものである。

そして,同年9月1日,原子力損害賠償紛争解決センターにより,和解仲介の申立受付が開始されるに至る。原子力損害賠償紛争解決センターは,原子力損害賠償紛争審査会の下部組織として設置されているが,損害賠償紛争に関する事実認定や法解釈については,独立して職務を遂行できる体制が整えられた。和解仲介業務を担うのは,原子力損害賠償紛争審査会の特別委員として和解仲介のあっせんの権限を持つ「仲介委員」(常駐はせず必要に応じて調査官と協議

---

[245] 2011年8月5日の「中間指針」以降,①「中間指針追補(自主的避難等に係る損害について)」(2011年12月6日),②「中間指針第二次追補(政府による避難区域等の見直し等に係る損害について)」(2012年3月16日),③「中間指針第三次追補(農林漁業・食品産業の風評被害に係る損害について)」(2013年1月30日),④「中間指針第四次追補(避難指示の長期化等に係る損害について)」(2013年12月26日),⑤「中間指針第四次追補に示されている住居確保損害に係る福島県都市部の平均宅地単価の改定」(2016年1月28日),⑥「中間指針第四次追補に示されている住居確保損害に係る福島県都市部の平均宅地単価の改定」(2017年1月31日),⑦「中間指針第四次追補(避難指示の長期化等に係る損害について)」(2017年1月31日)などの指針が原子力損害賠償紛争審査会から示されている。

し，口頭審理期日などに出頭する），仲介委員の業務を補佐し，原子力損害賠償紛争解決センターに常駐して実務を担う「室長補佐」と「調査官」である。仲介委員と調査官が「パネル」を構成し，このパネルが調査，事実認定，法解釈，和解仲介案の提示，打ち切りの判断などを実施する。いずれも弁護士がその役職を担うことになった[246]。

　個々の事例や組織運営を巡る課題や社会的な注目を集めた事件の帰趨など個別の話題や論点を挙げれば枚挙に暇がないが，「原子力損害賠償紛争解決センター」の実務運用が政策的に大きな役割を果たしていた仕組みの一つとして「総括基準」が存在する。総括基準とは，センターにおける和解の仲介を進めていく上で，多くの申立てに共通する問題点に関して，一定の基準を示すものであって，仲介委員が行う和解の仲介にあたって参照される基準である。和解仲介の実務運用の中から広く指針として公表するに値する考え方を示し，当事者へ紛争解決の予測可能性を示すことで，原子力損害賠償紛争の当事者同士での解決の促進も狙ったものである。本書時点では，14の損害賠償の基準に関する総括基準と，1つの手続進行方針に関する総括基準が公表されている[247]。総括基準の中には，単に金額の目安や因果関係の考え方を示すにとどまらず，「中間指針」が想定していなかった範囲の紛争について，実際の事件解決の過程の中で誕生したものも存在する。2012年8月1日に公表された，原子力損害賠償紛争解決センターの11番目の総括基準である「総括基準（旧緊急時避難準備区域の滞在者慰謝料等について）」は，本件事故発生時に旧緊急時避難準備区域に居住していた者に対しても，避難生活により日常生活が阻害された者と同程度の精神的損害の存在を認め慰謝料を支払うとするものである。このような「滞在者の慰謝料」という概念については，当初原子力損害賠償紛争審査会が議論していなかった「空白」分野であり，原子力損害賠償紛争解決センター

---

[246] 2017年3月現在，約200名の仲介委員と約200名の調査官が「原子力損害賠償紛争解決センター」において職務を担っている。原子力損害賠償紛争解決センターの具体的な職務についてはウェブサイトに詳しい。http://www.mext.go.jp/a_menu/genshi_baisho/jiko_baisho/detail/1329118.htm（2017年3月31日）

[247] 原子力損害賠償紛争解決センター「総括基準について」。http://www.mext.go.jp/a_menu/genshi_baisho/jiko_baisho/detail/1329129.htm（2017年3月31日）

の事件処理の経過によりボトムアップで策定されたものである（市川・岡本・大泉 2012，岡本 2014a）[248]。

　[課　題]　2017年3月31日現在の原子力損害賠償紛争解決センターの実績は，申立件数 21,989 件，既済件数 19,867 件，進行中件数 2,122 件（全部和解成立 16,424 件，取下げ 1,917 件，打切り 1,526 件，却下 1 件）という状況である。「賠償件数は合計百数十万件に及ぶ。紛争性のある賠償件数が，百数十万件のうち何万件あるかは，だれにも正確に把握できない。数万件から，十万件以上に及ぶ可能性もある」という前述した初代室長の言及にも迫る膨大な件数となりつつある。そして，ここに至るまでには，日弁連から原子力損害賠償紛争解決センターに関わる要請や提言だけでも，①制度の積極的活用を促し，裁定機能の付加と時効中断効力を認める立法措置を提言する「原子力損害賠償紛争解決センターによる和解の仲介申立て受付開始に際しての会長声明」（2011年8月29日），②「原子力損害賠償紛争解決センターにおける和解仲介手続を全国各地で実施することを求める会長声明」（2011年9月13日），③「東京電力に対し原子力損害賠償紛争解決センターによる和解仲介案の尊重義務を果たすことを求める会長談話」（2012年2月15日），④「原子力損害賠償紛争解決センター

---

[248]　総括基準の前提となったのは，福島県南相馬市原町区の住民 34 世帯 130 名の事例であるが，多くの申立人が「緊急時避難準備区域」から避難しなかったか，早期に帰宅していた。いわゆる「滞在者」であった。しかし，当該地域の各種環境や過酷な生活状況からすれば，避難者と同等の日常生活の阻害があったとして，精神的損害を主張した事例である。避難者であれば「中間指針」により月額 10 万円から 12 万円の精神的損害が最低基準となっていたが，「滞在者」については中間指針の定めはなかった。原子力損害賠償紛争解決センターの担当パネルは，2012 年 4 月 16 日，滞在者慰謝料を認める和解案を提示し，その後紆余曲折を経て 2012 年 6 月 1 日，東京電力が和解案を受諾するに至る。そして，2012 年 7 月 24 日には，東京電力が旧緊急時避難準備区域における一定の期間については，「対象となる区域に早期に帰還された方や当社事故発生当初から避難せずに当該区域に滞在し続けた方に対しまして，対象となる期間において精神的損害をお支払いしていない期間に応じて，お一人さまあたり月額 10 万円を別途お支払いいたします」との内容を含む「避難指示区域の見直しに伴う賠償の実施について（旧緊急時避難準備区域等）」をプレスリリースした。和解成立から総括基準策定に向けた原子力損害賠償紛争解決センターの処理の過程で，紛争の当事者の相対交渉の新しい基準が自発的に確立されたことは特筆すべき点である（岡本 2014a・213-215 頁）。

申立第 1 号事件和解仲介成立に関する会長談話」(2012 年 2 月 27 日)、⑤「「総合特別事業計画」において原子力損害賠償紛争解決センターの総括基準等を東京電力株式会社への直接請求手続においても遵守することを求める会長声明」(2012 年 4 月 3 日)、⑥調査官の労働環境や報酬等の待遇改善や増員、より専門性の高い事務補助職の採用などを求める「原子力損害賠償紛争解決センターの態勢に関する要望書」(2012 年 4 月 11 日)、⑦「南相馬市民 130 人による集団申立事件に関する原子力損害賠償紛争解決センターの和解案についての会長談話」(2012 年 4 月 20 日)、⑧「南相馬市住民集団申立てに関する東京電力株式会社による和解案受諾についての会長談話」(2012 年 6 月 8 日)、⑧東京電力への和解案の片面的受諾義務を求める裁定機能の付加、申立に対する時効中断効力の付加、文部科学省から内閣府への移管等を求める「原子力損害賠償紛争解決センターの立法化を求める意見書」(2012 年 8 月 23 日)、⑨飯館村住人による集団申立事件に関しての、「東京電力株式会社による原子力損害賠償紛争解決センターの和解案拒否に抗議し、新・総合特別事業計画の遵守を求める会長声明」(2014 年 1 月 24 日)、⑩飯館村住人による集団申立事件に関しての、「東京電力による原子力損害賠償紛争解決センターの和解案拒否に対する会長声明」(2014 年 5 月 29 日)、⑪「浪江町民等の集団申立てにかかる東京電力による原子力損害賠償紛争解決センターの和解案拒否に関する会長声明」(2014 年 6 月 27 日)。⑫原子力損害賠償紛争解決センター総括委員会が東京電力の和解案拒絶に対して厳しく抗議し是正を求めたことを受けた「「東京電力の和解案への対応に対する総括委員会所見」に関する会長声明」(2014 年 8 月 20 日)、⑬「浪江町民等の集団申立案件にかかる原子力損害賠償紛争解決センターの和解案提示理由補充書に関する会長声明」(2012 年 9 月 5 日)、⑭「浪江町民等の集団申立案件にかかる東京電力による原子力損害賠償紛争解決センターの和解案再拒否に関する会長声明」(2014 年 10 月 2 日)、⑮「飯館村蕨平地区集団申立案件にかかる原子力損害賠償紛争解決センターの和解案提示理由補充書に関する会長声明」(2014 年 12 月 17 日)、などがあり一挙手一投足が注目され、かつ多数の課題が指摘され続けている。

　特に法改正を必要とする提言は、東京電力に対して和解案の片面的受諾を求める立法措置である。本書執筆時点ですでに事故から 6 年が経過し、今後ま

ます相当因果関係の認定が困難であったりする事例が多くなると思われ，東京電力側の意見もますます厳しくなると推測される。片面的受諾を義務付ける立法措置も十分検討に値すると思われる。

(2) 福島子ども・被災者生活支援法（東日本大震災）
［リーガル・ニーズ］　福島第一原子力発電所事故等における被災者のリーガル・ニーズは，大半が原子力損害賠償紛争に関わるものであるが，必ずしも金銭賠償だけで解決しない問題も多く抱えている。放射性物質の拡散に基づく健康被害や健康上の不安への対応，福島県民に対するいわれなき差別の防止，避難生活により家族離散を強いられた者への精神的金銭的支援，福島県内外への広域避難者への見守りを目的とした被災者台帳の一層の整備，法的に強制避難を余儀なくされていない自主的避難地域における避難の権利（居住の選択権）の考慮，住まい・故郷をほぼ永久的に奪われた被害者の有形無形の被害への補償，教育機会や児童の健全育成に関する要請，特に野外の活動を制限され，十分な教育の機会，スポーツの機会，自然に触れる機会などを奪われた子どもたちへの配慮等，様々な課題が噴出していた。日弁連「東日本大震災無料法律相談事例集」にも「テレビ報道等により周囲に被災者であることが知られてしまい，ごみを出すときなどで文句を言われたり，子どもの学校でも被災者であることを公表されたりした。被災者への通知も表に被災者と分かるようなかたちで来る。他の市営住宅に移りたいが，市の担当者には，被災者であることを理由に断られた」等深刻な相談が収載されている。

［分析結果］　東日本大震災の無料法律相談事例のうち「22　原子力発電所事故等」の類型に分類された相談は，損害賠償に関する相談にとどまらない。主要な項目だけでも，損害賠償のほかに，「契約関係」「避難生活」「賃借人からの相談」「賃貸人からの相談」「放射能」「提言」「風評被害」「各種手続」「盗難・保管責任」「避難指示・警戒区域内等立入」「教育」などのキーワードが浮かび上がっていた（第3章・3.2.5・図3-5）。損害賠償問題については，原子力損害賠償紛争審査会の設置に基づき一定程度の方向性は示されつつあったが，

それ以外については，アドホックな施策が実施されるにとどまっていた[249]。何よりも「避難する権利」と「滞在または帰還する権利」とを同等に扱うなどの論理は全く浸透している状況ではなかったといえる。

[政策提言]　2012年2月16日，日弁連は「福島の復興再生と福島原発事故被害者の援護のための特別立法制定に関する意見書」を発出し，①被害者への生活給付等の支援制度創設，②警戒区域内等における住居損失補償制度の創設，③被害者の健康管理調査と予防策の実施，④被ばくに関する公費による検査と知る権利の補償，⑤中長期の除染計画や放射性物質の拡散を考慮した居住に関する自己決定権の保障，⑥差別の防止と災害時要援護者へ保護強化，⑦警戒区域の解除と損害賠償問題の分離，⑧自治体等の施策に対する国費支出，⑨広域避難者のための被災者台帳整備，⑩避難者受入れ自治体における住居確保や離散家族の絆維持のための国費支出，などに関する特別措置法の制定を求めた。このような日弁連の提言の背景には，弁護士有志らによる民間団体の活動があった。「福島の子どもたちを守る法律家ネットワーク」[250]などが中心となり，避難・滞在のいずれにも同等の支援といずれを選択することも尊重されるべきことを研究し，立法提言を独自にも実施していたことが，日弁連の提言にも繋がっている。

[政策形成活動]　福島の子どもを中心とした住民等への総合的支援を求める立法活動に関しては，政府による自発的立法措置は全く期待できず，与党・野党がそれぞれ個別に議員立法を準備するなど混迷していた。日弁連や民間団体らの提言を受け，2012年3月14日，野党自民党・公明党を中心とした超党派議員立法として「平成二十三年東京電力原子力事故による被害からの子どもの

---

249)　福島県による「県民健康管理調査」や「子どもの医療費無料化事業」等が挙げられる（泉水2012・98-99頁）。
250)　「福島の子どもたちを守る法律家ネットワーク」（略称：SAFLAN）は政府支持による避難区域の外側に，住み続けた人，避難した人，避難したけれど戻った人を支援することを目的とした法律家のネットワークであり，政府指示による避難と比較して，区域外避難への支援が遅れていることを懸念した東京や福島の子育て世代の弁護士を中心に，原発事故後の2011年7月に結成された。http://www.saflan.jp/（2017年3月31日）

保護の推進に関する法律案」が参議院に提出される。そして2012年3月28日，与党民主党と新緑風会による議員立法として「東京電力原子力事故の被災者の生活支援等に関する施策の推進に関する法律案」が参議院に提出される。これらは共通項も多いことから，与野党協議が実施された。実に数か月に及ぶ激しい議論の末，両法案を撤回し，改めて統一法案を全会一致で成立させる方向性が固まった。

[新制度実現]　2012年6月21日，「東京電力原子力事故により被災した子どもをはじめとする住民等の生活を守り支えるための被災者の生活支援等に関する施策の推進に関する法律」（子ども・被災者支援法）が成立した（6月27日公布・施行）（概要については前掲・泉水2012に詳しい）。特に，①原子力発電所事故の被災者が被災地に居住するか，避難した後に帰還するか，滞在するかについて被災者自身の自己決定権を認めたこと[251]，②国がこれまで原子力政策を推進してきたという社会的責任を負っていることを認めたこと[252]，など極めて画期的な理念を掲げている。

[課　題]　画期的な法案と思われ，復興庁が中心となって担うことも決まったかに思われた子ども・被災者支援法の法律制定後の運用実績は，必ずしも十分ではなかった。政府（復興庁）において定めるべき「被災者生活支援等施策を実施するため必要な法制上又は財政上の措置その他の措置」[253]も一向に示されないでいた。2013年3月15日になり，ようやく復興庁は「原子力災害による被災者支援施策パッケージ：子どもをはじめとする自主避難者等の支援の拡充に向けて」（被災者支援施策パッケージ）を公表する。①子ども運動機会・自然体験活動機会の確保，②健康診断や検査，心のケア，福島県内外におけるリスクコミュニケーションなどの実施，③家族離散や母子避難者への一定の費用支給，④民間支援団体（NPO法人等）への支援の実施，などが盛り込まれた。しかし，これらはすでに実施されている各省庁の施策を取りまとめたものであ

---

251)　子ども・被災者支援法2条2項。
252)　子ども・被災者支援法3条。
253)　子ども・被災者支援法4条。

るに過ぎず，県外広域避難者への配慮や居住の権利に関する言及や自主的避難者への避難先での居住確保の施策が十分でないことなど，多くの課題を含んでいるものであった。2013年3月22日，日弁連は「「原子力災害による被災者支援施策パッケージ～子どもをはじめとする自主避難者等の支援の拡充に向けて～」に関する会長声明」を発表し，「被災者支援施策パッケージ」の不十分性を指摘した。そして，2013年6月には，復興庁の子ども・被災者支援法の施策担当官による政策実施の不作為が露呈し復興庁が謝罪する事態に至る[254]。

2013年8月30日「被災者生活再建支援等施策の推進に関する基本的な方針（案）」がとりまとめられパブリックコメントに付されたが，避難の権利の実現というには甚だ不十分であり，既存の各省庁施策のとりまとめに過ぎないとの評価も可能であった。しかもパブリックコメントの期間を15日間（同年9月13日まで）と短く設定し過ぎていた。2013年9月11日，日弁連は「「被災者生活支援等施策の推進に関する基本的な方針（案）」に対する意見書」を提出し，法適用の対象となる地域の拡大や，避難の権利を正面から認めていないことの不合理，医療関係施策の未策定について指摘した。また，パブリックコメント期間が短か過ぎることの不合理も指摘した。その結果，2011年9月23日までパブリックコメントは延長されたが，内容面での大きな進展はなかった。

2013年10月11日に「被災者生活再建支援等施策の推進に関する基本的な方針」が閣議決定された。法案成立から1年4か月後の政府方針の公式決定となったことは遅きに失するとの評価を免れない。その後，2015年8月25日に「被災者生活再建支援等施策の推進に関する基本的な方針」の改定案が閣議決定される。当面は支援対象の地域が維持されたが，施策の拡充は特段示されていない。子ども・被災者支援法の理念はほとんどが活用されていないという評価もやむをえないと考える。2017年3月15日の日弁連による「区域外避難者の選択を尊重し，住宅支援の継続を求める会長声明」が，法運用の不十分性を物語り。「福島第一原子力発電所事故後，政府が設定した避難区域外から避難した区域外避難者に対する災害救助法に基づく住宅支援（応急仮設住宅の供

---

[254] 日弁連「復興庁参事官によるツイッターへの不適切な投稿に対して抗議し，改めて原発事故子ども・被災者支援法に基づく基本方針の早期策定及び具体的施策の早急な実現を求める会長声明」（2013年6月13日）。その他関連報道多数。

与）の打切りが，本年3月31日に迫っている。福島県が2015年度に行った避難者の意向調査では，「原発事故が収束していない」（41.4%），「避難元に戻っても健康（放射能）に不安がある」（38.5%）として，被災当時の市町村に戻らないとした世帯が目立つ。多くの避難世帯が避難継続を求めている中での住宅支援の打切りは，特に家族の一部のみが避難している世帯に対して，経済的な困窮をもたらし，望まない避難元への帰還を強いる結果となりかねない。このような事態は，被災者が滞在・避難・帰還を自らの意思で行うことができるよう政府が適切に支援すると定めた原発事故子ども・被災者支援法の理念に反するものと言わざるを得ない」「政府に対し，災害救助法に基づく支援を改め，被災者の意向や生活実態に応じて更新する制度の立法措置を講ずるよう改めて求めると同時に，政府および福島県に対し，区域外避難者への支援を更に強化し，避難元への帰還を強いられる避難者が一人も出ないようにすることを求める」。

(3) 原子力損害賠償請求権の消滅時効の伸長（東日本大震災）

［リーガル・ニーズ］ 原子力損害賠償法に基づく東京電力に対する損害賠償請求は，その法的性格は民法の不法行為に基づく損害賠償請求である。民法724条は，「不法行為による損害賠償の請求権は，被害者又はその法定代理人が損害及び加害者を知った時から三年間行使しないときは，時効によって消滅する。不法行為の時から二十年を経過したときも，同様とする」としており，消滅時効は「損害及び加害者を知った時から3年」である[255]。原子力損害賠償紛争解決センターにおいては，膨大な申立てがあり，事件処理を待っている状況にある。「3年」はあまりに短か過ぎる期間であった。交渉やあっせん手続の間に3年はあっという間に経過するし，交渉が長引けば，2014年3月以降随時膨大な訴訟提起をしなければ，被害者らの損害賠償請求権の時効が中断しない。そもそも，すべての損害項目を一度に請求することは不可能である。不動産の財物賠償，精神的損害，新たな住宅確保費用等に関する損害，後発的な健康被害等は「中間指針」や「総括基準」によっても明確ではなかった。「3

---

[255] 原子力損害賠償法に時効の規定はなく，原則に戻り民法の不法行為の規律に服する。

年の消滅時効」の適用排除と新たな期間を定めた時効延長の特別法の立法措置が急務となった。

［分析結果］　東日本大震災における「22　原子力発電所事故等」の類型に分類された相談内容からは、「消滅時効」を意識した相談内容を見つけることは難しい。むしろ多くの被災者にとって消滅時効を自ら意識できないのが通常であると思われる。原子力損害賠償紛争解決センターには 2013 年 4 月頃の時点で述べ人数で 1 万人を超える申立てがなされているが、避難者数を考慮すればごく一部でしかない。また、その損害項目についてもすべての項目を列挙しているわけではない。不動産賠償など影響の大きな損害項目こそ、原子力損害賠償紛争審査会の指針策定や、原子力損害賠償紛争解決センターの和解案提示のための検討が遅れており、「請求を後回し」にすることが続いていた。一方で政府や東京電力においては、3 年の消滅時効によって紛争解決が促進されれば、福島原子力発電所事故に関する問題の一部が（法律的な損害賠償紛争としては）収束することになる。弁護士が提言しない限り、消滅時効 3 年の到来やその不合理性が議論されることはなく、延長法案の策定を政府に期待することは困難であった。

［政策提言］　2013 年 4 月 18 日、日弁連は「東京電力福島第一原子力発電所事故による損害賠償請求権の消滅時効について特別の立法措置を求める意見書」を提出し、原子力損害賠償請求権の消滅時効については民法 724 条前段の適用を排除して 3 年で消滅しない立法措置を講ずるよう求めた。ところが、その後積極的な政策形成活動が日弁連によって行われた形跡はなかった。これは、文部科学省が、原子力損害賠償紛争解決センターに和解仲介申立てを行った者が、和解仲介の打ち切りの通知を受けた日から 1 か月以内に、裁判所に訴えを提起した場合に、和解仲介の申立ての時に訴えを提起したこととみなすことを主な内容とする「東日本大震災に係る原子力損害賠償紛争についての原子力損害賠償紛争審査会による和解仲介手続の利用に係る時効の中断の特例に関する法律案」（和解仲介手続時効中断特例法）を内閣提出法案（閣法）として提出し、「原子力損害賠償紛争解決センター」に関わりの強い日弁連としては、文部科

学省の法案の成立に，まずは優先的に協力せざるをえなかったからである。本来，当該法律は大きな不備がある。①原子力損害賠償紛争解決センターの「打切り」のみを対象としており，実務では推奨している項目を絞った申立てや取下げなどを含んでいないこと，②原子力損害賠償紛争解決センター自体の処理能力を遥かに超える時効中断を目的とした申立てがなされる可能性が高いこと，③原子力損害賠償紛争解決センターにおける打切りから「1 か月」での訴訟提起は実務的に不可能を強いる短期間であること，④単一論点でない原子力損害賠償紛争においては「公害紛争処理法」[256]や「男女雇用機会均等法」[257]などの他の法令の準備期間（1 か月）は参考にならないこと，などである。日弁連意見書の趣旨からすれば全くもって不足する（そもそも想定している課題が異なる）法案であったが，日弁連の政策形成活動を担う執行部としては，正面から文部科学省の施策を無視することもできず，同時期における根本的な消滅時効撤廃の提言に躊躇せざるを得なかったのである。

　2013 年 4 月の日弁連意見書と前後して，日本弁護士政治連盟企画委員会所属の有志弁護士らが，独自に消滅時効の延長の是非について勉強会を重ね，政策形成活動に対する綿密な戦略を立て始めた。政府による内閣提出法案策定の所管は法務省であるが，時効法制について大きな転換を迫る法案となるだけに，法務省の機動力を期待することはできなかった。いかにして超党派の議員立法の動きを作れるかが課題であった。

　2013 年 5 月 17 日文部科学省提出の「和解仲介手続時効中断特例法案」が衆議院文部科学委員会において全会一致で可決された。弁護士らの提言を少しでも反映させるべく活動した結果，附帯決議に「短期消滅時効及び消滅時効・除斥期間に関して検討を加え，法的措置の検討を含む必要な措置を講じること」と盛り込まれたが，いまだ政府の積極的行動を引き起こすには至らなかった[258]。さらに，2013 年 5 月 28 日，同法案が参議院文部科学委員会において全

256）　公害紛争処理法 36 条の 2。調停打切等の通知から 30 日以内の訴訟提起等により時効が中断する。
257）　雇用の分野における男女の均等な機会及び待遇の確保等に関する法律 24 条。調停打切通知から 30 日以内の訴訟提起により時効が中断する。
258）　これを受けて日弁連は「「東日本大震災に係る原子力損害賠償紛争についての原

会一致で可決された際にも，附帯決議に「平成二十五年度中に短期消滅時効及び消滅時効・除斥期間に関して，法的措置の検討を含む必要な措置を講じること」と盛り込まれた。今後の弁護士による政策形成活動の大きな拠り所となる立法府の意思を期限付きで明確にすることに成功したのである[259]。

　これらを受けて，2013年7月18日，有志弁護士らの水面下での助力も奏功し，満を持して，日弁連から改めて「東京電力福島第一原子力発電所事故による損害賠償請求権の時効期間を延長する特別措置法の制定を求める意見書」が公表された。①参議院文部科学委員会附帯決議よりも早期の2013年12月中の特別措置法制定，②原子力損害賠償請求権の時効期間を「権利行使が可能となった時から10年」とし，施行後5年以内にさらなる延長を含めて見直すこと，③健康被害や放射能汚染など事故から一定期間経過後に顕在化する被害については，損害が明らかになったときを時効起算点とすべきこと等，具体的な法案概要を示す意見書となった。

[政策形成活動]　2013年7月の日弁連意見書を契機として，日弁連に正式に「東日本大震災・原子力発電所事故等対策本部消滅時効問題対策チーム」が設置される。従来から，立法府との水面下の対応や地方議会への根回しの各弁護士会への要請などを行ってきた日本弁護士政治連盟企画委員会所属弁護士らを中心として組成された。公式な政策形成活動は，さらに広く世論形成やメディア戦略へと拡大されていくことになった。タイムリミットは2014年3月である。それまでに現状では「3年の消滅時効」が適用されてしまうことを国民的な共通認識とすること，現状の政府や東京電力の対応では，3年経過後の消滅時効の運用を排斥できないこと，そして何より現在進行形で請求できていない被災者が膨大な数に及んでいるはずであること，などが弁護士有志らによって

　　　子力損害賠償紛争審査会による和解仲介手続の利用に係る時効の中断の特例に関する法律案」の衆議院可決に当たっての会長声明」（2013年5月24日）を発出し，3年の消滅時効撤廃を強く提言した。

259)　これを受けて日弁連は「「東日本大震災に係る原子力損害賠償紛争についての原子力損害賠償紛争審査会による和解仲介手続の利用に係る時効の中断の特例に関する法律案」成立に当たっての会長声明」（2013年5月29日）を発出し，3年の消滅時効撤廃に対する政府の具体的行動を強く要請した。

積極的に発信された[260]）。また，全国の弁護士有志らの奔走により，全国各地の地方議会により，消滅時効撤廃の決議などが相次いで行われた。

政策形成活動の過程で，論理的な面や，現実の政府や東京電力の対応の不備を指摘する論文「福島原発事故による損害賠償請求権の時効消滅を防ぐ立法措置の必要性」（水上 2013）も発表されるなどした。同論文では，①権利の上に眠る者は保護しないという理論が未曾有かつ史上初で非類型的な原子力発電所事故には当てはまらないこと，②百万人以上に及ぶ被災者と日本全国を対象とする広域性に鑑みすべての被災者が3年で権利行使を完了することは不可能と目されること，③訴訟件数の見込みからすれば全国の裁判所のキャパシティーが圧倒的に不足すること，④時効中断効力は当事者が請求して審理対象としている「訴訟物」に限られることから，時効中断のために全損害項目を掲げなければならず訴訟提起時に不可能を強いること，⑤避難生活による裁判準備や証拠収集の事実上の困難があること，⑥東京電力の消滅時効に対する方針が示された「原子力損害賠償債権の消滅時効に関する弊社の考え方について」（2013年2月4日）や「総合特別事業計画」における「消滅時効に関する柔軟かつ適切な対応」（2013年6月27日）では，結局東京電力側の恣意的運用により時効中断の有無が左右されることや，最終的な裁判の場での消滅時効の主張を排斥するには至らない問題があること，が明確に指摘された。

2013年11月8日，遂に与党自民党・公明党から「原子力事故災害からの復興加速化に向けて：全ては被災者と被災地の再生のために」が発表され，「時効停止・延長に関する法的措置を含む対応策を，与党と連携して検討すること」との政府に対する要請が明記された。

［新制度実現］ 2013年12月4日，「東日本大震災における原子力発電所の事故により生じた原子力損害に係る早期かつ確実な賠償を実現するための措置及び当該原子力損害に係る賠償請求権の消滅時効等の特例に関する法律」が成立した（同年12月11日公布）。同法3条には消滅時効等の特例として「特定原子力損害に係る賠償請求権に関する民法（明治二十九年法律第八十九号）第七百二

260）「東日本大震災・原子力発電所事故等対策本部消滅時効問題対策チーム」結成直前の NHK「視点・論点」における「原発事故損害賠償と時効」（2013年7月）等。

十四条の規定の適用については，同条前段中「三年間」とあるのは「十年間」と，同条後段中「不法行為の時」とあるのは「損害が生じた時」とする」との条項を置いた。要するに，①不法行為の原則3年の消滅時効が10年に延長され，②不法行為時から20年とされている除斥期間は，健康被害等の後発性損害に配慮し「損害が生じた時」から20年となった。

[課　題]　時効延長法案の成立は，2013年12月であり，原子力発電所事故発生から3年を目前に民法の消滅時効の特例法が成立した。しかるに，前述のとおり，原子力損害賠償紛争解決センターへの申立件数も膨大な件数に上っており減少する傾向は見られない。「10年」の延長を最大限に活用し紛争解決が少しでも促進することが望まれる。また，紛争の動向を分析しながら時効期間の延長を見据えた議論も積極的に行うべきである。

第7章　分野横断的な復興政策モデルの構築

6.2では,「災害復興法学」の実定法学としての法学類型化（縦軸）のベースとなる被災者のリーガル・ニーズに対応した公共政策への寄与と実績について,普遍的なニーズとして浮かび上がってきた類型を検討してきた。そこで,次に「災害復興法学」の実定法学としての公共政策分野における制度構築（横軸）のベースとなる,分野横断的な復興政策モデル構築の実績として,①情報提供ルート複線化とDLAT（災害派遣弁護士チーム）,②被災地におけるリーガルサービス拠点の設置,③被災地自治体における弁護士任期付職員,④リーガル・アクセスの無償化,という4つの大きな仕組みについて検討する。

7.1　情報提供ルートの複線化とDLAT

7.1.1　情報の伝達に関するメカニズム

図7-1は,情報の伝達に関するメカニズムを図示したものである（2014a岡本219-223頁,岡本2013）。弁護士による無料法律相談が果たした「情報整理提供機能」と「立法事実集約機能」についても同時に示した。

図7-1中央部分は,国による「通知」・「事務連絡」・「お知らせ」といった,災害発生後の特別の情報提供を指している。その内容の多くは,弁護士の無料法律相談情報分析においては,「12　震災関連法令（公益支援・行政認定等に関する法解釈等）」等の類型に分類される。すなわち,災害時に発動される様々な法令や特別法,運用の緩和などに関する有益な情報である。しかし,都道府県・市区町村において膨大な情報を捌ききれず,またほとんどが担当職員にと

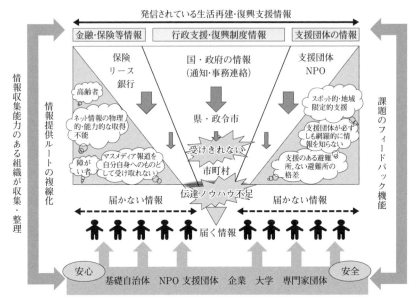

図 7-1　生活再建・復興支援情報の提供に関する情報提供ルート複線化モデル

って未知の分野であることから，市民への説明や情報提供に至らない情報も数多く存在した。国や都道府県では，適時に通知・事務連絡等を各省庁のウェブサイトに公表していたが，これらを被災者自らが検索し解釈することも現実としては不可能だった。中央からの情報伝達困難性のメカニズムを抜本的に改善・改良することは，各省庁の課単位で所管法律を担当しているわが国の官僚機構・統治機構の仕組みからすれば将来にわたっても相当の困難を伴うことになると考えられる。

　図 7-1 左部分は，金融機関や公共等を担う，被災者の日常生活に密接した契約関係がある企業の情報である。支払猶予や減免制度などの情報の発信はウェブサイト等でも行われていたが，被災者が自らこれにアクセスして相談を行うことはやはりできなかった。東日本大震災後に成立した「個人債務者の私的整理に関するガイドライン」は，決して金融機関において隠されていた情報というわけではなかったが，多くの被災者が手元に「義援金」「被災者生活再建支援金」「災害弔慰金」「現金 500 万円程度」を残せることを知ることなく，債務

第7章 分野横断的な復興政策モデルの構築

返済条件変更（リスケジュール）に至っている（6.2.4 (1)）。

　図7-1右部分は，いわゆる「公助」の間隙を埋めるものと期待されている市民団体やNPO・NGOの活動である。各団体の特性に応じて活動するのがNPO等の強みであるが，生活再建の知識や情報提供支援となると，その情報伝達量は極めて限定的となる。弁護士による無料法律相談と同等の情報を被災者から聞き出すことは困難である。仮にそれらに繋がる情報に接したとしても，必ずしも制度的知識を有しているとは限らない。

　弁護士による無料法律相談は，かかる行政機関，民間企業，NPOの各セクターの情報伝達機能における脆弱性を補完する役割を果たした。これが図7-1の左部分の矢印が示す，災害時に被災者に接する機会のある「情報収集能力のある組織」が，有益な情報を「収集・整理」することによって実現する「情報提供ルートの複線化」である。弁護士による無料法律相談活動により被災者に伝達される情報はおおむね①経済支援情報・行政給付情報，②金融関連情報，③日常生活に関する契約関係情報の3類型に分類できる。これらの情報を発信している主体（行政機関，金融機関，民間支援団体）から横断的かつ網羅的に必要な情報を収集し，無料法律相談活動を通じて判明した被災者のリーガル・ニーズに応じて提供するのである。当然，これらは弁護士有志や日弁連・各弁護士会だけで実現することはできない。避難所や市民相談については都道府県や基礎自治体との連携が不可欠であり，相談分野によっては弁護士以外の専門士業との連携も必須となる。被災者に寄り添う支援を続けるNPOが窓口になって被災者への情報提供がより効率的・効果的に実現する場合もある。図7-1下部に示したように，支援する側の情報共有プラットフォームの構築も不可欠である。行政機関（特に基礎自治体）の主体的活動がなければ弁護士による無料法律相談活動も実現しない。また，弁護士だけでは工学的・医学的・福祉的なニーズには即応できないのである。

　なお，図7-1右側矢印は，弁護士の無料法律相談の「立法事実集約機能」を図示している。6.2で記述したとおり，弁護士の無料法律相談活動とその分析結果が，復興政策・新規立法の実現について寄与した部分である。

　行政機関，弁護士（専門家），民間企業，NPO等の各セクターの協働の在り方については，「公民連携トライアングル」（図7-2）によって整理することに

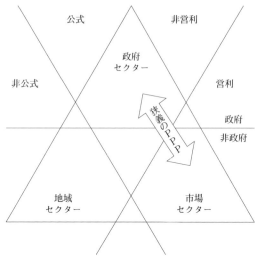

図 7-2 公民連携トライアングル

根本 2012 を参考に筆者により一部再構成

挑戦したい（岡本 2013，岡本 2014a・227-230 頁）。公民連携トライアングルとは，政治学者ビクター・ペストフ（スウェーデン）が，社会福祉サービス分野における地域内のボランティア，民間有料サービス，政府の公的扶助などの相互関係を整理した「ペストフのトライアングル」をベースに，根本祐二教授が日本の PPP（Public-Private-Partnership，公民連携）の現状に適用できるよう修正・拡張した図である（根本 2012）。これを踏まえて被災者支援に資する「災害時における情報整理提供」における各セクターの課題と役割をまとめる。まず，「地域セクター」では，NPO 等の活動が代表例であるが，財政基盤，情報の信頼性担保，地域限定性，スポット的活動，被災者支援制度・法制度知識の不足などの課題がある。一方で，地域セクターこそ，被災者に寄り添い，被災者へのファーストコンタクトが可能な立場でもある。次に「市場セクター」では，原則として情報提供先が取引先や契約顧客先に限られるため被災者へのアウトリーチにはやはり限界がある。一方で「CSR（企業の社会的責任）」などの文脈による支援と資金力には大いに期待できる部分がある。そして「政府セクター」では災害時に情報伝達困難を不可避的に発生させる階層的・縦割りの情報

提供システムから脱却しきれない一方で，市民や被災者にとっては情報の信頼性を担保する機能を果たす。

「弁護士」は，これらの3つのセクターのいずれとも関係性を有する。「政府セクター」とは，発信される情報を連携して伝達する公的役割を分担することになると同時に，政策立案や法律運用実務を支援して協働することが不可欠である。「市場セクター」が発信する情報も金融機関やライフライン関係の情報はほぼ公的情報と変わらない側面がある。「地域セクター」はともに被災者に寄り添い，情報を集約し，現場からの提言を構築するパートナーである。弁護士は3つのセクターを，「情報提供ルートの複線化」（情報整理提供機能，無料法律相談活動の実施等）と「課題のフィードバック」（立法事実集約機能，無料法律相談分析等を基盤とする復興政策実現に対する提言・寄与）の役割を担いながら「泳ぎ回り」，「調整」する「非政府」「非営利」「公式」の存在として位置付けられるものと言える。

以下にこれらの実務上の実践例や構想として，①東日本大震災における弁護士と各セクターの情報提供支援の実績，②DLAT（災害弁護士派遣チーム）構想，③災害協定の推進，④広島土砂災害および⑤熊本地震における弁護士と各セクターの情報提供支援の実績について記述する。

7.1.2　東日本大震災における弁護士の情報提供支援の実績

東日本大震災後においては，弁護士による無料法律相談の「情報整理提供機能」を象徴する様々な「情報提供ツール」が作成された。なかでも「弁護士会ニュース」の策定はその後の大災害後の弁護士による無料法律相談の標準となる成果として評価できる。岩手弁護士会は，無料法律相談を開始した直後の2011年3月28日には「岩手弁護士会 NEWS Vol. 1」を発行し，被災者や支援者に大々的に配布を開始した。また，自治体と連携して避難所や集会場，病院や福祉施設ほか公共施設や協力民間団体への据え置きや掲示などを推し進めた。2011年4月11日，法律相談現場の経験を反映し，かつ行政機関による情報発信内容を取り込みつつ，より被災者のニーズに合致した正確かつ詳細な情報を掲載した「岩手弁護士会 NEWS Vol. 2」が発行される。2011年5月23日には相続関連の情報を掲載したもの（Vol. 3），同年11月17日には，相続放棄の熟

慮期間延長後の期限到来や個人債務者の私的整理に関するガイドライン等を周知するもの（Vol. 4），2012 年 5 月 2 日には二重ローン，災害関連死，被災者生活再建支援金など特に重要な制度に絞ったもの（Vol. 5），2014 年 3 月 11 日も前号とほぼ同様の情報を記載したもの（Vol. 6），2015 年 7 月 13 日には住宅再建に関する契約紛争防止に関する情報提供と災害関連死における災害弔慰金不支給決定に関する再申請が可能であるとの情報を掲載したもの（Vol. 7），が順次発行された[1]。時々のニーズに合致した最も重要な情報を端的に伝えるツールとして効果を発揮している。これらのノウハウは，東日本大震災後の災害における各地の弁護士会の活動へと継承されている。

弁護士と行政機関（政府セクター）との協働事例としてモデルとなるのは，「広報みやこ」における小口幸人弁護士の寄稿企画である。岩手県宮古市が発行する「広報みやこ」の 2011 年 11 月 1 日号では「聞きたい！知りたい！暮らしに役立つ法律知識」という欄がページ全面に掲載された。テーマは相続放棄の熟慮期間の満了に警鐘を鳴らし，法的手続と弁護士への無料法律相談を促すものであった。民法の特例法の成立により 2011 年 11 月 30 日まで相続放棄の熟慮期間が延長されたものの，その期限が迫っていたところで，大きな紙面を割いての周知が実現した。弁護士が高まる被災者のリーガル・ニーズを汲み取り，自治体に提言しなければ実現しない紙面であったと考えられる。

弁護士と専門士業・ボランティア（地域セクター）との協働事例としては，「復興のための暮らしの手引き　ここから／KOKOKARA」（ここから）の作成と頒布活動がある。平岩利文弁護士を中心とする有志弁護士らが弁護士の無料法律相談事例の集積から判明した被災者のリーガル・ニーズから逆算し，「今，必要な情報は何か」に応える冊子の作成を目指した。2011 年 4 月に第 1 弾，2011 年 8 月に第 2 弾，2011 年 12 月に第 3 弾が発刊され，その間に新しく創設された制度を盛り込むなどのバージョンアップを重ねた。特徴は，①手に取りやすい紙媒体の冊子であること，②目的別にタグが付いており検索が容易であること[2]，③官民問わずニーズが高い順に情報を提供したこと，④平易な言葉

---

1)　岩手弁護士会「岩手弁護士会 NEWS」。http://www.iwateba.jp/bar-news（2017 年 3 月 31 日）

2)　「ここから」の第 3 弾では，「住む・暮らす」「家族」「子ども」「働く」「義援金・支

と短い文章で分かりやすさ，端緒性を重視したこと，⑤膨大な件数の公共機関，医療福祉機関，金融機関等の「電話番号」を記述したこと，である。日々被災者の無料法律相談に向き合っている弁護士や専門士業でしか作成できない冊子であると評価できる。このような被災者のニーズ，被災者の目的から冊子を作成する手法は，政府広報（首相官邸等が作成した冊子）の在り方にも影響を与えた。東日本大震災後の2011年4月28日に首相官邸が作成した「被災者のみなさまへ　政府からのお知らせ　生活支援ハンドブック」は，個別の内容についてはわかりやすく平易な記述となっているものの，全体として各省庁の施策を羅列しただけのものとなっており，検索性や目的別のニーズに対応したものとは言い難かった。ところが，2011年6月15日に首相官邸が改訂版として作成した「被災者のみなさまへ　政府からのお知らせ　生活支援ハンドブック」は，チェックリストや，「住まい」「お金」の項目をクローズアップするなど，被災者の本来のニーズに即した作りとなった。当時の内閣府と弁護士との意見交換結果を踏まえ，「ここから」の第1弾を参照・手本にしたものとなっている。また，「ここから」の第2弾は，「霞が関ナレッジスクエア・ランチミーティング」に関わる有志の協力により，ウェブサイトコンテンツの構築が行われた[3]。

　弁護士とボランティアチーム有志による情報整理提供ツールとして特筆すべきものとして，ウェブサイト「東日本大震災通知・事務連絡集」（http://www.sinsailaw.info/）の構築と検索サイト「Yahoo!」の震災関連情報ページへのリンク掲載がある。同ウェブサイトは，東日本大震災の発災後に国の各府省庁から発信された通知や事務連絡等について，震災対応で被災者や地方公共団体等の支援を実施している弁護士有志とIT技術者で構成される「東日本大震災通知集作成プロジェクトチーム」（代表筆者）がまとめたものである。地方公共団体，各種支援団体，関連企業，研究者，各種専門士業が，東日本大震災の復興支援に関連する通知等を容易に検索できるようにすることを目指したものであ

援金」「税金等」「ローン・借金」「生活保護」「公的証明」「外国人の方」「原発事故関連」「連絡先」といった被災者のニーズから構築した目的別のタグが設けられている。
3）池本修悟，南郷市兵および筆者らが主催し，2011年1月より毎月「霞が関ナレッジスクエア」を会場に実施されている官民連携勉強会。会場運営責任者の久保田了司氏らの協力・後援による。

る。ウェブサイト構築にあたっては，IT技術者らによるボランティアチームである「Hack for Japan」の有志メンバーが全面的に協力した。ウェブサイト完成後は，東日本大震災後に特設ページを設置したYahoo!のポータルサイトにおけるリンクも実現した。

7.1.3 行政機関・専門士業の災害協定・災害連携の推進による情報提供支援基盤の構築

　弁護士が巨大災害直後の避難所や公共施設を利用して無料法律相談を実施することや，仮設住宅等を戸別訪問して情報提供や相談活動を実施するためには，行政機関との連携が不可欠である。住民にとっても公的機関との連携は安心と信頼感を醸成することに繋がる。そこで，災害直後から弁護士が無料法律相談活動を開始できる根拠となるよう，行政機関と災害時の無料法律相談活動に関する「災害協定」を締結しておくことが不可欠である。この場合は，都道府県単位の弁護士会単位で実施するだけではなく，災害時に役割を発揮するための「専門士業連携」（団体，協議会，ネットワーク等）を構成して，基礎自治体や公的支援機関と協定を結ぶことも効果的である。

　表7-1は，各都道府県の弁護士会のうち，自治体と災害協定締結しているか，士業団体と災害時連携を構築している弁護士会を一覧にしたものである。先駆けとなるのは，阪神・淡路大震災後の被災者支援を目的として，発災翌年の1996年9月に設立された「阪神・淡路まちづくり支援機構」（2017年9月に近畿災害対策まちづくり支援機構へ名称変更）である。弁護士や建築士など6職種9団体で構成され，市民のまちづくり・合意形成等を支援してきた。わが国初の専門分野横断的な復興支援組織としてモデルケースとなった。ノウハウは全国の被災現場で活かされ，東日本大震災においても各地で被災者相談活動や，まちづくりの合意形成支援活動などを展開している（阪神・淡路2014）。この阪神・淡路大震災の教訓を首都直下地震・南海トラフ地震に伝承すべく，2004年11月に東京で設立されたのが「災害復興まちづくり支援機構」である。本書時点で17の正会員団体，7の団体賛助会員，多数の個人賛助会員を擁している。平成25年台風26号による「伊豆大島土砂災害」（2013年10月16日）においては，発災後約1か月経過した11月21日から同年11月27日の7日間，

表7-1 弁護士と行政機関との間の「災害協定」および「士業連携」の一覧

弁護士会	士業連携	弁護士会等と自治体の災害協定 (特に明示しない限り弁護士会との協定)
東　京 第一東京 第二東京	・災害復興まちづくり支援機構 ・台東区災害ネットワーク専門職会議	・東京都と機構との間で「復興まちづくりの支援に関する協定」締結 ・台東区と台東区災害ネットワーク専門職会議との間で「災害時における特別法律相談に関する協定」締結
神奈川	・神奈川県大規模災害対策士業連絡協議会	・協議会と神奈川県との間で「大規模災害時における相談業務の応援に関する協定書」締結 ・横浜市と「災害時における法律相談に関する協定」締結
茨城県		・茨城県と「災害時における法律相談業務に関する協定」締結
栃木県		・栃木県と「災害時における法律相談業務に関する協定」締結
群　馬		・群馬県と「災害時における法律相談業務に関する協定書」締結
静岡県	・静岡県災害対策士業連絡会	・静岡県と連絡会との間で災害協定締結 ・静岡市，浜松市，沼津市と「災害時の被災者法律相談に関する協定」締結 ・磐田市と「災害時法律相談業務協定」締結 ・藤枝市と「災害時の相談業務等に関する協定」締結
山梨県		・山梨県と「大規模災害時における法律・税務相談業務に関する協定」締結
長野県	・長野県災害支援活動士業連絡会	
新潟県	・新潟県災害復興支援士業連絡会	
大　阪	・阪神・淡路まちづくり支援機構	
京　都	・京都自由業団体懇話会で定期的協議	
兵庫県	・阪神・淡路まちづくり支援機構	・関西広域連合と阪神・淡路まちづくり支援機構との間で協定締結
滋　賀		・滋賀県と「大規模災害発生時における法律相談の実施に関する協定書」締結
和歌山	・和歌山県専門士業団体連絡協議会	・協議会と和歌山県との間で「大規模災害等発生時における相談業務の支援に関する協定」締結

弁護士会	士業連携	弁護士会等と自治体の災害協定 (特に明示しない限り弁護士会との協定)
三重		・三重県と「災害時における法律相談業務に関する協定」締結
岐阜県		・岐阜県と「災害時における法律相談業務に関する協定」締結
広島	・広島県災害復興支援士業連絡会	
山口県	・山口法律関連士業ネットワーク	・ネットワークと山口県との間で「大規模災害時における相談会業務の応援に関する協定」締結
岡山	・自由業団体連絡協議会	
鳥取県		・県内士業団体と鳥取県との間で「大規模災害発生時における相談業務の支援に関する協定」締結
佐賀県	・佐賀県専門士業団体連絡協議会	・佐賀県と相談業務支援協定締結
宮崎県	・宮崎県専門士業団体連絡協議会	・宮崎県と協議会との間で「大規模災害時における相談業務に関する協定」締結
仙台	・宮城県災害復興支援士業連絡会	・宮城県や仙台市と不定期に会合開催
札幌	・札幌地域災害復興支援士業連絡会	・札幌市と連絡会との間で「災害時における相談業務の応援に関する協定書」締結
徳島	・徳島県士業ネットワーク推進協議会	・徳島県と協議会との間で「大規模災害時等発生時における相談業務の支援に関する協定」締結 ・徳島県社会福祉協議会との間で「大規模災害時における被災者支援活動等の協力に関する協定」締結
高知	・高知市専門士業ネットワーク	・海陽町,美波町,牟岐町の各町とこの3町で構成される海部郡町村会との間で災害支援協定を締結

岡本 2016b より抜粋。災害協定には弁護士会単独のもののみならず,弁護士会を含む士業連携と行政機関との災害協定を含む。

調査結果は 2015 年 12 月現在のもの。ただし,筆者が日本弁護士連合会災害復興支援委員会所属の弁護士らに独自にヒアリングを実施して作成した暫定版であることに留意。当時掲載以外にも協定締結や士業連携構築に向けて協議中の弁護士会も存在していたことから,本書時点では新たな協定が実現していたり,士業連携の形態が異なる地域が存在する可能性がある。

弁護士と複数の専門士業を被災者無料法律相談窓口に派遣し，行政機関や被災者の相談に応じる実績を残した[4]。東日本大震災後の東京都への避難者や岩手県沿岸部市町村での支援，「平成27年9月関東・東北豪雨」による茨城県常総市水害での支援，熊本地震での支援等も継続している[5]。いずれの専門士業団体の取組みも，行政機関との事前の協定が存在してこそ，広範な活動が可能になった。

7.1.4　DLATによる情報提供支援基盤の構築

　災害直後から弁護士がいち早く被災者や被災した企業に接触し，生活再建や事業再生上の支援情報を伝達することが，災害後の生活再建を大きく助ける。このための弁護士が災害後に常に被災地に派遣されるような環境を整備しておく必要があると考えられる。その第一段階が，前述の災害協定の締結および士業連携（ネットワーク）の構築ということになる。

　そして，第二段階は，弁護士のかかる役割を，社会的に認知させるとともに，弁護士会や各士業連携団体が，平常時から，関係各機関と顔の見える関係性（個人的な人と人の繋がり）を築いておくことである。被災時に弁護士の役割が存在することを，自治体をはじめとする支援機関や社会全体の共通認識としない限りは，多くの被災者が弁護士へのアクセスの有用性に気付かぬままとなることは言うまでもない。そこで，これらの災害時の弁護士の役割や活動を総称して，「DLAT（災害派遣弁護士チーム：ディーラット）」とし，これを社会的に認知させる活動が有用ではないかと考える。「DLAT」は 'Disaster Legal Assistance Team' の略称であり，「災害派遣医療チーム（災害急性期に活動できる機動性を持ったトレーニングを受けた医療チーム）」の略 DMAT（Medical Assistance Team：ディーマット）に倣った造語である。災害直後に，各弁護士会や

---

[4]　岡本 2014a・231-234 頁においても詳述。
[5]　安藤建治「災害復興まちづくり支援機構における他士業連携の実情（関弁連平成29年度シンポジウム士業連携勉強会レジュメ）」（2017年3月21日）。また東京都作成の「東京都震災復興マニュアル　復興プロセス編（平成28年3月修正）」においても「災害復興まちづくり支援機構」による専門派遣のしくみが明記されている。なお，筆者は災害復興まちづくり支援機構事務局に所属している。

各士業連携団体が，行政機関，救助機関，医療機関，福祉機関，地縁団体（自治会・町会等），各種支援団体（ボランティアセンター等）といった，従来の災害支援のステークホルダーと肩を並べて同時平行で活動するためには，まずもって，弁護士のこれまでの災害復興支援活動を，社会的に認知させることが必須である。そのためにも，弁護士の役割や活動実績を象徴するものとして，「DLAT」という概念を社会的に広く周知・浸透させることを提案するものである（岡本 2016b）。

東日本大震災時に岩手弁護士会等で被災者支援の中心的役割を果たした吉江暢洋弁護士による「D-SWAT」の提言が具体的なものとして参考になる。吉江弁護士は，東日本大震災直後の生活再建支援の教訓から，緊急時にいち早く生活再建に向けた専門家支援チームが動くべきである旨，また支援のスタイルとして，アウトリーチ型およびワンストップ型の支援が必要であり，早期の段階で，先まで見据えた支援計画等が必要である旨述べ，弁護士，司法書士，行政書士，税理士，公認会計士，中小企業診断士，土地家屋調査士，建築士，ファイナンシャルプランナー，精神保健福祉士，社会福祉士，介護福祉士等によるチームである「D-SWAT（Disaster Social-Work Assistance Team）」を構築する必要性があると提言している[6]。

7.1.5　広島土砂災害における情報提供支援の実績[7]

平成 26 年（2014 年）広島市豪雨災害に基づく広島土砂災害（2014 年 8 月 20 日）では，広島弁護士会が「広島県災害復興支援士業連絡会」を通じて活動し，無料法律相談や行政との連携による被災者支援を実施した。2011 年 5 月 12 日，東日本大震災により広島県内に避難している被災者への支援を契機に，10 団

---

[6]　吉江暢洋「震災復興における弁護士の役割」（2017 年 3 月 11 日，明治大学法と社会科学研究所主催「国際シンポジウム」報告）および吉江暢洋「東日本大震災と台風 10 号被害，災害後の被災地の将来」（2017 年 3 月 18 日，岩泉よりそい・みらいネット主催「岩泉町民一人ひとりの再建のあり方を考える：被災地より学ぶ勉強会」講演）。

[7]　主に広島弁護士会所属の今田健太郎弁護士作成資料「広島県災害復興支援士業連絡会について　平成 26 年 8 月豪雨災害　連携による被災者支援の軌跡」（2017 年 3 月）より。

体で構成する広島県災害復興支援士業連絡会が設立されており[8]，意見交換や情報交換をしていたこと[9]が奏功したものと考えられた。広島弁護士会は，広島土砂災害発災当日の 2014 年 8 月 20 日から 2014 年 9 月 30 日まで災害ボランティアセンター本部，同安佐北区，同安佐南区に運営スタッフを派遣するなど極めて迅速な初動を実現した。2014 年 8 月 22 日からは，被災者に対する無料法律相談が開始され，翌 8 月 23 日からは「広島弁護士会ニュース第 1 号」の配布が実現する。2011 年 9 月 8 日には「広島弁護士会ニュース第 2 号」が，同年 10 月 3 日には「広島弁護士会ニュース第 3 号」が配布されるに至る。その間，各地における弁護士に限らない専門士業によるよろず相談会等を含む無料法律相談会や復興街づくり支援活動（住民との意見交換やまちづくり協議会への出席など）を実施した。これらの活動は 2015 年 3 月 31 日の「平成 26 年 8 月 20 日豪雨災害 復興まちづくりビジョン」公表に至るまで，特に集中的に継続された。

　2015 年 7 月 27 日には，被災者の生活再建支援のために広島市と広島県災害復興支援士業連絡会（協定締結時 13 団体）との間で専門家相談派遣を内容とする「広島市豪雨災害協定」が策定されている。また，広島市の地域防災計画には災害対応における個人・団体のボランティアや企業支援の項目の中に「広島市災害ボランティア活動連絡調整会議の設置」が明記され，メンバーには社会福祉協議会，民生児童委員協議会，日本赤十字等とともに広島県災害復興支援士業連絡会が明記されている[10]。地域防災計画を受け，広島市と広島県災害復興支援士業連絡会との間の平時からの包括的災害協定の締結が目指されている[11]。

---

8)　中国新聞（2011 年 5 月 18 日朝刊）「被災避難者を支援　専門家組織が発足　広島弁護士会など 10 団体」。2017 年 3 月現在は 15 団体が所属している。
9)　中国新聞（2014 年 6 月 12 日朝刊）「防災対策や課題考える　中区で集い　震災復興の現状報告」。
10)　広島市「広島市地域防災計画（基本・風水害対策編）広島市水防計画（平成 28 年 3 月修正）」70 頁。
11)　広島土砂災害においては，初期においては特段の協定が存在していなかったため，避難所となっている施設内や仮設住宅における施設内での弁護士無料法律相談やよろず相談所の設置ができなかった。行政機関等を無償で利用することに対しては協定によっ

7.1.6 熊本地震における情報提供支援の実績

　熊本県弁護士会は熊本地震（2016年4月14日と4月16日に最大震度7を記録）直後の4月17日に「熊本県弁護士会ニュース」を3万部発行し，熊本県内の市町村と連携して避難所での配布や公共施設掲示を開始した。特に熊本県，熊本市，社会福祉協議会等において好評であり，熊本市の予算でさらに追加の2万部が印刷され，避難所等で配布された[12]。東日本大震災では弁護士有志が寄付を募って新聞折り込みチラシへの挿入や冊子印刷を行っていたことを考えれば，初動で行政機関に弁護士の災害時の役割を印象付けられたことは大きな成果であったと思われる。東日本大震災等過去の実績や法律相談分析結果の有益性が評価されたものと考える。「熊本県弁護士会ニュース」は，2016年4月17日（1号）以降は，同年5月17日（2号），同年7月1日（3号），同年9月20日（4号）に発行された。「自然災害債務整理ガイドライン」や「震災ADR」の活用を積極的に促す内容を盛り込み，イラストなどを交えて，従来型の弁護士ニュースの体裁よりさらに親しみやすい工夫が施されている[13]。また，被災者に対する情報伝達や制度知識の浸透については，東日本大震災以上に，弁護士等によるソーシャルネットワークサービス（SNS）による発信が，スマートフォンやSNSの普及率の上昇[14]と相まって，相当の効果をもたらしたと考えられた[15]。

　　て根拠付ける必要性があることを実感する教訓である。
12)　2017年2月27日の関東弁護士会連合会による熊本県弁護士会からの聴取結果（筆者参加）による。
13)　熊本県弁護士会ウェブサイト。特に2号以降は「くま弁ニュース」と銘打ちキャラクターやイラストを掲載するなど熊本県独自の情報提供の工夫が見られる。http://www.kumaben.or.jp/soudan/jishin/public/ （2017年3月31日）
14)　2012年末のSNS利用率は「52.0%」であったが，熊本地震直前の2015年末で「65.3%」，2016年末で「69.3%」にも達する（株式会社ICT総研レポート「2016年度SNS利用動向に関する調査」より抜粋）。
15)　熊本県弁護士会所属の鹿瀬島正剛弁護士は，日弁連災害復興支援委員会や有志の有識者からの情報提供を受け止め，自身のFacebookを活用し「自然災害債務整理ガイドライン」，「罹災証明書」，「仮設住宅の入居」等の各種支援制度の課題や認定の論点について，情報提供・法律相談講座の連載などを継続している。

7.2　被災地におけるリーガル・サービス拠点の設置

7.2.1　東日本大震災におけるリーガル・サービス拠点の設置

　東日本大震災において被災者のリーガル・ニーズが顕著に発現した分野のうち「9　住宅・車・船等のローン，リース」，「10　その他の借入金返済」，「16　遺言・相続」等の類型に分類される相談やその課題は，単発での情報提供やその場での回答にとどまらず，被災者が弁護士等と委任契約を締結して，各種法的手続や交渉を実施することとなる場合が多いと考えられる。その場合，被災者は法律事務所における直接相談や証明書類等収集依頼が不可欠となるが，特に岩手県や宮城県の沿岸部においては弁護士数も法律事務所数も極めて少ない。居住市町村外にしか法律事務所がなければ，面談相談等にも困難を来し，精神的・物理的負担から法的手続を断念することも容易に想像できる。これに対する対応策としてまず考えられるのは，弁護士がリーガル・サービスを実施する拠点を被災地にできる限り多く設置することに尽きる。表7-2 は，東日本大震災から約1年のうちの被災地におけるリーガル・サポート拠点の設置実績である。日本弁護士連合会，被災地の各弁護士会，弁護士個人，日本司法支援センター（法テラス）等により，岩手県や宮城県沿岸部への法律事務所または法テラス出張所などが開設されるに至る。地域の産業や雇用の創出のためには，その前提として当該個人の生活の再建が不可欠である。特に専門家に継続的に依頼する必要がある，二重ローン対策を含む債務整理問題，相続問題，新しい住まいの再建に関する各種手続や契約の問題等のリーガル・ニーズに応える必要性は高い。日弁連の分析結果によれば，表7-2 に示された各自治体における「16　遺言・相続」の類型の相談割合は，「13.1〜37.7％」といずれも相当高い。「9　住宅・車・船等のローン，リース」の類型の相談割合も「10.8〜22.2％」といずれも高い。当該地域における継続的なリーガル・サービスの実施の必要性は，東日本大震災無料法律相談分析の結果からも十分な合理性・妥当性を持っていたものと評価されるべきである。

表 7-2　被災地におけるリーガル・サポート拠点の設置時期と「9　住宅・車・船等のローン，リース」および「16　遺言・相続」の相談割合

拠点名（法律事務所／法テラス出張所）	開設時期	開設場所	[9](%)	[16](%)
いわて三陸ひまわり基金法律事務所	2012年3月	岩手県陸前高田市	13.4	37.7
震災復興をめざす岩手はまゆり法律事務所	2011年7月	岩手県釜石市	10.8	23.5
松本法律事務所	2012年2月	岩手県宮古市	10.7	19.6
かもめ法律事務所	2011年7月	宮城県石巻市	10.3	19.5
日本司法支援センター（法テラス）出張所　南三陸	2011年10月	宮城県南三陸町	16.1	14.5
日本司法支援センター（法テラス）出張所　山元	2011年12月	宮城県山元町	22.2	13.1
日本司法支援センター（法テラス）出張所　東松島	2012年2月	宮城県東松島市	13.3	13.9
日本司法支援センター（法テラス）出張所　大槌	2012年3月	岩手県大槌町	12.7	27.5

法律事務所および法テラス出張所の2012年3月時点の被災地における新設実績。
[9]は「9　住宅・車・船等のローン，リース」。[16]は「16　遺言・相続」。相談割合（％）は，日弁連「東日本大震災無料法律相談情報分析結果（第5次分析）」（2012年10月）より抜粋。

7.2.2　熊本地震におけるリーガル・サービス拠点の設置

　熊本県弁護士会は，熊本県益城町と連携し，2017年1月27日，益城町中央公民館に常設の「熊本県弁護士会益城法律相談センター」を設置し，被災者の無料法律相談の実施拠点を整備した。熊本県弁護士会では，熊本地震発生以後，益城町で臨時的に週2回の頻度で法律相談を実施し，主に罹災証明書や被災者生活再建支援制度などに関する情報提供を実施していた。次第に，住宅の解体・修繕・再築を巡る各種契約紛争や，自然災害債務整理ガイドラインを利用した交渉なども増加したことから，継続的な支援をする体制を構築したものである[16]。熊本県益城町を含む同県上益城郡における被災者のリーガル・ニーズ

---

16)　熊本県益城町ウェブサイト。当面は週2回の相談会の実施が予定されている。http://www.town.mashiki.lg.jp/life/pub/detail.aspx?c_id=53&id=984（2017年3月31日）

では,「12 住宅・車等のローン・リース」(23.5%),「6 工作物責任・相隣関係」(18.8%),「12 公的支援・行政認定等」(14.4%),「5 不動産賃貸借（借家）」(13.1%) の4類型の相談割合が高い。そして,他の自治体と比較しても「9 住宅・車等のローン・リース」の類型の相談割合の高いことが特徴である (5.4.3・図5-9)。「自然災害債務整理ガイドライン」の利用の検討には弁護士のサポートが不可欠である。実際の手続・交渉に至れば,それはなおさらである。法律相談拠点の設置は被災地のリーガル・ニーズに正面から応えるものとして評価すべきものである。

7.3 被災地自治体の弁護士任期付職員の採用と経緯

7.3.1 被災地の自治体における未曽有のリーガル・ニーズと総務省通知

　被災地における専門家人材の採用施策については国の施策のほうが先行していた。2012年2月24日の総務省自治行政局公務員部長通知「東日本大震災に係る被災地方公共団体に対する人的支援について」(総行公15号) である。同総務省通知は,「被災地方公共団体において東日本大震災への対応のために職員の採用を行った場合の経費については,その額を特別交付税により措置することとしておりますので申し添えます」[17]と明記した。また,各自治体が条例で定めて採用できる「任期付職員」[18]もその職員に含むことも通知で明確にされた。要するに自治体独自負担を全くせずに復興のための専門家任期付職員を常勤採用できるスキームである。ところが,東日本大震災当時,東北地方の自

---

17) 総務省通知に記述した「特別交付税」は,その後,総務省「地方団体に対して交付すべき平成二十四年度分の震災復興特別交付税の額の算定方法,決定時期及び決定額並びに交付時期及び交付額等の特例に関する省令」(2012年4月5日) の1条2項17号により,「震災復興特別交付税」として整理され,通常の地方交付税とは別枠の上乗せ措置として整備されるに至っている。

18) 「任命権者は,職員を次の各号に掲げる業務のいずれかに期間を限って従事させることが公務の能率的運営を確保するために必要である場合には,条例で定めるところにより,職員を任期を定めて採用することができる」(地方公共団体の一般職の任期付職員の採用に関する法律4条1項)。弁護士などの専門職を一般職員とは異なる採用基準・給与体系により最大で5年間常勤の地方公務員として採用できる仕組みである。

治体で弁護士（法曹有資格者）の任期付職員採用自治体はなかった。そのため，一朝一夕には弁護士の役割や任務を把握して採用に踏み切ることは難しかった。医療系や福祉系においては促進されていたが，弁護士については全くイメージが湧いていないというのが東日本大震災当時の現実であったと考えられる。

一方，被災地の自治体部局において，①住民の生活再建のサポートと様々な法的ニーズへの対応，②行政訴訟リスクを念頭に置いたまちづくりにおける対応，③原子力損害賠償紛争への対応，④中央省庁等との交渉力の強化，⑤地元弁護士らとの連携による市民との接点の充実，⑥民事実務を含む職員研修や日々の討議を通じての職員能力向上への寄与，などのリーガル・ニーズは確実に存在しているはずであった（大杉ほか2016・24-25頁）。

筆者は日弁連執行部に対して被災地自治体への弁護士任期付職員採用の重要性を日弁連災害対策本部会議等で訴えていたが，2011年度中には日弁連としての公式の施策は実施されなかった（岡本2016c・27-28頁）。そこで当時筆者が所属していた「地方行政における法曹有資格者の活用に関する研究会」[19]メンバーが中心となり，被災地各県や沿岸部の基礎自治体を訪問し，弁護士の常勤職員採用の必要性と利点を述べ採用の働きかけを実施した。特に強調したのは，①被災地のあらゆるリーガル・ニーズの発生について法的専門家が行政職員とともに施策を推進することが不可欠であること，②まちづくりにおける地域住民との合意形成において専門家の知識や交渉力を活用できること，③弁護士や法曹有資格者の持つ人脈や知識のネットワークの活用ができること，④原子力損害賠償訴訟など民事訴訟・損害賠償理論への対応は法律実務家の存在が不可欠であること等であった（岡本2014a・268-269頁）。

7.3.2　東日本大震災における弁護士任期付職員採用

2012年春，まずは岩手県が法曹有資格者の任期付職員の採用を決定し，募集を開始した。その後宮城県庁も同様の募集を開始した。ところが，弁護士側の応募呼びかけや，県庁が望む弁護士像とのマッチングは容易ではなかった。

19）　岩手県や岩手県下の市町の訪問等を実施。なお「地方行政における法曹有資格者の活用に関する研究会」は，日弁連法務研究財団の助成事業に基づき組成され，代表は，村松岐夫京都大学名誉教授が務めた。研究の成果論文として，大杉ほか2016。

2012年7月には日本弁護士政治連盟の協力を得て,「自治体行政インハウス・ローヤー特別講演」などを筆者において企画し[20],日弁連執行部や弁護士会,そして全国の弁護士に対する啓発活動も実施した。かかる経緯を経て,弁護士会も徐々に被災地自治体における弁護士登用の重要性を理解し,災害復興支援委員会所属の有志弁護士らによる登用予定者へのバックアップ体制も構築された。その後,法務省や日本司法支援センター(法テラス)により自治体への派遣スキームが構築され,自治体への日弁連からの推薦制度なども設けられるようになった。被災地自治体への最初の赴任者が確定して,ようやく日弁連側にも被災地における任期付職員採用の重要性が理解されてきたのである。最初の採用は2013年1月からの岩手県および宮城県への採用である。赴任直前には,日弁連災害対策本部や災害復興支援委員会,あるいは自治体職員経験のある弁護士らが講師となり,被災地に赴任する弁護士らに対する特別研修会も複数回実施されるまでになった(筆者も講師陣に加わっている)。採用後の弁護士らの活躍は獅子奮迅の表現が相応しい。被災地の弁護士会と行政機関との繋ぎ役として機能したり,新しい政策立案を担ったり,原子力発電所事故に起因する様々なニーズに対応するなど多様な分野で活動実績を残している[21]。表7-3は,2015年6月現在における東日本大震災の被災地自治体における法曹有資格者の採用実績の一覧である。13の自治体が,東日本大震災を契機として法曹有資格者の任期付職員を初めて採用するに至っている。

なお,2017年2月時点では,岩手県宮古市,岩手県花巻市,岩手県山田町,宮城県,宮城県石巻市,宮城県気仙沼市,宮城県東松島市,福島県,福島県相馬市,福島県南相馬市,福島県浪江町に弁護士(法曹有資格者)任期付職員が赴任している。宮城県石巻市では,宮城県の任期付職員を務めた大岩昇弁護士が,初代の野村裕弁護士の後任として2016年に採用された。被災地県での経

---

20) 日本弁護士政治連盟企画委員会主催による。
21) 岩手県,宮城県,宮城県石巻市,福島県における弁護士(法曹有資格者)の任期付職員の活動実績については,岡本2016c・186-219頁,「弁政連ニュース座談会 被災地自治体で活躍する法曹たち」(弁政連ニュースNo.33・2013年7月号),東北復興新聞(2015年1月17日)「弁護士が見た復興・岡本正「復興の支えに「法律家」の力 被災地の県庁や市町村役場で活躍する弁護士たち」」,大杉ほか2016・26-28頁等でその一端を垣間見ることができる。

表7-3 東日本大震災の被災地自治体における法曹有資格者の採用実績

自治体名	採用時期	人数
岩手県	2013年1月	1名
宮城県	2013年1月	1名
宮城県東松島市	2013年4月	1名
宮城県富谷町	2013年4月	1名
宮城県石巻市	2013年5月	1名
福島県相馬市	2013年6月	1名
福島県浪江町	2013年8月	1名
岩手県山田町	2013年9月	1名
宮城県気仙沼市	2013年9月	1名
福島県郡山市	2014年2月	1名
福島県	2014年4月	1名
福島県南相馬市	2015年4月	1名
岩手県宮古市	2015年4月	1名

2015年6月現在の採用実績である。

験が，今度は被災地基礎自治体で活かされることになった。弁護士をはじめとする専門職人材の流動化の視点からも，弁護士キャリアの先例的価値として大きな意義を有するものと考える。

7.3.3　熊本地震における弁護士職員の活用[22]

　熊本市は，2016年7月から2017年3月まで，2名の弁護士を「災害対応専門員」に委嘱した。身分は特別職非常勤職員であった。熊本市の職員らとともに紛争や法的課題に対応し，2017年2月までの間に8件の紛争を訴訟に至る前に解決した実績を残した。さらに，熊本市は，2017年4月1日から2名の弁護士を任期付職員として初採用した。今後の熊本市の法制支援全般に，熊本市の常勤職員として対応することになった。復興・復旧の開発計画などへの関与も期待されている。災害対応専門員の各種実績が，任期付職員の採用施策に

---

22)　2017年2月27日の関東弁護士会連合会と熊本市との意見交換（筆者参加）時における熊本市総務局法制課長からの聴取結果による。

第 7 章　分野横断的な復興政策モデルの構築　　325

7.4　被災者によるリーガル・アクセスの無償化

7.4.1　東日本大震災におけるリーガル・アクセス無償化

　日弁連の「東日本大震災無料法律相談情報分析結果」(第 3 章)のベースとなった無料法律相談は，被災者にとっては一律無料である。相談担当者は初期段階では無償で活動していたが，日弁連や弁護士会を通じたスキームが組まれたのちは弁護士会や法テラス等の予算で一応の日当等が支給されていた。その後，無料法律相談のうち継続的なリーガル・サポートが必要な分野が多数出現したことから，被災地における法律相談拠点や法律事務所の設置，被災地自治体の任期付職員の採用などの施策が進んだ。一方で，被災者は，弁護士費用の捻出について懸念し，法的手続を躊躇することもある。中長期で見れば生活再建を果たせるとしても，弁護士に相談し事件の委任までするというには，心理的なハードルが相当高い。特に東北沿岸部は仙台市を除き司法過疎地である。沿岸部には法テラスや日弁連ひまわり基金による公設系の事務所が相当数あることからも，弁護士が市民にとって決して身近とは言えない存在であることがわかる。

　「総合法律支援法」は，裁判等法的紛争の解決のための制度の利用を容易にし，弁護士等のサービスを身近に受けられるようにするための総合的な支援を定めた法律である。民事紛争に関しては，民事法律扶助事業により，資力の乏しい依頼者への金銭的支援（弁護士費用等の立替払等）等の施策を「日本司法支援センター」（法テラス）が実施している。ところが，総合支援法による法テラスの業務は，①民事裁判等手続等裁判所等における手続に限定され，②自己の権利を実現するための準備および追行に必要な費用を支払う資力がないか，その支払により生活に著しい支障を生ずる国民等を対象にしていた[23]。まず，①については，「裁判外紛争解決手続」（ADR）が含まれていないため，「9　住宅・車・船等のローン，リース」の相談において利用が期待される「個人債務

---

23)　総合法律支援法 30 条。

者の私的整理に関するガイドライン」や，「22　原子力発電所事故等」の相談において利用が期待される「原子力損害賠償紛争解決センター」への申立てに対して，法律扶助制度が利用できないという限界があった。次に，②については，被災して自らの財産状況の確認もままならない被災者に，収入や財産を証明する資料を収集させ，添付・提出させることが大きな負担となっていた。また，資力要件の認定が窓口ごとにばらつきがあり，地震保険金を受け取ったことで資力があると判断され，民事法律扶助が利用できなくなる被災者も現れていた[24]。

　2011年5月27日，日弁連は「第62回定期総会「東日本大震災及びこれに伴う原子力発電所事故による被災者の救済と被災地の復旧・復興支援に関する宣言」」において「中小企業を含む被災者が住居をはじめとする財産を喪失し，生活に困窮した状況にあることに鑑み，あまねく法的支援を受けることができるようにするため，民事法律扶助制度について，災害時の特例的措置の創設を進め，対象者及び対象事件の範囲の拡大と現行の利用者負担の在り方につき，償還の猶予及び免除を原則化する等扶助制度の一層の充実発展を求める」とし，民事法律扶助の特例立法の必要性を提言した。しかし，所管省庁の法務省等は援助拡大に慎重な姿勢を崩すことはなく内閣提出法案（閣法）の提出は見込めなかった。そこで，超党派の議員立法による特例措置の成立を目指すことになるが，2011年中の国会では提出には至らなかった。2011年12月14日，日弁連は，「東日本大震災等の被災者への「法的支援事業」特別措置法の制定を求める会長声明」において，前述したとおり被災自治体からの資力を要件としてほしくないとの要望や，地震保険などが収入認定されて制度が利用できない等の不合理な運用を指摘し，①資力で被災者を選別しない法的支援事業の創設と，②民事裁判に限定されない柔軟な支援の実現に向けた特別立法措置の早期実現を改めて強く求めた。

　2012年3月23日，議員立法により「東日本大震災の被災者に対する援助のための日本司法支援センターの業務の特例に関する法律案」（震災特例法）が成

---

[24]　東北地方沿岸部のある市町村の担当者から弁護士会や弁護士らに，「相談に来られる方に資力を訪ねるような法律相談会であれば，やらないでほしい」との要望が寄せられていた。

立した(同年3月29日公布)。総合法律支援法の特例措置として,①資力要件の撤廃(東日本大震災における法律援助事業においては,援助を受ける被災者の資力の状況を問わない),②裁判外紛争解決手続(ADR)への適用(民事法律扶助事業に加えて東日本大震災における法律援助に「裁判外紛争解決手続」が追加された),③支払猶予措置(援助を受けたものが手続準備・追行中は立替金の支払を猶予する)が新たに創設されたのである。

震災特例法は,東日本大震災にのみ適用され,2015年3月31日に失効することになっていた。もっとも,今後の巨大災害においても被災者のリーガル・アクセスの無償化は不可欠であり,日弁連は,法律を所管する法務省に対して,震災時の特例法の恒久化を求め続けた。2014年3月,法務省に「充実した総合法律支援を実施するための方策についての有識者検討会」が設置され,2014年6月11日に「充実した総合法律支援を実施するための方策についての有識者検討会報告書」をとりまとめた。ここでは,①震災特例法の有用性とさらなる期間延長,②震災特例法の恒久立法化が提言されるに至る。震災特例法が東日本大震災から1年経過しないと成立しなかったこと等が厳しく指摘され,恒久立法が不可欠であるとしている点に大きな政策上の価値がある。

日弁連は,「「東日本大震災の被災者に対する援助のための日本司法支援センターの業務の特例に関する法律」の有効期限の延長を求める要望書」を提出し,3年間の期間延長を求めた。2015年3月31日,震災特例法が執行するその日に,超党派の議員立法により,「東日本大震災の被災者に対する援助のための日本司法支援センターの業務の特例に関する法律の一部を改正する法律案」が成立し,震災特例法の期限が3年延長(2018年3月末まで)された。なお,特例法が成立した2012年度から2015年度までの間に,実に19万7,000件の被災者の法律相談,民事紛争,ADR案件の援助実績を残している。

2015年3月20日には,法務省から閣法として「総合法律支援法の一部を改正する法律案」が提出される。法案は,認知能力の不十分な高齢者・障がい者が,福祉関係者等の支援者を介して,資力を問わない法律相談を受けられる仕組みの創設,大規模災害被災者,DV・ストーカー・児童虐待等について,同

じく資力を問わない法律相談ができる制度の創設等を内容としている[25]。ところが法案審議のスケジュール等の都合で提出された国会（第189回通常国会）では成立せず，2016年の第190回通常国会に改めて提出され，2016年4月5日に衆議院を全会一致で通過し，参議院へ回付された。

7.4.2 　熊本地震におけるリーガル・アクセス無償化

　2016年4月14日と同年4月16日，熊本地方を最大震度7を記録する地震が襲う。この時点で「総合法律支援法の一部を改正する法律案」は参議院の審議を待つ状況下にあった。想像を絶する倒壊家屋数などを考慮すれば，被災者に対する資力を問わない法律相談等の実施は不可欠であった。2016年4月18日，日弁連は「総合法律支援法の一部を改正する法律案の早期成立と，熊本地震への適用を求める緊急声明」を発表し，「現在審議中の総合法律支援法の一部を改正する法律案の早期成立及び大規模災害の被災者に対する法律相談実施に関する条項の早期施行を求めるとともに，熊本地震にも適用するために必要な措置を，早急に講じること」を求めた。また，公明党による「法曹養成に関するプロジェクトチーム」による法案改正への強力な推進があったことも付言する。

　2016年5月27日「総合法律支援法の一部を改正する法律案」は参議院で可決され成立した（6月3日公布）。なお，これに先立ち，2016年4月1日，衆議院法務委員会で「司法アクセス障害を有する高齢者・障害者に対する法的支援の重要性及び必要性に鑑み，特定援助対象者に対する資力を問わない法律相談援助の実施に当たっては，その趣旨を没却することがないよう，その対象者の該当性を判断するとともに，費用負担を求める基準及びその負担額を定めるに当たっては，利用者がちゅうちょすることのないようにすること」等を含む附

---

[25]　法テラスの業務に「著しく異常かつ激甚な非常災害であって，その被災地において法律相談を円滑に実施することが特に必要と認められるものとして政令で指定するものが発生した日において，民事上の法律関係に著しい混乱を生ずるおそれがある地区として政令で定めるものに住所，居所，営業所又は事務所を有していた国民等を援助するため，同日から起算して一年を超えない範囲内において総合法律支援の実施体制その他の当該被災地の実情を勘案して政令で定める期間に限り，その生活の再建に当たり必要な法律相談を実施すること」（改正総合法律支援法30条1項4号）が加えられた。

帯決議がなされた。また，2016年5月26日，参議院法務委員会でも同旨の内容を含む附帯決議がなされている。法テラスが制度を運用するにあたり，資力要件等を硬直的に運用することがないよう，東日本大震災時の教訓が改めて示されたものと評価できる。加えて，同参議院附帯決議では「本法に基づく平成二十八年熊本地震の被災者に対する無料法律相談を早期に実施できるよう，大規模災害の被災者に対する無料法律相談に関する規定の施行及び政令による平成二十八年熊本地震の指定を早期に行うこと」も決議された。

2016年7月1日，「平成二十八年熊本地震による災害についての総合法律支援法第三十条第一項第四号の規定による指定等に関する政令」が制定され，熊本地震が非常災害に指定され，熊本県全域に，2017年4月13日を期限として，被災者の法律相談を無償とする改正総合支援法の適用が決定した。

7.5　災害復興法学の見取り図

災害復興法学が実定法上の地位を獲得しうるためには，①当該学問の基礎において，法制度の改善を目指す成功と失敗の類型化作業のための理論が構築されていること，および②現状を改善する継続的・体系的な展開が実践されていることが必要であると筆者は考える（第1章）。第3章から第5章では，類型化作業の指針となる「被災者のリーガル・ニーズ」を浮き彫りにすることを目指した。その結果抽出された主な法的課題を含む分野について，第6章と第7章では個別に記録することを試みた。

6.2では，浮き彫りになったリーガル・ニーズから，①賃貸借，②工作物責任・相隣関係，③被災ローン，④行政支援，⑤相続・行方不明，⑥所有権，⑦原子力発電所事故のそれぞれについて，弁護士による無料法律相談活動や法的論点の発掘を起点とした，法改正や新制度構築の軌跡を記述した。

本章では，個別の法律単位の分野ではなく，分野横断的な，被災者や災害復興支援関係者を支える基盤となる法制度の構築と改善の軌跡を記述した。

特に7.2以降では，そもそものリーガル・アクセスの容易性や無償化制度という，災害時における被災者のリーガル・ニーズを収集する大前提となる制度の構築の軌跡を記述した。

これらの詳細な記述から判明するのは，第6章と第7章で示した分野が，「東日本大震災」という一つの大災害にとどまらず，それ以前の災害や，その後の「熊本地震」においても，課題と克服が必要な分野として，普遍的に発現していたという点である。すなわち，災害が発生する度に，それぞれの分野において，リアルタイムの「法制度の改善を目指す成功と失敗」が存在し，一つのゴールを獲得して分野として確立し「類型化」されていることが少しずつ見えてきたと思われる。また，さらに課題を克服するために「現状を改善する継続的・体系的な展開が実践」され，特定の分野において普遍的にそれが繰り返されていることも一定程度は明らかになったと考える。

　図6-1で示した「リーガル・ニーズの分析と災害復興政策への寄与の分析の視点」に基づき各論を詳述した結果，当該図6-1は，そのまま「災害復興法学」が提唱しようとする法学類型の見取り図とも言い換えることができる。類型化された各々の分野において，災害後に法改正，新規立法，解釈運用改善などの公共政策が恒常的に実現し，一方で課題を残し続けている背景には，災害時においては，既存の法制や法解釈に優先して達成すべき権利利益や基本理念が存在しているからに他ならないと思われる。それこそが，単なるハード面での原状復旧にとどまらない，人間の復興であり，人の営生の機会再生，すなわち，「被災者の生活再建の達成」に貫かれた基本理念ではないかと筆者は考える。この点については，第9章において最終的な考察を試みる。

第 8 章　災害復興法学の実践

8.1　災害復興法学による教育の新領域

8.1.1　公共政策大学院および法科大学院における災害復興法学

　2012 年 4 月より，慶應義塾大学法科大学院に「災害復興法学（Disaster Recovery and Revitalization Law）」（全 15 回）が開設された。初年度は北居功教授と筆者の共同授業であったが，2013 年度から筆者単独の正式教科となった。2013 年 4 月より，同大学法学部に「災害復興と法 1（Legal Study of Disaster Recovery I）」および「災害復興と法 2（Legal Study of Disaster Recovery II）」（各全 14 回）が開設され，筆者が非常勤講師を務めている。同じく 2013 年 4 月から中央大学大学院公共政策研究科（公共政策大学院）にも「災害復興法学（Disaster Recovery and Revitalization Law）」（全 15 回）が開設され，2016 年度まで筆者が客員教授を務めた。災害復興法学は，被災者のリーガル・ニーズによって類型化された法的課題のある分野の災害復興政策の軌跡を伝承し，立法や制度改革等の技術を学ぶことを目的としている[1]。したがって，主に国家公務員や地方公務員を目指し，将来行政機関で政策立案を直接担当することになる公共政策大学院に所属する学生向けの講座として親和性が見出せる。また，法科大学院教育においては，（司法試験で問われる）既存の実定法の「法解釈」

---

[1] 朝日新聞（2012 年 9 月 11 日朝刊）「ひと：「災害復興法学」を提唱する弁護士　岡本正さん（34）」，読売新聞（2016 年 3 月 11 日朝刊）「顔：「災害復興法学」を教える弁護士　岡本正さん（37）」。

の枠を超えるものであり，一見すると法曹養成課程において亜流の講座のようにも思える。しかし，既存の法解釈や裁判例では課題解決が困難な事例において，新たに立法や制度改正をするための「立法事実」を発見し，そこから新しい制度が構築される軌跡を把握することは，弁護士の使命に含まれている。弁護士法1条は，1項で「弁護士は，基本的人権を擁護し，社会正義を実現することを使命とする」とし，2項で「弁護士は，前項の使命に基き，誠実にその職務を行い，社会秩序の維持及び法律制度の改善に努力しなければならない」としているのである。しかもそれは，災害復興政策分野において特に顕著でかつ現実的な活動として根付き始めている（第6章と第7章）。

　表8-1は，法科大学院と公共政策大学院における講座内容をまとめたものである。法科大学院と公共政策大学院において重視するのは「法解釈論」を徹底的に突き詰めたうえで，災害時に被災者や自治体が直面する課題に対する法的な限界の存在を認識してもらうことである。司法試験も公務員試験も基本的には法解釈論や裁判例に基づく事例へのあてはめを知識として問う。しかし，机上の法解釈としては正しいと思われる事例の処理が，実際の社会においては，必ずしも被災者のリーガル・ニーズを満たさないことを認識してもらうのである。そして，課題を克服してきた東日本大震災以降の法改正や新制度構築の実績についてレポートを課し，発表を踏まえて，個別テーマの最新論点や残された課題について講義で補足する授業としている。法解釈や裁判例への正確なあてはめは，当該テーマの第1回目において，全員の共通認識としてしまうため，多くの学生は何をレポートすればよいのか戸惑う場面に遭遇する。しかし，既存の法解釈の限界を知ったその先にこそ，新しい制度構築の必要性や，それを支える「立法事実」の存在に気付くことができる。なお，岡本2012には，2012年度の法科大学院における災害復興法学の授業内容とその狙いを記述している。

　受講生のレポートも第1回と第4回とでは大きく変化を見せる。講座前半のレポートでは，既存の法令や裁判例への「あてはめ」を行う三段論法を中心に記述する学生や，「通説」とは呼ばれていても実際の裁判例などでは異なる処理を実施する見解を採用し結論を導くレポートが多い。確かに，解釈論を中心とした法的思考能力を醸成するためには，裁判例や実務運用だけではなく，根

第8章 災害復興法学の実践　333

表 8-1 「災害復興法学」の講座内容（法科大学院・公共政策大学院）

テーマ	教　員	受講者
総論・導入講義	被災者のリーガル・ニーズについてデータベースを示しながら解釈を加える。	災害時におけるリーガル・ニーズを理解し，法律家の役割と実績を共通認識とする。
災害時における賃貸借紛争について	民法や借地借家法への法解釈・あてはめによる限界，災害時の被災者の紛争解決ニーズへ応えられない現状を認識してもらい，そのうえで，法改正や新たな制度に関してレポートを課す。レポートを踏まえ，「震災ADR」や「被災借地借家法」を根拠付ける立法事実やさらなる課題を提示する。	・法解釈の限界・裁判例にあてはめる処理の限界について教員との問答（ソクラテスメソッド形式）によって共通認識とする（第1回目） ・受講者によるレポート発表と教員との問答を実施する（第2回目） ・災害後の法改正の軌跡と残された課題を教員の講義により共通認識とする（第3回目）
災害時における相続・行方不明者の課題について	相続法制や死亡届，行方不明者の取扱いに関する民法や戸籍法の課題，被災者のニーズと克服する政府の取組などを前提に，新たな課題や克服の手法についてレポートを課す。レポートを踏まえ，「相続放棄の熟慮期間の伸長」や残された民法の課題を提示する。	
災害時における不動産取引や工作物責任・相隣関係の課題について	不動産取引実務と民法のギャップ，住宅ローンの実務など災害時にとどまらない法律実務について共通認識としてもらい，災害時における危険負担，工作物責任，所有権に基づく妨害排除，がれきの処理などについて課題を提示し，レポートを課す。レポートを踏まえ，「個人版私的整理ガイドライン」等新しい取組について理解を深め，課題を抽出する。	
災害時におけるマンション法制と耐震・老朽等の課題	区分所有法の正確な理解を前提とし，災害時における被災マンション法の必要性や平常時の耐震化の課題について示したうえで，レポートを課す。レポートを踏まえ，実際の被災マンション法適用事例，老朽化対策や耐震化政策などの最新の法律や規制緩和の動向などについて解説と残された課題などを提示する。	

テーマ	教員	受講者
災害時における個人情報の取扱い[2]	複雑を極める日本の個人情報保護法制の正確な理解を最優先課題として，災害時における個人情報の取扱いについて理解を深める。特に自治体による条例政策の重要性について正確かつ柔軟な理解を求める。	・講義や課題レポートを通じて，日本の個人情報保護法制の基礎について共通認識とする。また誤解や不正確な理解を改める。

源的な学説の考え方と対立を理解することは重要である。司法試験における問題解決訓練を目的にするだけであれば，むしろ講座前半のレポートのほうが学生にとって自然であることは間違いないだろう。しかし，立法政策ないし公共政策である「災害復興法学」では，兎にも角にも「実際はどうなのか」を即時に把握し，その不都合性を見つけ出すことからスタートしなければならない。講座後半のレポートともなれば，あてはめや法解釈の過程を全て省略し，現状把握と立法政策実現のための立法事実の提示に分量を割くものも出現する。もちろん，いまだ実現していない立法政策について論じることもあるが，多くは，東日本大震災以降の立法政策の軌跡（第6章と第7章）に着目し，それを正確に追いかけることになる。

8.1.2 法学部講義における災害復興法学

表8-2は，2013年度より慶應義塾大学法学部に創設された講座「災害復興と法1」および「災害復興と法2」において講師が講義するテーマを列挙したものである。受講生は原則として大学3年生および4年生である。内容を分類すると，①東日本大震災後の立法政策の軌跡について，リーガル・ニーズの収集，課題抽出，政策提言，政策形成活動，新しい立法，残された課題等について講師が講義を実施するもの，②東日本大震災など特定の災害時に限らない普遍的な課題を提示して講師が講義を実施するもの，③講義実施の際に発生してしまった大規模災害へ弁護士の対応や災害時の課題等について講師が解説を加えるもの，などが実績として存在する。法学部の講義の特徴は，法律資格職や

---

[2] 2012年度から2014年度までは簡単な講師解説を前提とした上でのレポートを課していたが，2015年度以降はより深く知識を習得してもらうことの重要性を考慮し特別講義形式としている。

表8-2 「災害復興と法1」および「災害復興と法2」の講座内容（法学部）

「災害復興と法1」の講座内容
・導入講義（リーガル・ニーズの全体像・県単位・時間経過による差異）
・災害時の賃貸借紛争（震災ADR）
・災害時の工作物責任・相隣関係（震災ADR・がれき撤去・裁判例による工作物責任の考え方）
・死亡・行方不明に関する課題（死亡届の運用緩和，相続放棄の熟慮期間延長等）
・被災ローンに関する課題（個人版私的整理ガイドライン・自然災害債務整理ガイドライン・立法化提言）
・不動産取引に関する課題（危険負担と契約実務）
・被災マンション（被災マンション法改正，老朽化対策，耐震化促進政策）
・義援金の取扱い（差押禁止法案）
・総括講義（情報提供ルート複線化・官民連携による情報伝達）
「災害復興と法2」の講座内容
・導入講義（リーガル・ニーズの全体像・市町村単位の相関関係分析）
・災害救助法の運用と課題（災害救助法概論・一般基準・特別基準・運用の実際と課題）
・災害時の個人情報の取扱い（個人情報保護法制概論・条例2000個問題・災害対策基本法概論・避難行動要援護者名簿・安否情報・被災者台帳・マンション防災と個人情報）
・被災者生活再建支援法の課題（竜巻や地震等における不合理・災害ケースマネジメント・罹災証明の認定等）
・災害とトリアージ（トリアージ概論・民事・刑事・医療法制の限界・よきサマリア人の法）
・災害とADR（原子力損害賠償紛争解決センター，震災ADR，個人版私的整理ガイドライン等）
・災害関連死の課題（相当因果関係論と長岡基準・災害弔慰金支給金額・災害弔慰金支給審査委員会の県委託問題・データベース化の課題・不支給決定の理由を巡る課題）
・津波犠牲者訴訟の教訓（安全配慮義務・情報収集と判断・事業継続計画（BCP）の本質・企業リスクマネジメント）
・帰宅困難者対策（安全配慮義務・東京都条例・一時滞在施設開設・事業継続計画・リスクマネジメント）
・総括講義（防災教育全般・災害復興法学が目指す人づくり）
各年度に応じた特別講義の内容
・伊豆大島土砂災害における「災害復興まちづくり支援機構」の対応・被災者台帳の導入（2013年）
・広島土砂災害における広島弁護士会の活動・行方不明者の氏名公表問題（2014年）

- 関東・東北豪雨における茨城県弁護士会の活動・行方不明者の氏名公表問題（2015 年）
- 熊本地震後の立法政策（義援金差押禁止，総合法律支援法，災害弔慰金支給金額）と現状の課題（2016 年）

公務員試験受験を目指す受講者はむしろ少数派であるということである。そのため，いかなる業界に就業するにせよ，あるいはどのような立場で大学卒業後の生活を送るにせよ，「災害」において法律が果たす役割の重要性を認識してもらえるよう，金融，不動産，建設，広告，情報，福祉，総合企業，IT 業界等，それぞれに関係性を見出せる講義を行うようにしている。将来の災害復興政策における多様なステークホルダーの卵たちへの講義という性質をあわせ持っている。また，本講座は大学としては，法学部法律学科講座として提供しているものの，2013 年度から 2016 年度までの実績では，法学部政治学科，総合政策系学部（総合政策学部，環境情報学部），経済学部，商学部，文学部等ほぼすべての文系学部の受講生を獲得している。

一方で，受講生が多く双方向性の授業を実施するのは困難であるという課題もある[3]。そこで全授業でリアクションペーパーを記述してもらい，今後の自らの進路などと照らし合わせたフィードバックの記述を求めている[4]。受講前は，法律実務家である弁護士が，「立法政策」「公共政策」「災害復興」「危機管理」「防災」などのキーワードを並べ立てることに違和感を隠せない様子が見受けられる。特に「災害復興と法１」の初回授業（導入講義）では，多くの受講生が「法律」と「災害」のとの間に関連性が存在することに驚きの声を挙げる。しかし，初回授業以降は，法律家の果たしてきた役割について常に問題意識を持って講義に臨んでもらっているものと考える。学生の中には，講義を受けてさらなる現行法制の課題を提示し，講義で触れられない新規立法のアイディアを提示するようなリアクションペーパーを提出する者も出てくる。

---

3) 2013 年度から 2016 年度までの平均受講者数は「災害復興と法１」が約 290 名（最大時 380 名）。「災害復興と法２」が平均 220 名（最大時 300 名）。そのほとんどが大学卒業と同時に一般企業に就職する。なお，2017 年度「災害復興と法１」の履修登録者は約 430 名となった。

4) 講座開始以降，全講義において例外なくリアクションペーパーを徴収している。

これら法学部の講義では，基本的には東日本大震災後の無料法律相談の分析結果，それに基づく弁護士による立法政策提言を中心に講義している。いずれも少なからず筆者が立法政策に関わったか，間近に観察してきたものである。同時に，旧来からの課題である「災害救助法」[5]，「トリアージ」[6]，「マンション法制」[7]などは，それぞれのテーマで災害復興政策と向き合ってきた実務家による先行研究に多くを学んでいる。また，東日本大震災で大きな注目を集めた「災害関連死」については，実際に災害弔慰金支給審査委員会の委員を務めた小口幸人弁護士を招いての特別講義を実施した実績などもある[8]。「津波犠牲者訴訟の教訓」については，筆者が河北新報社より解説取材[9]を受けたことがきっかけで講座内容に組み込んだものであるが，特にBCP（Business Continuity Plan）と自然災害に関する考察については中野明安弁護士に学ぶところが大きい[10]。加えて，首都直下地震等に備えた「帰宅困難者対策（一時滞在施設開設の課題等）」は，筆者が2016年度に「東京都一時滞在施設開設アドバイザー」の委嘱を受けたことがきっかけで導入したプログラムであるが，上記中野弁護士や廣井悠准教授の先行研究も参考になる[11]。

8.2　公共政策学としての災害復興法学

8.2.1　法解釈の先にある法政策形成過程の伝承
　「法律」とは，先人が過去の教訓を将来のために遺そうと規範化してきた歴

---

5)　津久井ほか2012等の影響を強く受けている。
6)　永井2014等の影響を強く受けている。
7)　戎正晴弁護士（兵庫県弁護士会所属）の影響を強く受けている。
8)　小口幸人「災害関連死に関する問題点」（2014年および2015年・「災害復興と法2」特別講義）。
9)　河北新報（2015年1月14日）「〈津波訴訟〉予見可否，判決の判断分ける」における筆者解説コメント。なお，2015年1月13日，仙台地方裁判所は，「常磐山元自動車学校津波訴訟」において自動車学校運営法人の責任を認める判決を言い渡した。
10)　中野2007等は，自然災害と事業継続計画に関する企業や役員の法的責任について論じた先駆的な書籍である。
11)　廣井・中野2013は，首都直下地震を想定した帰宅困難者対策について法制度面と実務対応面の双方を解説している先行研究である。

史の集大成である。だからこそ,「法の解釈＝適用（とくに裁判）は,それ自体一つの立法的な創造性を持つのであるが,法学は単に与えられた法規の枠に自らをくくりつけるにとどまらず,進んで解釈の拠りどころ（法源）たる法規が生み出されるところまで,分析と研究の眼をさしむけるべき」（小林1984・8頁）である。法律の解釈の限界に挑戦し,それでいてなお,改善すべきは法律の方であるという立法事実が認められる場合,法律の改正や新規立法を成し遂げる説得的な根拠が生まれるのである。

「災害復興法学」の講座は,日弁連「東日本大震災無料法律相談情報分析結果（第5次分析）」による詳細な被災者のリーガル・ニーズを「客観的な数値」で示すことから始める。法学部の授業としては異色だと思われるが,社会調査の手法による統計結果を示すことから講義がスタートするのである。後の授業で個別のテーマを論じる際に登場する「立法事実」が,導入講義にちりばめられている。被災者のリーガル・ニーズを示す数値や図表は,一見するだけでは,これが何のために使えるのかは理解できないかもしれない。後に続く個別のテーマを深掘りしていく授業の中で,被災者のリーガル・ニーズをマクロデータとして集約・記録した無数の図表群の重要性に改めて気が付くのである。

個別テーマの講義の際に重視するのは,現行法制（あるいは東日本大震災等の巨大災害直前の法制）の正確な法解釈である。「今までの法律のあてはめで導き出された答えは,これで十分なのか,足りないのか」を問う。「足りない」に気付くためには,現行法制について限界までの解釈論を展開する以外に方法がない。「足りない」ことが判明したのならば,どうすれば補えるのか。予算措置なのか,運用改善なのか,法改正なのか,物的限界なのか,人的資源の問題なのか,あらゆる角度から手法を考え,それが社会に新たに誕生させるべき規範としてのバランスと根拠をもっているのか。すなわち「立法事実」に支えられたものなのかを見極めなければならない。この順序で各論を展開する。

東日本大震災以降の災害復興法政策の「軌跡」（第6章と第7章）を詳細に学ぶことを求めているのは,災害によって発生する困難と課題は,平常時の社会・経済活動にこそ端緒があるからである。災害後に発生する会社や個人の課題は,人々の日常生活の延長上に存在している。そこに目を向けて,困難を克服した軌跡,新しい法律を創造した軌跡を追いかけることで,法が存在する意

義と将来に課題を承継する必要性を実感するのである。このようにして学んだ思考は、災害復興分野だけではなく、他のあらゆる課題を解決する際の思考として応用できるはずである。

8.2.2　残された立法政策上の課題の伝承

「災害復興法学」は、残された立法政策上の課題を伝承する場（プラットフォーム）でもある。いったん人の記憶と関心から消えた課題は、決して復活することはない。もちろん、そのような課題であれば、消えて良いのではないかと考えられなくもない。技術発展や医学発展の結果克服できた課題は多い。しかし、自然災害だけは決してその原因を消滅させることはできない。程度の差はあるにせよ、自然災害を完全に克服できる科学技術を人類は持ちえない。できるのは「防災・減災」の取組みに限られ、災害時の「課題」は残り続ける。

ところが、「人間というものが、そういうふうに驚くべく忘れっぽい健忘性な存在として創造されたという、悲しいがいかんともすることのできない自然科学的事実」（寺田1934・253頁）がある。「文明が進むほど天災による損害の程度も累進する傾向があるという事実を充分に自覚して、そして平生からそれに対する防御策を講じなければならないはずであるのに、それがいっこうにできていないのはどういうわけであるか。そのおもなる原因は、畢竟そういう天災がきわめてまれにしか起こらないで、ちょうど人間が前車の転覆を忘れたころにそろそろ後車を引き出すようになるからであろう」（寺田1934・60-61頁）。自然災害の予測が不可能であり、極めて長周期である以上は生の知見の伝承には当然限界がある。それでいて、「蟻の巣を突きくずすと大騒ぎが始まる。しばらくすると復興事業が始まって、いつのまにかもとのように立派な都市ができる。もう一ぺん突きくずしてもまた同様である。蟻にはそうするよりほかに道がないであろう。人間も何度同じ災害に会っても決して利口にならぬものであることは歴史が証明する。東京市民と江戸町人と比べると、少なくも火事に対してはむしろ今のほうがだいぶ退歩している。そうして昔と同等以上の愚を繰り返しているのである。……国民自身も今のようなスピード時代では到底百年後の子孫の安否まで考える暇がなさそうである。しかしそのいわゆる「百年後」の期限が「いつからの百年」であるか、事によるともう三年二年一年ある

いは数日数時間の後にその「百年目」が迫っていないとはだれが保証できるであろう」(寺田 1931・300-301 頁)。「課題」どころか，すでに克服したと思われた対策ですら，永らく大きな自然災害が起きないことで忘れてしまうおそれがある。対策や法整備を努力している分野ですら，それを待たずに再び巨大な自然災害が発生し，同種の被害を引き起こすこともしばしばである。

　東日本大震災が起きたとき，岩手県宮古市の小口幸人弁護士が行動を起こすときに助けになったのは，阪神・淡路大震災の復興とともにあった津久井進弁護士が立ち上げた災害に関する情報共有メーリング・リストだった（小口 2012）。その行動を受けて，筆者がわずかばかりの支援を実施できたのも，阪神・淡路大震災の被災者とともに復興政策を担い続け，「弁護士」が法制度を変える提言をしなければならないと訴え続けてきた弁護士たちがいたからである（津久井 2012）。東日本大震災直後から，彼らは直接被災地へ行き，また関西と東京を何度も往復して国会議員や政府各機関を行脚した。その過程で全国の弁護士に改めて災害時の弁護士の役割を説き続けたのである。第6章と第7章の復興政策の軌跡は過去の災害を経験し，なお社会の第一線で活動する専門家たちが「残された課題」として持ち続けていたものを，その一部について，やっと克服した軌跡でもあった。知識だけであれば，弁護士から弁護士への技術移転は決して困難なことではない。しかし，それはあくまで「直接伝授」の場合である。目の前のリーガル・ニーズを解決する共通の目的に向かう時，先駆者たちも一緒にそこに立てていたからである。仮に「首都直下地震」や「南海トラフ地震」が本書から100年以上経過して起きたとしよう（筆者は当然それが起きないことを祈る）。その間多くの犠牲者を生む自然災害が100年以上起きなかったとしよう（筆者は当然それを祈る）。「災害復興政策」の経験者はもう誰もいないのである。東日本大震災後，先駆者となった弁護士たちから，日弁連災害対策本部や日弁連災害復興支援委員会で，災害復興政策における「弁護士」や「法制度」の重要性を学んだとき，学べば学ぶほど，次の世代に仕組みや課題を忘れずに遺すにはどうすればよいかという疑問を持たざるを得なくなった。

　大学の講義として「災害復興」と「立法政策」（あるいは「公共政策」）を融合した講座を作れないかという提唱は，「伝承」することの困難を克服する解

決策の一つとして始めたものである。大学の講座であれば，少なくともその講座を開講している期間中は，十代又は二十代の若い世代へ，残された災害復興政策の「課題」を伝えることができるのではないかと考えたのである。本書では，筆者自身の先行研究論文も参考文献として多く登場する。東日本大震災以降，筆者が弁護士実務家である一方，相当数の論文や記事を学術学会や専門業界，さらには行政機関，ビジネス，地域コミュニティ等広く一般に向けて執筆し続けているのも，産学官のあらゆるセクターにおいて，できるだけ多く「災害復興政策の軌跡」の記憶を遺すことを意図したものである。

8.3 防災教育としての災害復興法学

8.3.1 「防災教育」としての位置付け

　防災教育という分野そのものを体系的に整理することは，それ自体が一つの大きな研究テーマである。中央防災会議「防災基本計画（平成28年5月）」によれば，「防災とは，災害が発生しやすい自然条件下にあって，稠密な人口，高度化した土地利用，増加する危険物等の社会的条件をあわせもつ我が国の，国土並びに国民の生命，身体及び財産を災害から保護する，行政上最も重要な施策」とされている。そして，「災害の発生を完全に防ぐことは不可能であることから，災害時の被害を最小化し，被害の迅速な回復を図る「減災」の考え方を防災の基本理念とし，たとえ被災したとしても人命が失われないことを最重視し，また経済的被害ができるだけ少なくなるよう，さまざまな対策を組み合わせて災害に備え，災害時の社会経済活動への影響を最小限にとどめなければならない」として，人命保護を最優先とする「減災」が施策遂行の基本理念として示されている[12]。これに資するありとあらゆる取組みが「防災教育」や「防災研究」の分野となり，体系化作業は困難を極めることになる。ここでは，やや恣意的であることを前置きしつつも，「災害復興法学」の位置付けを他の防災教育の先例との関係で整理を試みる。

　岩手県釜石市の防災教育支援を継続してきた片田敏孝教授は，主体的に命を

12）　中央防災会議「防災基本計画（平成28年5月）」・2頁。

守る行動力・判断力を備える子供たちの育成に力を注いだ防災教育を展開した。「脅しの防災教育」（被害を強調して「逃げないと津波に犠牲になって死にますよ」等とするだけの教育）や「知識の防災教育」（一定の知識を与えて合理的な行動を促すことを狙うが、イメージが固定化し想定に捕らわれる教育）といった今までの防災手法ではなく、「防災に対して主体的な姿勢を醸成する」ことに力点を注いだのである（片田 2012・78-83頁）。その結果は、東日本大震災のその日、「釜石の奇跡」[13]と称されるほどの結果として現れた。また、大木聖子准教授は、日常生活空間や地域社会における地震の危険（高い本棚、ガラス、天井の構造物や証明、道路の塀、看板等）を子ども自身に発見させ、全国の小中学校等で地震から身を守るための教育授業を実践している（大木 2014）。いずれも、地震や津波の発災の瞬間から、いかにして命を守るかという、防災の一丁目一番地の教育である。まさに防災学とは命を守るための実学であることを印象付ける最も重要な視点である。これらとの比較で「災害復興法学」をあえて論じるのならば、命が助かった瞬間から、その命を繋ぐ「生き抜くための」防災学と表現できる。「生き残った」後に「防災」や「減災」というのは時系列として矛盾するようにも思えるが、そうではない。第6章と第7章では、被災者がその生活を再建する、すなわち瞬間を生き残った命を繋ぎ、生き延びるための不都合を是正する軌跡を示してきた。では、これらの知識は「災害後」になって学習し、入手できる環境にあったかといえば、「情報が伝わらないメカニズム」（第7章・7.1.1・図7-1）が存在する以上、そうでなかったことは明白である。生活再建のための法制度は、災害が発生する前に知っていてこそ、より効果的に生活再建を助けることになるといえる。時系列としては「災害発生後」になったとしても、そこに「命を繋ぐ」課題が残る限り、当該分野の現実的な軌跡をイメージし知識を備えることは、正面から「防災・減災」領域として捉えるべきものと考える。そもそも「災害対策基本法」は、「災害対策を災害予防、災害応急対策及び災害復旧という段階に分け、それぞれの段階毎に、各実施責任主体の果たすべき役割や権限が規定されている。具体的には、防災訓練

---

[13] 東日本大震災発災後、岩手県の釜石市立釜石東中学校と鵜住居小学校の児童・生徒約570名が地震発生と同時に全員が迅速に高台へ避難して津波から生き延びた。東日本大震災において釜石市内では学校管理下における子供たちの死者は0人である。

義務，市町村長の警戒区域設定権，応急公用負担，災害時における交通の規制等についての規定が設けられている」[14]のであり，復旧段階の対応と教訓は，巡り巡って次の災害の予防，すなわち，防災分野に繋がるのである。「生活再建」の分野でもそれが可能であると考えられる。関谷直也准教授は，「防災・災害・復興を考えるには様々な専門分野・研究領域，また実務の知識が必要なことが明らかになった。従来からの災害に関する専門分野である地震，火山，気象，砂防，河川工学，土木工学など様々な基礎研究や観測技術，ハード設備の構築，システム開発，防災に関連する社会制度を十二分に理解した上で，法制度・経済など社会科学系，自然科学系，医学系など，各々のディシプリンにおける知見を十分に生かしつつ，異分野と協同して防災という課題にアプローチする，防災研究を担うことのできる研究者（およびそれに準じた能力をもつ高度職業人）を養成していくことが必要なのである」として，防災研究や防災教育の分野でも「法制度」などの社会科学系の存在が不可欠なことを明記している（関谷 2017）。同時に，官民連携や多士業連携・ネットワーク化（第 7 章・7.1）の必要性も示唆していると考えられる。

　なお，防災基本計画には「第 2 編　各災害に共通する対策編，第 3 章　災害復旧・復興，第 4 節　被災者等の生活再建等の支援」の項目が存在する。国の各省庁，県，市区町村の行政機関や住宅金融政策支援機構等が講じるべき被災者の生活再建等の施策を列挙している[15]。そうであれば，「災害復興法学」が対象とする領域は，既存の防災や減災の概念で十分説明できるように思える。しかし，防災基本計画は，あくまで行政機関が行政機関として法律上の責務を全うすることを求めているに過ぎない。生活再建や事業再生のための制度を，国民全体が「知識」として「備える」ことについて否定こそしていないが，積極的な記述は一切なく，そもそも「防災」として発災後の生活再建や事業再生の仕組みを広く理解し，啓発することを想定していないものと読み取れる。「災害復興法学」の研究を基礎とした「生活再建の知識の備え」による防災は，防災基本計画において行政の責務として示された分野を，すべての国民に向け

---

14)　内閣府「災害対策基本法の概要」より。http://www.bousai.go.jp/taisaku/kihonhou/index.html（2017 年 3 月 31 日）

15)　中央防災会議「防災基本計画（平成 28 年 5 月）」・80-82 頁。

た防災・減災の分野として確立することを目指すものである。

8.3.2　生活再建知識の備えと防災教育の新領域

　災害復興法学研究の社会還元の萌芽ともいえる活動や実績として，①「防災を自分ごとにする研修プログラム」の開発と実践，②自治体（高知県および和光市）の防災啓発パンフレットにおける災害復興法学を念頭においた生活再建を踏まえた「知識の備え」の視点の追加，③防災学術研究への貢献について論ずる。

(1)　防災を自分ごとにする研修プログラムの開発と実践

　防災が「自分ごと」になるためには，我々をそうさせる「災害」自体を知ることが前提になる。通常「災害を知る」には，ハザードマップ等により被害想定を確認し，起こりうる災害とその被害を知ることが出発点となる。人的・物的被害を想定し，結果を回避する「人が死なない」ための準備をすることが基本である。巨大災害から生き延びた被災者からは，生き延びた知恵やサバイバル対応の教訓を聞くことができ，我々は津波等の災害の恐ろしさを共有できる。ところが，これを受けて防災を真に「自分ごと」として捉え，具体的な防災行動に移るかというと，必ずしもそうでないと思われる。「正常性バイアス」が障壁になる。広瀬弘忠教授は「ある範囲までの異常は，異常だと感じずに，正常の範囲内のものとして処理するようになっているのである。このような心のメカニズムを「正常性バイアス」という」（広瀬2004・114-115頁）と説明している。また，一見すると現実的な考え方として，「自分の住んでいるところには津波がくる確率がゼロである」「ハザードマップ上で特段危険のないエリアに職場や自宅がある」「火災が発生するとは考えにくい新しい区画整理された町に住んでいる」と考えることもある。こうなってしまえば，いかに過去の災害を振り返っても，防災が「自分ごと」にはならないと思われる。

　そこで，災害を等身大のものとして捉える方法として，ごく当たり前の，「自分」を中心とした家族や親戚や従業員や友人の「日常生活」のイメージを持つことから始めることが手掛かりになる。「災害に遭う」とは，当たり前の日常生活の繋がりが破壊され，または著しく弱くなるという結果に陥ることで

第8章　災害復興法学の実践　　　　　　　　　　　　　345

もあるからだ。命が助かっても，すぐに所属組織や地域に貢献する人材として活動できるわけではない。あくまで自分や家族や親しい関係者の将来の生活再建の道筋が見えていなければ，復興に尽力できる人材とはなりえない。そこで着目したいのが，災害後に，身近な契約，お金，支払，人間関係，住まい，教育等の場面における「生活再建上の困難」とは何かを知ることである。日常生活が災害によって破壊される姿を知ることで，より等身大の目線で，災害を追体験できる。「ローンの支払で生活が立ちいかないので破産するしかないのか」「すべてを失って現金もない。子どもの大学をあきらめなければならないのか」という声は被災地の凄惨な光景に匹敵するリアリティを帯びていると思われる。

　災害後の被災者の生活上の困難とニーズについて把握ができたら，いよいよ「絶望を希望に変える」ための「知識の備え」の習得の準備が整う。この過程を経ずしては「知識」は決して自分ごとにならない。災害関連の法制度をすべて頭に入れておくことは，いかなる専門家といえども不可能に近い。東日本大震災後に弁護士が相談した中でも特に多かった相談事例を体系的にまとめると，絶望を希望に変える普遍的な制度の存在が見えてくるのである（行政機関による金銭給付等の制度については，第3章・3.2.1（2），同・3.3.2（1），第4章・4.3.1（3），同・4.3.2（3），第5章・5.3.5）。たとえば，①被災者にはすべからく「罹災証明書」の情報提供が不可欠であり，②住宅に著しい被害があれば「被災者生活再建支援制度」の説明が不可欠であり，③災害により亡くなった方の遺族に対しては「災害弔慰金」の説明が不可欠であり，④借入金返済が困難になった被災者には「自然災害債務整理ガイドライン」（被災ローン減免制度）の指摘が不可欠であり，⑤住宅が半壊以上となった場合には，「住宅の応急修理制度」や「災害復興住宅融資」を紹介したい。これらの制度を知っておく「知識の備え」こそが防災・減災につながる。災害後の被災生活からの回復を促し，被害の拡大を防止する個人の生活と復興のための「法的強靭性」（リーガル・レジリエンス）を獲得する知恵でもある。

　「防災を自分ごとにする研修プログラム」の研修実践において重要なのは，①あくまで災害を自分ごと・等身大のものとして捉えるため，被災者の生活再建に関わる困難を把握する段階と，②困難を克服し，一歩踏み出すための「生

活再建制度の知識の備え」をする段階との二段階構造で知識の習得を行う点である。後者の制度だけをいかに詳細に網羅的に説明したとしても,「被災者のニーズ」のほうを正確に理解していなければ,決してその制度の重要性や「使いどころ」を把握することはできないからである。

なお,これらについて論ずる筆者の先行研究として,岡本2013aや岡本2013bがある。筆者は,2015年1月から2017年3月までの間に,これらのテーマによる研修または講演会を約90本実施している[16]。

(2) 自治体の防災啓発パンフレットにおける災害復興法学の導入

2017年3月に改訂された高知県作成の防災啓発冊子「生き抜くために 南海トラフ地震に 備えちょき(平成29年3月改訂)」(備えちょき)[17]に,「災害復興法学」の研究や「防災を自分ごとにする研修プログラム」を反映した内容が盛り込まれた(図8-1)。具体的には,まず,「被災後の生活はどうなるの?」という項目が1頁分設けられ,東日本大震災や熊本地震における日弁連の無料法律相談分析の結果を掲示し,筆者による解釈が加えられた。被災後にどのような悩みを抱えるのかを数字でリアリティを以てイメージしてもらうことを念頭においたものである。次に,「生活の再建に向けた手続きや支援制度」という項目が2頁分設けられ,「罹災証明書」,「被災者生活再建支援金」,「災害弔慰金」,「自然災害債務整理ガイドライン」および「住宅応急修理制度」など,過去の災害において普遍的に利用され続け,極めて重要となる生活再建のための制度を紹介した。特に災害時には弁護士等専門家の無料相談・情報提供を利用

---

[16] 神奈川新聞(2016年12月3日)「減災新聞:災後のリスクに目を「知識の備え」大切さ説く 鎌倉出身の岡本弁護士 法的ニーズに地域差4万件の声分析」ほか報道多数。そのほか「弁護士岡本正」のウェブサイト「講演・研修実績一覧」を参照。http://www.law-okamoto.jp/category/activity(2017年3月31日)

[17] 監修者は,河田惠昭(関西大学社会安全学部社会安全研究センター長),今村文彦(東北大学災害科学国際研究所長),片田敏孝(群馬大学広域首都圏防災研究センター長),岡村眞(高知大学防災推進センター特任教授),矢守克也(京都大学防災研究所巨大災害研究センター長),神原咲子(高知県立大学大学院看護学研究科准教授)および岡本正(銀座パートナーズ法律事務所弁護士)である。全68頁。

第 8 章　災害復興法学の実践

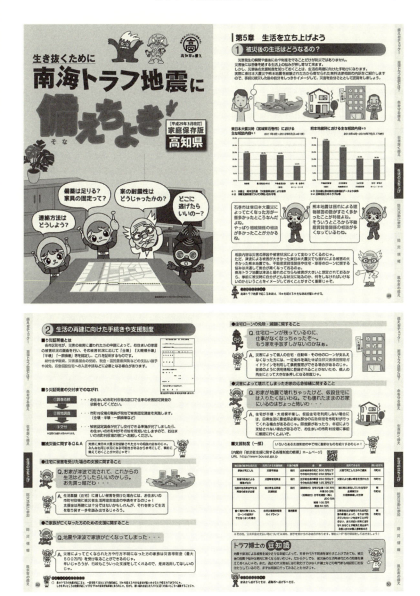

図 8-1　「生き抜くために 南海トラフ地震に 備えちょき（平成 29 年 3 月改訂）」
高知県作成「生き抜くために　南海トラフ地震に　備えちょき（平成 29 年 3 月改訂）」（2017 年 4 月 10 日公表）より，筆者による監修部分（48 頁から 50 頁）と表紙を抜粋。

することが有益であることも付記した。この合計3頁[18]をもって，前述した「防災を自分ごとにする研修プログラム」(7.3.2 (1)) の概要版と呼んでも差し支えない。高知県は，南海トラフ地震発生時には，死者数約42,000人，全壊・焼失家屋棟数153,000棟という甚大な被害が起きることが想定されており，特に土佐清水市と黒潮町には，最大で約35メートルの津波が想定されている。地震発生後の津波到達時間は，土佐清水市で3分，黒潮町で5分のうちに襲来するとされている。高知県は，①「命を守る」対策，②助かった「命をつなぐ」ための応急期の対策，③「生活を立ち上げる」対策の3本柱により防災啓発を推進していたが[19]，「生活を立ち上げる」にかかる部分についての県民への防災啓発が手薄であったことは否めなかった。2016年1月，筆者は，高知県主催で，高知県庁職員や高知県会議員に向けて「防災を「自分ごと」にする「生活防災」の知識と政策の備え：被災地4万件のリーガル・ニーズ・個人情報利活用の課題から」とする研修を実施した。2016年3月7日の高知県議会「2月定例会予算委員会」において，県会議員の一人から，災害復興法学の視点での高知県職員勉強会を経て，災害後のリーガル・ニーズについて事前に知りかつ法律相談体制を構築する必要性があるとの提言を含む質問があった。高知県知事は「被災後，生活再建に向けて一歩を踏み出していくためにも，さまざまな支援制度とか，情報提供や相談体制，こういうものをしっかり整備しておくということは重要」との答弁をしている。研修と議会での議論により，2016年度中に改訂を予定している「備えちょき」に「災害時における被災者のリーガル・ニーズ（生の声・悩み）を知ること」と「生活再建の制度に関する知識の備え」の項目が盛り込まれる方針がより強固になったと思われた。

「備えちょき」は高知県の全世帯へ配布されている。都道府県において「防災を自分ごとにする研修プログラム」の考え方を採用した防災啓発冊子等を策定したのは高知県が初事例ということになる。今後は，これらを利用した防災意識のさらなる啓発と他の自治体への展開が課題となる[20]。

18) 高知県危機管理部南海トラフ地震対策課「生き抜くために 南海トラフ地震に 備えちょき（平成29年3月改訂）」48-50頁。
19) 高知県「南海トラフ地震対策行動計画（第3期 平成28年度～平成30年度）」。
20) リスク対策.com（2017年4月11日）「NEWS & TOPICS 自治体防災冊子に法律

第8章　災害復興法学の実践

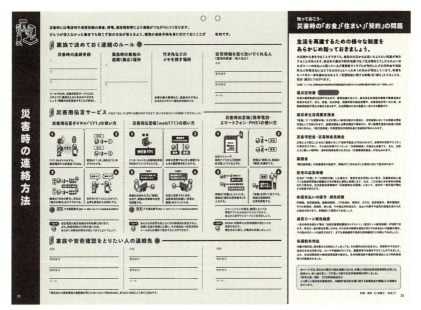

図 8-2 「今すぐ災害に備えるための 和光市 防災ガイド＆ハザードマップ」
和光市作成「今すぐ災害に備えるための　和光市　防災ガイド＆ハザードマップ」(2017年3月31日公表) より監修部分を抜粋。
筆者監修箇所は「知っておこう：災害時の「お金」「住まい」「契約」の問題」(22頁右側部分)。

　基礎自治体では，2017年3月改訂の埼玉県和光市の「今すぐ災害に備えるための 和光市 防災ガイド＆ハザードマップ」(図8-2)の監修と原稿提供が実績として挙げられる。「この冊子は，災害が起きたとき，また，その後の生活に役立つ知恵や技を集めたものです。手間のかかるものから手軽にできるものまで，様々な内容を掲載していますので，まずは，取り入れやすいものから，備えの第一歩を始めてみましょう」と記述し，そのうえで「知っておこう：災害時の「お金」「住まい」「契約」の問題」というコーナーが最終頁半分に設けられた。「大災害から身を守ることができても，普段の生活からは思いもよらない問題が発生することがあります。東日本大震災や熊本地震では，「生活費

相談「自分ごと防災プログラム」　高知県「南海トラフ地震に備えちょき！」，和光市「防災ガイド」」において同趣旨のコメントをしている。http://www.risktaisaku.com/articles/-/2620（2017年4月11日）

をどうしたらよいのか」「ローンの支払いに困っている」「賃貸借でトラブルが発生した」「公共料金や保険料など各種支払いはどうなるのか」といった多くの悩みが発生しています。希望をもって自ら一歩を踏み出せるよう，「支援制度に関する知識」を「備え」とすることも，防災・減災につながります」と冒頭で記述し，「防災を自分ごとにする研修プログラム」の中核である「被災のイメージ」と「生活再建の知識の備え」の重要性を説いている。「罹災証明書」，「被災者生活再建支援金」，「災害弔慰金・災害障害見舞金」，「義援金」，「住宅の応急修理」，「各種の猶予・減免措置」，「被災ローン減免制度（自然災害債務整理ガイドライン）」，「各種紛失対応」について情報を受信するきっかけとなるように制度を紹介している。

　和光市では，2016年12月に和光市主催「和光市 震災に強い地域づくりBOSAI講演会」が開催され，筆者による講演会「災害後を生き抜く 防災を「自分ごと」にする生活再建の「知識の備え」東日本大震災・熊本地震の声を防災に活かす」が開催された。2017年2月には，より詳細な政策実務を盛り込んだ和光市幹部・職員向けの防災・危機管理研修「防災を自分ごとにする生活再建の知識の備え 被災者ニーズの実態・災害救助法・個人情報政策のポイント」が行われ，筆者が講師を担当した。これらを経て，和光市において，被災により生活上の悩みや紛争が起きることや，これを克服するための「生活再建の知識の備え」の必要性が認識され，ハザードマップ等を中心に記述した防災パンフレットの追加改訂に，支援制度の記述などが盛り込まれることになったのである。

(3)　防災学術研究への貢献

　2012年度から2016年度までに文部科学省が東京大学や京都大学へ委託した大型研究である「都市の脆弱性が引き起こす激甚災害の軽減化プロジェクト」のサブプロジェクトの1つである「都市災害における災害対応能力の向上方策に関する調査・研究」（中核機関：京都大学防災研究所）は，防災担当者と一般市民双方に焦点をあてた災害対応能力・防災リテラシー向上のため災害情報提供手法とトレーニング手法を研究し，災害回復力（レジリエンス）を持つ社会の実現を目指すことを目的としたものである。ここでは，災害後の法制度の理

第 8 章　災害復興法学の実践　　351

解の重要性とともに，研究発表の成果として「災害復興法学」の取組み（おおむね 8.3.1 の要約）が，新しい防災教育モデルとして紹介されている[21]。

また，2013 年度から 2015 年度にかけて 15 回の研究会やシンポジウムを開催し[22]，成果を書籍（齊藤・野田 2016）にまとめた日本学術振興会の「課題設定による先導的人文学・社会科学研究推進事業（実社会対応プログラム）」の「非常時における適切な対応を可能とする社会システムの在り方に関する社会科学的研究」（代表齊藤誠教授）[23]では，災害復興法学の視点の紹介により，「日本が災害発生のつど立法事実を積み上げ法改正を重ねている実績から，災害法制の可塑性と強靱性」があることが研究会において共通認識とされた。加えて，「大規模自然災害への対応において，政府や国家の強力なコミットメントが必要なのは，平時における事前対応や非常時後の長期対応においてである。また，平時においては，政府のコーディネーション機能も重要な役割を果たしている……まさに非常時にあって政府や国家に強力な権限を集中させるべきであるというインプリケーションは出てこない……少なくとも大規模自然災害のような非常時においては，「国家緊急権が必要である」という根拠を見出すことはできなかった」としている（齊藤 2016・416-417 頁。ただし誤記については改めた）。これらの研究会の結論に至った過程では，わずかではあるが「災害復興法学」の視点で記録してきた復興政策の軌跡が貢献できたと考える。

さらに，2015 年度から 2017 年度を研究期間とした，立教大学の「2015 年度立教大学学術推進特別重点資金（立教 SFR）」による「地域復興の法と経済学：法律相談・意識調査の分析による法・政策課題の抽出と経済分析」（代表

21）「都市の脆弱性が引き起こす激甚災害の軽減化プロジェクト　都市災害における災害対応能力の向上方策に関する調査・研究　ロジスティックス能力の育成のためのトレーニングプログラム作業部会報告書」（2017 年 3 月 27 日発行）183 頁から 190 頁に，2014 年 1 月 16 日の同作業部会における筆者の講演録「災害復興法学のすすめ：4 万件のリーガル・データに基づく公共政策と危機管理の新デザイン」が収載されている。また，同報告書 240 頁から 242 頁に，教育システムの標準化に関する討論（座長：秋冨慎司医師）の様子が掲載されている。

22）一橋大学広報「HQ」（vol.49 冬号 January 2016）28-29 頁「Project Report　非常時における行政対応 法学と経済学の共同の取り組みを通じて」。

23）本研究成果書籍として齊藤・野田 2016。

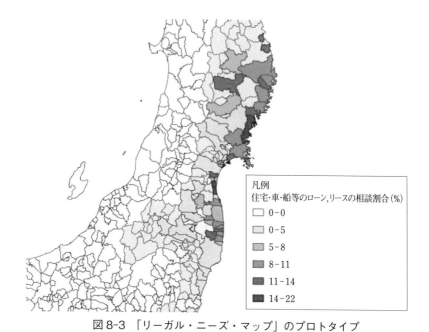

図8-3 「リーガル・ニーズ・マップ」のプロトタイプ

2016年3月5日開催の立教SFR主催シンポジウム「地域復興の法と経済学：被災地における法律支援の実態から」における田島夏与教授発表資料より抜粋。

地域別・時期別の集計値として公表されていた日弁連「無料法律相談情報分析結果」（第5次分析）（相談受付日2011年3月から2012年5月まで）収載のデータを，地域（市町村単位）・相談時期別のパネルデータの形に再構築するとともに，このデータセットをGIS（地理情報システム）と紐付けることにより，様々な角度から分析するとともに相談件数・割合を「地図の形」で可視化したものの一部である。

図8-3は，具体的には「12 住宅・車・船等ローン，リース」の類型に分類された相談の全期間（2011年3月から2012年5月まで）における相談割合を地図上にマッピングしたものである。別途，月別のデータスライドも上記シンポジウムで発表されている。

田島夏与教授）では，日弁連「東日本大震災無料法律相談情報分析結果（第5次分析）」の市町村単位の相談受付月ごとのデータを地図データに落とし込んだ「リーガル・ニーズ・マップ」（図8-3）を作成した。第3章から第5章において示した各地域の相談内容の内訳の図表よりも，さらに直感的にリーガル・ニーズの「変遷」や「地域特性」を把握することに挑戦したものである。

8.3.3　組織の安全配慮義務とリスクマネジメント
(1)　自然災害における事業継続計画（BCP）と安全配慮義務

　安全配慮義務とは、「ある法律関係に基づいて特別な社会的接触の関係に入った当事者間において、当該法律関係の付随義務として当事者の一方又は双方が相手方に対して信義則上負う義務」であり、判例上確立された概念である[24]。組織は当該相手方の生命・身体・財産等の安全を確保するため必要な措置を講じなければならないということであり、それは「自然災害」による危険についても同様である[25]。

　また、内閣府のガイドラインによれば、「大地震等の自然災害、感染症のまん延、テロ等の事件、大事故、サプライチェーン（供給網）の途絶、突発的な経営環境の変化など不測の事態が発生しても、重要な事業を中断させない、または中断しても可能な限り短い期間で復旧させるための方針、体制、手順等を示した計画」を「事業継続計画（Business Continuity Plan, BCP）」という[26]。内閣府が示す事業継続計画の定義では、一見すると「安全配慮義務」を果たすことで組織の構成員や利用者・契約者・顧客等を保護する活動を含んでいないようにも見えるが、「人命を最優先する」という理念は、事業継続計画（BCP）に当然に含まれる大前提であると考える。

　さらに、株式会社の内部統制システム構築義務（組織の業務適正確保義務）の内容となる取締役会の重要業務に「取締役の職務の執行が法令及び定款に適合することを確保するための体制その他株式会社の業務の適正を確保するために必要なものとして法務省令で定める体制の整備」（会社法 362 条 4 項 6 号）が掲げられており、その中には「当該株式会社の損失の危険の管理に関する規程その他の体制」（会社法施行規則 100 条 1 項 2 号）や「当該株式会社の子会社の損失の危険の管理に関する規程その他の体制」（同 1 項 5 号ロ）、すなわち、当該

---

[24]　最高裁判所昭和 50 年 2 月 25 日判決（民集 29 巻 2 号 143 頁）。
[25]　「七十七銀行女川支店津波犠牲者訴訟」の第一審判決（仙台地方裁判所 2014 年 2 月 25 日）では「……上司の指示に従って遂行する業務を管理するに当たっては、その生命及び健康等が地震や津波といった自然災害の危険からも保護されるよう配慮すべき義務を負っていたというべきである」と判断されている。
[26]　内閣府（防災担当）「内閣府事業継続ガイドライン：あらゆる危機的事象を乗り越えるための戦略と対応（平成 25 年 8 月改定）」・4 頁。

組織や関連会社における「事業継続計画」整備が含まれているのである。

(2) 津波犠牲者訴訟にみる企業のリスクマネジメント

企業の事業継続計画を「安全配慮義務」の視点から点検することが効果的である。特に東日本大震災後に 15 件提起された「津波犠牲者訴訟」[27]のうち，少なくとも第一審の判例が出たもの[28]については，裁判例を精査し，「命を守る」という視点から，事業継続計画の見直しを実施しなければならない。事業継続計画において最も重要となるのは，災害発生の直後に「関係者の命を守ること」にある。ひとつの事業所をイメージした場合，そこに働く従業員，専門職，委託先，下請け，居合わせた顧客等あらゆる関係者が，当該事業所等において身の安全を確保できなければならない。そのために発災の瞬間に，どのように組織をマネジメントするのかを考えておかなければならない。それが事業継続計画において重要な「安全配慮義務」を果たすことに繋がる。

「常磐山元自動車学校訴訟」（仙台地方裁判所平成 27 年 1 月 13 日判決）では，裁判所が会社側の過失を認定するにあたって，①災害後に自動車学校の教官らが接した情報は何か，②災害前の時点で津波予見可能性があったか，③自動車学校による教習生らへの待機指示の有無，④現場にいなかった会社役員らに避難指示義務があったか，⑤災害発生前から災害対策マニュアルを整備すべき義

---

27) 私立日和幼稚園（石巻市），特別養護老人ホーム（石巻市），大川小学校（石巻市），野蒜小学校体育館（東松島市），七十七銀行女川支店（女川町），コンビニエンスストア（多賀城市），福祉施設（亘理町），擁護老人ホーム（山元町），私立幼稚園（山元町），山元町東保育所（山元町），常磐山元自動車学校（山元町），閖上地区住民（名取市），新いわて農協山田支所（山田町），陸前高田市住宅（陸前高田市），釜石市鵜住居地区防災センター（釜石市）など少なくとも 15 件の訴訟提起が確認されている（2017 年 3 月現在。裁判例がないものについては河北新報の記事（2015 年 3 月 19 日「〈震災 5 年〉津波訴訟　和解は 6 件 1 遺族」）等を参照）。

28) 2017 年 3 月 31 日時点で，第一審判決が出ている訴訟は，私立日和幼稚園（石巻市）仙台地方裁判所平成 25 年 9 月 17 日，野蒜小学校体育館（東松島市）仙台地方裁判所平成 28 年 3 月 24 日，大川小学校（石巻市）仙台地方裁判所平成 28 年 10 月 26 日，七十七銀行女川支店（女川町）仙台地方裁判所平成 26 年 2 月 25 日，山元町東保育所（山元町）仙台地方裁判所平成 26 年 3 月 24 日，常磐山元自動車学校（山元町）仙台地方裁判所平成 27 年 1 月 13 日，新いわて農協山田支所（山田町）盛岡地方裁判所平成 27 年 2 月 20 日の 7 件。

(災害後に企業が講じるべき措置とそのための準備事項)

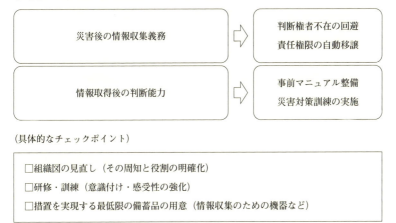

(具体的なチェックポイント)

☐ 組織図の見直し（その周知と役割の明確化）
☐ 研修・訓練（意識付け・感受性の強化）
☐ 措置を実現する最低限の備蓄品の用意（情報収集のための機器など）

図8-4　津波犠牲者訴訟を教訓とした事業継続計画のチェックポイント（モデル図）

務があったかが主に争点となった。判決は，①について詳細な事実認定をし，津波警報の「第一報」時点ではさらなる情報収集義務はないが，大幅修正された「第二報」以降に巡回していた消防車両が避難場所に避難すべき旨を警告する情報に接していたので，津波の危険性を予見でき，これに基づく判断が必要だったという考えを示した。災害前から津波発生を予期した対応はできなくてもやむを得なかったとしても，災害後に収集できたであろう情報に基づく適切な判断はしなければならないとしたのである。すなわち，災害発生後にいかに情報収集をするかについて，人的物的体制を構築する必要があること，収集した情報をもとに適切な判断を下して行動に出る（避難指示をする）ことの重要性を説いていると考える。

具体的には，①防災情報収集体制というハードや仕組みの構築（組織図の見直しによる責任権限の自動委譲による判断権者不在の回避）と，②適切な現場判断を養う人材育成，すなわち防災教育・危機管理教育（危機管理マニュアルの整備と実際の避難訓練の実施）の必要性を読み取ることができる。災害後に情報を収集して被害を予見し，その上での適切な判断ができるかという点は，防災・危機管理教育の徹底という「人材育成」によって強化できるはずである。マニ

ュアルや情報収集体制を整備するだけではなく，当該情報を扱うべき「人」をできるだけ組織内に増やし，判断能力を身に付ける訓練が必要だということである。個人個人の合理的な判断能力を養う「人づくり」は，極めて重要な事業継続計画の要素であると評価できる。図8-4に，当該訴訟を教訓とした事業継続計画のチェックポイント（モデル図）を示す。災害後に企業が講じるべき措置とそのための準備事項として，大きく①災害後の情報収集義務（責任権限の自動移譲による判断権者不在の回避により対応），②情報取得後の判断力（事前マニュアルを整備し災害対策訓練を実施することにより対応）の2つを示した。また，具体的な検証事項として，「組織図の見直し」「研修・訓練」「最低限の備品の用意」[29]を示した（岡本2015の考察を元に図式化した）。

(3) 企業の人材育成ツールとしての災害復興法学的アプローチ

　事業継続計画の本質である人材育成や人材発掘のための土壌を企業に作ることができるか。そこで提案される一つのソリューションが「防災を自分ごとにする研修プログラム」（7.3.2 (1)）である。防災を自分ごとにする研修プログラムは，企業経営の目線からいえば，①イノベーション人材研修，②ダイバーシティ啓発研修という側面を持ち合わせている。イノベーションとは，シュムペーターが提唱した概念であり，「たとえば駅馬車から汽車への変化のように，純粋に経済的──「体系内部的」──なものでありながら，連続的にはおこなわれず，その枠や慣行の軌道そのものを変更し，「循環」からは理解できないような他の種類の変動を経験する。このような種類の変動およびその結果として生ずる現象」，「質的に新しい現象」，「均衡的考察法の力の及ばない新現象」，あるいは「新結合」である。そして「新結合が非連続的にのみ現れることができ，また事実そのように現れる限り，発展に特有な現象が成立する」としている[30]。そのような革新的な企画能力の醸成や，新たな課題に向き合った時の解

---

29) 熊本地震後に顧客や従業員・委託先などに対して迅速な支援を実施して事業回復に務めた熊本市の工務店，新産住拓株式会社に対するヒアリング結果においても「組織図の見直し」や「最低限の備品の準備」の重要性が示された（2017年2月27日実施・関東弁護士連合会平成29年度シンポジウム委員として）。
30) Schumpeter1926・171頁，175頁，182頁。

決能力を高める研修を「イノベーション人材研修」とここでは呼ぶことにする。また，ダイバーシティとは，経済産業省「競争戦略としてのダイバーシティ経営（ダイバーシティ 2.0）の在り方に関する検討会」によれば，「多様な属性の違いを活かし，個々の人材の能力を最大限引き出すことにより，付加価値を生み出し続ける企業を目指して，全社的かつ継続的に進めていく経営上の取組」を指す[31]。ここでは，ダイバーシティの本質を「個々の多様性への理解」として解釈し，そのような相互理解を醸成する研修を「ダイバーシティ啓発研修」と呼ぶことにする。

これを「防災を自分ごとにする研修プログラム」の道筋と関連付けると，どうか。物理的・視覚的な破壊・困難の背景に人の生活再建という困難があることを「想像」する点は，多くの人間にとっては，まだ当たり前の発想とは言い難い。だからこそ，想像力を養い，想定外を想定する訓練になる。企業において革新的発想を企画推進する人材を育成する「イノベーション人材研修」として取り込むことも可能であると考える[32]。また，災害対策において特に配慮が必要な高齢者，障害者，外国人，妊婦，子ども，難病者等の「災害時要援護者（要配慮者）」[33]こそ，災害後の情報提供支援から取り残されやすい（第 7 章・7.1.1・図 7-1）。収入や性別によっても，災害後に遭遇する困難は大きく異なる（第 2 章・2.1.1 等）。多様な被災者の姿や生活再建までの軌跡を，東日本大震災や熊本地震など現実の災害を通じて学び，理解することは，「ダイバーシティ啓発研修」と呼んで差し支えないのではないかと考える。

---

31) 経済産業省「競争戦略としてのダイバーシティ経営（ダイバーシティ 2.0）の在り方に関する検討会」による「ダイバーシティ 2.0 検討会報告書：競争戦略としてのダイバーシティの実践に向けて」（2017 年 3 月）・15 頁。

32) 組織が自らの職員・構成員に対して「防災を自分ごとにする研修プログラム」に相当する筆者を講師とした組織内部研修を実施した実績は，2015 年から 2017 年 3 月末日までに，行政機関で約 10 組織，民間企業において約 10 組織となる（行政機関や企業が主催者となる一般向け・顧客向け防災講演会や危機管理セミナーなどは含まれない）。

33) 災害対策基本法 8 条 2 項 15 号では「高齢者，障害者，乳幼児その他の特に配慮を要する者」を「要配慮者」として整理している。

8.3.4　危機管理およびレジリエンスへの災害復興法学的アプローチ

(1)　自然災害とレジリエンス・危機管理

　2015年9月25日の第70回国連総会において「我々の世界を変革する：持続可能な開発のための2030アジェンダ」が採択された[34]。表8-3は，外務省が公表している2030アジェンダの日本語仮訳から，直接的に災害や防災に関する記述のある表題や小項目を抜粋したものである。「災害に対する強靱さ（レジリエンス）を目指す」「自然災害に対する強靱性（レジリエンス）及び適応力を強化する」ことが明示されていることは特筆すべき点であり，当然ながらその知恵の発信は日本にこそ期待されている。

　ここでは，アジェンダを受けて，日本から世界に発信すべき強靱性（レジリエンス）とは一体何かを，公共政策および教育の側面から考察することを試みる。東日本大震災後に，既存の法制度では克服できない大きな課題が露呈した。特に個人の生活再建や産業・事業の再生の場面にそれが顕著であった。これらの課題は，特に弁護士の無料法律相談を通じて顕在化され，克服へと向けて制度改正，法改正，新規立法などが行われた。このような，法制度の変遷と改善によって社会システムや国民生活の強靱性を構築する軌跡・実績を「法的強靱性」（リーガル・レジリエンス）と仮称して公共政策や法教育に包摂することを提案する。具体的には，東日本大震災後に弁護士が実施した無料法律相談事例の集約と分析を基礎として誕生した公共政策学・法学である「災害復興法学」と，組織の人材育成プログラムである「防災を自分ごとにする研修プログラム」の展開による人材育成を目指すものである。なお，強靱性とは「元々物理学の用語であり，外力による歪みを跳ね返す力」のことで，「人間が有している本来の回復力」「人の本来の力強さ」であるとされている（髙橋・高橋2015・20-28頁）。また，内閣官房国土強靱化推進室は「強靱な国土，経済社会システムとは，私たちの国土や経済，暮らしが，災害や事故などにより致命的な被害を負わない強さと，速やかに回復するしなやかさをもつこと」であり，強靱の反対語は「脆弱」であると説明している[35]。強靱性という用語が心理

---

[34]　外務省ウェブサイト「持続可能な開発のための2030アジェンダ（仮訳）」。http://www.mofa.go.jp/mofaj/gaiko/oda/about/doukou/page23_000779.html（2017年3月31日）

表 8-3 「我々の世界を変革する：持続可能な開発のための2030アジェンダ」（抜粋）

目標	11.	包摂的で安全かつ強靱（レジリエント）で持続可能な都市及び人間居住を実現する
	11.5	2030年までに、貧困層及び脆弱な立場にある人々の保護に焦点をあてながら、水関連災害などの災害による死者や被災者数を大幅に削減し、世界の国内総生産比で直接的経済損失を大幅に減らす。
	11.b	2020年までに、包含、資源効率、気候変動の緩和と適応、災害に対する強靱さ（レジリエンス）を目指す総合的政策及び計画を導入・実施した都市および人間居住地の件数を大幅に増加させ、仙台防災枠組2015-2030に沿って、あらゆるレベルでの総合的な災害リスク管理の策定と実施を行う。
目標	13.	気候変動及びその影響を軽減するための緊急対策を講じる【国地気候：全般】
	13.1	すべての国々において、気候関連災害や自然災害に対する強靱性（レジリエンス）及び適応力を強化する。

学や教育学、さらには国土強靱化の文脈で利用されるようになったことで、相当多義的になっているようにも思われる。レジリエンスを「再起力」と定義して、人が本来持つ力という意味を超えて「レジリエンスを高める」こともできるとする使われ方もある（Reivich, Shatte 2002）。法制度や仕組みの構築により、災害後に被災前の状態へ生活や事業の再生・回復する社会基盤整備を「法的（リーガル）」な「強靱性（レジリエンス）」の構築と表現しても矛盾はないと思われる。

(2) 災害復興法学的アプローチ

法的強靱性（リーガル・レジリエンス）の実現に「災害復興法学」が貢献できるとすれば、それは、災害復興法学の役割の1つである「災害復興にかかわる立法政策の軌跡の記録と伝承」に他ならないと考える。前述した2013年度から2015年度までの「非常時における適切な対応を可能とする社会システムの在り方に関する社会科学的研究」においても、日本の災害法制の本質は、改正と試行錯誤の繰り返しの結果により教訓を積み上げてきたものであることは、一応のコンセンサスを得たと思われる。第6章と第7章において示した法学類

35) 内閣官房国土強靱化室啓発冊子「国土強靱化とは？：強くて、しなやかなニッポンへ」（2014年6月版）。

型・分野ごとの立法政策・復興政策の実績と残された課題の記録は，まさにこの試行錯誤の歴史そのものであり，徐々に強靭性を獲得してきた証でもある。東日本大震災の対応と教訓を記録した国土交通省東北地方整備局による「備えていたことしか，役には立たなかった　備えていただけでは，十分ではなかった」とする一節は有名だが，さらにそれに続く「過去の教訓に精通した上で，これを超越し，自由自在に「応用」してこそ，将来の大災害に対応できます。「備え，しかる後これを超越してほしい」」（東北地方整備局 2017・頭書き，213-214 頁）とする一節が，まさに災害後のリーガル・ニーズの発見と新たな政策実現の必要性を述べていると考えられる。また，被災地の基礎自治体の長らで構成された「災害時にトップがなすべきこと協働策定会議」の 2017 年 4 月の提言「被災地からおくるメッセージ　災害時にトップがなすべきこと」[36]では，「災害の態様は千差万別であり，実態に合わない制度や運用に山ほどぶつかる。他の被災地トップと連携し，視察に来る政府高官や政治家に訴え，マスコミを通じて世論に訴えて，強い意志で制度・運用の変更や新制度の創設を促すこと」「被災地の実情と窮状を一番知っているのは，被災自治体である。制度が無いからと諦めてはならない」と記述されていることも，経験則からリーガル・レジリエンスの視点を導き出したものと評価できる。

(3)　ネパール・カトマンズにおける「災害復興法学」の概念の提唱

2015 年 4 月 25 日，ネパール首都カトマンズ北西 77 キロメートルを震源とする M 7.8 の大地震が発生した。都市では多くの建築物が倒壊し，地方では大規模な土砂崩れ等も発生した。犠牲者は約 8,500 名におよぶ巨大地震災害となった。日本ネパール間で数年にわたり続けている「裁判所能力強化プロジェクト」事業が本格化している最中のことでもあり，日本における災害復興や被災

---

36)　大水害を経験した首長の集まりである「水害サミット」（2005 年発足）で策定した「災害時にトップがなすべきこと」に，東日本大震災や熊本地震等の大地震を経験した首長の意見を新たに加え，風水害，地震・津波全般にわたって最低限トップが知っておくべき事項として取りまとめたもの。2017 年 4 月 10 日に「災害時にトップがなすべきこと」24 カ条を防災担当大臣に報告し，全国の市区町村長に向けて共同発表した。http://www.city.toyooka.lg.jp/www/contents/1491792128652/files/nasubekikoto.pdf（2017 年 4 月 11 日）

者支援における「弁護士」の取り組みについてネパールへも共有することが企画された。そして，2015年10月3日，ネパールの首都カトマンズにて，ネパール最高裁判所と独立行政法人国際協力機構（JICA）の共催による「震災関連紛争の経験共有セミナー」が開催された。ネパール政府側からは，最高裁判所関係者，高等・地方裁判所，特別裁判所，法・司法・制憲議会，国会省，検事総長府，ネパール弁護士会，ネパール警察，ネパール保険委員会，関連ドナー等約70名の復興を支える官民のエキスパートたちが参加した。筆者は，日本からのゲストスピーカーとして，セミナーの基調講演を担当し，「災害復興法学のすすめ：AN ENCOURAGEMENT OF DISASTER RECOVERY AND REVITALIZATION LAW」と題して冒頭に約90分の講演を実施した。内容は，①日本における巨大災害後の被災者の4万件以上のリーガル・ニーズの分析結果の発表，②災害後に弁護士が無料法律相談・情報提供活動を実施した実績や情報伝達のノウハウの紹介，③災害後に法改正等により実現した住宅の二重ローン対策や「震災ADR」などの新しい紛争解決手法の取組みと実績，④災害後の生活再建や復興の場面で，法律や弁護士が果たす「レジリエンス」の役割などである。なお，そのほかの報告者・登壇者は，ギリシュ・チャンドラ・ラル最高裁判所判事，ビプル・ニュウパネ最高裁判所事務局長，ヘマンタ・ラウル判事（カトマンズ地方裁判所），スニル・ポカレル氏（ネパール弁護士会事務局長），バサンタ・アチャーリア氏（カトマンズ市役所上席法務官），清水勉氏（JICAネパール事務所所長），企画責任者として奔走し司会進行も担当したJICA所属の冨田さとこ弁護士らである[37]。

ネパールでは中央省庁の高官や弁護士が「アウトリーチ」で被災地現地にまで駆け付けて情報提供やボランティア活動に専念するという発想は，決して当

---

[37] 「震災関連紛争の経験共有セミナー」における筆者配布資料を含む資料や当日の様子のレポートについては，JICAの公式ウェブサイトに掲載されている。
日本語版：「法整備支援関連「震災関連紛争の経験共有セミナー」の実施について―日本における震災後対応の経験をネパール復興へ―」https://www.jica.go.jp/nepal/office/information/event/151127_01.html（2017年3月31日）
英語版："JICA：Seminar on Sharing Experiences of Disaster Related Disputes-Japan's post-disaster experiences for reconstruction in Nepal-" https://www.jica.go.jp/nepal/english/office/topics/151003.html（2017年3月31日）

たり前のことではなかったようである。セミナーの基調講演では，弁護士が東日本大震災直後から無料法律相談を繰り返し，紛争予防機能やカウンセリング機能をはたしてきたことを述べた。さらに，生活再建支援情報の提供（復興情報）が必須かつ効果的であることを強調した。具体的には，法律紙芝居，避難所巡回相談，仮設住居訪問，弁護士会ニュースなどによる，法律家によるアウトリーチの情報提供支援の実績などだ。弁護士や行政が，支援政策を直接現地の被災者へ届け，説明するアウトリーチ手法の重要性を説いた。これらはネパールの弁護士や政府高官にとっては大きな驚きだったようだ。また，特にネパールでも参考になると思われたのは，「個人版私的整理ガイドラインなど二重ローン対策の構築」（第6章・6.2.4（1）），「相続放棄の熟慮期間の延長」（第6章・6.2.6（2）），「仙台弁護士会の震災ADR（裁判外紛争解決手続）による被災者同士の紛争の解決」（第6章・6.2.2（1））などの公共政策実現の軌跡である。弁護士が被災者のニーズを反映させることで，復興に資する政策の担い手になりうることを強調した。特に，仙台弁護士会が主体となって実施している「震災ADR」（裁判外紛争解決手続）による震災紛争解決については，もともとネパールにも地域単位で実施している「コミュニティ調停」システムがあることからか，非常に強い関心が寄せられた。法律上の期限や証明書不在の事態に臨機応変に対応した法改正にも注目が集まった。

　災害後のアウトリーチによる情報提供とフィードバックによる政策立案の軌跡（第6章と第7章）は，日本が世界に伝えるべき「強靱性」＝「レジリエンス」の一つではないかと筆者は考える[38]。大災害後における日本の弁護士の活動が，世界における災害復興支援スキームの中で先導事例として参照されることが期待される。

38）この点を論じるものとして，岡本2016や，日本政策投資銀行の蛭間芳樹氏と筆者との対談記事，SYNODOS（2016年3月11日）「弁護士と銀行員が語るこれからの防災：日本の強み「災害レジリエンス」とはなにか？岡本正×蛭間芳樹」がある。http://synodos.jp/fukkou/16402（2017年3月31日）

第 9 章　考　察

9.1　災害復興法学の体系——被災者の生活再建の達成の理念

　本書の問いは，第1章で提示したとおり，「災害復興法学」が，新たな実定法学あるいは法学類型として位置付けられる余地があり，その結果として災害復興分野の立法政策に共通する「被災者の生活再建の達成」の理念を元にした「災害復興基本法」ないし「生活再建基本法」の制定を目指す基本理念を見出すことができるかという点にある。

　実定法学としての枠組みと研究分野としての深みの存在を実証するため，「被災者のリーガル・ニーズの実態と分析」（第3章から第5章），そしてこれを基にした「災害復興分野における立法政策の軌跡」（第6章），「分野横断的な復興政策モデルの構築」（第7章），「災害復興と防災教育活動の実践と社会還元」（第8章）について論じてきた。

　法律とその解釈の現状を適切に認識しつつ，その上に積み上げられる変革（公共政策・立法政策）に一定の「体系」が存在するのであれば，それは実定法学と呼べる可能性があるのではないかと考えられる。すなわち，いかなる災害態様であっても，被災者のリーガル・ニーズ（既存の法制度の必要性とその法的課題）に一定の共通性と普遍性を見出すことができれば，災害復興分野と被災者支援分野における公共政策としての「災害復興法学」に，さらに体系的な法学・法政策学としての学問的価値が生まれるのではないかと思われる。具体的には，①当該学問の基礎において，法制度の改善を目指す成功と失敗の類型化

作業のための理論が構築されていること，②現状を改善する継続的・体系的な展開が実践されていること，が実定法学たりうる必要条件ということになると考える。

①については，大災害後の弁護士による無料法律相談活動とその結果得た情報の類型化作業の実績が当てはまる（第3章から第5章）。そのうえで，無料法律相談活動の意義を明確化し，効能を実証することは，法政策学の根拠となる事実である「立法事実」を明確化することに繋がる。これにより，災害復興法学がいかなる実定法（成文法）と親和性が高いのかも見出すことができる。

②については，明らかになったリーガル・ニーズを基礎として，現状の改善を目指す実際の政策形成活動の過程（軌跡・プロセス）を，法改正等の実績を通じて記録することで一定程度実証できると考える（第6章と第7章）。個別の法改正等においても共通理論と政策形成過程が浮かび上がれば，それは，将来の災害や政策にも通じる継続的・体系的理論そのものとなる。この点については，すでに災害復興法学教育・研究が継続的に実践されていることや，将来の災害に備える災害復興法学の視点での防災教育・研修において一定の社会還元効果が現れている事実が補強要素になると考える（第8章）。

9.2　災害復興法学における法的課題の類型化・体系化

9.2.1　災害後のリーガル・ニーズの類型化

被災者のリーガル・ニーズは，弁護士による無料法律相談事例を，東日本大震災においては24類型，広島土砂災害および熊本地震においては23類型に分類することによって，客観的数値とともに，視覚的にも明らかにすることができた。その結果，1　不動産所有権（滅失問題含む），5　不動産賃貸借（借家），6　工作物責任・相隣関係（妨害排除・予防・損害賠償），9　住宅・車・船等のローン，リース，12　震災関連法令（公益支援・行政認定等に関する法解釈等），16　遺言・相続，および22　原子力発電所事故等という分野は，大災害の発生時においては，常に多くの課題を発生させる分野であることが明らかになった（第3章から第5章）。

実定法学の研究は，繰り返し改善すべき課題を追求し続け，実社会に還元で

第9章 考察　　　365

きる法律上・立法政策上の研究でなければならない．この点につき，「災害復興法学」において注目すべき分野は，実社会における膨大な被災者のリーガル・ニーズによって浮かび上がらせることができたといえる．これこそが，災害復興法学が研究対象とすべき法律上の類型＝法学類型であり，「災害復興法学の体系」の前提となるものである．

9.2.2　法解釈の限界と法改正の立法事実の抽出

　被災者のリーガル・ニーズから帰納的に構築した「災害復興法学の体系」の大枠は，各々が法学類型・法律的研究対象となるにふさわしい普遍的な分野と言えるのかを検証する必要がある．第6章では，表9-1に示したように，「賃貸借」について4分野（6.2.2（1）から（4）），「工作物責任・相隣関係」（6.2.3）について1分野，「被災ローン」について5分野（6.2.4（1）から（5）），「行政支援」について9分野（6.2.5（1）から（9）），「相続・行方不明」について2分野（6.2.6（1）および（2）），「不動産および車両の所有権等」について3分野（6.2.7（1）から（3）），「原子力発電所事故等」について3分野（6.2.8（1）から（3））の合計27分野について，被災者のリーガル・ニーズを立法事実とした復興政策の軌跡を論じてきた．また，これら27分野とは別に，すべての法政策推進に通じる分野横断的な施策として「弁護士による情報提供ルートの複線化とDLAT（災害派遣弁護士チーム）」（7.1），「被災地におけるリーガル・サービス拠点の設置」（7.2），「被災地自治体における弁護士任期付職員の採用」（7.3），「リーガル・アクセスの無償化」（7.4）の4分野の施策について，その政策過程を論じた．

　前半の法律上の論点27分野は，既存の民事法制や行政法規の解釈・運用の限界・不合理性が問題となった分野である．既存の法解釈では被災者や企業のリーガル・ニーズに十分に応えられない場合，その解決を実現するには新たな法制度が必要となる．そしてそのためには新たな法制度の根拠となる「立法事実」の収集が不可欠となる．弁護士の無料法律相談や法理論構築の知恵は，その中で大きな役割を果たした．現行法制の不合理性と，新規立法を求める被災者のリーガル・ニーズを客観的な数値とともに視覚化することに成功したのである．少なくとも，東日本大震災，広島土砂災害，熊本地震を経て，災害時に

表9-1 被災者のリーガル・ニーズによる災害復興分野の立法政策等の軌跡（第6章）

災害復興法学の体系（法学類型・法分野ごとの立法政策）	
主要類型	個別実績・課題
賃貸借	・仙台弁護士会による震災ADR（東日本大震災） ・熊本弁護士会による震災ADR（熊本地震） ・罹災都市借地借家臨時処理法の不適用（東日本大震災） ・罹災都市借地借家法の廃止と被災借地借家法（東日本大震災）
工作物責任・相隣関係	・工作物責任・相隣関係を巡る判例と震災ADR
被災ローン	・個人版私的整理ガイドライン（東日本大震災） ・東日本大震災事業者再生支援機構（東日本大震災） ・自然災害債務整理ガイドラインの策定（東日本大震災） ・自然災害債務整理ガイドラインの運用（熊本地震） ・二重ローン対策の立法化提言（東日本大震災以降）
行政支援	・罹災証明書と住宅被害認定に関する政策（東日本大震災以降） ・被災者生活再建支援制度（東日本大震災以降） ・災害弔慰金制度と支給範囲の拡大（東日本大震災） ・義援金等の差押禁止（東日本大震災） ・義援金等の差押禁止（熊本地震） ・災害時要援護者の個人情報の取扱い（東日本大震災以降） ・災害関連死と因果関係（東日本大震災以降） ・災害関連死と災害弔慰金支給額（東日本大震災以降） ・災害救助法の運用（東日本大震災以降）
相続・行方不明	・死亡届と戸籍（東日本大震災） ・相続放棄の熟慮期間（東日本大震災）
不動産および車両の所有権等	・マンション法（東日本大震災） ・復興事業と土地収用法の規制緩和（東日本大震災） ・車両の撤去と私有財産への損失補償（東日本大震災以降）
原子力発電所事故等	・原子力損害賠償紛争解決センターと総括基準（東日本大震災） ・福島こども・被災者生活支援法（東日本大震災） ・原子力損害賠償請求権の消滅時効の伸長（東日本大震災）

災害復興法学の体系（法分野横断的な政策）	
主要類型	個別実績・課題
情報提供ルートの複線化とDLAT（災害派遣弁護士チーム）	・各種の弁護士会ニュース ・復興のための暮らしの手引き「ここから」 ・東日本大震災通知・事務連絡集（ウェブサイト） ・多士業連携・ネットワーク ・災害協定 ・DLAT／D-SWAT
被災地におけるリーガル・サービス拠点の設置	・日弁連ひまわり基金法律事務所 ・有志弁護士法律事務所 ・法テラス出張所／弁護士会相談センター
被災地自治体の弁護士任期付職員の採用	・被災地自治体における任期付職員採用
被災者によるリーガル・アクセスの無償化	・総合法律支援法東日本大震災特例法 ・総合法律支援法の一部改正法案による恒久化

おける普遍的な法的課題は一定程度が抽出でき，それぞれの分野について，東日本大震災以降も絶え間ない課題の発見と改善の提言が実施されていることが確認された。このような検証活動を継続的に実施するための知識の蓄積基盤・情報共有基盤（プラットフォーム）が今後とも必要になることの証明ではないかと考える。それは「災害復興法学」の研究が恒常的に必要であることを一定程度裏付けるものとなる。「災害復興法学」が，今後実定法学として体系化されるスタートラインに立つ一応の資格を得たものと言い換えられるのではないだろうか。

9.3 災害復興政策分野における課題の継続的・体系的な改善の実践

9.3.1 政策法務分野としての体系化

表9-1で示した個別の法律上の論点27分野については，課題を残していないものは一つとしてない。むしろ，法改正の措置自体が不十分なものが多いし，制度として必ずしも被災者の要望に応えておらず課題ばかりが噴出している分野が残る。分野横断的な4分野についても，その取組みは，いまだ萌芽期にあり，すべての災害において確実な遂行が実施されるほどの予算措置・人的リソ

ースが確保できているわけではない。一方で、これらのすべての分野が、大災害発生時には必ず、「過去の大災害からの課題」として顔をのぞかせ、過去の課題のうち克服未了部分が、次の災害の大きなボトルネックとして被災者の困難や、被災地経済復興の足かせになっていることも、繰り返し起きている。小早川教授によれば、「いわゆる立法論や、さらには解釈論でさえも、その多くは法の現状を変革しようとして唱えられているものであり、そのような作業を継続的・体系的に展開していくことは、これも実定法学の課題である」（小早川1999・3-4頁）。逆に言えば、法改正を継続的・体系的に行っていくべき分野が「災害復興と立法政策」の分野で発見できているのなら、前述した「解決すべき課題」を含んだ27分野の法律分野の課題と、4分野の横断的政策的課題は、立法政策学として継続的かつ普遍的なテーマで研究対象とすべき分野として捉えられたということになる。すなわち「災害復興法学」の内容として「体系化」すべき候補となると考えられる。

東日本大震災後の復興政策について簡易モデルを示した「復興政策モデルに関する簡易の考察（まとめ）」（第3章・図3-19）や熊本地震における「リーガル・ニーズに応じた復興政策モデル（「⑤都市大規模地震被害型（L型）」の追加と簡易な考察）」（第5章・5.4.6・図5-16）についても、前述してきた個別の法的課題27分野と横断的政策課題4分野の組み合わせによって、政策上の実績や課題を体系的に説明することができる。

9.3.2　防災教育の新領域としての体系化

防災教育が関わる分野は自然科学系から社会科学系まであらゆる分野に及ぶし、実施主体も産学官あらゆる主体が関与する。その中で明確に「災害復興法学」の立ち位置を示すことは容易なことではない。実施主体とすれば「学術分野」（災害復興法学の研究）と「民間実務」（弁護士としての災害復興支援活動や防災・危機管理コンサル活動）の融合ということになるし、対象者は特に限定する必要がない。ここでは、災害復興法学をベースにしている防災教育研修プログラムである「防災を自分ごとにする研修プログラム」を取り上げ、災害発生から復旧・復興に至る時間軸を念頭におきつつ、その防災教育としての特徴を論じる。図9-1は、「防災を自分ごとにする研修プログラム」が災害発生後のど

図9-1　時系列でみた災害復興法学・防災を自分ごとにする研修プログラムの位置付け

の段階をターゲットにした防災教育であるかを図式化したものである。四角で囲われた「生活再建」のための知識を事前に「備える」ことを目的とした防災活動が「災害復興法学」の分野である。「命そのものを守る防災活動」や「事業継続計画（BCP）の策定」とは，課題が発生する時間軸が異なることが分かると思われる。

　これらの「知識の備え」が多くの災害において普遍的なニーズと言えるのかを考察する。まず，「知識の備え」で重要となる具体的制度としては，「罹災証明書」，「被災者生活再建支援金」，「災害弔慰金・災害障害見舞金」，「自然災害債務整理ガイドライン」，「各種支払猶予措置」，「災害救助法による応急修理制度」等が挙げられる（第8章・8.3.2）。「罹災証明書」，「被災者生活再建支援金」，「災害弔慰金・災害障害見舞金」，「各種支払猶予措置」，「災害救助法による応急修理制度」は，東日本大震災では，「12　震災関連法令」の類型に分類された無料法律相談事例と合致する（広島土砂災害では「12　災害関連法令」，熊本地震では「12　公的支援・行政認定等」）。また，「自然災害債務整理ガイドライン」（東日本大震災においては「個人債務者の私的整理に関するガイドライン」）は，

東日本大震災では,「9　住宅・車・船等のローン,リース」の類型に分類された無料法律相談事例と合致する(広島土砂災害では「9　住宅・車などのローン,リース」,熊本地震では「住宅・車等のローン・リース」)。「12　震災関連法令」の分野は,3つの大災害の全てにおいて共通して高い相談割合があった。これに対応する「弁護士会ニュース」をはじめとした相談ツールの策定があったことも共通している。「12　住宅・車・船等のローン,リース」に関しては,広島土砂災害では目立たない相談割合であったが,東日本大震災の津波被災地や熊本地震の各市町村において高い相談割合を示していた。

東日本大震災と熊本地震のいずれにおいても,借家率の高さが「5　不動産賃貸借(借家)」の類型の相談割合の高さと相関関係を持っていた(第3章・3.2.2 (1),同・3.2.4 (3),第5章・図5-8)。また,東日本大震災と熊本地震のいずれにおいても,全半壊率(全半壊世帯率)が高ければ,「12　住宅・車・船等のローン,リース」の類型の相談割合もまた高くなる傾向が見て取れた(第3章・図3-16,同・3-17,第5章・図5-11)。被災者のリーガル・ニーズの発現は,平常時からの経済活動・日常生活を投影したものになることを考えれば,特定分野のリーガル・ニーズが災害時における課題として普遍的に登場することは,むしろ自然なことであると思われる。「災害復興法学」の研究は,その普遍性がどの分野において発現するのかを実証的かつ帰納的に分析した点において,一定の功績を残せるのではないかと考える。災害復興法学を基礎とした「防災を自分ごとにする研修プログラム」は防災教育の一角を占める余地がある。

9.4　災害復興法学の体系と実定法学としての可能性

実定法学とは,実社会において現実に立法機関により立法されたり,あるいは判例や法慣習として歴史的・客観的に実証されたりした法規範と体系のある学術を言う。これに対して「災害復興法学」は,被災者のリーガル・ニーズという実社会において発生した事実を統計的手法により帰納的に「類型化」し,特にリーガル・ニーズの高い分野を,そのまま災害復興法学の研究対象・伝承対象分野とするのである(第6章・6.1・図6-1)。

前述した通り,「いわゆる立法論や,さらには解釈論でさえも,その多くは

法の現状を変革しようとして唱えられているものであり，そのような作業を継続的・体系的に展開していくことは，これも実定法学の課題である」（小早川1999・3-4頁）。さらに，「制度」とは，「人々の活動をサポートするルールの組み合わせで，法律によるものもよらないものも含めて，人々が自らの工夫で生み出したもの」（大村2005・366頁）であり，「より経験的，より実用的，より開放的な技術の集積へと向かう。各種の具体的な制度に即して，様々な成功例・失敗例を集めて，そこから教訓を読みとり，改良の方策を見出す」（同・314頁）べきものである。「実定法学」には，体系的に整理された成文法のみならず，実社会において活用されるべき価値のある政策や制度の「変革と改善」を求め続け，追究する学術を含んでいると解されるのである。災害復興法学が帰納的な手法で目指した体系化の試みは，法制度の検証を行う手法としては，まさにこれらの思想にも合致しうるのではないかと考える。

　しかし，一方で，「法の現状を変革しようとする言説が，法の現状を認識しようとする努力を欠くものであったり，あるいは，そもそもの法の現状の認識とその変革との区別を意識せず，したがってその言説がどちらに属するかも意識しないものであったりする場合には，それはもはや学問としての実定法学の言説ではない」（小早川1999・3-4頁）とする厳しい命題にも答えなければならない。単に現状の不都合だけを唱え，提言し，受け入れられなかったことを以て「残された課題」であるとするのは，単なる「活動」の域を出ず，もはや公共政策学でも立法政策学でもないと言わざるをえないのである。

　第6章では，その「災害復興法学」の実定法学としての深みと類型を「リーガル・ニーズの分析と災害復興政策への寄与の分析の視点」（第6章・図6-1）と題して全体像を示した。特に，「賃貸借」や「被災ローン」などといった7つの大きな政策課題，すなわち災害復興法学の体系を構成する個別の法学分野・法学類型については，できる限りの実績を詳述した。特に，「公共政策への関与・寄与」について丁寧な論証を心掛けたのは，「法の現状を認識しようとする努力」を証明するためでもあり，「法の現状の認識とその変革との区別を意識」していることを明確にすることを意図したものである。具体的には，①弁護士による無料法律相談活動，②被災者のリーガル・ニーズの集約と分析，③課題の発見と政策提言（日弁連や弁護士会を通じた意見書・声明），④政策形成

活動(国会議員・地方議員・世論形成・メディア・シンポジウム等),⑤新規立法・新制度構築,法律改正・行政運用改善・現場実務改善,⑥新たな法制度上の課題・残された法制度の課題の克服,という6段階の精緻な復興政策過程の論証を試みた。

「災害復興法学」の研究は,法解釈学にとどまらず,立法政策技術を「実定法学」として位置付け体系化しようとする試みである。法律と法解釈の現状を適切に認識しつつも,その上に積み上げられる変革について一定の体系が存在するのであれば,それは実定法学と呼べる資格を一応は得たのではないかと考える。かかる観点から「災害復興法学」を捉えるとき,一つ一つの法学分野において精緻な議論を積み重ねながら,現状を改善し続ける努力が,現在進行形で行われている事象を十分に観察できたのではないかと思われる(第6章と第7章)。「政策法学は,これまでの法律学で教える法の体系的な考え方や解釈論を踏まえ,多少は関連学問をふまえて,工夫する応用法学」(阿部2003・5頁)でもある。災害復興法学の確立は,あくまで現状の法律学の体系を重視し,解釈論を突き詰めることが前提である。そのうえで,「災害復興」,「危機管理」あるいは「防災」の分野において,既存の法律に対して継続的・体系的に変革を求めようとする学問として一定の領域を示す余地があると考える。

9.5 災害復興基本法の可能性と各類型における基本理念の顕れ

「災害復興基本法」や「生活再建基本法」の基本理念として,「被災者の生活再建の達成」という概念は,十分な地位を占めるに値するか。第6章において詳述した7つの大きな政策課題(第6章・6.1・図6-1)ごとに,その特徴的な政策成果を踏まえた評価と考察を加えて総括する。

9.5.1 賃貸借

賃貸借契約においては,民法における賃貸借の法理や,借地借家法にも代表されるように,賃貸借契約の維持による賃借人の住まいの確保と経済的保護を基本理念としている。そして,災害時において賃借人の住まいが脅かされたときにこそ,本来であれば既存の賃貸借の法理に基づく賃借人の保護が真価を発

揮すべきはずと思われた。ところが，賃貸人側もまた被災者や被災事業者となることで，双方当事者が民法等に定められた権利の実現や義務の履行を，仮に訴訟手続や強制執行手続を経て執行しようとしても，実現しない（故にそもそも裁判所を介した紛争解決を望まない）状況に陥ることになった（第6章・6.2.2（1）および（2））。そこで，「被災者の生活再建の達成」のためには，双方当事者が法律の条文に基づく原則論のみではなく，相互に背景事情を考慮した譲歩・話し合いを実施することで，紛争それ自体を解決することが望まれたのである。「震災ADR」は，「被災者の生活再建の達成」にとって不可欠な制度として誕生したものと改めて評価できる。換言すれば，「被災者の生活再建の達成」に資する権利義務関係の修正を，「震災ADR」という場と手法を使うことで事実上あるいは実質的に行うものといえる。

また，罹災都市借地借家法の不適用，同法廃止と被災地借地借家法の新設の軌跡（第6章・6.2.2（3）および（4））は，契約者個人単位での既得権である賃借権のみを考えるのではなく，被災地の復興のためには，地域経済全体の再生を考えなければ，「被災者の生活再建の達成」が成就しないからこそ実現したものと評価できる。

9.5.2 工作物責任・相隣関係

工作物責任に基づく損害賠償の法理に従えば，所有者は無過失・無限責任を負い，一方で被害者は所有者に対する権利行使の機会が確保されている。ところが，現代社会における危険責任の法理も，当該工作物の「瑕疵」の有無や程度という事実認定の問題になると，被災者同士の間断なき紛争に発展する。そもそも，それらの存否や程度を裁判所が事後的に判定することは極めて困難である（第6章・6.2.3）。その結果，被災者同士の紛争解決は遠のき，生活再建の道筋も混迷する。これを解消するためには，従来の訴訟手続きによる解決ではなく，やはり「震災ADR」の手法によるべきところが大きい。

特に，がれきの撤去に関する問題は，所有権の保護や絶対性のみを強調すると，後日の損害賠償を懸念して家屋撤去などが促進されないおそれがある。政府は「東北地方太平洋沖地震における損壊家屋等の撤去等に関する指針（被災者生活支援特別対策本部長・環境大臣）」をいち早く公表し，所有権より救助活

動や復旧・復興支援による被災地全体の経済的回復を優先させた。その背景にあるのも、新たな住まいの確保のための復旧事業の推進という、単なる財産補償ではない（場合によっては個別の財産補償よりもやや復旧・復興事業を優先させたうえでの）「被災者の生活再建の達成」の目的であったと評価できる。

9.5.3　被災ローン

　被災者の個人資産の形成に資する公的支援（金銭的支援）が困難であるとの見解は、阪神・淡路大震災でも示され、いまだ変わらぬ政府見解であったが、東日本大震災を経て「個人債務者の私的整理に関するガイドライン」や「自然災害による被災者の債務整理に関するガイドライン」が成立した（第6章・6.2.4）。本来であれば破産法に基づく法的債務整理を経て実現すべき経済再生を、破産法によるデメリットを回避し、しかもメインバンク等の特定の債権に限って債務免除を可能とする制度の構築は、災害法制度の中でも最も画期的でドラスティックなものと評価できる。本来、住宅ローンと引き換えに不動産（住居）の所有権を得た以上、それが自然災害という不可抗力によって毀損されたり、収入などの支払原資が失われたりした場合であっても、自己責任となるはずである。ところが、それでは個人の生活再建は一向に実現せず、個人事業主は事業再開や維持が不可能となる。いわば既存の資産がゼロになったのではなく、マイナスにまで転落してしまうのが、自然災害時にローンを抱える被災者なのである。そうであれば、「被災者の生活再建の達成」のためには、破産法と同様のバランスを保ち一定の財産を残しつつ、被災ローンの早期減免措置を講じるのが最も効果的なのである。また、「自然災害による被災者の債務整理に関するガイドライン」は、「災害救助法」の適用された自然災害において自動的にその効力を持つようになる。全ての災害ではなく災害救助法を適用するほどに一定の地域や経済圏が被災したからこそ、「被災ローンの減免」という被災者の生活再建の達成という個人的利益と被災地経済全体の復興と金融機関側の早期不良債権処理という公益が均衡することになるものと考えられる。一定の条件において、本来の債権債務の規律が修正されているのである。もっとも、単に経済的合理性のみを追求しても、被災ローンの減免という制度は生まれなかったと思われる。被災した個人や事業主などを含む実質的な「被災者

の生活再建の達成」の理念があってこそ，被災ローンを減免する制度が誕生しえたものと評価できる。

9.5.4　行政支援

　罹災証明書の発行や認定，被災者生活再建支援法に基づく被災者生活再建支援金の支給，災害救助法に基づく一般基準や特別基準による救助メニューの実施，災害弔慰金法に基づく災害弔慰金の支給，災害対策基本法の改正による個人情報に関する各種規定等，その類型は多岐にわたる。これらについても，従来の硬直的な運用を打破した理念は，すべて実質的な「被災者の生活再建の達成」を目指すという点に他ならない。また，硬直的に運用され，既存の法律のボトルネックが解消しない理由は，「被災者の生活再建の達成」という基本理念に根差した各種災害法制の解釈や運用，ひいては法律自体になっていないからである。大規模災害の被災地であっても，行政側からみた画一的処理は公平性処理の観点から，条文上や先例として確立していたテーゼ以上の支援は最初からは実現していない。仮設住宅の入居要件，罹災証明書の認定，災害弔慰金の支給金額などでその傾向が顕著であった。法律の条文や下位の規則，省令，ガイドライン等が本来の法的趣旨を全うしているとは言いがたい分野もある。条文の形式的な文理解釈への拘泥や過去の先例主義に囚われる余り，多くの被災者生活再建の機会を逸してきたとも考えられる（第6章・6.2.5）。

　特に災害救助法の特別基準の活用については，「被災者の生活再建の達成」の理念が不可欠である。たとえば，熊本地震では，目先において半壊した住居の公費解体が進んだとしても，それによって実は新たな住居の確保にさらなる費用を必要とし，それまで長期の仮設住宅の生活を余儀なくされている実態が浮かび上がった。そうであれば，当初から公費解体ではなく，大規模な修繕に公費を配分するべきであったといえる。災害救助法の応急修理制度の大幅な基準増強さえあれば，実現できた「被災者の生活再建の達成」への近道であったはずだ。「被災者の生活再建の達成」というゴールを見据えての応急修理措置の必要性（特別基準の策定）が求められているのである。この場合，法律では特別基準の策定も「できる」となっていても，一般基準のような最低基準として確立させない限り，「できる」という範囲に踏み込む勇気を現場の担当者に

持たせることは困難である。これでは，応急時における被災者支援は全うできず，中長期の「被災者の生活再建の達成」の芽を摘むことになるのである。

個人情報の取扱いに関しても同様である。東日本大震災発災後の数か月のうちに，被災者支援や安否確認のために自治体の個人情報保護条例における第三者提供の該当性を適切に検討し実施した自治体は2つしか存在しなかったという記録がある。「生命，身体又は財産の安全を確保するため，緊急かつやむを得ないと認められるとき」という個人情報の第三者提供を認める文言をあまりに硬直的に解するあまり，原子力発電所事故や津波被災地における緊急時の救助フェーズ後の適用が躊躇されたのである。仮に「被災者の生活再建の達成」が高度な人権的要請であり，根源的な生命・身体・財産にも関わるものであるという基本理念が，法令で定められた災害時の運用指針であったのなら，避難所フェーズや在宅避難フェーズにおいても，単なる時間経過だけではない，実質的な権利擁護の必要性に目を配りながら，個人情報保護条例における個人情報の第三者提供を認める事由への該当性を，より多くの自治体が検討できたはずだった。この理論と実務の乖離は，災害時における対処方針の基本理念の不存在に起因していたという分析が可能である。そこで，災害対策基本法の改正により，避難行動要支援者名簿作成を自治体の義務としたうえで，災害時において共有できることを，重畳的に確認し，あえて明記したのである。個人情報保護条例上は必ず第三者提供を認める規定が存在するにもかかわらず，ここまで踏み込む法改正が実現したのは，「被災者の生活再建の達成」という基本理念の達成のために個人情報を利活用することが，全国共通のナショナルミニマムでなければならなかったことの証左である。「被災者の生活再建の達成」という基本理念が災害対策基本法に顕在化し，既存の個人情報保護法制下における条例解釈にも一定の影響を及ぼしうる土壌が整ったと評価できる。

9.5.5 相続・行方不明

相続放棄をするためには，相続人が被相続人の死亡を知った時から3か月以内の家庭裁判所への申立てが必要である。債権者側の保護（予測可能性）と法的安定性を考慮して定められた期限である。一方で，被災者の生活再建の達成の前提となる相続財産の把握を，大規模災害時に3か月以内で行うことは困難

である。東日本大震災では，「東日本大震災に伴う相続の承認又は放棄をすべき期間に係る民法の特例に関する法律」により，相続放棄の期間が一律に2011年11月末日まで伸長された。そして，その後の「特定非常災害の被害者の権利利益の保全等を図るための特別措置に関する法律」の改正により，特定非常災害に限っては，政令指定されることによって1年の範囲で相続放棄の期間の伸長が可能となった（第6章・6.2.6 (2)）。災害時における特例法が，恒久的な法律へと昇華されたのである。被災者の生活再建の達成のために，特定の災害において発動される条項を整備してきた実績は，災害復興基本法や生活再建基本法の萌芽ともいうべき現象であると評価したい。

9.5.6 所有権

2013年の「被災区分所有建物の再建等に関する特別措置法の一部を改正する法律」の成立により，政令で定めることで，被災したマンションでは，区分所有関係の解消が可能となる制度が新設された（第6章・6.2.7 (1)）。本来，区分所有法は，住まいを確保し，建物の資産管理・維持を円滑にすべく，建物をできるだけ維持し，存続させることを目的としている。これによって個別の権利（所有権）を保護するのである。ところが，「被災者の生活再建の達成」を考えるとき，却ってマンションという建物の維持管理が，被災者にとって費用や損害賠償などの危険や負担を高めていることが判明した。既存建物の資産管理維持こそが所有者の最大の利益であるという平常時の基本概念が，災害時においては，被災者の危険や負担の減少，すなわち「被災者の生活再建の達成」のための障害の除去に重きを置かれ修正されたものと評価できる。

2014年の「東日本大震災復興特別区域法」の改正により，行方不明者等の土地の緊急使用の要件が緩和され，事実上早期の復興事業着手（工事着手）が可能となった。実体要件として「東日本大震災からの復興を円滑かつ迅速に推進すること」との要件さえあれば，本来の土地収用法において要求される緊急使用の実体要件を満たすとしたのである。加えて，同時に「大規模災害からの復興に関する法律」の改正により，今後の巨大災害時においても適用可能な恒久法としても整備された（第6章・6.2.7 (2)）。その結果，早期に住まいを確保し，仮設住宅や公営住宅などの生活環境の改善を図ること，すなわち，被災者

の生活再建の達成をより確実なものとすることが可能となった。「被災者の生活再建の達成」の大前提である住まいの確保を優先する基本理念に基づき，土地収用法制における個別の財産権保護や補償が大幅に緩和されたのである。

9.5.7 原子力発電所事故

　原子力損害賠償紛争における数百万人に及ぶとされる被災者（請求権者）の存在や，筆舌に尽くし難い未曽有の被害態様を考慮するとき，損害賠償による金銭的補償を早期に実現するためには，従来の司法機関の存在ではなく，簡易・迅速・大量処理を旨とする「原子力損害賠償紛争解決センター」の設立は不可欠であった（第6章・6.2.8(1)）。裁判所による司法的救済のみを待っていたのでは，「被災者の生活再建の達成」が不可能であると考えられたのである。そして，原子力損害賠償紛争解決センターの仲介委員や調査官が，被災者に対して時には後見的な介入をして事例を整理することも求められていたが，これも共通の公益である「被災者の生活再建の達成」の実現を目指したものと評価できる。

　「東京電力原子力事故により被災した子どもをはじめとする住民等の生活を守り支えるための被災者の生活支援等に関する施策の推進に関する法律」は，損害賠償法制の原則である金銭賠償だけでは，故郷や経済圏を丸ごと喪失した場合の補償，教育環境の激変，差別被害などには対応できないことから，間隙を埋めて真の生活再建を目指すべく成立している（第6章・6.2.8(2)）。経済的・金銭的な支援に留まらない，全人格的な意味での「被災者の生活再建の達成」が法律上も要請されていたものと評価できる。

　「東日本大震災における原子力発電所の事故により生じた原子力損害に係る早期かつ確実な賠償を実現するための措置及び当該原子力損害に係る賠償請求権の消滅時効等の特例に関する法律案」により，損害および加害者を知ってから3年の損害賠償請求権の消滅時効は，10年に延長された（第6章・6.2.8(3)）。不法行為責任における証拠散逸の防止等の観点からすれば急激な延長との評価もありうるだろう。ところが，未曽有の災害と規模，被災者が避難生活や風評被害によって置かれた過酷な境遇を考慮するとき，今後の中長期の「被災者の生活再建の達成」のためには，原子力損害賠償請求権の消滅時効の10

年への延長も許容されなければならなかったのである。

9.5.8 総括：被災者の生活再建の達成という基本理念

　被災者の生活再建の達成という目的のために，従来（平常時）の基本的な法解釈とは異なる結論に妥当性を見出すことで，特に，東日本大震災以降は大幅な法改正や制度改変が実現した。個々の政策実現の必要性と許容性については，すでに第6章で論じているところであるが，改めて「被災者の生活再建の達成」という概念のもとに総括することができるものと思われる。すなわち，自然災害において失われた金銭的評価が可能な私的財産の回復だけを「復興」や「復旧」の目標とするのであれば，これほどの法改正の必要性は存在しなかった。しかし，それを超えた個人の生活の再建に資する方向での様々な制度改正が実施されるに至ったのは，自然災害の被災者や被災事業者がその活動を維持ないし再生させるためには，災害復興の中に実質的な「人間の復興」，すなわち「被災者の生活再建の達成」という，より手厚い支援を行なわなければならないことが，国民にとっての共通認識であったからに他ならない。それは，「被災者の生活再建の達成」が，積極的な国民の権利として保護されるに値するものであることの証明とも言えよう。

　そうであれば，憲法上の新しい権利としてこれを位置付けることもまた躊躇すべきではないと考えられる。憲法13条は，「すべて国民は，個人として尊重される。生命，自由及び幸福追求に対する国民の権利については，公共の福祉に反しない限り，立法その他の国政の上で，最大の尊重を必要とする」としている。そして，その最大の尊重が図られるべき場面こそが，巨大な自然災害における被災者である。被災者だからといって，従来の権利が制限され，過酷な生活環境が許容されてはならないのである。幸福追求権を全うすることは，被災した生活からの復活，すなわち「被災者の生活再建の達成」によってのみ可能であると考えられる。大災害後に数多くの法改正や新規立法を含む復興政策が実現した背景には，復興を単なるハード面での現状復旧と理解するにとどまらない，実質的な「人間」の復興としてとらえているからにほかならない。そして，これを支える基本理念は，最低限度の生活水準の維持という生存権（憲法25条）としての保障を越えた，より積極的な幸福追求権（憲法13条）に裏

付けられたものと考えるのが妥当である。

　以上を踏まえると，「災害復興基本法」ないし「生活再建基本法」の制定も，かかる「被災者の生活再建の達成」を実現する観点から一貫して構築されるべきである。津久井進弁護士は，災害復興政策における「人の復興」に着目し，憲法13条の個人の尊厳（尊重）と幸福追求権から，被災者支援と災害復興の理念が導かれるべきであると説く（片山・津久井2007・88-91頁。なお津久井2012・120-130頁も同旨）。また，津久井弁護士は，災害復興基本法の制定のために必要な要素として，「自らが体験していない自然災害をどれだけイメージできるか，我が事と思うか他人事と思うかがポイントになると思います。法律を作る時，その制度によって恩恵を受ける国民・市民・被災者の立場に立つのか，それとも，その法律を適用・執行する国・行政などの立場に立って利便を図るのか，そこが最後の分かれ道になるでしょう」（片山・津久井2007・194頁）とする。東日本大震災後に，弁護士による被災への無料法律相談事例が集約・分析され，膨大なリーガル・ニーズに基づく立法事実に裏打ちされて，各種法改正等が実現した。ここには，個別具体的な「被災者の生活再建の達成」を目指すべき具体的な要請が存在した。同時に，自然災害発生時における被災者のリーガル・ニーズが，視覚的にも明確に「イメージ」できるようになった。制定法としての「災害復興基本法」や「生活再建基本法」の内容となるべきものが，災害復興法学の類型化作業（第3章から第7章）の中で抽出・整理されたものと考えてよいと思われる。

第 10 章　結論と展望

10.1　災害復興法学とは何か

　災害復興法学の研究領域が，災害復興分野における立法政策過程の寄せ集めの記録ではなく，「被災者の生活再建の達成」という共通の基本理念に基づき，法制度の改変や運用の改善を行ってきた実績群であることが，一定程度実証できたのではないかと考える。これは，災害復興法学が，災害時における「災害復興基本法」や「生活再建基本法」の制定を目指す研究プラットフォームとしても機能する余地があることを意味していると思われる。災害復興法学の研究は，類型的に整理された個々の法的課題の議論の深化を目指し，「被災者の生活再建の達成」を基本理念とした基本法（成文法）を頂点とした「実定法学」の構築を目指すスタートラインに立つことが，ようやく許されたのではないかと考えたい。

　災害復興法学の研究分野は，既存の固有の実定法に閉じた議論では，決して完結することがない。個人や企業の経済活動の延長において，それらを平常時の規範で検討するだけではなく，災害時において相当性がある規範を見出す必要がある。災害時の固有の領域として思い浮かべる実定法である「災害対策基本法」「大規模災害復興法」「災害救助法」「被災者生活再建支援法」「災害弔慰金法」等は，個別の被災者のリーガル・ニーズとの関係では，ごく一部のパーツを表現しているに過ぎないのが，災害法制の現状である。だからこそ，「災害復興法学」の領域を「被災者のリーガル・ニーズ」から帰納的に構築し，

「被災者の生活再建の達成」という共通の基本理念のもと，継続的に法的課題を研究し改善を実践するためのプラットフォームを形成することで，「実定法学」としての位置付けを獲得する努力を怠らないことが不可欠である。

そのうえで，「災害復興法学」とは何かという点を説明するならば，第1章で示したように，「災害時に弁護士が実施する無料法律相談事例を集約し被災者のリーガル・ニーズを分析することで，災害対策や復興支援に関する制度的・法的課題を類型化し，類型ごとの課題を克服する政策上の提言および政策形成活動を経た法改正や新規立法等の軌跡を記録・検証し，同時に残された立法政策上の課題を浮き彫りにするとともに，その解決に資する政策形成活動や立法事実集約活動を伝承し，社会における法制度の改善と向上に直接還元することを目的とした新たな「法学」および「公共政策」の学術領域と研究分野である」ということができる。そして，当該分野が確立され，その担い手が出現することで，被災者のリーガル・ニーズに基づいて現場の課題を収集・分析して，災害復興政策の軌跡を記録することができるようになる。災害復興法学はそのための知識の蓄積基盤・伝承装置（プラットフォーム）として機能するのである。

特に，災害復興法学の研究分野の明確化を支えるのは「弁護士による無料法律相談」の分析結果である。この弁護士による無料法律相談活動が，全ての災害において普遍的な価値を持つものであることが，東日本大震災，広島土砂災害，熊本地震等における無料法律相談の分析結果や，復興政策の軌跡を概観する中で確認されたことには，相応の意義がある。3つの異なる態様の大災害を検証した結果，弁護士の無料法律相談活動には，従来から唱えられていた無料法律相談活動の意義である「パニック防止機能」「精神的支援機能」「紛争予防解決機能」「情報整理提供機能」「立法事実集約機能」が確実に備わっていることが実証された。災害復興法学の体系化の指標として「弁護士の無料法律相談活動の分析結果」が有益な手法であることが確認されたことも付言しておく。

10.2 災害復興法学の課題と展望

10.2.1 リーガル・ニーズの中長期分析の課題

　東日本大震災については，2012年以降の被災者のリーガル・ニーズの詳細分析結果は存在していない。初期段階においては，全国の弁護士会の協力等が盛んに行われることで，集中的で濃度の高い情報収集ができるが，その後はどうしても窓口の減少，世論やメディアの関心減少により，「無料法律相談」の数も少なくなっていく。しかし，だからとって，1年経過以降のリーガル・ニーズが重要でないということはない。住まいの再建や契約に関するリーガル・ニーズは，災害直後は存在しなくても，時間経過や再建が進むにつれて増加することもある。「早期に仮設住宅から退去して新しい住まいを確保したい」という純粋な被災地の願いが，最終的には「東日本大震災復興特別区域法の一部改正」（土地収用法・都市計画法の規制緩和）の原動力となったことはすでに論じたところである（第6章・6.2.7 (2)）。

　東日本大震災以降から数年以上にわたり継続的なデータが収集されている事例としては，「陸前高田仮設住宅巡回活動」の分析結果がある。概観するだけでも直後期との大きな差異と新たなリーガル・ニーズが把握できるため簡単にまとめておく（岡本2016）。

　「陸前高田仮設住宅巡回活動」は，2011年4月より，特定非営利活動法人難民支援協会と弁護士有志が，陸前高田市を中心として震災無料相談会を開催してきたことに端を発する。その後，2012年3月に日弁連によって「いわて三陸ひまわり基金法律事務所」が設立され，在間文康弁護士が赴任すると，相談会の活動主体は在間弁護士に引き継がれ，2012年7月からは，陸前高田市の委託事業となった。協力団体も特定非営利活動法人まぁむたかたへと引き継がれた。2016年9月末に在間弁護士が任期を満了すると，活動の中心は，新設された法律事務所「弁護士法人空と海」の瀧上明弁護士に引き継がれることになった。事業概要は，陸前高田市内の仮設住宅50か所（仮設住宅から公営住宅へ移行したものを含む）を1年間かけて巡回して無料法律相談会などを開催するというプロジェクトである。図10-1は，陸前高田仮設住宅巡回活動におい

て実施された法律相談内容の傾向と年度ごとの件数推移をまとめたものである。相談傾向を把握するため，仮設住宅における被災者の相談を 16 種類の相談類型に分類し，さらに「震災直接起因」「高台移転」「住宅・生活再建」「その他」という 4 つにグルーピングしている。

「加算支援金」「住宅再建補助制度」「災害援護資金貸付」「災害公営住宅」など，住まいと生活再建フェーズにおける支援や制度に関する相談が全体の中でも多く，2012 年度から 2014 年度にかけて増加していることがわかる。これに対し，「被災ローン」「基礎支援金」「災害弔慰金」「相続」といった，災害に直接起因して生活基盤が脅かされ，その結果様々なリーガル・ニーズが発生していた事例は，2012 年度までは最も多い割合であったが，その後は減少傾向にある。

「相続」の相談は，震災直後から 1 年余りの期間は，陸前高田市で「37.7%」（第 3 章・図 3-16）という極めて高い割合を占めていた。それが，震災から数年間で大幅に減少している。災害直後に大量に無料法律相談が繰り返され，多くの被災者がリーガル・サポートを得られた結果と考えられる。あるいは，相続放棄の熟慮期間など，直後の法的課題が顕在化しなくなったからかもしれない。「住宅ローン」関係の相談も，震災直後から 1 年余りの期間では，陸前高田市で「13.4%」（第 3 章・図 3-16）と高い割合であったが，やはり数年のうちに減少している。これは，「被災ローン減免制度」の構築や周知に向けて法律相談活動が展開されていた震災後 1 年から 2 年の間に，本来被災ローン減免制度を利用して債務整理すべきであった被災者が，返済条件変更（リスケジュール）によって，債務問題を事実上終わらせてしまったことに起因すると考えられる（第 6 章・6.2.4 (1)）。もしリスケジュールせず，「被災ローン減免制度」を利用していれば，仮設住宅での生活の間に，住宅購入や生活資金を確保できていた被災者もいるはずであったと思うと制度の周知不足を痛感する。

「加算支援金」「住宅再建補助制度」「災害援護資金貸付」「災害公営住宅」など，まちづくりの進捗に伴う新たな住宅確保に直接関係する支援金や，「被災宅地買収」「防災集団移転」「土地区画整理」「がけ近」など，住宅確保に至るまでの具体的な計画・手続・手法の解説を必要とする相談が増加している。陸前高田市は，大規模な盛土計画や移転計画が打ち出され，集落においてどの手

第10章 結論と展望

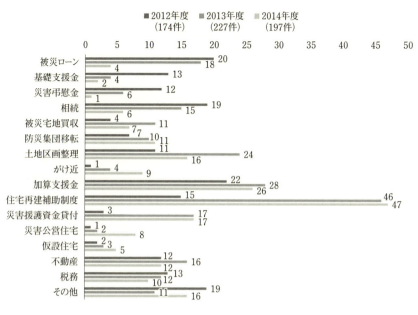

図10-1 「陸前高田仮設住宅巡回活動」による無料法律相談内容と件数の年度ごとの推移

いわて三陸ひまわり基金法律事務所所長（当時）の在間康文弁護士作成資料「2015年10月20日 陸前高田支援連絡調整会議 弁護士仮設住宅巡回活動から見えてくる被災者の抱える問題の傾向と課題」に掲載されている相談分類結果と相談件数推移のデータを筆者にてまとめたもの。

続が適用されるかにより、使える支援制度や援助される金額が大きく異なる。行政担当者といえども、すべての制度のメリット、デメリット、金額の差などを正確にかつ住民にわかりやすく説明することは至難の業と考えられる。そこで、弁護士が中心となり、これらの制度をまとめた一覧表が作られ、これを解説することが、仮設住宅の相談会において常態化したのである。

10.2.2 データ収集とフィールドワークの課題

　災害復興法学は、現実に法律実務に携わり、立法政策の実現に寄与した経験を可能な限り形式知化しようとする試みである。したがって、常に弁護士として法律実務に関わり、企業や組織の人材育成に関わり、そして万一大災害が起きた場合には、そこに被災者のリーガル・ニーズを収集し、かつ分析した結果を以て、効果的な政策提言を実施する過程がなければならない。したがって、災害復興法学のフィールドワークは、大災害後の法改正提言にかかわる政策形成活動や、人材育成活動そのものということになる。その研究素材の多くは、日本弁護士連合会や被災地の各弁護士会による活動実績や研究成果に依拠するところが大きい。東日本大震災において、筆者が多くの関係者の協力を得て日弁連における無料法律相談分析の礎を築いたことで、他の災害においても、弁護士による無料法律相談事例のデータ・ベースが公開される土壌を作ることができた。今後とも、法律実務活動、公益的政策形成活動、そして組織におけるリスクマネジメントや人材育成の成果を現場に還元し、あわせて「災害復興法学」の研究に還元し続けることが不可欠である。

　被災地の現場を「見る」ことは非常に重要である。特別の目的やヒアリング事項がなくても、可能であればまず被災地の空気を感じることが不可欠である。使い古された諺かもしれないが「百聞は一見にしかず」なのである。2014年6月20日、「非常時における適切な対応を可能とする社会システムの在り方に関する社会科学的研究」（第8章・8.3.2（3））の研究メンバー（代表齊藤誠教授）を含む約10名の研究者らとともに、東京電力株式会社福島第一原子力発電所の構内視察を実施する機会があった（詳細は岡本2014a）。当時としては民間研究チーム唯一の事例ということであった。構内視察の前には、当時の東京電力福島第一廃炉推進カンパニーの増田尚宏プレジデント・最高責任者から、事故後に指揮命令系統の整理のために導入した「インシデント・コマンド・システム（ICS）」の効果などが語られた。ICSによる指揮命令系統の明確化は、通常業務においても役立っているとのことであり、事故直後に見られた混乱を重い教訓として受け止めたうえで、改善策を講じている点も確認できた。その後実際に構内視察したのは40分程度であったが、①入退域管理施設、②多核種除去設備（ALPS）・汚染水タンク群、③地下水バイパス揚水ポンプ、④1号機か

ら4号機までの原子炉建屋外観，⑤5号機と6号機の建屋，⑥免震重要棟「緊急対策室」などを視察した。免震重要棟では，小野明福島第一原子力発電所所長からもヒアリングを実施することができた。メディア報道や広報資料だけでは伝わらない「実態」を肌で感じたことは大きかった。特に現場で重視している「できないこと」「できること」「わからないこと」を明確に区別して把握し，視察した我々にも淡々と説明する姿は，むしろ信頼を醸成するリスク・コミュニケーションの手法として相応しかったように感じられた。イメージで語ることのできない世界はやはり「実際に感じる」しかないのである。「災害復興法学」の研究も，ともすれば机上の法律政策論に陥りやすい。常に現場のリーガル・ニーズや実態を把握する努力を怠ってはいけないことを痛感するものとなった。

10.2.3 災害復興法学の視点による政策形成活動の課題

「災害復興法学」という体系の構築には，より多くの実務家の関与が期待される。災害復興法学の研究は，あくまで弁護士の活動や日弁連，各弁護士会の活動に依拠している。無料法律相談の実施や，その後の分析も，その時々における日弁連や弁護士会の判断に依存する。本書により「災害復興法学」という分野の中で，被災者のリーガル・ニーズが占める位置が極めて大きいことを伝承できれば，日弁連や各弁護士会の今後の活動にも一定の影響を与えうるのではないかと考える。熊本地震では，日弁連「東日本大震災無料法律相談情報分析結果」および広島弁護士会「広島市豪雨無料法律相談情報分析結果」の技法を踏襲し，「熊本地震無料法律相談データ分析結果」が作成された。これもまた「災害復興法学」の取組み・啓発の影響が少なからずあったものと評価したい。各地で災害が頻発する昨今，日弁連や弁護士会，特にそれらの「災害復興支援委員会」における知見の蓄積は，より一層大きな意義を持つことになると考える。

10.2.4 災害復興法学を担う人材育成の課題

災害復興法学の体系化によって，実社会に何を還元することを目指すかといえば，その最大の目的は「災害復興法学を担う人材育成」である。災害復興法

学の研究は，東日本大震災が発災した当時，筆者が内閣府上席政策調査員として国家戦略や行政改革等の中枢を担う部署に配属されていたことや，その後に日弁連災害対策本部嘱託室長として4万件に及ぶ無料法律相談情報の分析を担った経験が契機となっている。今後は，実際に災害を経験せず，また復興支援経験がない世代や立場にも災害復興の担い手となってもらう必要があるし，そのために防災や危機管理を「自分ごと」としてもらう必要がある。50年，100年先の未来に遺さなければならないのが「災害復興法学」なのである。そうであれば，どうやって知識の伝承と承継，いわば後継者育成を行わなければならないかが必然的な課題となる。本書執筆の動機もそこに尽きる。2012年以降継続されている「災害復興法学」の大学講座に留まらない知の集積が必要だと感じている。先行研究書籍である『災害復興法学』（岡本2014b）には，2011年3月から2014年6月までの出来事の中から，特に重要な弁護士による政策形成活動や，被災地のフィールドワークの状況を記述した。今後は2014年以降の復興政策の軌跡，そして熊本地震を含む東日本大震災以外の災害における実績も紡がなければならないと考える。

10.3　災害復興法学の実定法学的展開

10.3.1　災害復興法学が背負う宿命

　「災害復興法学」が今までの「法学」や「立法政策学」の領域に，わずかながらの地位を占める日がいつか到来したとしても，災害復興法学の分野や領域について論じた決定版が登場することは未来永劫ありえないことだけは断言できる。第6章と第7章で示したとおり，個別の法的課題においても，分野横断的な政策的課題についても，現時点の「被災者のリーガル・ニーズ」から帰納的に構築されたものである。それが，近年の大災害において，「被災者の生活再建の達成」という基本理念が読み取れる形での法改正と制度運用という実績を持つからこそ，一定の実定法学とみる余地があるという結論に至ることができたのである。そうであれば，複合化する災害や，竜巻・雪害の深刻化といった新しい形態の災害によっては，被災者のリーガル・ニーズも完全には固定化することはないのである。災害救助法，災害弔慰金法，災害対策基本法，被災

者生活再建支援法,大規模災害復興法等,いずれもその法律が成立した背景にはおびただしい犠牲者と経済損失があった。我々は,その都度それらを乗り越え,克服し,将来に教訓を伝承すべく「法制度」を構築したのである。その意味で,災害法制は,極めて可塑性があり,だからこそ,その時々において一定の強靭性を持つことができるのである。災害発生時に,中央が何もかも新規のアイディアとして決定する運用は,非現実的である。現場が精緻に積み上げて,運用面において試行錯誤を繰り返しているからこそ,超越しなければならない新しい課題を発見でき,時には先例を上回るような運用実務を実践することができるのである。「基準」や「制度」は運用面で限界を生みかねないという批評は当たらないし,災害時における中央集権的な非常事態宣言の発動は現場の運用改善に資することは決してない。「基準」や「制度」は,運用の最低限の担保である。そして,その運用を生み出すのは,何を置いても「法律」しかないのである。「災害復興法学」は,現場の運用の不都合性を「被災者のリーガル・ニーズ」として汲み上げ,復興政策に反映する技術と知恵の集積と伝承の場(プラットフォーム)として,常に法制度の改善を目指すことが宿命付けられている。想定外を想定内に近づける間断なき試行錯誤の繰り返しこそ,災害復興法制が法的強靭性(リーガル・レジリエンス)を獲得する唯一にして最良の道筋なのである。

10.3.2 災害復興法学の体系のさらなる高度化と災害復興基本法の具体化

帰納的手法による災害復興法学の分野構築と,プラットフォームにおける継続した議論が,今後,より精緻化・高度化すれば,将来起こりうる災害に対応する法的知見もより充実したものとなる。被災者のリーガル・ニーズを基盤として帰納的に構築した体系が,第9章において述べた「被災者の生活再建の達成」という基本理念を掲げて,「演繹的」に災害時の対応指針として機能することになる。そうすると,既存の法律の改正や解釈運用指針を構築するという,災害復興政策分野における基本法・通則法の制定や,その具体的な条文化や立法措置へ向けた提言も,現実味を帯びてくることになると考えられる。

関東大震災(大正12年(1923年)9月1日)を受けて,「私は,復興事業の第一は,人間の復興でなければならぬと主張する。人間の復興とは,大災によっ

て破壊せられた生存の機会の復興を意味する。今日の人間は，生存するために，生活し営業し労働せねばならぬ。すなわち生存機会の復興は，生活，営業及び労働機会──これを総称して営生の機会エルヴェルプスゲレーゲンハイト［Erwerbsgelegenheit］という──の復興を意味する。道路や建物は，この営生の機会を維持し擁護する道具立てに過ぎない。それらを復興しても，本体たり実質たる営生の機会が復興せられなければ何にもならないのである」「復興第一の標準は，営生機会の復興にあらねばならぬ。いたずらに形式復興，建築復興，入れ物復興（総称すれば風袋復興）ばかり考えて，肝腎要のその中に入って生き，かつ働くべき人間の復興を閑却するが如き現下のやり方は，根本的に改めてもらわなければならぬ」と述べたのは，東京商科大学（一橋大学）や慶應義塾大学で教鞭をとった日本近代経済学の第一人者福田徳三教授であった（福田1923）。特に「生存権」を明確に主張し，生存機会の確保，営生機会の復興こそが復興の第一である旨を唱えたのである。第9章において考察した災害復興基本法や生活再建基本法の共通理念とすべき「被災者の生活再建の達成」という理念そのものである。その理念は，当時の帝国経済会議等への答申を経て生活本拠の擁護を目的とした住宅立法である借地借家臨時処理法（1924年8月15日施行）や，営生機会の確保のための国営の職業紹介改善施設要綱（1924年5月可決）等の施策を生むことになった。「復興」とは，見かけの建築的土木的復旧だけではなく，そこで「生存権」を体現する住宅を確保し，そして「営生」する「人間の復興」，生活再建の実現に他ならないとの提言は，実に，本書から約100年前，日本国憲法制定の20年以上も前のことだったのである。

　「被災者の生活再建の達成」を掲げた「人間復興」の理念は，憲法13条が定める個人の尊厳と幸福追求権や，憲法25条が定める生存権のより積極的な解釈を根拠にした，新しい権利として議論を開始する余地が十分にあると思われる。それまでに現実の被災地のリーガル・ニーズと災害復興政策の軌跡を基盤とした，「災害復興法学」の体系の確立と高度化を目指すことが，我々の務めであると心得たい。

おわりに

　災害により犠牲になった方々とそのご家族ご関係者様に心よりお悔やみとお見舞いを申し上げます。弁護士は被災された方々の叫びともいうべき悲痛な声を聴いた責任がある，その1つの声も無駄にしてはならないという思いで，無料法律相談事例の集約と分析を提案・実施し，災害復興法学を創設して研究を続けてまいりました。声を受け止めて，これらからの世界を生きる者たちに災害復興政策の軌跡を伝え，同時に今の復興に役立てられたら，と願って筆を執ったつもりでしたが，自らの学識と経験と技術のあまりの未熟さ故に焦燥と自責の念が絶えることはありませんでした。災害復興政策の軌跡を綴った本書によって，何か少しでも被災地へお返しできるものがあればと願っています。また，災害復興政策を担ってきた数え切れないほどの先人の知恵と，今なお災害後の現場で獅子奮迅の活動を続けている多くの関係者や仲間たちの活動に心から敬意を表します。災害復興法学の誕生も現場の活動に原点があることは言うまでもありません。

謝　辞

　鈴木正朝新潟大学教授に感謝を申し上げます。災害復興法学が実定法学としての地位を獲得しうるのかを正面から論じ，社会科学分野，ことに法学が防災・危機管理・災害復興において貢献できるかどうかについて議論の一石を投じるよう示唆を与えてくださいました。また，鍵屋一跡見学園女子大学教授は，防災・危機管理・自治行政分野の専門家として，災害時のリーガル・ニーズの

普遍性への着目をご評価いただきました。本書をここまでのものに押し上げてくださった偉大な指導者に心から感謝を申し上げます。

　2003年に弁護士となり，その6年後から，内閣府行政刷新会議事務局上席政策調査員として2年間国に勤務しました。その間に起きたのが東日本大震災でした。内閣府の上司や同僚，そして職務上関わった，わが国の全省庁，会計検査院，立法府の方々は，「立法政策」や「公共政策」に弁護士が貢献できることを気付かせてくれました。今に至るまで，かけがえのない繋がりをいただいていることに感謝いたします。

　東日本大震災直後にお会いした，慶應義塾大学法学部のゼミの恩師，平良木登規男慶應義塾大学名誉教授は，災害復興法学が影も形もない時期であるにもかかわらず，辿るべき道を示してくださいました。本書冒頭の推薦文をご執筆くださった慶應義塾大学法科大学院の北居功教授は，民事法分野の災害復興への貢献という視点に着目いただき，「災害復興法学」を慶應義塾大学に誕生させる礎を築いてくださいました。中央大学大学院公共政策研究科の細野助博教授は，法学が政策担当者にとって不可欠であるとの信念から「災害復興法学」に注目してくださいました。2013年度からの4年間，客員教授として政策を担う若い世代に講義ができたことは貴重な機会でした。また，福島大学の丹波史紀准教授（当時）との出会いにより，2012年から2年間，福島大学の新しい人材育成教育に関われたことは，筆者にとってかけがえのない糧となっています。慶應義塾大学の高野研一教授とのご縁で，大学院システムデザイン・マネジメント研究科における2012年特別講義を経て，2014年度からリスクマネジメント・ヒューマンリレーション講座の一部を担当することになりました。福澤諭吉先生は塾生らに「社会の先導者たらんことを欲するものなり」と述べましたが，時代を先導するとは，すなわち社会のしくみを「デザイン」することにほかなりません。

　日本弁護士連合会の災害対策本部や災害復興支援委員会に所属する諸先輩や同業者の方々のおかげで本書があります。筆者はただ先人と第一線の弁護士の活動を記録し，伝承する役割を担っているに過ぎません。実際に被災地で被災者に寄り添う弁護士こそ「災害復興法学」の主役の一人です。今後も休むことなく走り続けるパートナーたちでもあります。小口幸人弁護士の岩手県での単

おわりに

独での法律相談活動がなければ、筆者が当時内閣府に所属していながら日弁連災害対策本部室長を兼任することはなかったことは間違いありません。当時ともに嘱託弁護士として走り抜けた藍原義章弁護士や杉岡麻子弁護士にもこの場を借りて感謝を申し上げます。津久井進弁護士からは、東日本大震災を契機に常に災害復興と法に関する指導をいただいています。単に恥ずかしいので決して語られることはないでしょうが、東日本大震災直後に彼から受信したあるメールは、筆者の心の支えになっています。多くの弁護士がそうであるように、筆者もまた彼の意思を継ぎたいと考えています。その津久井弁護士の活動ですら、永井幸寿弁護士や戎正晴弁護士の過去の活動なくしては存在しなかったであろうと思うと、先人の意思を受け継ぐ責任の重圧は、とても筆者だけで支えきれるものではありません。

共同研究者の方々との出会いが「災害復興法学」研究をより本格化させ深化させたことは間違いありません。日弁連研究員でもある小山治先生は災害復興法学の根幹をなす、弁護士の無料法律相談データ・ベースの作成マニュアルを策定し、その分析の礎を築いた立役者です。「データのミスは被災者の声を消すことになる。正確なデータの作成こそ我々ができる被災者支援と復興支援である」という言葉は今でも筆者の心に刻まれています。村松岐夫京都大学名誉教授、大杉覚首都大学東京教授、幸田雅治神奈川大学教授、多賀谷一照獨協大学教授、高橋信行國學院大學教授らを中心とした自治体における法曹の活躍に関する研究成果なくしては、被災地自治体の復興政策への寄与もままならなかったことでしょう。そして、彼らを日弁連執行部や災害復興支援委員会委員長らに繋げることができたのも、災害後の復興政策の実現という大きな成果を生むための「小さな一歩」だったと振り返ることができます。

一橋大学における齊藤誠教授や野田博教授との出会いは、経済学と法学の融合によって「災害復興法学」がさらに発展する可能性を示してくれました。経済学的手法による分析により、災害復興法学が目指す社会制度の構築に資するデータ・ベースの利活用の示唆をいただくことになりました。そして、立教大学では、田島夏与教授や小山先生とともにリーガル・ニーズ・マップを作成し、無料法律相談事例を新たな視点で分析することにも挑戦できるようになりました。

山崎栄一関西大学教授と板倉陽一郎弁護士との出会いがなければ，災害と個人情報に関する研究が，先生方との共著を含む書籍や論文の実績として現れることはありませんでした。今後とも研究と実務のパートナーであれたら幸いです。

防災や復興に関して卓越した功績のある諸先生方との意見交換や勉強会も筆者を成長させてくれました。河田惠昭先生，室崎益輝先生，林春男先生，今村文彦先生をはじめ数多くのご指導に感謝を申し上げます。室崎先生におかれては本書推薦文のご執筆をいただきましたことを重ねて御例申し上げます。

慶應義塾大学や中央大学の講義が学生たちから一定の評価をいただき，また広く活動が紹介されるようになり，2014 年には，慶應義塾大学出版会から教科書としても利用できる『災害復興法学』を出版することができました。畏れ多くも英文で「An Encouragement of Disaster Recovery and Revitalization Law」（「災害復興法学のすすめ」）と名付けたこの書籍は，以降，防災・危機管理分野に限らない産学官のあらゆる立場の方々，さらには高校生に至るまで多くの読者に支えられました。書籍『災害復興法学』が広げてくれたフィールドとネットワークがあってこそ，本書執筆が『災害復興法学』とはまた異なる新しい問いと価値を生んだものと確信しています。

2017 年 9 月 20 日に博士（法学）の学位を授与されてからも出会いと感謝は尽きません。これまでにもご指導いただいていた米村滋人教授のお声掛けにより，2017 年度に東京大学教養学部に開講された「災害復興支援活動と法・社会」の講義を分担させていただきました。慶應義塾大学や中央大学よりも一層若い学生らとの意見交換は刺激に満ちていました。

最後になりましたが，博士論文の書籍化を受け入れ実現して下さった株式会社 KDDI 総合研究所の皆さまに心よりの御礼を申し上げます。そして，未熟な拙稿を出版に導いてくださった，勁草書房編集者の永田悠一氏のご指導に心よりの感謝を申し上げます。

稀有な経験といえばそうかもしれませんが，その最初の一歩やきっかけは非常に小さなアイディアと人との出会いから始まります。本書『災害復興法学の体系：リーガル・ニーズと公共政策の軌跡』に至るまでの 1 分 1 秒すべてが必然のように思われます。東日本大震災，熊本地震，伊豆大島土砂災害等の被災

地各地への継続的訪問と交流，福島第一原子力発電所事故後の同発電所構内視察，ネパール・カトマンズでの講演，メディア関連のご縁等，そのすべてが本書の糧になっています。

　災害復興法学が実定法学の仲間入りをしたのかどうかは，まだわかりません。しかし，災害復興法学が目指す取組みを継続することで，被災者の経験や教訓が，社会に還元できる叡智となり，現実の災害復興政策への反映を生むことになる可能性はあると考えています。災害復興基本法制の確立を目指し，「被災者の生活再建の達成」という基本理念を掲げながら，「人の復興」を追求し続けるプラットフォームとして，また災害からの法的強靭性（リーガル・レジリエンス）を獲得する礎として，「災害復興法学」がわずかでも貢献できれば，その存在意義は十分に果たせることになるでしょう。今はただ，災害復興法学の研究が一つのスタートラインに立てたことについて謙虚に受け止めたいと思います。さらなる研究の発展に向けて精進することを誓い，ここに記述できなかった多くの皆さまを含め，ご指導いただきましたすべての方々に，心から感謝の意を表したいと思います。

2018 年 1 月 31 日

岡本　正

参 考 文 献

第1章

1. 小口 2011：小口幸人「司法過疎地で被災者として，法律家として」『法学セミナー』680号50-51頁（2011年）
2. 岡本 2012：岡本正「災害復興法学の創設と展開：東日本大震災の教訓を未来の担い手へ」『法学セミナー』No. 694 26-29頁（2012年）
3. 岡本 2014：岡本正『災害復興法学』慶應義塾大学出版会（2014年）
4. 山中茂樹「『最後の一人まで』めざす復興法体系を大震災20年を機に再スタート」『災害復興研究別冊 復興 興論 山中茂樹先生退職記念』185-191頁（2015年）
5. 岡田 2016：岡田知弘「「人間の復興」と地域内経済循環の創出」『東日本大震災復興の検証』合同出版 69-88頁（2016年）
6. 小早川 1999：小早川光郎『行政法 上』弘文堂（1999年）
7. 鈴木 2015：鈴木庸夫「Book Review ブックレビュー　災害復興法学」『自治実務セミナー』2015年1月号　61頁（2015年）
8. 大村 2005：大村敦志『生活のための制度を創る：シビル・ロー・エンジニアリングにむけて』有斐閣（2005年）
9. 阿部 2003：阿部泰隆『政策法学講座』第一法規（2003年）
10. 永井 2005：永井幸寿「災害時における弁護士の役割」『NBL』No. 820（2005年）
11. 永井 2012：永井幸寿「東日本大震災での弁護士会の被災者支援活動」『NBL』No. 974 1-20頁（2012年）
12. 岡本 2011b：岡本正「東日本大震災相談分析結果の報告：1万8000件超のデータベースが示す被災者の『真のニーズ』と被災地域ごとの復興支援のかたち」『法律のひろば』64巻9号（2011年）

第2章

1. 永井 2005：永井幸寿「災害時における弁護士の役割」『NBL』No. 820（2005年）（再掲）
2. 永井 2012：永井幸寿「東日本大震災での弁護士会の被災者支援活動」『NBL』No. 974 1-20頁（2012年）

3. 秋山ほか 2012：秋山靖浩・河崎健一郎・杉岡麻子・山野目章夫編『3.11 大震災　暮らしの再生と法律家の仕事』日本評論社（2012 年）
4. 岡本・小山 2012：岡本正・小山治「東日本大震災におけるリーガル・ニーズと法律家の役割：無料法律相談結果からみえる被害の実像」秋山靖浩・河崎健一郎・杉岡麻子・山野目章夫編『3.11 大震災　暮らしの再生と法律家の仕事』日本評論社 174-222 頁（2012 年）
5. 津久井 2012：津久井進『大災害と法』岩波書店（2012 年）
6. 河原 2012：河原れん『ナインデイズ　岩手県災害対策本部の闘い』幻冬舎（2012 年）
7. 北澤 1995：北澤晶「阪神・淡路大震災と裁判所」『ジュリスト』1070 号 179-181 頁（1995 年）
8. 中野 2007：中野明安『企業のための防災と復旧のはなし：いますぐできる BCP』商事法務（2007 年）
9. 金子 2012：金子宏直「大規模な災害時における紛争解決と法の役割：東日本大震災を契機として」『法社会学』No. 77　197-228 頁（2012 年）
10. 岡本 2014a：岡本正『災害復興法学』慶應義塾大学出版会（2014 年）（再掲）
11. 齊藤・野田 2016：齊藤誠・野田博編『非常時対応の社会科学：法学と経済学の共同の試み』有斐閣（2016 年）。
12. 岡本 2016a：岡本正「災害対策と個人情報の利活用」齊藤誠・野田博編『非常時対応の社会科学：法学と経済学の共同の試み』有斐閣 14-38 頁（2016 年）
13. 岡本・板倉・山崎 2013：岡本正・山崎栄一・板倉陽一郎『自治体の個人情報保護と共有の実務：地域における災害対策・避難支援』ぎょうせい（2013 年）
14. 岡本 2015a：岡本正「災害対策と個人情報利活用の課題：災害対策基本法と消費者安全法が示唆する政策展開」『社会情報学』第 3 巻第 3 号　1-14 頁（2015 年）
15. 岡本正 2011a：岡本正「NBL Square 東日本大震災 法律相談情報分析結果の概要：被災地域に応じた支援と復興」『NBL』6-10 頁（2011 年）
16. 岡本正 2012b：岡本正「東日本大震災 法律相談の傾向と対策：被災地域に対する集中的リーガルサポートの必要性を訴える（東日本大震災・原発事故 災害復興支援（第 1 回））」『自由と正義』62（9）65-70 頁（2011 年）
17. 小山・岡本 2011：小山治・岡本正「東日本大震災における原子力発電所事故等に関する法律相談の動向：被災当時の住所が福島県の相談者に着目して（東日本大震災・原発事故 災害復興支援（第 4 回））」『自由と正義』62（13）69-74 頁（2011 年）
18. 小山・岡本 2012a：小山治・岡本正「東日本大震災・原発事故 災害復興支援（第 5 回）東日本大震災における原子力発電所事故等に関する法律相談の内訳とその推移：「損害賠償」等に着目した詳細解析」『自由と正義』63（1）71-77 頁（2012 年）
19. 岡本 2012：岡本正「東日本大震災法律相談解析結果から導く行政機関の新業務継続計画（新行政 BCP）」『災害復興研究』(4) 53-65（2012 年）
20. 小山・岡本 2012b：小山治・岡本正「宮城県における東日本大震災に関するリーガル・ニーズの実態：市町村単位の分析（一）」『自治研究』88 巻 11 号　79-103 頁（2012 年）
21. 小山・岡本 2012c：小山治・岡本正「宮城県における東日本大震災に関するリーガル・

ニーズの実態：市町村単位の分析（二・完）」『自治研究』88 巻 12 号　62-79 頁（2012 年）
22. 岡本 2013：岡本正「公民連携による情報提供と新しい危機管理デザイン：行政，民間団体，専門家の連携による災害時の情報提供ルート複線化」『東洋大学 PPP 研究センター紀要 = Collected papers of the Research Center for PPP in Toyo University』第 3 号　60-79 頁（2013 年）
23. 岡本 2014b：岡本正「「災害復興法学」の創設にみる東日本大震災後の政策課題：地域の個人情報政策における「防災リーガル・リテラシー」の必要性」『中央大学政策文化総合研究所年報』第 17 号 25-42 頁（2014 年）
24. 岡本 2014c：岡本正「法律家等の専門職による復興情報提供の必要性：復興と生活再建に必要な情報を必要な者へ届けるために」『復興』第 11 号（Vol. 6 No. 2）7-14 頁（2014 年）
25. 岡本 2015b：岡本正「東日本大震災無料法律相談の分析と災害復興法学の展望」『安全工学』Vol. 54 No. 1　23-31 頁（2015 年）
26. 岡本 2017d：Tadashi OKAMOTO　Analysis of Free Legal Counselling for the Great East Japan Earthquake and the Outlook for the Field of Disaster Recovery and Revitalization Law　Japan Medical Association Journal（JMAJ）　Vol. 59 No. 2&3　77-90 頁（発行：September 2016）（2017 年）
27. 岡本 2016b：岡本正「［特集］災害復興・東日本大震災と法律家の役割：被災地のリーガル・ニーズと復興法政策 5 年の軌跡」『自治実務セミナー』2016 年 3 月号　2-10 頁（2016 年）
28. 岡本 2016c：岡本正「東日本大震災を教訓とした弁護士の防災・減災活動：災害復興法学の展開と災害派遣弁護士の浸透に向けて」『法律のひろば』　2016 年 3 月号　43-51 頁（2016 年）
29. 岡本 2017a：岡本正「東日本大震災・広島土砂災害・熊本地震のリーガル・ニーズ分析と弁護士の役割」『復興』18 号（Vol. 7 No. 6）22-29 頁（2017 年）
30. 岡本 2017b：岡本正「熊本地震におけるリーガル・ニーズと復興政策への反映（上）：東日本大震災との比較検証・被災者生活再建支援法の見直し」『自治実務セミナー』2017 年 4 月号　24-31 頁（2017 年）
31. 岡本 2017c：岡本正「熊本地震におけるリーガル・ニーズと復興政策への反映（下）：東日本大震災との比較検証・被災者生活再建支援法の見直し」『自治実務セミナー』2017 年 5 月号　46-53 頁（2017 年）
32. 小林 1984：小林直樹『立法学研究：理論と動態』三省堂（1984 年）
33. 大村 2005：大村敦志『生活のための制度を創る：シビル・ロー・エンジニアリングにむけて』有斐閣（2005 年）
34. 秋吉・伊藤・北山 2015：秋吉貴雄・伊藤修一郎・北山俊哉『公共政策学の基礎 新版』有斐閣（2015 年）
35. 阿部 2003：阿部泰隆『政策法学講座』第一法規（2003 年）
36. 山本 2007：山本庸幸『実務立法演習』商事法務（2007 年）

37. 城山・細野・鈴木 1999：城山英明・細野助博・鈴木寛編著『中央省庁の政策形成過程：日本官僚制の解剖』中央大学出版部（1999 年）
38. 城山・細野 2002：『続・中央省庁の政策形成過程：その持続と変容』中央大学出版部（2002 年）
39. 北村 2015：北村喜宣『環境法 第 3 版』弘文堂（2015 年）
40. 北村 2012：北村喜宣『自治力の爽風』慈学社出版（2012 年）
41. 山崎 2013：山崎栄一『自然災害と被災者支援』日本評論社（2013 年）
42. 生田 2013：生田長人『防災法』信山社（2013 年）
43. 鈴木 2015：鈴木庸夫『大規模災害と行政活動』日本評論社（2015 年）
44. 松岡・金子・飯 2016：松岡勝実・金子由芳・飯孝行編著『災害復興の法と法曹』成文堂（2016 年）
45. 佐々木 2017：佐々木晶二『最新 防災・復興法制 災害予防・応急・復旧・復興制度の解説』第一法規（2017 年）
46. 日本災害復興学会 2017：日本災害復興学会『復興』通巻 第 18 号（Vol. 7 No. 6）（2017 年）
47. 飯 2017：飯考行「東日本大震災における法学者・法実務家」『復興』18 号（Vol. 7 No. 6）6-13 頁（2017 年）
48. 阿部 1995：阿部泰隆『大震災の法と政策：阪神・淡路大震災に学ぶ政策法学』日本評論社（1995 年）
49. 辻中 2016：辻中豊編『大震災に学ぶ社会科学第 1 巻 政治過程と政策』日本評論社（2016 年）
50. 片山・津久井 2007：片山善博・津久井進『災害復興とそのミッション：復興と憲法』クリエイツかもがわ（2007 年）
51. 津久井 2011：津久井進『Q&A 被災者生活再建支援法』商事法務（2011 年）
52. 震災対応セミナー実行委員会 2012：震災対応セミナー実行委員会編『3.11 大震災の記録：中央省庁・被災自治体・各士業等の対応』民事法研究会（2012 年）
53. 金菱 2012：金菱清編『3.11 慟哭の記録：71 人が体感した大津波・原発・巨大地震』新曜社（2012 年）
54. みやぎ 2016：みやぎボイス連絡協議会編『みやぎボイス：333 人による一人称の復興史／みやぎボイス 2016』鹿島出版会（2016 年）

第 3 章

1. 岡本・小山 2012：岡本正・小山治「東日本大震災におけるリーガル・ニーズと法律家の役割：無料法律相談結果からみえる被害の実像」秋山靖浩・河崎健一郎・杉岡麻子・山野目章夫編『3.11 大震災 暮らしの再生と法律家の仕事』日本評論社 174-222 頁（2012 年）
2. 岡本 2014：岡本正『災害復興法学』慶應義塾大学出版会（2014 年）
3. 藻谷 2011：藻谷浩介「地域から震災復興を考える」『季刊政策・経営研究 2011』Vol. 3 53-54 頁（2011 年）

4. 田中 2012：田中幹人・標葉隆馬・丸山紀一郎『災害弱者と情報弱者：3.11 後，何が見過ごされてきたのか』筑摩選書（2012 年）

第 4 章

1. 岡本 2016：岡本正「東日本大震災を教訓とした弁護士の防災・減災活動：災害復興法学の展開と災害派遣弁護士の浸透に向けて」『法律のひろば』2016 年 3 月号　43-51 頁（2016 年）
2. 岡本 2017：岡本正「東日本大震災・広島土砂災害・熊本地震のリーガル・ニーズ分析と弁護士の役割」『復興』18 号（Vol. 7 No. 6）22-29 頁（2017 年）
3. 日弁連 2015：日本弁護士連合会災害復興支援委員会『弁護士のための水害・土砂災害対策 QA：大規模災害から通常起こり得る災害まで』第一法規（2015 年）

第 5 章

1. 岡本 2016b：岡本正「熊本地震と被災地のリーガル・ニーズ：日弁連『熊本地震無料法律相談データ分析結果』の公表を受けて」『リスク対策.com』Vol. 57　70-73 頁（2016 年）
2. 盛山 2004：盛山和夫『社会調査法入門』有斐閣（2004 年）
3. 岡本 2016a：岡本正「解説　自然災害による被災者の債務整理に関するガイドライン」の実務対応『JA 金融法務』9-15 頁（2016 年）

第 6 章

1. 佐々木 2017：佐々木晶二『最新 防災・復興法制 災害予防・応急・復旧・復興制度の解説』第一法規（2017 年）
2. 芦部 2015：芦部信喜『憲法 第六版』岩波書店（2015 年）
3. 長谷部 2014：長谷部恭男『新法学ライブラリ＝2 憲法 第 6 版』新世社（2014 年）
4. 岡本 2014a：岡本正『災害復興法学』慶應義塾大学出版会（2014 年）
5. 仙台弁護士会 2013：仙台弁護士会紛争解決支援センター編『3.11 と弁護士：震災 ADR の 900 日』きんざい（2013 年）
6. 岡山 2013a：岡山忠広「被災関連二法の概要」『ジュリスト』No. 1459　39-45 頁（2013 年）
7. 山野目 2013：山野目章夫「賃借建物の全部滅失という局面の解決」『論究ジュリスト』No. 06　23-33 頁（2013 年）
8. 岡山 2013b：岡山忠広『概説 被災借地借家法・改正被災マンション法』きんざい（2013 年）
9. 津久井 2013：津久井進「被災地短期借地権」『ジュリスト』No. 1459　52-57 頁（2013 年）
10. 藤井 2011：藤井一哉「二重債務問題の解決策構築に向けた国会論議：株式会社東日本大震災事業者再生支援機構法案」『立法と調査』No. 321　3-14 頁（2011 年）
11. 小粥 2013：小粥太郎「民法における二重債務問題」『論究ジュリスト』No. 06　53-63

頁（2013年）
12. 岡田2015：岡田広行『被災弱者』岩波書店（2015年）
13. 山崎2013：山崎栄一『自然災害と被災者支援』日本評論社（2013年）
14. 菅野2015：菅野拓「東日本大震災の仮設住宅入居者の社会経済状況の変化と災害法制の適合性の検討：被災1・3年後の仙台市みなし仮設住宅入居世帯調査の比較から」『地域安全学会論文集』No. 27　47-54頁（2015年）
15. 和久2004：和久克明『風穴をあけろ：「被災者生活再建支援法」の成立の軌跡』ひょうご双書（2004年）
16. 慶應SFC2016：慶應義塾大学SFC研究所・防災情報社会デザインコンソーシアム「緊急セミナー：熊本地震対応　今何をなすべきか」『三田評論』No. 1201　90-95頁（岡本正分担執筆「リーガルニーズを集約・希望の支援情報を届ける」94-95頁）
17. 岡本・板倉・山崎2013：岡本正・山崎栄一・板倉陽一郎『自治体の個人情報保護と共有の実務：地域における災害対策・避難支援』ぎょうせい（2013年）
18. 岡本2015a：岡本正「災害対策と個人情報利活用の課題：災害対策基本法と消費者安全法が示唆する政策展開」『社会情報学』第3巻第3号　1-14頁（2015年）
19. 齊藤・野田2016：齊藤誠・野田博編『非常時対応の社会科学：法学と経済学の共同の試み』有斐閣（2016）。収載論文として，岡本2016a：岡本正「災害対策と個人情報の利活用」14-38頁（2016年）
20. 生水裕美（2013）「'おせっかい'の取組：滋賀県野洲市の消費生活相談」，『都市問題』104（10）74-78頁（2013年）
21. 朝日新聞2013：朝日新聞特別報道部『プロメテウスの罠4　徹底究明！　福島原発事故の裏側』学研パブリッシング　第19章「残された人々」（2013年）
22. 井ノ口2008：井ノ口宗成・林春男・田村圭子・吉富望「被災者基本台帳に基づいた一元的な被災者生活再建支援の実現：2007年新潟県中越沖地震災害における"柏崎市被災者生活再建支援台帳システム"の構築」『地域安全学会論文集』No. 10　553-563頁（2008年）
23. 岡本2014b：岡本正「「災害復興法学」の創設にみる東日本大震災後の政策課題：地域の個人情報政策における「防災リーガル・リテラシー」の必要性」『中央大学政策文化総合研究所年報』第17号25-42頁（2014年）
24. 湯淺2014：湯淺墾道「個人情報保護法改正の課題：地方公共団体の個人情報保護の問題点を中心に」『情報セキュリティ総合科学』第6号　53-92頁（2014年）
25. 鈴木・高木・山本2015：鈴木正朝・高木浩光・山本一郎『ニッポンの個人情報「個人を特定する情報が個人情報である」と信じているすべての方へ』翔泳社（2015年）
26. 小口2017：小口幸人「災害弔慰金の制度と裁判」『復興』18号（Vol. 7 No. 6）36-41頁（2017年）
27. 宮本2013：宮本ともみ「災害関連死の審査について：東日本大震災における岩手県の取組から」『アルテス リベラレス（岩手県大学人文社会科学部紀要）』第92号67-86頁（2013年）
28. 津久井ほか2012：津久井進・出口俊一・永井幸寿・田中健一・山崎栄一著，兵庫県震

災復興研究センター編『「災害救助法」徹底活用』クリエイツかもがわ（2012年）
29. 災害救助実務研究会2016：災害救助実務研究会編著『災害救助の運用と実務 平成26年版』第一法規（2014年）
30. 板垣2014a：「災害公営住宅と被災者の生活復興（一）：過去の大規模災害から学ぶ法政策」『自治研究』90巻4号 65-101頁（2014年）
31. 板垣2014b：「災害公営住宅と被災者の生活復興（二）：過去の大規模災害から学ぶ法政策」『自治研究』90巻5号 59-75頁（2014年）
32. 板垣2014c：「災害公営住宅と被災者の生活復興（三・完）：過去の大規模災害から学ぶ法政策」『自治研究』90巻6号 62-83頁（2014年）
33. 大水2013：大水敏弘『実証・仮設住宅：東日本大震災の現場から』学芸出版社（2013年）
34. 遠藤2011：遠藤賢治「民法915条1項所定の熟慮期間の起算点：訴訟と非訟のねじれ現象」『法曹時報』第63巻第6号 1-33頁（2011年）
35. 萩原2011：萩原孝次「宮城県におけるマンション被災」『マンション学』第40号 61-67頁（2011年）
36. 小杉2011：小杉学「一般社団法人日本マンション学会シンポジウム報告『東日本大震災によるマンションの被害実態と対処方法：阪神淡路大震災の教訓を踏まえて』」『マンション学』第40号 136-142頁（2011年）
37. 藤本2011：藤本佳子「東日本大震災のマンション被災状況：社団法人高層住宅管理業協会調査結果と筆者の事例調査より」『マンション学』第40号 43-54頁（2011年）
38. 折田2011：折田泰宏「東日本大震災被災マンションのための緊急提言と今後の展望」『マンション学』第40号 143-148頁。
39. 岡山2014c：岡山忠広編著『一問一答 被災借地借家法 改正被災マンション法』商事法務（2014年）
40. 福井2008：福井秀夫「マンション建替え・管理の法と経済分析」『自治研究』84巻12号 35-67頁（2008年）
41. 岡本2015b：岡本正「マンション防災における個人情報利活用と自治体対応：総務省『都市部をはじめとしたコミュニティの発展に向けて取り組むべき事項について（通知）』の公表を受けて」『政策法務ファシリテーター』Vol. 47 10-14頁（2015年）
42. 岡本2015c：岡本正「都市防災と個人情報：総務省通知にみるマンション管理組合の自主防災組織化と災害対策基本法」情報ネットワーク法学会第15回研究大会（2015年11月28日～29日）予稿集86-89頁（2015年）
43. 岡本2015d：「東日本大震災復興特別区域法改正による土地収用法の規制緩和と復興事業用地確保の軌跡：災害復興法学の視点でみる政策形成過程の分析」日本災害復興学会2015年度大会（2015年9月26日～27日）予稿集（2015年）
44. 吉江2014：吉江暢洋「復興事業用地の確保のための特例法と現状の課題」『信託フォーラム』Vol. 2 21-27頁（2014年）
45. 野村2015：野村裕「津波被災自治体の復興に取り組んで：数十年単位の時の経過を反映できる登記制度の必要性を痛感」『登記情報』639号（2015年）

46. 野村 2016：野村裕「大規模津波被災自治体・石巻市の復興に携わって」『自治実務セミナー』2016 年 3 月号　20-23 頁（2016 年）
47. 野山 2012：野山宏「原子力損害賠償紛争解決センターにおける和解の仲介の実務」『判例時報』2140 号 3-7 頁（2012 年）
48. 泉水 2012：泉水健宏「『子ども・被災者生活支援法』の成立：東京電力原子力事故により被災した子どもをはじめとする住民等の生活を守り支えるための被災者の生活支援等に関する施策の推進に関する法律」『立法と調査』No. 333　99-107 頁（2012 年）
49. 水上 2013：水上貴央「福島原発事故による賠償請求権の時効消滅を防ぐ立法措置の必要性」『法律時報』85 巻号　71-77 頁（2013 年）

第 7 章

1. 岡本 2014a：岡本正『災害復興法学』慶應義塾大学出版会（2014 年）
2. 岡本 2013：岡本正「公民連携による情報提供と新しい危機管理デザイン：行政，民間団体，専門家の連携による災害時の情報提供ルート複線化」東洋大学 PPP 研究センター紀要 3 号　60-79 頁（2013 年）
3. 根本 2012：根本祐二「PPP 研究の枠組みについての考察（2）」東洋大学 PPP 研究センター紀要 2 号　4-20 頁（2012 年）。
4. 阪神・淡路 2014：阪神・淡路まちづくり支援機構付属研究会『クリエイツ震災復興・原発震災提言シリーズ 士業・専門家の災害復興支援 1・17 の経験，3・11 の取り組み，南海等への備え』クリエイツかもがわ（2014 年）
5. 岡本 2016b：岡本正「東日本大震災を教訓とした弁護士の防災・減災活動：災害復興法学の展開と災害派遣弁護士の浸透に向けて」『法律のひろば』　2016 年 3 月号　43-51 頁（2016 年）
6. 大杉覚・幸田雅治・須田徹・奥宮京子・西尾政行・岡本正・加藤卓也・岡本誠司（全編共著）「地方行政における法曹有資格者の活用に関する研究　任期付弁護士を中心として」法と実務 Vol. 12　1-267 頁（2016 年）
7. 岡本 2016c：日本組織内弁護士協会編・岡本正代表編著『公務員弁護士のすべて』レクシスネクシス・ジャパン（2016 年）

第 8 章

1. 岡本 2012：岡本正「災害復興法学の創設と展開：東日本大震災の教訓を未来の担い手へ」『法学セミナー』694 号　26-29 頁
2. 津久井ほか 2012：津久井進・出口俊一・永井幸寿・田中健一・山崎栄一著，兵庫県震災復興研究センター編『「災害救助法」徹底活用』クリエイツかもがわ（2012 年）
3. 永井 2014：永井幸寿「災害医療におけるトリアージの法律上の問題と対策」二宮宣文・山口孝治編『トリアージ：日常からトリアージを考える』荘道社　207-223 頁（2014 年）
4. 中野 2007：中野明安『企業のための防災と復旧のはなし：いますぐできる BCP』商事法務（2007 年）

5. 廣井・中野 2013：廣井悠・中野明安『これだけはやっておきたい！帰宅困難者対策Q&A』清文社（2013 年）
6. 小林 1984：小林直樹『立法学研究：理論と動態』三省堂（1984 年）
7. 寺田 1934：寺田寅彦「函館の大火について」『中央公論』1934 年 5 月 小宮豊隆編『寺田寅彦随筆 第 4 巻』岩波書店　252-265 頁（1948 年初版，1963 年改版）
8. 寺田 1934：寺田寅彦「天災と国防」『経済往来』1934 年 11 月 小宮豊隆編『寺田寅彦随筆 第 5 巻』岩波書店　56-66 頁（1948 年初版，1963 年改版）。
9. 寺田 1931：寺田寅彦「時事雑感」『中央公論』1931 年 1 月 小宮豊隆編『寺田寅彦随筆 第 2 巻』岩波書店　291-304 頁（1947 年初版，1964 年改版）。
10. 小口 2012：小口幸人「司法過疎地で被災者として，法律家として」『法学セミナー』680 号 50-51 頁（2011 年）
11. 津久井 2012：津久井進『大災害と法』岩波書店（2012 年）
12. 片田 2012：片田敏孝『人が死なない防災』集英社（2012 年）
13. 大木 2014：大木聖子『家族で学ぶ地震防災はじめの一歩』東京堂出版（2014 年）
14. 関谷 2017：関谷直也「特集：次世代の防災分野の人材育成を目指して　次世代の防災・災害対策・復興の研究にかかる人材育成をどう考えるか」『CIDIR News letter』Vol. 35（2017 年）
15. 広瀬 2004：広瀬弘忠『人はなぜ逃げおくれるのか：災害の心理学』集英社新書（2004 年）
16. 岡本 2013a：岡本正「東日本大震災の教訓を「自分ごと」にする研修プログラム：災害復興法学のすすめ」『地方自治職員研修』672 号　23-25 頁（2015 年）
17. 岡本 2013b：岡本正「東日本・被災地復興に学ぶ 減災社会へのヒント 第 4 講 支援情報と防災力強化 被災の実相知り，"知恵"備える 自分ごとにする研修・人材育成を」『日経グローカル』No. 281（2015. 12.7）54-57 頁（2015 年）
18. 岡本 2015：岡本正「常磐山元自動車学校津波訴訟第一審判決から考える企業のリスクマネジメント」『リスク対策 .com』Vol. 48　64-66 頁（2015 年）
19. 齊藤・野田 2016：齊藤誠・野田博編『非常時対応の社会科学：法学と経済学の共同の試み』有斐閣（2016 年）
20. 齊藤 2016：齊藤誠「非常時における裁量と規範に関する若干の考察：法学者，経済学者，実務家との対話を通じて」齊藤誠・野田博編『非常時対応の社会科学：法学と経済学の共同の試み』有斐閣 391-419 頁（2016 年）
21. Schumpeter1926：Joseph A. Schumpeter THEORIE DER WIRTSCHAFTLICHEN ENTWICKLUNG, 2. Aufl.,1926（ジョセフ・A・シュムペーター　塩野谷祐一・中山伊知郎・東畑精一訳『経済発展の理論：企業者利潤・資本・信用・利子および景気の回転に関する一研究（上）』岩波書店（1997 年）
22. 高橋・高橋 2015：高橋晶・高橋祥友『災害精神医学入門：災害に学び，明日に備える』金剛出版（2015 年）
23. Reivich, Shatte2002：Karen Reivich, Ph.D. and Andrew Shatte, Ph.D. The Resilience Factor: 7 Keys to Finding Your Inner Strength and Overcoming Life's Hurdles. Pine

Associates, Inc. 2002.（カレン・ライビッチ，アンドリュー・シャテー　宇野カオリ（訳）『レジリエンスの教科書 逆境を跳ね返す世界最強トレーニング』草思社（2015年）．
24. 東北地方整備局 2015：国土交通省東北地方整備局『東日本大震災の実体験に基づく 災害初動期指揮心得・内部資料』（2015 年）
25. 岡本 2016：岡本正「東日本大震災を教訓とした弁護士の防災・減災活動：災害復興法学の展開と災害派遣弁護士の浸透に向けて」『法律のひろば』 2016 年 3 月号　43-51 頁（2016 年）

第 9 章

1. 小早川 1999：小早川光郎『行政法 上』弘文堂（1999 年）
2. 大村 2005：大村敦志『生活のための制度を創る：シビル・ロー・エンジニアリングにむけて』有斐閣（2005 年）
3. 阿部 2003：阿部泰隆『政策法学講座』第一法規（2003 年）
4. 片山・津久井 2007：片山善博・津久井進『災害復興とそのミッション：復興と憲法』クリエイツかもがわ（2007 年）
5. 津久井 2012：津久井進『大災害と法』岩波書店（2012 年）

第 10 章

1. 岡本 2016：岡本正「［特集］災害復興・東日本大震災と法律家の役割：被災地のリーガル・ニーズと復興法政策 5 年の軌跡」『自治実務セミナー』2016 年 3 月号　2-10 頁（2016 年）
2. 岡本 2014a：岡本正「ひと筆 福島第一原子力発電所―いちえふ―視察備忘録」『自由と正義』Vol. 65　5-7 頁（2014 年）
3. 岡本 2014b：岡本正『災害復興法学』慶應義塾大学出版会（2014 年）
4. 福田 1923：福田徳三「経済復興の原理及若干問題　七　営生機会の復興を急げ」『報知新聞』大正 12 年 10 月自 15 日至 24 日掲載（1923 年）　福田徳三研究会・清野幾久子編『福田徳三著作集第 17 巻 復興経済の原理及若干問題』信山社　97-112 頁（2016 年）

全体を通じた参考文献

1. 岡本正・小山治「東日本大震災におけるリーガル・ニーズと法律家の役割：無料法律相談結果からみえる被害の実像」秋山靖浩・河崎健一郎・杉岡麻子・山野目章夫編『3.11 大震災　暮らしの再生と法律家の仕事』日本評論社 174-222 頁（2012 年）
2. 岡本正「公民連携による情報提供と新しい危機管理デザイン：行政，民間団体，専門家の連携による災害時の情報提供ルート複線化」『東洋大学 PPP 研究センター紀要 = Collected papers of the Research Center for PPP in Toyo University』第 3 号　60-79 頁（2013 年）
3. 岡本正『災害復興法学』慶應義塾大学出版会（2014 年）
4. 岡本正「災害対策と個人情報利活用の課題：災害対策基本法と消費者安全法が示唆する

政策展開」『社会情報学』第 3 巻第 3 号　1-14 頁（2015 年）
5. 岡本正「災害対策と個人情報の利活用」齊藤誠・野田博編『非常時対応の社会科学：法学と経済学の共同の試み』有斐閣 14-38 頁（2016 年）
6. Tadashi OKAMOTO　Analysis of Free Legal Counselling for the Great East Japan Earthquake and the Outlook for the Field of Disaster Recovery and Revitalization Law　*Japan Medical Association Journal（JMAJ）*　Vol. 59 No. 2&3　77-90 頁（発行：September 2016）（2017 年）
7. 大杉覚・幸田雅治・須田徹・奥宮京子・西尾政行・岡本正・加藤卓也・岡本誠司（全編共著）「地方行政における法曹有資格者の活用に関する研究：任期付弁護士を中心として」『法と実務』Vol. 12　1-267 頁（2016 年）

索　引

■数字・アルファベット
2000 個問題　225
ADR　290
BCP　353
CSR　308
DLAT　315
Hack for Japan　312
JICA　361
OECD8 原則　225

■ア　行
旭市　72
阿蘇郡　143
安全配慮義務　353
安否情報　223
石巻市　98
慰謝料　64
伊豆大島土砂災害　189, 219
一部損壊　147
一般基準　242
一般社団法人個人版私的整理ガイドライン運営委員会　82, 180
一般社団法人自然災害被災者債務整理ガイドライン運営機関　192
糸魚川市大規模火災　8
イノベーション　356
茨城県　68
岩手県　48, 76, 216, 256, 271, 273
岩手弁護士会　273
宇城市　145
請負契約　162
宇土市　141
浦安市　71
営生機会の復興　390
液状化　71, 195
大阪弁護士会　124
屋内退避区域　83
女川町　94

■カ　行
外務省　358
加算支援金　198
霞が関ナレッジスクエア・ランチミーティング　311
仮設住宅　247, 250
仮設住宅入居要件　245
株式会社東日本大震災事業者再生支援機構法　185
釜石市　341
神栖市　70
上益城郡　143
環境法　29
関西学院大学災害復興制度研究所　213
関東・東北豪雨　189, 224
関東大震災　389
官民データ活用推進基本法　226
義援金　210, 212
菊池郡　149
規制改革推進会議　226
規制緩和　31
基礎支援金　198
帰宅困難者対策　337
旧耐震基準　268
強靭性　358
行政手続法　237
兄弟姉妹　206

緊急時避難準備区域　83
緊急使用　276, 279, 281
金融上の措置　82, 174, 190
くしの歯型　284
区分所有法　262
熊本県弁護士会　124, 154, 163, 318
熊本市　131, 140, 324
熊本地震　123
熊本地震無料法律相談データ分析結果　34, 124, 128
群馬弁護士会　283
慶應義塾大学法学部　334
慶應義塾大学法科大学院　331
計画的避難区域　83
経済学　24
経済産業省　290, 357
気仙沼市　100
減災　341
原子力損害賠償支援機構　40
原子力損害賠償支援機構法　290
原子力損害賠償紛争解決センター　286, 291
原子力損害賠償紛争審査会　288
原子力損害賠償法　287
原子力発電所事故等　62, 83, 85, 287
建築物の耐震改修の促進に関する法律　268
現物給付の原則　244
合意形成　281
公害紛争処理法　301
公共政策学　28
工作物責任　56, 171, 283
工作物責任・相隣関係　55, 68, 74, 111, 114, 132, 147
合志市　147
豪雪　283
高知県　346
公的支援・行政認定等　136
幸福追求権　379

広報みやこ　310
公民連携トライアングル　307
国際協力機構　361
国土交通省　167, 270, 279, 284, 360
国土交通省社会資本整備審議会　268
国連　358
個人再生手続　175
個人債務者の私的整理に関するガイドライン　76, 82, 179, 180
個人債務者の私的整理に関するガイドライン研究会　179
個人情報保護条例　215
個人情報保護法　214
戸籍法　252
固定資産税　119
子ども・被災者支援法　297

■サ　行
災害関連死　227, 337
災害関連法令　112, 116
災害救助事務取扱要領　243
災害救助法　242, 337
災害協定　312
災害ケースマネジメント　201, 250
災害時における要援護者の個人情報提供・共有に関するガイドライン　217
災害時にトップがなすべきこと　360
災害時要援護者　215, 357
災害対策基本法　137, 219, 284, 285, 342
災害弔慰金　51, 206
災害弔慰金支給額　238
災害弔慰金支給審査委員会　228, 233
災害弔慰金の審査状況に関するアンケート　230
災害弔慰金不支給決定処分取消訴訟　229
災害弔慰金法　80, 206, 227
災害に係る住家の被害認定基準運用指針　196

索　引

災害派遣弁護士チーム　315
災害復興基本法　372, 380
災害復興支援委員会　387
災害復興法学　6, 382
災害復興まちづくり支援機構　40, 312
再建　263
裁判外紛争解決手続　161, 289
裁判所能力強化プロジェクト　360
差押禁止　210, 212
産業復興機構　186
敷地売却決議　267
事業継続計画　353
自主的避難　86
自主的避難地域　295
自然災害債務整理ガイドライン　134, 135, 188
自然災害による被災者の債務整理に関するガイドライン　188
自然災害による被災者の債務整理に関するガイドライン研究会　187, 188
持続可能な開発のための2030アジェンダ　358
実定法学　9, 10, 370
支払猶予　174
地盤損傷　197
地盤に係る住家被害認定の調査・判定方法について　196
シビル・ロー・エンジニアリング　10
自分ごと　344, 388
司法統計　258
死亡届　252
死亡保険金　250
借地借家法　270
借家権消滅請求制度　270
車両撤去　284
住居　65
住居被害認定　194
重大な変更　263
住宅・車・船等のローン，リース　75, 81, 176
住宅・車等のローン・リース　133, 143, 190
住宅再建・復興まちづくりの加速化措置　280
住宅ローン　52, 57, 134
集落津波被害型（T型）　94, 102
熟慮期間　81, 254
首都直下地震　193
小規模団地住宅施設整備事業　279, 281
証拠保全　65
常総市　189
消費者安全確保地域協議会　222
消費者安全法　222
情報整理提供機能　19, 305
情報提供ルートの複線化　309
消滅時効　299, 303
所有者不明　271
人口高密度都市津波被害型（AⅡ型）　98, 104
震災ADR　160, 163
人材育成　356, 386, 387
震災関連法令（公益支援・行政認定等に関する法解釈等）　50, 71, 76
震災特例法　326
生活再建基本法　372, 380
生活再建の知識の備え　343, 345, 346, 348, 350
税金　119
政策形成活動　160
正常性バイアス　344
精神的支援機能　18
生存権　379, 390
生命保険　250
生命保険協会　251
世帯　199
全国銀行協会　188
仙台市　216
仙台市青葉区　92

仙台弁護士会　160, 265
専門士業連携　312
総括基準　292
総合法律支援法　325, 328
相続　48, 58, 79
相続放棄　80, 254
相談票　2, 40
相当因果関係　232, 236, 289
総務省　270, 321
ソーシャルネットワークサービス　191, 318
備えちょき　346
損害賠償　64, 87, 89
損失補償　171

■タ　行
大規模災害救助研究会報告書　249
大規模災害復興法　280
大規模な災害の被災地における借地借家に関する特別措置法　169
滞在者慰謝料　292
耐震化　267
ダイバーシティ　357
宅地復旧　205
竜巻被害　199, 201
建替え　263
建物の瑕疵　138
男女雇用機会均等法　301
団地　269
地域づくり支援事業（専門家派遣事業）103
千葉県　70
地方行政における法曹有資格者の活用に関する研究会　322
中央大学大学院公共政策研究科　331
中央防災会議　341
仲介委員　291
中間指針　64, 86, 291
中間指針追補　86

中小企業基盤整備機構　186
調査官　292
津波犠牲者訴訟　337, 354
データベース化　20
電気事業会計規則　290
登記（登記制度）　272, 282
東北地方整備局　360
東北地方太平洋沖地震　1
東北地方太平洋沖地震における損壊家屋等の撤去等に関する指針　172
登録支援専門家　188
道路復旧　283
道路法　284
特定調停　191
特定非常災害権利保全特別措置法　191, 258
特別基準　242, 248
特別交付税　321
特別の影響　263
都市計画法　272
都市地震被害型（Ｃ型）　92, 102
都市大規模地震被害型（L型）　153
都市津波被害型（ＡⅠ型）　96, 104
都市部におけるコミュニティの発展方策に関する研究会　270
土地収用法　272
富谷市　92
トリアージ　337

■ナ　行
内閣官房　358
内部統制システム　353
南海地震　242
南海トラフ巨大地震　193
南海トラフ地震　348
新潟県中越地震　56, 228
新潟県弁護士会　8
西原村　123
二重ローン　52, 57, 59, 134, 176, 193

日弁連災害対策本部　2, 3
日弁連災害復興支援委員会　8, 340
日本医師会　237
日本学術振興会　351
日本災害復興学会　31, 213
日本司法支援センター　325
日本マンション学会　264
日本ユーザビリティ医療情報化推進協会　226
認可地縁団体　282
任期付職員　321, 322, 324
人間の復興（人間復興）　13, 379, 389, 390
ネパール　360
農業　65

■ハ 行
パーソナル・サポート・サービス　216
破産手続　175
破産法　82
バックビルディング現象　105
パニック防止機能　18
半壊　195, 247
番号創国推進協議会　226
阪神・淡路大震災　17, 202
阪神・淡路まちづくり支援機構　312
被害認定格差　117
東日本大震災　1
東日本大震災通知・事務連絡集　311
東日本大震災に伴う相続の承認又は放棄をすべき期間に係る民法の特例に関する法律　257
東日本大震災の被災者に対する援助のための日本司法支援センターの業務の特例に関する法律　162
東日本大震災復興構想会議　91
東日本大震災復興特別区域法等における土地収用法の特例について　279
東日本大震災復興特別区域法の一部を改正する法律　279
東日本大震災無料法律相談情報分析結果　34, 39, 44, 47
東日本大震災無料法律相談事例集　21, 48, 286
被災関連借地借家・建物区分所有法制部会　169
被災区分所有建物の再建等に関する特別措置法の一部を改正する法律案　266
被災借地借家法　169
被災者支援施策パッケージ　297
被災者支援に関する各種制度の概要　194
被災者生活再建支援金　50, 51, 136, 198
被災者生活再建支援法　202
被災者台帳　219, 224
被災者の生活再建の達成　9, 13, 330, 363, 372, 379, 390
被災地短期賃借権制度　170
被災マンション法　263
人の復興　33
一人ひとりが大事にされる災害復興法をつくる会　202
避難区域　83
避難行動要支援者名簿　220, 271
避難所におけるトイレの確保・管理ガイドライン　246
避難所における良好な生活環境の確保に向けた取組指針　246
兵庫県弁護士会　17
ひょうご防災減災推進条例　223
標準管理規約　270
広島県災害復興支援士業連絡会　316
広島市安佐北区　120
広島市安佐南区　117
広島市豪雨災害無料法律相談情報分析結果　34, 107
広島土砂災害　105, 224, 316
広島弁護士会　106, 316

福岡県弁護士会　124
福祉避難所の確保・運営ガイドライン　246
福島県　60, 83
福島第一原子力発電所　386
福島第一原子力発電所事故　63, 287, 288
不在者財産管理制度　273
附帯決議　301, 328, 329
復旧　262
復興　32
復興基本法　33
復興事業　271
復興事業用地の確保に関するプロジェクトチーム　274
復興政策モデル　91, 102, 153, 159
復興庁　298
復興のためのくらしの手引き　310
不動産所有権（滅失問題含む）　59, 70, 112, 116, 138
不動産賃貸借（借家）　54, 69, 73, 131, 140, 161, 163
不明裁決申請に係る権利者調査のガイドラインについて　279
プラットフォーム　13, 339, 367, 382, 389
紛争解決予防機能　18, 75
弁護士会ニュース　309, 317, 318
弁護士法　47, 332
返済条件変更　181
法学類型　158
防災基本計画　341, 343
防災教育　341, 368
防災情報社会デザインコンソーシアム　213, 240
防災を自分ごとにする研修プログラム　368
法的強靱性　345, 358, 389
法テラス　325

法と経済学会　109
法務省　167, 252, 327
法務省法制審議会　169, 265
法友会　273
保証人　189, 260
北海道南西沖地震（奥尻島地震）　202

■マ 行
益城町　123, 154, 320
マンション　261, 337
マンション管理組合　262
マンション総合調査　268
マンションの管理の適正化に関する指針　270
マンションの建替えの円滑化等に関する法律　268
みなし仮設住宅　165
南三陸町　96
南相馬市　216, 219
宮城県　53, 72
宮城県沖地震　56
宮城県下震災避難所無料法律相談　57, 176
宮古市　2, 310
民事調停　162
民事法律扶助　325
メーリング・リスト　340
文部科学省　301, 350

■ヤ 行
遺言・相続　256
行方不明　79, 253
行方不明者　224
用地委員会　281

■ラ 行
リーガル・サービス拠点　319, 320
リーガル・ニーズ　39, 159, 329, 364
リーガル・ニーズ・マップ　352

リーガル・レジリエンス　345, 358, 389
陸前高田仮設住宅巡回活動　383
陸前高田市　96
罹災証明書　50, 113, 137, 194, 196
罹災都市借地借家臨時処理法　164
リスケジュール　181
立教大学　351
立法事実　157, 332

立法事実集約機能　19, 305
立法政策学　28
レジリエンス　358

■ワ　行
和解仲介手続時効中断特例法　300
和解の仲介　289
和光市　349

著者略歴

1979年生まれ。慶應義塾大学法学部法律学科卒業。博士（法学）。2003年弁護士登録。2016年より銀座パートナーズ法律事務所パートナー。マンション管理士，ファイナンシャルプランナー（AFP），医療経営士，防災士，防災介助士。内閣府上席政策調査員として出向中に東日本大震災が発生。国家公務員や日本弁護士連合会災害対策本部嘱託室長として災害復興支援に関わったことを契機に，「災害復興法学」を創設。慶應義塾大学法科大学院・同法学部の非常勤講師を務める。2013年度から2016年度まで中央大学大学院公共政策研究科客員教授を務めた。日本組織内弁護士協会副理事長，公益財団法人東日本大震災復興支援財団理事等公職・役職を歴任する。第1回危機管理デザイン大賞RiMDA賞，第6回若者力大賞ユースリーダー支援賞を受賞。2012年9月11日の朝日新聞「ひと」欄。2016年3月11日の読売新聞「顔」欄などメディア掲載多数。主な著書に『災害復興法学』（慶應義塾大学出版会，2014），『公務員弁護士のすべて』（レクシスネクシス・ジャパン，2016，編集代表），『非常時対応の社会科学 法学と経済学の共同の試み』（有斐閣，2016，共著），『自治体の個人情報保護と共有の実務 地域における災害対策・避難支援』（ぎょうせい，2013，共著）がある。

KDDI総合研究所叢書7
災害復興法学の体系
リーガル・ニーズと復興政策の軌跡

2018年2月20日　第1版第1刷発行

著者　岡　本　　　正

発行者　井　村　寿　人

発行所　株式会社　勁 草 書 房

112-0005 東京都文京区水道2-1-1　振替 00150-2-175253
（編集）電話 03-3815-5277／FAX 03-3814-6968
（営業）電話 03-3814-6861／FAX 03-3814-6854
三秀舎・牧製本

Ⓒ OKAMOTO Tadashi 2018

ISBN978-4-326-40351-6　Printed in Japan

JCOPY 〈(社)出版者著作権管理機構 委託出版物〉
本書の無断複写は著作権法上での例外を除き禁じられています。複写される場合は，そのつど事前に，(社)出版者著作権管理機構（電話 03-3513-6969，FAX 03-3513-6979，e-mail: info@jcopy.or.jp）の許諾を得てください。

＊落丁本・乱丁本はお取替いたします。

http://www.keisoshobo.co.jp

KDDI 総合研究所叢書

小泉直樹・奥邨弘司・駒田泰士・張　睿暎・生貝直人・内田祐介
クラウド時代の著作権法
激動する世界の状況

　　　　　　　　　　　　　　　A5 判　3,500 円　ISBN978-4-326-40285-4

高口鉄平
パーソナルデータの経済分析

　　　　　　　　　　　　　　　A5 判　3,400 円　ISBN978-4-326-50415-2

鷲田祐一
未来洞察のための思考法
シナリオによる問題解決

　　　　　　　　　　　　　　　A5 判　3,200 円　ISBN978-4-326-50424-4

原田峻平
競争促進のためのインセンティブ設計
ヤードスティック規制と入札制度の理論と実証

　　　　　　　　　　　　　　　A5 判　3,200 円　ISBN978-4-326-50428-2

寺田麻佑
EU とドイツの情報通信法制
技術発展に即応した規制と制度の展開

　　　　　　　　　　　　　　　A5 判　3,500 円　ISBN978-4-326-40330-1

実積寿也・春日教測・宍倉　学・中村彰宏・高口鉄平
OTT 産業をめぐる政策分析
ネット中立性、個人情報、メディア

　　　　　　　　　　　　　　　A5 判　3500 円　ISBN978-4-326-50443-5

＊表示価格は 2018 年 2 月現在。消費税は含まれておりません。